21世纪
经济管理精品教材
国际贸易系列

International Trade and International Finance

国际贸易与国际金融

（第4版）

卜伟　叶蜀君　杜佳　刘似臣◎编著

U0361891

清华大学出版社
北京

内 容 简 介

本书共 11 章。第一章阐述了国际贸易理论，包括比较优势的理论来源、国际贸易"新"理论和贸易保护理论；第二章介绍了出口鼓励、关税措施、非关税政策措施、贸易政策制定中的政治经济学；第三章介绍了国际贸易政策协调，包括多边贸易体制和区域经济一体化；第四章论述了跨国公司和跨国经营理论、动因与竞争优势；第五章介绍了跨国经营中的货币价格；第六章介绍了跨国经营中的货币交易；第七章阐述了国际贸易融资中的风险与防范；第八章介绍了国际商业银行贷款与证券融资；第九章介绍了跨国经营中的企业外汇风险管理；第十章介绍了作为跨国经营经济环境因素的国际收支；第十一章介绍了国际金融组织。本书着眼于让读者了解比较优势的理论来源、国际商务及其经济环境，从而有助于读者更加积极主动地迎接国际竞争，并在市场竞争中胜出。

本版修订立足于满足非涉外经济管理专业的本科生做选修课教材之用，也可作为 MBA（工商管理硕士）与国际商务硕士专业学位、工商管理干部培训等有关课程的教材和参考书。

本书封面贴有清华大学出版社防伪标签，无标签者不得销售。

版权所有，侵权必究。举报：010-62782989，beiqinquan@tup.tsinghua.edu.cn。

图书在版编目（CIP）数据

国际贸易与国际金融/卜伟等编著. —4 版. —北京：清华大学出版社，2020.12（2025.2重印）
21 世纪经济管理精品教材. 国际贸易系列
ISBN 978-7-302-57116-2

Ⅰ. ①国…　Ⅱ. ①卜…　Ⅲ. ①国际贸易－高等学校－教材　②国际金融－高等学校－教材
Ⅳ. ①F74　②F831

中国版本图书馆 CIP 数据核字(2020)第 259381 号

责任编辑：张　伟
封面设计：李召霞
责任校对：王凤芝
责任印制：杨　艳
出版发行：清华大学出版社
　　　　　网　　　址：https://www.tup.com.cn，https://www.wqxuetang.com
　　　　　地　　　址：北京清华大学学研大厦 A 座　　　　　　邮　　编：100084
　　　　　社 总 机：010-83470000　　　　　　　　　　　　邮　　购：010-62786544
　　　　　投稿与读者服务：010-62776969，c-service@tup.tsinghua.edu.cn
　　　　　质 量 反 馈：010-62772015，zhiliang@tup.tsinghua.edu.cn
　　　　　课 件 下 载：https://www.tup.com.cn，010-83470332
印 装 者：天津鑫丰华印务有限公司
经　　销：全国新华书店
开　　本：185mm×260mm　　　印　张：20.75　　　字　数：417 千字
版　　次：2005 年 1 月第 1 版　　2020 年 12 月第 4 版　　印　次：2025 年 2 月第 3 次印刷
定　　价：59.00 元

产品编号：090814-01

第4版前言

习近平总书记在中国共产党第二十次全国代表大会上的报告指出：加快建设贸易强国，有序推进人民币国际化，深度参与全球产业分工和合作，维护多元稳定的国际经济格局和经贸关系。这次修订保持了第3版的结构与特色，主要进行了数据与资料的更新、补充和删减工作，每章增加了复习思考题、即测即练。除了细节的修改如字句的斟酌和个别数字的更新，修订工作主要体现在下面各章。

第二章，更新了普遍优惠制资料，删除了专栏2-1；更换案例2-4、案例2-6—案例2-9；依据UNCTAD对非关税措施分类目录对原技术性贸易壁垒、贸易救济措施两小节完全更新内容为技术措施、或有贸易措施；其他非关税措施小节中，修订了影响竞争的措施、金融措施和价格控制措施。

第三章，鉴于世界贸易组织谈判进展缓慢以及国人对其知识的熟悉，把"世界贸易组织"一章的内容进行了精简，和"区域经济一体化"合并为一章，即现在的第三章；原第三章中的内容依据多边贸易体制为中心进行了内容的精简，删除了原来以WTO为中心的大部分内容；更换案例3-2—案例3-5、案例3-7、案例3-8；删除了"区域经济一体化"的两个附录，其中关于中国的部分按照最新的资料整合到"亚洲的区域经济一体化现状"。

第四章，更新了第一节的大部分数字，删除了"中国企业跨国经营"。

第五章，更换了案例5-1、案例5-3；对中国人民币即期外汇牌价、外汇买卖报价表、中国远期结售汇牌价进行了更新；在第二节中新增了汇率的决定理论，便于深入了解汇率的决定基础；在第四节中新增了表5-5 IMF成员各种汇率制度占比，便于读者区分不同汇率制度，并对中国汇率制度改革进行了更新，增加2015年的改革和专栏5-1，便于读者了解不同汇率制度的适用范围；新增附录5-2。

第六章，增加专栏6-1美元掉期成本的影响因素、附录6-1人民币外汇市场发展演变。

第七章，用《2020年国际贸易术语解释通则》（INCOTERMS 2020）中的贸易术语一览表取代了《2010年国际贸易术语解释通则》（INCOTERMS 2010）中的贸易术语一览表。

第八章，补充了以下内容：国际银团贷款市场的规则制定，专栏8-1国际银团贷款市场实务，熊猫债近年发行市场情况，专栏8-2中资美元债，香港离岸人民币债券新数据，专栏8-4"债券通"3周年，表8-3中国证监会关于H股市场的审核要点，专栏 8-5 中国存托凭证（CDR），H 股上市公司在港股市场近况，图 8-3 香港联交所的上市审核流程概览，附录 8-1 巨灾债券发展近况，附录 8-2 2020 年上半年中国概念美股，附录 8-3 新加坡交易所欲吸引中国优质企业上市。

第九章，在企业金融风险管理要点中增加外贸企业要树立风险中立理念；增加专栏 9-1 去 LIBOR 化改革进展及应对、专栏 9-2 国际上常见的利率期权品种、附录 9-1 多元化的汇率套保产品助力企业汇率风险管理。

第十章，新增了案例 10-1，便于读者了解国际收支的含义及影响；更换了案例 10-2，更新表 10-1、表 10-2 的数据及专栏 10-1；对国际收支概念进行了更新；依据《国际收支手册》（第六版）更改了有关内容，引入了初次收入和二次收入账户，新增专栏 10-2、专栏 10-3；新增附录 10-1、附录 10-4，更新了附录 10-3 的数据，对附录 10-2 收支平衡表更新，新增 2019 年的国际收支平衡表。

第十一章，鉴于中国的国际影响力不断增强和"一带一路"倡议实施的深化，增加了"国际金融机构"一章，便于读者更好地了解和利用国际金融机构。

此次参与修订的依然是北京交通大学经济管理学院的 4 位教师，具体分工如下：第一章、第二章第一节和第二节、第四章和第七章，由卜伟教授修改；第二章第三节和第四节、第三章，由刘似臣副教授修改；第五章和第十章由叶蜀君教授修改；第十一章由叶蜀君教授撰写；第六章、第八章和第九章由杜佳副教授修改。

限于作者水平，这次修订仍然难免有不足之处，敬请同行专家和读者提出宝贵意见与建议。

本书修订时，参阅、使用和引证了国内外的大量文献资料，谨对其作者、编者和出版社表示诚挚的谢意！

卜 伟

2024 年 1 月 24 日于红果园

目 录

第一章

国际贸易理论

中国自 2001 年 12 月 11 日成为世界贸易组织（WTO）的正式成员以来，随着履行入世承诺，签订亚太贸易协定、CEPA（内地与香港关于建立更紧密经贸关系的安排）、ECFA（海峡两岸经济合作框架协议），以及分别与东盟、巴基斯坦、智利、新西兰、新加坡、秘鲁、哥斯达黎加、冰岛和瑞士签署自由贸易区协议[①]，特别是签署 RCEP，中国经济日益开放。开放经济下的市场竞争更加激烈，明显呈现出国内竞争国际化、国际竞争国内化的态势。竞争的法则是优胜劣汰，因此，企业管理者必须不断发现和创造本企业的比较优势（comparative advantage）和竞争优势（competitive advantage）[②]，充分利用企业的独特能力，力争成为竞争的优胜者。

本章介绍国际贸易理论：首先介绍了以固定的国家要素，即以相对要素成本和生产率为基础的比较优势理论，这个理论主要解决哪些国家应以什么产品向另一些国家出口的问题；接着介绍了动态的现代比较优势理论，该理论认识到了企业战略和政府政策对贸易格局形成的重要作用；最后，介绍了保护贸易政策的理论依据。

第一节　比较优势的理论来源（一）

"比较优势"[③]原则，是指各国获得繁荣首先是通过利用其可利用的资源，集中生产所能生产的最佳产品，然后将这些产品与其他国家所能生产的最佳产品做交易。[④]本

---

① 详见中国自由贸易区服务网（http://fta.mofcom.gov.cn/index.shtml）（2020 年 8 月 7 日进入）。

② 迈克尔·波特的定义是："竞争优势，就其根本而言，来源于一个企业能够为其买主提供的价值，这个价值高于企业为之付出的成本。相对于对手而言，卓越的价值在于为顾客提供同等效用的同时价格低廉，或者为顾客提供独特的效用而顾客愿意为之付出高昂的价格。"（波特. 竞争优势[M]. 陈小悦，译. 北京：华夏出版社，1997：2）

③ 诺贝尔经济学奖金获得者保罗·萨缪尔森（P. A. Samuelson）曾受到数学家斯坦尼斯劳·乌拉姆的挑战。乌拉姆请萨缪尔森"在所有社会科学中找出一个既能成立（true）而又有意义的（non-trival）命题"。萨缪尔森花了几年时间才找到答案，即比较优势。"它在逻辑上是成立的，不需在数学家面前争论；但它有意义这一点，成千上万的重要和智慧人士都进行过验证，这些人自己从未能掌握这一学说，或是在将这一学说解释给他们听后都不相信。"（世界贸易组织秘书处，1999，8-9）

④ 对"比较优势"的进一步理解，请阅读《新帕尔格雷夫经济学大辞典》（A-D），558-562。

案例 1-1：从贸易中获益
——加纳和韩国的贸易
状况

节探讨亚当·斯密（Adam Smith，1723—1790）的绝对成本说、大卫·李嘉图（David Ricardo，1772—1823）的比较成本说、赫克歇尔（Eil Filip Heckscher，1879—1952）—俄林（Beltil Gotthard Ohlin，1899—1979）的要素禀赋说所揭示的比较优势来源。

一、亚当·斯密的绝对优势贸易理论

亚当·斯密是英国著名的古典政治经济学代表人物，他提出了绝对成本理论。亚当·斯密处在从工场手工业向大机器工业过渡时期，其代表著作《国民财富的性质和原因的研究》（*Inquiry into the Nature and Causes of the Wealth of Nations*，1776年出版，简称《国富论》）是一部奠定古典经济学理论体系的著作。在该书中，他提出了国际分工和自由贸易的理论，并以此作为他反对重商主义的"贸易差额论"和保护贸易政策的重要武器，对国际分工和国际贸易理论作出了重要贡献。他的基本经济思想是"自由放任"，这一原则也被用于国际贸易理论——绝对成本说。该理论的主要内容是，依据绝对成本优势进行专业化生产，然后进行交换，可以使所有的参与者获取贸易利益。亚当·斯密的绝对优势贸易理论也称为绝对利益论（theory of absolute advantage）、地域分工说（theory of territorial division of labor）或绝对成本说（theory of absolute cost）。

亚当·斯密认为，如果一个国家能比其他国家更廉价地生产某种产品，这个国家在该商品的生产上就具有绝对优势；每一个国家都应该专业生产它具有绝对优势的产品以提高劳动生产率，然后将其剩余产品出口，换取其他国家生产上具有绝对优势的产品；这样能使所有参与国际分工和国际贸易的国家增加物质财富（表1-1）。

表 1-1 绝对优势贸易理论表解

过程阶段	国家	葡萄酒产量/单位	投入劳动/人年	毛呢产量/单位	投入劳动/人年
分工前	英国	1	120	1	70
	葡萄牙	1	80	1	110
	合计	2		2	
分工后	英国			$\frac{70+120}{70}=2.7$	$120+70=190$
	葡萄牙	$\frac{80+110}{80}=2.375$	$80+110=190$		
	合计	2.375		2.7	
交换后	英国	1		$2.7-1=1.7$	
	葡萄牙	$2.375-1=1.375$		1	

注：（1）假定在一国内部劳动同质，即劳动跨行业移动无效率损失，如在英国，生产酒的工人转移到毛呢行业后，生产率和本来就生产毛呢的工人的效率一样为1/70；但劳动在国家之间异质。

（2）假定没有贸易障碍，即自由贸易。

（3）x人年表示x人工作1年。

（4）为了计算简单，假定酒和毛呢的交换比例为1∶1。关于交换比例的确定，请参考本章的附录1-1。

在表 1-1 中，显然，英国、葡萄牙分别在生产毛呢和葡萄酒上具有绝对优势。所以，英国应将原来生产葡萄酒的劳动（120人年）转移至毛呢的生产上，从而用于生产毛呢的劳动由 70 人年增加到 190 人年（=70+120），相应地，毛呢的产出也由 1 单位增加到 2.7 单位。同理，葡萄牙专业化生产葡萄酒，产出为 2.375 单位葡萄酒。和分工前相比较，两国的总投入未变，但毛呢和葡萄酒的总产出都增加了，这表明劳动生产率提高了。接下来，英国和葡萄牙按照 1 单位葡萄酒交换 1 单位毛呢的比例进行交换，则与国际分工前相比较，英国多得 0.7 单位的毛呢，葡萄牙多得 0.375 单位的葡萄酒。此即这两个国家参与国际分工和国际贸易所获得的利益。

亚当·斯密的理论有以下前提：①两个国家和两种可贸易产品；②两种产品的生产都只有劳动这一种要素投入；③两国的劳动生产率不同；④生产要素（劳动）供给是给定的，且要素在国内不同部门之间可以自由流动，但在国家之间则完全不能流动；⑤规模报酬不变；⑥完全市场竞争；⑦无运输成本；⑧两国之间贸易平衡。[①]

当代经济学家称绝对成本说为"内生比较利益说"。内生比较利益是指如果一个国家选择专业生产某种产品，它可以创造出原来没有的比较优势和绝对优势。

案例 1-2：蜡烛工的请愿

二、大卫·李嘉图的比较利益说

亚当·斯密的绝对优势理论是有局限性的，最重要的是不能解释以下现象：在两个国家两种产品模型里，如果其中一个国家在两种产品的生产上都处于绝对劣势，另一个国家在两种产品的生产上都处于绝对优势的情况下，这两个国家是否还能或有必要参与国际分工并通过国际贸易获取贸易利益？因此，亚当·斯密的理论于 1817 年受到大卫·李嘉图以及他的比较利益学说[②]的挑战。

大卫·李嘉图是英国工业革命深入发展时期的经济学家，其代表作是 1817 年出版的《政治经济学及赋税原理》（*On the Principles of Political Economy and Taxation*）。李嘉图的比较利益说（也称为比较成本理论）可以概括为：在两个国家两种产品模型里，

---

① 经济学家在进行经济分析（包括国际贸易分析）时，要先提出前提，即将许多不存在直接关系和不重要的变量假设为不变，并将许多不直接影响分析的其他条件尽可能地简化，以便简化分析。不过，除了明确的前提，有些是暗含的。在本书以后的阐述中，出于简洁和阐述连贯的需要，有时省略前提。但并不能因此说前提不重要。事实上，若前提发生变化，结论往往不能继续成立。

② 事实上，在李嘉图发表《政治经济学及赋税原理》（1817 年）一书的两年前（1815 年），罗勃特·托伦斯（Robert Torrens）在他的《关于玉米对外贸易》的论文中就已提出了比较优势的概念。可见，托伦斯也是比较优势贸易理论的创始者之一，但李嘉图则是第一个用具体数字来说明这一原理的经济学家。当代经济学家萨缪尔森曾戏谑地称李嘉图"棉布和葡萄酒贸易"一例中的数字为"四个有魔力的数字"。由于这四个数字，人们在讨论这一理论时只记住了李嘉图而不知道托伦斯。海闻等. 国际贸易[M]. 上海：上海人民出版社，2003：56-57.

即使甲国在两种产品的生产上都处于绝对优势，乙国在两种商品的生产上都处于绝对劣势，但只要乙国在两种商品的劣势程度有所不同，则乙国在劣势较轻的商品上就具有相对比较优势；如果乙国"两害取轻"，利用这种相对比较优势进行专业化生产，甲国"两利取重"，从事优势较大的商品专业化生产，然后将它们的产品进行国际交换，双方同样能从国际分工和国际交换中获得利益（表 1-2）。

表 1-2　比较利益说表解

过程阶段	国家	葡萄酒产量/单位	投入劳动/人年	棉布产量/单位	投入劳动/人年
分工前	英国	1	120	1	100
	葡萄牙	1	80	1	90
	合计	2	200	2	190
分工后	英国			$\dfrac{100+120}{100}=2.2$	220
	葡萄牙	$\dfrac{80+90}{80}=2.125$	170		
	合计	2.125	170	2.2	220
国际交换	英国	1		2.2 − 1=1.2	
	葡萄牙	2.125 − 1=1.125		1	

比较优势可以用以下指标来衡量：①"相对劳动生产率"，是不同产品劳动生产率的比率，或两种不同产品的人均产量之比，用公式表示即产品 A 的相对劳动生产率（相对于产品 B）$=\dfrac{\text{产品A的劳动生产率（人均产量：}Q_A/L\text{）}}{\text{产品B的劳动生产率（人均产量：}Q_B/L\text{）}}$（$L$ 代表劳动）；②"相对成本"，是指 1 单位一种产品的要素投入与 1 单位另一种产品的要素投入比例，用公式表示即产品 A 的相对成本（相对于产品 B）$=\dfrac{\text{单位产品A的要素投入量（}\alpha_{LA}\text{）}}{\text{单位产品B的要素投入量（}\alpha_{LB}\text{）}}$；③"机会成本"，是指为了多生产产品 A 而必须放弃的产品 B 的数量，用公式表示即产品 A 的机会成本 $=\dfrac{\text{减少的产品B的产量（}\Delta Q_B\text{）}}{\text{增加的产品A的产量（}\Delta Q_A\text{）}}$。

在表 1-2 中，根据"相对成本"，显然，英国在棉布的生产上具有相对比较优势，应专业化生产棉布；相应地，葡萄牙应专业化于葡萄酒生产。从"分工后"一行里可以看出，两国各自投入未变的情况下，棉布和葡萄酒的总产量都增加了，这表明劳动生产率得以提高。然后，两国按照 1 单位葡萄酒交换 1 单位棉布的比例进行交换，和国际分工前相比较，英国多得 0.2 单位的棉布，葡萄牙多得 0.125 单位的葡萄酒。此即这两个国家参与国际分工和国际贸易所获得的利益。

当代经济学家称比较利益说为"外生比较利益说"。外生比较利益是指天生条件的差别（生产技术或资源方面的差别）而产生的一种特别的贸易好处。

专栏 1-1

古典贸易理论的启示

由斯密创造并由李嘉图发展的古典贸易理论给人们的启示是，国家之间应进行自由贸易。如图 1-1 所示，没有规模经济、没有 R&D 和技术进步、没有交易成本、完全市场竞争的条件下，进口国的关税会导致进口国的福利损失。要说明的是，这里考虑的是小国即国际市场价格的接受者（price-taker）的情况。

在图 1-1 中，横轴表示某种产品的数量，纵轴表示价格（完全市场竞争条件下也就是成本）。世界价格为 OE，点 E 为世界价格和纵轴的交点。ED 为国内征收的关税，点 D 为包含关税的国内价格与纵轴的交点。S_D 为国内供给曲线，也是国内生产者的边际成本曲线，表示边际成本递增，即随着产量增加，成本（或价格）亦增加。D_D 为国内对该产品的需求曲线，与纵轴交于点 C，交国内价格线于点 B，交世界价格线于点 A。对实施贸易保护（在此为征收关税）的分析，涉及消费者剩余和生产者剩余两个概念。

"消费者剩余"（consumer surplus）可以通俗地表述为消费者对产品愿意支付的高于实际价格的价格，与消费者实际支付的价格的差额，这一差额乘以那些愿意购买的单位个数就是总消费者剩余。在图形上表现为顶部由需求曲线、底部为市场价格围成的区域。在图 1-1 中，自由贸易条件下，消费者剩余为 $a+b+c+d+f$（f 为三角形 BCD 的面积）。在征收关税以后，国内价格上涨，总消费者剩余减少了 $a+b+c+d$，降至 f。

"生产者剩余"（producer surplus）即生产者实际得到的价格，与生产者愿意得到的最低价格的差额，这一差额乘以那些愿意供给的产品单位个数就是总生产者剩余。在图形上表现为底部由供给曲线、顶部为市场价格围成的区域。在图 1-1 中，对国内生产者来说，自由贸易条件下，生产者剩余为 e。征收关税后，生产者剩余由于国内价格提高和供给增加而增加了 a。

另外，征收关税后，进口减少，政府得到了进口量与关税的乘积所决定的面积 c。

综合来看，进口国净损失（$b+d$）。

所以，古典贸易理论得出的结论是，关税的影响是降低国民福利。古典经济学家们因此得出了两个关于关税影响方面尤其重要的结论。首先，关税通常减少世界财富；其次，关税通常降低有关国家的福利，包括那些征收关税的国家。但是，对第二个结论却有两种例外情况：一种例外情况是当一国是某种产品的进口大国即具有一定程度的买主垄断地位，从而能够影响该产品的国际市场价格时，可利用其市场支配地位征收使其利益最大化的"最优关税"。在这种情况下，该国作为一个整体能够使购买进口产品的边际成本小于任何个人或公司在没有关税的情况下单独购买所支付的价格。另一种例外情况涉及把关税视为一种消除国内经济中的欠缺或"扭曲"的有效方法的"次佳"争论。显然，这两种例外情况依赖于古典贸易理论前提的某些改变。

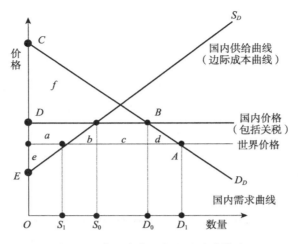

图 1-1　关税对进口小国福利的影响

李嘉图以后的经济学家们通常接受比较优势的思想并把自由贸易视为有根据的。实际上，GATT（关税及贸易总协定）/WTO 这个规定国际贸易指南的国际组织在制定各项条款时也考虑了李嘉图的比较优势贸易理论。

三、赫克歇尔—俄林的要素禀赋说

尽管对李嘉图理论深信不疑，经济学家们还是不断地用放宽李嘉图理论中假设条件的方法来对李嘉图模式进行发展。对大卫·李嘉图模式最重要的发展理论由赫克歇尔和俄林提出。赫克歇尔和俄林均是瑞典著名的经济学家，俄林是赫克歇尔的学生。赫克歇尔于 1919 年发表的论文《对外贸易对国民收入之影响》里，提出了要素禀赋说的基本论点，他的学生俄林接受了这些论点，于 1933 年出版了代表作《域际和国际贸易》，创立了要素禀赋说。由于他采用了其师赫克歇尔的主要观点，因此又叫作赫克歇尔—俄林原理（Heckscher-Ohlin theorem），或简称赫—俄原理（H-O theorem）。俄林曾于 1977 年获得诺贝尔经济学奖。

（一）要素禀赋说的主要内容

要素禀赋说的两块基石是各国生产要素禀赋的相对比例不同（国家不同的要素充裕程度），以及生产不同产品所需要素比例不同（或产品具有可区别的要素密集度）。该理论假设所有国家都拥有相同的技术、生产函数相同，在不同国家间劳动同质，排除了规模经济，也不考虑各国对产品偏好的差异，完全竞争的市场、自由贸易、没有运输成本以及生产要素在国家间完全不流动。在以上条件下，其理论的主要内容如下。

（1）各国所生产的同一产品价格的国际绝对差异是国际贸易发生的直接原因。商品价格的国际绝对差异是指同种商品在不同国家把用本国货币表示的价格都换算成同一种货币表示的价格不同。当不考虑运输费用（也不考虑其他交易成本）时，则从价格较低的国家输出商品到价格较高的国家是有利的。

（2）各国商品价格比例不同是国际贸易产生的必要条件。商品价格的国际绝对差异是国际贸易产生的直接原因，但并不是存在商品价格的国际绝对差异国际贸易就能发生，还需具备一个必要条件，即交易双方必须国内价格（成本）比例不同[①]。就是说，国际贸易必须符合比较成本优势的原则。

（3）各国商品价格比例不同是由要素价格比例不同决定的。所谓要素价格，是指土地、劳动、资本、技术、知识、管理等生产要素的使用费用，或称为要素的报酬。俄林假设各国生产的物质条件是相同的，或者说各国生产函数（指生产某种产品所投入的各种生产要素的比例关系）是相同的，但各国生产要素的价格比例不同，而各国商品价格等于生产要素价格乘以相同的生产函数，所以各国商品的价格比例是不同的。

（4）要素价格比例不同是由要素供给比例不同决定的。所谓要素供给比例不同，是指要素的相对供给不同。也就是说，同要素需求相比，各国所拥有的各种生产要素的相对数量是不同的。俄林认为，在要素的供求决定要素价格的关系中，要素供给是主要的。在各国要素需求一定的情况下，供给丰裕的生产要素价格便宜；相反，稀缺的生产要素价格就昂贵。

（二）要素禀赋说的主要结论

（1）在国际分工中，一个国家应该出口密集地使用本国相对丰裕的生产要素生产的产品，进口密集地使用本国相对稀缺的生产要素生产的产品。此即要素禀赋说所确定的一国进出口商品结构，也称为 H-O 定理。具体来说，如果一个国家劳动丰裕、资本稀缺，则应出口劳动密集型产品，进口资本密集型产品；相反，如果一个国家劳动稀缺、资本丰裕，则应出口资本密集型产品，进口劳动密集型产品。所谓要素密集型产品，是指根据产品里面投入的所占比例最大的生产要素种类不同，把产品分成不同的种类，即哪种生产要素在一种产品的投入要素中所占比例最大，就把该产品叫作这种生产要素密集型产品。例如，生产纺织品劳动投入所占的比例最大，就叫它劳动密集型产品；生产小麦土地投入占的比例最大，就称小麦为土地密集型产品。另外，用 X、Y 表示两种产品，K、L 分别表示资本和劳动，若 $(K_X/L_X) < (K_Y/L_Y)$，则相对地称 Y 产品为资本密集型产品，X 产品为劳动密集型产品，不论 (K_X/L_X) 是否小于 1。

（2）国际分工—国际贸易的结果会消除贸易国之间商品价格的差异，使生产要素收入趋同，实现生产要素在两国间的间接流动，从而弥补生产要素在国家间不能自由

[①] 在完全竞争市场条件下，商品价格等于生产成本。

流动的缺陷。

（三）要素价格均等化说

以上所述的要素禀赋说是狭义的要素禀赋说，又称为生产要素供给比例说。它通过对相互依存的价格体系的分析，用不同国家的生产诸要素的丰缺解释国际分工和国际贸易产生的原因以及一国进出口商品结构的特点。而广义的要素禀赋说，除了生产要素供给比例说之外，还包括要素价格均等化说。该学说研究国际贸易对要素价格[①]的反作用。

假定：①两个国家生产两种产品，使用两种生产要素（即 2×2×2 模型）；②竞争在所有市场存在；③各种要素供给是固定的，在一国内部门间自由流动，但在国家间不存在要素流动；④规模报酬不变；⑤无论有无贸易，各种要素在各国都被充分利用；⑥不存在运输费用；⑦无贸易壁垒；⑧国家间任一产业的生产函数是相同的，且是线性齐次的（投入、产出同比例变化）；⑨无"要素密集度逆转"；⑩两个国家在自由贸易条件下生产特定数量的两种商品。

要素价格均等化定理：在以上假定下，自由贸易不仅使商品价格均等化，而且使两国间的各种要素价格均等化，以至于即便在要素不能在各国间流动的情况下，两国工人也将得到相同的工资，单位面积的土地将得到相同的地租收益。

要素价格均等化首先是由俄林提出的，与此同时他也看到，生产要素价格的完全相同几乎是难以想象的，因为产业需求往往是对几种要素的"联合需要"，它们的结合比例不能任意改变，同时生产要素在国家间不能充分流动，即使在国内，生产要素从一个部门流向另一个部门也不是充分便利的。所以，俄林只是把生产要素价格均等化看成一种趋势。1949 年，萨缪尔森发表了《再论国际要素价格均等化》，在此文中他用数学方法论证了在特定条件下，国际要素价格均等化是必然的，而不是一种趋势。由于萨缪尔森提出了国际要素价格必然均等的定理，所以，要素禀赋论后来又被称为赫克歇尔—俄林—萨缪尔森理论（即 H-O-S 模式）。

（四）经济学家们对要素禀赋说的批评

首先是 H-O 原理的一些假设条件似乎并没有反映国际经济的现实。例如，由于规模经济的原因，一国可能已决定坚持生产本国并没有比较优势的某一特殊产品，直到产量累积到足以体现规模经济效益，而且规模经济收益大于放弃专业化生产具有比较优势产品的损失，从而建立新的比较优势。相关的规模经济可能是企业内部规模经济，也可能是外部规模经济，如某一产业的规模经济或相互依赖的某些产业的规模经济。

---

① H-O 模式对于要素收入（即要素价格）有三种主要的含义。一是斯托尔珀—萨缪尔森定理，其内容是：自由贸易使一国丰裕要素所有者受益，使稀缺要素所有者受损。二是专业化要素模式，其含义是：某种要素越是专业化或越是集中用于出口生产，它便越能够从贸易中获益。相反地，一种要素越是集中用于可进口商品的生产，它便越容易从贸易中受损。三是要素价格均等化定理（见下文）。

又例如，该理论假定国家间拥有相同的技术，即在一个国家可能发生的经验与技术方面的发明创新在另一个国家也同样（同时）可能发生。但弗农（Raymond Vernon）和威尔士（Louis T. Wells）坚持认为发明创新在确定贸易格局方面起着重要作用，而且对某些产品的发明创新往往在一些国家发生而在另一些国家则不然，这些发明至少在短时间里为一些国家产生比较利益。

其次是认为这一理论是静态的，理由是该理论暗指生产资源是在当地被发现而不是被创造出来的。根据这一观点，一些国家如果坚持它们的"天然"优势，那么这些国家就会沦为次佳和二等的经济体。另外，该理论没有包括由于经济结构变化所导致的调整。H-O 原理主张一国应充分利用它现有的资源而不是在即将到来的经济结构变化前抢先行动，并在即将出现的新产业中建立竞争实力，而实际上许多政府的产业政策正是瞄准了这些目标，特别是在高技术领域。

对 H-O 原理最值得注意的挑战是以经验为依据的里昂惕夫（Vassily W. Liontief）之谜。里昂惕夫是美籍俄人，美国著名经济学家，长期任哈佛大学教授并有重要的国内外兼职。由于他的投入—产出分析在经济学中的贡献，曾获 1973 年诺贝尔经济学奖。他在《国内生产与对外贸易：美国资本状况的再检验》这一篇具有重大影响的论文里表明，按照他的计算，美国进出口商品的资本/劳动比率与 H-O 原理预料的结果正好相反，美国出口产品按平均值计算不如其进口替代产品的资本密集程度高。这一发现后来被人们称为"里昂惕夫之谜"。它激励了许多经济学家对比较利益来源可选的理解方法进行研究。尽管如此，H-O 原理到 20 世纪 80 年代一直是国际贸易理论大厦的基石。

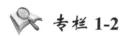 专栏 1-2

里昂惕夫之谜

第二次世界大战后，在第三次科技革命的推动下，世界经济迅速发展，国际分工和国际贸易都发生了巨大变化，传统的国际分工和国际贸易理论更显得脱离实际。在这种形式下，一些西方经济学家力图用新的学说来解释国际分工和国际贸易中存在的某些问题，这个转折点就是里昂惕夫悖论（the Liontief paradox），或称里昂惕夫之谜。

按照 H-O 原理，一个国家应该出口密集地使用本国较丰裕的生产要素所生产的产品，进口密集地使用本国较稀缺的生产要素所生产的产品。里昂惕夫对此确信不疑。基于以上的认识，他利用投入—产出分析法对美国的对外贸易商品进行具体计算，目的是对 H-O 原理进行验证。他把生产要素分为资本和劳动两种，对 200 种商品进行分析，计算出每百万美元的出口商品和进口替代品所使用的资本与劳动量，从而得出美国出口商品和进口替代品中所包含的资本与劳动的密集程度。其计算结果见表 1-3。

表 1-3　美国出口商品和进口替代商品对国内资本与劳动的需要量

项　　目	1947 年		1951 年	
	出口	进口替代	出口	进口替代
资本/美元	2 550 780	3 091 339	2 256 800	2 303 400
劳动/人年	182.313	170.004	173.91	167.81
人均年资本量	13 991	18 184	12 977	13 726

从表 1-3 可以看出，1947 年平均每人进口替代商品的资本量与出口商品的资本量相比是 18 184 : 13 991=1.30，即进口替代商品的资本劳动比率比出口商品高出 30%，而 1951 年的比率为 1.06，即高出 6%。尽管这两年的比率的具体数字不同，但结论基本相同，即这两个比率都说明美国出口商品与进口替代品相比，前者更为劳动密集型。据此显然可以认为美国出口商品具有劳动密集型特征，而进口替代商品更具有资本密集型特征。这个验证结论正好与根据 H-O 原理推理的结论相反。正如里昂惕夫的结论所说：“美国之参加分工是建立在劳动密集型生产专业化基础上，而不是建立在资本密集型生产专业化基础上。”[①]

里昂惕夫发表其验证结论后，使西方经济学界大为震惊，将这个不解之谜称为里昂惕夫之谜，并掀起了一个验证探讨里昂惕夫之谜的热潮。

里昂惕夫之谜也称为里昂惕夫悖论。它的内容可以概括如下。

（1）根据 H-O 原理，一个国家应该出口密集地使用本国相对丰裕的生产要素生产的产品，进口密集地使用本国相对稀缺的生产要素生产的产品。

（2）第二次世界大战后，人们认为美国是一个资本丰裕而劳动稀缺的国家，按照 H-O 原理，美国应该出口资本密集型产品，进口劳动密集型产品。

（3）里昂惕夫对美国出口商品和进口替代品的资本/劳动比率进行了计算，目的是验证 H-O 原理，但是结果发现美国出口的是劳动密集型产品，进口的是资本密集型产品，与理论推理结果正好相反。

（4）上述矛盾即为里昂惕夫之谜。

第二节　比较优势的理论来源（二）

赫克歇尔—俄林的要素禀赋说阐明了一国的进出口商品结构，即一国应该出口密集地使用本国相对丰裕的生产要素生产的产品，进口密集地使用本国相对稀缺的生产要素生产的产品。但里昂惕夫之谜引起了人们对该理论的怀疑，导致了许多经济学家

---

① 里昂惕夫. 国内生产与对外贸易：美国资本状况的再检验[J]. Economical international，1954(7)：3-32.

做了许多研究工作去寻求解释为什么会出现这种意想不到的结论。本节将简要地介绍一些主要解释的内容，进而探讨以下问题：国际贸易与生产格局如果不是由要素比例决定，那是由什么决定的呢？

一、熟练劳动说

根据里昂惕夫本人的解释，他认为谜与 H-O 原理是一致的。他认为美国工人的劳动生产率大约是其他国家工人劳动生产率的 3 倍。在以劳动效率为单位的条件下，美国就成为劳动丰裕而资本稀缺的国家了。因此，美国出口劳动密集型产品，进口资本密集型产品[也可以这样理解，即美国生产的进口替代品的 K/L 在国外实际为 $K/(3L)$，因此美国从国外进口的产品就具有劳动密集型了]。至于美国工人劳动生产率高的原因，他的解释是，由于美国企业科学的管理、高水平的教育、优良的培训、可贵的进取精神等。但是，一些研究表明实际情况并非如此。例如，美国经济学家克雷宁（Krelnin）经过验证，认为美国工人的效率和欧洲工人相比，美国工人的效率最多为欧洲工人的 1.2～1.5 倍。因此，他的这个论断通常不为人们所接受。

在此基础上，美国经济学家基辛（D. B. Keesing）对这个问题进一步加以研究。他利用美国 1960 年人口普查资料，将美国企业职工区分为熟练劳动和非熟练劳动（指不熟练和半熟练工人）。他根据这两大分类对 14 个国家的进、出口商品结构进行了分析，得出了以下结论：资本较丰裕的国家往往也是熟练劳动较丰裕的国家，倾向于出口熟练劳动密集型商品；资本较缺乏的国家往往也是熟练劳动稀缺而非熟练劳动丰裕的国家，倾向于出口非熟练劳动密集型商品。他解释说，美国出口商品中的熟练劳动含量要多于进口替代品的熟练劳动含量。进口替代品是指美国国内生产的与进口产品直接竞争的产品。

凯南（P. B. Kenen）等人认为，劳动是不同质的，这种不同质表现为由劳动熟练程度决定的劳动效率的差异。劳动熟练程度的高低，取决于对劳动者进行培训、教育和其他的相关开支，即决定智力开支的投资。因此，高劳动效率和熟练程度归根到底是投资的一种结果，是资本支出的一种产物。所以，在计算国际贸易商品的资本/劳动比率时，资本应包括有形资本和无形资本即人力资本。所谓人力资本，是指投资于人的劳动技能的训练所花费的费用，包括政府投资、个人投资以及个人接受教育、训练的机会成本。但是，人力资本的量化是比较困难的。凯南对人力资本的估计方法是把熟练劳动的收入高出简单劳动的收入的部分资本化。他认为，在计算美国出口商品的资本/劳动比率时，不能仅考虑物质资本（即有形资本），也要考虑人力资本。以 K、K'、L 分别表示物质资本、人力资本和劳动，美国出口商品的资本/劳动比率应为 $(K+K')/L$。经过这样的处理，美国出口商品就相对具有资本密集型了，里昂惕夫之谜就消失了。

这种解释的困难在于现实中还存在着受教育程度和所得报酬之间的不对应现象。[①]

二、自然资源产业说

有的经济学家认为，一些国家的贸易中出现里昂惕夫之谜是因为没有考虑自然资源禀赋这个因素。自然资源与资本要素具有互补的性质：如果某些自然资源不足，要生产一定的该种自然资源密集型产品，就必须投入较多的资本要素。例如，香蕉等热带水果在热带地区的国家是土地密集型产品，但若在美国的阿拉斯加州生产，就必须投资建立昂贵的温室，从而成为资本密集型产品。

美国的一些进口产品，正是资源密集型产品。因为生产这些产品所要求的自然资源在美国相对不足，所以这些产品作为进口替代品在美国生产，就必须以较高的资本投入来弥补，这就是"里昂惕夫之谜"形成的原因。也就是说，美国进口实际上是以自然资源密集型产品为主，其贸易格局是节约稀少资源的。由于里昂惕夫考察的是美国生产的进口替代品，因而这些产品在国外生产所需的较密集地使用的自然资源要素，在美国就由较密集地使用的资本要素替代了。[②]瓦耐克（J. Vanek）在 1959 年发现，总体上说，美国进口产品中的自然资源密集型产品是出口产品中自然资源密集型产品的两倍。里昂惕夫再次审查他的原始数据发现，如果从他的分析中把自然资源产业排除在外，"里昂惕夫之谜"就消失了。

三、需求偏好相似说

按照 H-O 原理，国际贸易的基础是比较成本的差异，而比较成本的差异来自各国生产要素禀赋的相对比例不同和生产不同产品所需要素比例不同。因此，生产要素禀赋的差异越大，发生贸易的机会越大，可能的贸易量越大，大量的国际贸易应是工业发达、资本存量丰富的国家和土地或劳动丰裕的非工业国家之间以工业品交换初级产

---

① 据新华网（2003-10-30 13:55:35，稿件来源：文汇报）报道，复旦大学就业服务指导中心对 2003 年就业的 2003 届 2 400 多名毕业生所做调查结果发现，硕士毕业生的薪酬最高，实际薪酬为 3 871 元，比上年增加 459 元，博士毕业生的实际薪酬为 3 347 元，比上年增加 543 元。见《专业比性别差异更明显，复旦毕业生平均薪酬增加》。

② 这种解释已经包含了要素密集度逆转的思想。所谓要素密集度逆转（factor-intensity reversal），是这样一种情形：某一特定商品，在劳动力相对充裕的国家可以劳动密集的方式生产，即属于劳动密集型产品；在资本相对充裕的国家则可以资本密集的方式生产，属于资本密集型产品。例如，小麦在许多发展中国家都是劳动密集型产品，而在美国却是资本密集型的。H-O 原理假定，无论生产要素的价格比例实际如何，某种商品总是以某种要素密集型方式生产。显然，这种假定是不现实的，因为有要素密集度逆转这一现象存在。根据这种解释，美国进口的产品在国内可以资本密集型方式生产，但在国外却是以劳动密集型方式生产，从美国的角度来看，会造成进口品为资本密集型产品的错觉。不过，经济学家们的分析表明，要素密集度逆转现象不是一种普遍现象，仅存在于一些特殊行业或产品。

品的贸易。但现实是，第二次世界大战后，国际贸易主要是发达工业国家之间的工业品与工业品的交换。针对这一矛盾，瑞典经济学家林德尔（Linder）提出了偏好相似论[①]，主要内容如下。

（1）一国的新产品首先必须满足本国的需求，然后再出口到国外——满足外国的需求。林德尔对制成品断言，可出口产品的范围是由国内需求决定的。一种产品在国内被消费（或投资），对于这种产品成为潜在的出口产品是一个必要但不充分的条件。在这里，国内需求必须是一国需求的"代表"，即一国首先应该专业化于国内大多数人所需求的产品的生产。如在美国，这些产品是指那些迎合中产阶级和中上层社会收入的人需求的产品；而在中东国家，尽管有些人拥有林肯等名贵小轿车，但这种车并不包括在具有代表性的产品中。这一观点暗含着这样一个结论，即一国企业家将生产他们所最了解的、代表国内需求的产品，对发明创造的开发利用被首先用来迎合国内市场需求。当本地的市场潜力不足，企业家们意识到可以从国外获利时，他们开始出口产品，出口到那些与本国需求结构相似的国家。因此，两国的需求结构（需求偏好）越相似，两国开展贸易的可能性就越大。

（2）决定一个国家的需求结构的是该国的人均收入水平。不同收入水平的国家，其需求结构是不同的。因此，两国人均收入水平和收入分配方式越相近，两国的需求结构越相似，相互需求就越大，贸易量也就越多，越会成为特别牢固的贸易伙伴。

为什么"一国的新产品首先必须满足本国的需求，然后再出口到国外——满足外国的需求"？该理论的解释如下。

（1）出口是市场扩大的结果。根据林德尔的理论，出口是在一条典型的市场扩展小路的尽头，而不是这条小路的开端。因为企业家对国外市场不可能像对国内市场那样熟悉，不可能想到一个国内不存在的需求。一个企业生产规模日益扩大后，感到本地市场狭小，开始扩大销售范围，才会想到出口赚取国外利润。当然，如果获得国外的需求信息很容易，满足需求的发明不需依靠创造性的努力，很少或完全不需要开发工作，那么，这条"典型的小路"可能会改变。

（2）产品发明来自国内市场需求。一项发明很可能是解决发明者本身所处环境中遇到的切身问题而产生的。一国本身的需求才是技术革新和发明创造的推动力。如果所要解决的问题不是发明者所处的环境的一部分，那么，发现和解决这个问题都是困难的。

（3）出口的工业品必须先有一个国内市场，才能获得相对优势。在国内市场上，消费者与生产者之间的关键性信息容易沟通。当某种产品进入开发与改进阶段时，这

[①] 从需求方面论述国际贸易的另一种观点是需求偏向说。这种观点认为，各国由于国内需求不同，可能出口在成本上并不完全占优势的产品，而进口在成本上处于优势的产品。就美国而言，美国对资本密集型产品的需求大于对劳动密集型产品的需求，由此导致美国进口资本密集型产品，出口劳动密集型产品。

种信息实际上对任何产品的推出都是必要的。企业家不大可能想到去满足一个国内不存在的需求；即使看到了国外的需求，也很难想象出满足这种需求的合适产品；即使设想出基本合适的产品，但不花费高昂的代价，也不可能生产出适合于本国企业家所不熟悉的外国市场情况的产品。因为要使一种新产品最终适合市场需要，生产者和消费者必须反复地交流信息，如果消费者和市场在国外，取得信息的成本将是高昂的。

　　如何用偏好相似理论解释以下贸易格局：就消费品而言，中国的主要贸易伙伴是美国、欧盟和日本，而不是发展中经济体？林德尔的回答是，在一国内不平均的收入分配会扩大两国之间进出口物资的范围，增加两国之间需求的一致程度，因为贫穷国家的高收入者和富有国家的较低收入者可能需求同一产品。如富康、捷达等中低档小轿车在中国和发达国家都有一定程度的需求。

四、技术差距说

　　技术差距理论认为，各国技术革新的进展情况很不一致。技术革新领先的国家发展出一种新技术或新的生产流程时，这项技术国外尚未掌握，因而产生了国家间的技术差距。技术革新领先的国家就有可能享有出口技术密集型产品的比较优势。但是，其他国家迟早会掌握这种技术，从而消灭了（这项技术的）技术差距。新技术发明应用到别国掌握该项技术这段时间叫模仿滞后。在这个时期内，由于创新国家垄断了这种新产品的生产，该产品自然具有出口优势。

　　模仿滞后又分为反应滞后和掌握滞后两段时间，前者指发明国投产到别国开始生产这段时间，后者指别国开始生产到完全掌握这项技术不再进口这段时间。从发明国开始生产到别国进口这段时间为需求滞后（图 1-2）。

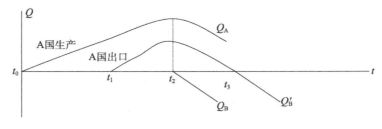

图 1-2　技术差距

　　图 1-2 中，纵轴 Q 上方表示创新国 A 生产和出口（B 国进口）数量，下方表示模仿国 B 国生产和出口数量（B 在 t_3 以后表示出口，Q_B 表示生产数量，Q_B' 表示出口数量）。t_0 表示 A 国开始生产，t_1 表示 A 国开始出口和 B 国开始进口，t_2 表示 B 国开始生产，t_3 表示 B 国开始出口。$t_0 \sim t_3$ 为模仿滞后，$t_0 \sim t_1$ 为需求滞后，$t_0 \sim t_2$ 为反应滞后，$t_2 \sim t_3$ 为掌握滞后。

五、产品生命周期说

技术差距论被美国经济学家弗农和威尔士进一步发展为产品生命周期理论。弗农将产品的生命周期分为产品创新时期、成熟时期、标准化时期三个阶段。威尔士将其分为四个阶段。

第一阶段：美国（先驱国）高人均收入、高劳动力成本和相对充裕的资本促进了美国对省工产品和奢侈品的投资、创新、研究与开发。美国进行技术创新推出的新产品，首先满足国内的需求，并处于垄断地位。随着其他国家如欧洲国家逐渐富裕起来，美国的产品被销售到欧洲，并且美国公司在开始时拥有巨大的优势（见图 1-3 中的 $t_0 \sim t_2$）。

第二阶段：美国有关加工方法的知识或产品的知识趋向贬值并被传播开来。外国厂商（往往是先驱国的子公司）开始生产并部分取代该产品进口阶段（美国开始向发展中国家出口新产品）（$t_2 \sim t_3$）。

第三阶段：美国以外的国家（欧洲）参与新产品出口市场的竞争阶段（$t_3 \sim t_4$）。

第四阶段：外国产品在美国市场上与美国产品竞争阶段（t_4 以后）。此时，美国成为该产品的净进口[①]国。但是，随着美国对这些产品的优势日渐消失，美国的新产品、新部门以及新产业又涌现出来取代它们。

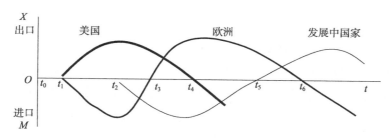

图 1-3　新产品的国际贸易

图 1-3 中，t_0 点表示美国开始生产某种新产品；t_1 点表示美国开始出口，欧洲开始进口该产品；t_2 表示美国开始向发展中国家出口，发展中国家开始进口，欧洲开始生产；t_3 表示欧洲国家开始出口该产品；t_4 表示美国开始成为净进口国；t_5 表示发展中国家开始出口；t_6 表示欧洲国家成为该产品的净进口国。

---

① 一国在一定时期内（如一年或半年），对某一商品往往既有出口又有进口，如果该商品的出口数量大于进口数量，其差额即为净出口；反之，即为净进口。另外，从"技术差距说"和该理论可以看出，始于发达国家的新技术、新产品，发展中国家在经过一段期间后，也能够掌握并获得比较优势。但是，由于掌握的"先""后"的区别，发展中国家的盈利能力要弱得多。如美国在第二次世界大战后不久推出的一种创新产品叫"原子笔"（即圆珠笔），售价高达 1 美元但仍然畅销。考虑到当时美元的购买力（35 美元/盎司黄金，1 金衡盎司=31.102 8 g）以及现在圆珠笔的售价，可见单位产品的利润差距。低利润率必然影响发展中国家企业的下一轮创新投入。

还是在图1-3中，在$t_1 \sim t_2$阶段，美国出口到欧洲；在$t_2 \sim t_3$阶段，欧洲仿造新产品，进口减少，美国向发展中国家出口；在$t_3 \sim t_4$阶段，欧洲和美国在发展中国家市场竞争；在$t_4 \sim t_5$阶段，发展中国家实行部分进口替代，美国成为净进口国；在$t_5 \sim t_6$阶段，发展中国家出口，欧洲国家出口量减少，并最终成为净进口国。

六、产业内贸易说

传统的贸易是产业间贸易，各国以部门间生产专业化为基础进行商品交换，如中国向美国出口廉价鞋子，换取美国的波音飞机。但到20世纪70年代中期，产业内贸易已成为工业化国家间的一项日益增长的贸易组成部分。所谓产业内贸易，是指各国以部门内、产品内生产专业化为基础的交换，这种交换是产业结构相同、消费结构相似的工业化国家之间进行的交易，如美国向日本出口大型小轿车，日本向美国出口小型小轿车。

H-O原理认为拥有相同产业的国家间，不会有进行贸易的动因。因而该理论不能解释上述贸易格局。这导致格鲁拜尔（Glubel）发展了一种关于国际贸易的新解释，即产业内贸易说（也称同行业贸易理论）。该理论融合产品差异论、规模经济、偏好相似论三个理论解释产业内贸易产生的原因。

（一）产品差异论

产品差异性是指产品在品质、性能、造型、设计、规格、商标及包装等方面的差异[①]。对公司来说，减少它所生产的差异性产品种类而增加每一种差异性产品的数量意义重大。不同的国家将专门生产一种或少数几种可选的差异性产品。这一（些）产品种类的选择取决于实际的环境，如这个国家的历史与文化所导致的大多数居民对产品质量的需求，以及尖端技术产品的市场规模。例如，瑞典高度发达的公共住房补贴计划使瑞典的小房子很适合一种后来被称为具有"斯堪的纳维亚风格"特点的新式家具。而在美国的创业阶段，由于充足的空间和木材，出现了笨重的"殖民地风格"家具。[②]由于每个国家总有这样一些人，他们具有不同于本地大多数人的口味，这就使产自不同国家的每样产品在其他各国都有不同程度的需求。正是各国对（有差异的）同种产品或同类产品的相互需求，从而导致同行业的国际贸易。

（二）规模经济

规模经济是指厂商进行大规模生产使成本降低而产生的经济效益。规模经济产生

---

① 这里的差异性产品是格鲁拜尔所坚持的观点意义上的产品，即仅仅是由于产品风格、使用特点上的细微变化或品牌名称上存在差异，但性能十分相似的替代品，如汽车和香烟。

② 约菲，戈梅斯-卡斯. 国际贸易与竞争——战略与管理案例及要点[M]. 宫桓刚，孙宁，译. 大连：东北财经大学出版社，2000：14.

的原因如下：大规模生产一是能更好地利用交通运输、通信设施、金融机构、自然资源、水利、能源等良好的企业环境（即企业外部规模经济），二是能充分地发挥各种生产要素的效能，更好地组织企业内部分工和提高厂房、机器设备等固定设施的利用率（即企业内部规模经济）。在图 1-4 中，甲乙两国技术水平一样，某一产品在两国的长期平均成本曲线完全一样，为 cc'。甲国产量为 $Q_甲$，乙国产量为 $Q_乙$。乙国因产量大于甲国而具有规模经济，可以低价出口到甲国。

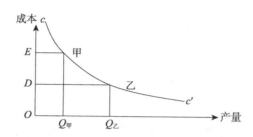

图 1-4　产量差异导致成本差异而产生的规模经济

（三）偏好相似论

这里的偏好相似论即林德尔的偏好相似论的应用，如发达工业国家的收入水平相近、产业结构相近，且消费结构相近，对相互生产的产品形成广泛的相互需求。在重叠的需求部分会产生同行业贸易，重叠得越多，产业内贸易量就越大。

针对 20 世纪 70 年代关于比较利益争论的观点，经济学家罗伯特·鲍德温和大卫·理查森（David Richardson）进行了总结。他们认为，要素比例在影响贸易格局方面仍然是重要的，但是人力资本和自然资源等生产要素也必须融

案例 1-3：行业内贸易实例：1964 年北美汽车协定

入传统的模式中去。另外，暂时的技术上的差别、规模经济的差别、政府贸易政策方面的差别在决定世界贸易的商品结构上也起着至关重要的作用。现在重要的任务是确定在不同的时间里，这些可变因素从一个国家到另一个国家的相对重要性。[①]

然而，到 20 世纪 80 年代初期，经济学家们对现代国际贸易理论日益不满。首先，作为对 H-O 原理的修正，产品生命周期说和林德尔关于国内需求的假设实质上是定性分析，很难用数学的方法进行公式化。其次，按照比较利益理论，大部分国际贸易应该发生在不同种类的国家之间，即发达的工业国与落后的非工业国之间制成品与初级产品的交换。然而，第二次世界大战后，大部分国际贸易发生在工业化国家之间，即制成品与制成品的交换。而且，这些国家的要素禀赋和产品结构日益趋同。另外，古

---

① 约菲，戈梅斯-卡斯．国际贸易与竞争——战略与管理案例及要点[M]．宫桓刚，孙宁，译．大连：东北财经大学出版社，2000：15．

典贸易理论中完全竞争的市场假设看起来越来越站不住脚。在跨国公司日益强大、迅速发展的世界上，规模经济的巨大、公司战略的不同，使得公司战略和政府政策影响全球市场与贸易格局成为可能。

基于对上述事实的考虑，学术界出现了一个新的国际贸易理论群体。克鲁格曼（Krugman）、迪克斯特（Dixit）、布兰德（Brander）以及斯潘塞（Spencer）等经济学家把不完全竞争模型和博弈论以数学方式纳入国际贸易的研究中。迈克尔·波特（Michael Porter）、布鲁斯·斯克特（Bruce Scott）提出了强调产业结构的作用与政府政策的作用的新理论。尽管比较利益说和要素禀赋说的影响到现在也没有消除，但是李嘉图模式出现了越来越大的漏洞。

 案例 1-4

美国劳动力的重新分配：行业的比较优势

在 1970 年到 1980 年间，与进口商品的竞争使得美国一些行业大量裁员，而伴随着美国出口的增加，一些行业又新增了大量就业机会。表 1-4 展示了 1970—1980 年由于外贸美国制造业雇员的变化情况。

表 1-4　1970—1980 年由于外贸美国制造业雇员的变化情况　　　　%

行业	变化率	行业	变化率
制鞋	−15.9	服务业设备	5.7
汽车及设备	−11.1	常用电子机械	6.0
电子元件及附件	−7.8	电子与工业设备	7.1
皮革制品	−6.3	常用机械	8.0
服装	−6.3	飞机及备件	12.8
收音机与电视机	−5.7	办公、计算及核算机械	16.1
日杂品	−5.0	发动机与涡轮机	17.8
家具及配件	−4.5	建筑与采矿机械	19.9

资料来源：SALVATORE D. 国际经济学[M]. 朱宝宪，吴洪，等译. 5 版. 北京：清华大学出版社，1998：53.

第三节　国际贸易"新"理论

20 世纪 80 年代，出现了一个新的国际贸易理论群体。这一理论的基础是不完全竞争市场，公司和政府在影响贸易流向与国家财富方面具有战略性作用。在开发出精确的数学模型后，一些颇具影响的经济学家开始对传统的无条件自由贸易为最佳贸易政策提出质疑。在这一节，我们要概述战略性贸易政策理论和国家竞争优势论。

一、战略性贸易政策理论

第二次世界大战以来，世界经济的最显著变化是贸易的重要性日益提高。例如，统计显示，1960—1980 年的 20 年间，美国制造业中进出口份额增加了 1 倍以上。20世纪 80 年代，大多数美国公司首次在国内面临严峻的外国竞争。另外，美国的贸易收支趋于恶化，如 1980—1988 年，美国经常项目从 1980 年的 20 亿美元顺差变成 1988年的 1 200 亿美元的逆差。贸易环境的变化，助长了人们对贸易理论的关注。贸易经济学家们将产业组织理论中关于规模经济、范围经济、学习效应、研究与开发竞争、技术外溢（概念见专栏 1-3）等的分析方法，用于分析国际贸易问题，产生了战略性贸易政策理论。

所谓战略性贸易政策，是指一国政府在不完全竞争和规模经济条件下，可以凭借生产补贴、出口补贴或保护国内市场等政策手段，扶持本国战略性产业的成长，增强其在国际市场上的竞争能力，从而谋取规模经济之类的额外收益，并借机劫掠他人市场份额和产业利润。即在不完全竞争环境下，实施这一贸易政策的国家不但无损于其经济福利，反而有可能提高自身的福利水平。

战略性贸易政策理论的创始者是加拿大不列颠哥伦比亚大学的布兰德和斯潘塞。他们认为，传统国际贸易理论是建立在规模收益不变和完全竞争的理想境界上的，它们用国家之间在自然环境、技术、劳动生产率和要素禀赋等方面的差异来解释国际贸易的发生。传统国际贸易理论坚称，由于贸易能改善贸易双方的资源配置状况并使双方的国民福利得以提高，所以，自由贸易政策是最优选择。但现实是国际市场上不完全竞争和规模经济普遍存在，市场份额对各国企业变得更加重要。市场竞争变成少数企业之间的"博弈"（game），谁能占领市场，谁就能获得超额利润。故战略性贸易政策主张者认为政府应该通过补贴来帮助本国企业在国际竞争中获胜，因为企业获胜之后所得利润将大大超过政府所支付的补贴。

为了说明这一道理，经济学家常常用美国波音（Boeing）公司和欧洲空中客车（Airbus）公司作为例子。现实中，它们也确实是飞机制造业中最主要的公司。

假定这两家公司生产技术和能力相近，都可生产大型客机。这种大型客机具有规模经济，且世界市场容量有限：如果两家公司都生产，则两家公司都亏损。如果两家公司都不生产，则都不亏损，也都没有利润。只有在一家生产的情况下，生产的那家公司才会有足够的市场和产量从而获得利润。图 1-5 列出波音公司和空中客车公司在相同情况下假设的收益（"+"表示利润，"−"表示亏损）。每对数字的左下角数字表示波音公司的利润或亏损，右上角数字表示空中客车公司的利润或亏损。纳什均衡的结果是：谁先进入生产，另一家就不再进入。

欧洲空中客车

	无补贴的生产	不生产
无补贴的生产	−5 / −5	0 / +60
不生产	+60 / 0	0 / 0

图 1-5   波音公司和空中客车公司在相同情况下的利润/亏损

注：单位为亿美元。图 1-6、图 1-7、图 1-8 同。

现在假设欧洲政府采取战略性贸易政策，补贴空中客车公司 10 亿美元，则会出现图 1-6 所示的收益矩阵。这样空中客车就会选择生产并获得利润，不管波音做何选择。事实上，波音也只能选择不生产或退出竞争，因为它没有获得利润的可能。这样，欧洲政府以 10 亿美元的补贴，换来了 70 亿美元的收益，净得利 60 亿美元。

欧洲空中客车

	有补贴的生产	不生产
无补贴的生产	+5 / −5	0 / +60
不生产	+70 / 0	0 / 0

图 1-6   欧洲政府进行补贴后波音公司和空中客车公司的利润/亏损

从这个例子可以看到，政府的保护政策可以使本国企业获得在国际竞争中占领市场的战略性优势并使整个国家受益。这也是战略性贸易政策主张者说明政府干预重要性的经典案例。但是，这一理论也受到了一些情况的挑战。

首先，美国政府也可能采取战略性措施，向波音补贴 10 亿美元。这样，虽然两家公司都生产并都能从中获利 5 亿美元，但各国政府的支出大于企业所获利润，出现了"双输"局面，如图 1-7 所示。

欧洲空中客车

	有补贴的生产	不生产
有补贴的生产	+5 / +5	0 / +70
不生产	+70 / 0	0 / 0

图 1-7   欧美政府都补贴的利润/亏损

其次，如果空中客车在生产成本上高于波音，如图 1-8 所示，都无补贴地生产的话，波音可获得 5 亿美元的利润，而空中客车则会亏损 5 亿美元。此时，若欧洲政府补贴空中客车 10 亿美元，并不能使波音退出，只是使其利润减少而已；但空中客车只能获得 5 亿美元的利润，整个国家亏损 5 亿美元。而且，无论欧洲政府补贴多少，这一结果都不会改变。

		欧洲空中客车	
		无补贴的生产	不生产
美国波音	无补贴的生产	−5 +5	0 +65
	不生产	+60 0	0 0

图 1-8　波音公司和空中客车公司成本不同情况下的利润/亏损

　　虽然存在上述挑战，但由于采用直观的数学公式表述，新贸易理论家们使战略性贸易政策理论获得了在学术上令人尊敬的地位。但是，贸易模型的前提狭窄、脱离实际，减少了战略性贸易政策理论的实用性。为了鉴别模型的合理性，经济学家转向了经验研究。在不完全竞争条件下，模型的研究面临着缺少数据等障碍。因此，理论家们把建立模型和根据一定经验的估算结合起来确定缺少的参数。起初的经验研究结果是，使用战略性贸易政策时应谨慎小心。在贸易保护主义情况下，即使其他国家不报复，来自战略性贸易政策的获益也可能是非常小的；如果导致贸易战，则两国都成为净损失者；就自由贸易来说，其获益要大于用传统模型计算的获益，这种增长来自竞争加剧和产业结构的合理化——这一合理化变革的作用在传统模式中被完全竞争假设忽略了。

　　对模型的这些经验研究结果使得理论家们在把战略性贸易政策理论应用于现实问题时格外谨慎。究其原因，首先是政府一般缺乏赖以制定政策的无偏数据资源，即使能得到，其真实性也有很大的不确定性。错误的估计可能导致误导性的政策。其次是很少有人相信构成这些贸易模型的关键因素是以现实为基础的，从而能提供令人满意的决策指导。再次，模型关于外国企业和政府反应的假设条件的敏感性，削弱了政策制定者和学者在制定规则时对模型的信任。旨在抢占优先权的研究与开发投资，如上述飞机生产的例子，可能引发一场研究与开发的补贴战而不是阻止市场进入。最后，模型的复杂性使政策制定过程的透明度降低，因而监督其公平就更加困难。

　　鉴于以上考虑，新贸易理论家们认为，政府遵守一条"有条件的、合作性的"贸易主动性规则是明智的，无条件的合作战略是鼓励外国政府免费搭车。采用胡萝卜（自由贸易）加大棒（报复）的有条件战略被认为是最可能诱使外国政府作出合作反应的办法。合作性战略避免了因错误估计外国政府对不合作行动的反应而可能产生的严重后果。

专栏 1-3：几个概念的简短释义

二、国家竞争优势论

20 世纪 80 年代，当贸易经济学家们将研究产业组织的分析工具和方法应用于国际贸易并建立起数学模型时，哈佛大学商学院的学者迈克尔·波特教授也将对产业组织和商业战略的深入了解应用于国际贸易领域，这就是他的《国家竞争优势》。波特主要研究的问题是为什么一国的某些公司能够在国际竞争中获得成功。他的著作旨在为那些在国际市场上寻求竞争优势并负责决策的经理和试图创造有利的商业环境的政府官员的政策制定提供指导。他既不打算证实也未计划驳斥任何特定的理论，只是试图超越传统的比较利益观点。

波特在 20 世纪 80 年代到 90 年代以《竞争战略》《竞争优势》《国家竞争优势》三本书震动了西方学术界和企业界。前两本著作主要针对企业、产业如何在竞争中获得优势进行了深入研究，而《国家竞争优势》则主要从宏观角度论述了一国如何确立和提高本国产业与产品的国家竞争优势。波特说的国家竞争优势是指一国产业与企业持续地以较低价格向国际市场提供高质量产品、占有较高市场份额并获取利润的能力。

波特在《国家竞争优势》中指出，一国兴衰的根本在于该国在国际竞争中是否能赢得优势，而国家竞争优势能否取得的关键又在于国家是否具有合宜的创新机制和充分的创新能力。他从微观、中观和宏观三个层面阐述创新机制。

（一）微观竞争机制

企业活动的目标是使其最终产品增值，而增值要通过研究、开发、生产、销售、服务等诸多环节才能逐步实现。这种产品价值在各环节上首尾相贯的联系，就构成了产品的价值增值链。所以，能使企业获得长期盈利能力的创新应当是整个价值链的创新，而非单一环节的改善。

（二）中观竞争机制

中观层次的分析由企业转向产业、区域等范畴。从产业看，个别企业价值链的顺利增值，不仅取决于企业内部要素，而且有赖于企业的前向、后向和旁侧关联产业的辅助与支持；从空间上看，各企业为寻求满意的利润和长期发展，往往在制定空间战略时，把企业的研究与开发部门、生产部门和服务销售部门按一定的方式进行分割与组合，如将企业总部和研究与开发部门放在交通方便、信息灵通的大都市，将生产环节放在劳动力廉价的地区，以降低生产成本，提高灵活反应的能力。

（三）宏观竞争机制

波特教授阐述的重点在于宏观竞争机制。他认为个别企业、产业的竞争优势并不必然导致国家竞争优势。国家整体竞争优势的获得取决于四个基本因素和两个辅助因素的整合。国家被放在这一由四个基本因素构成的框架下面进行评估，以说明国家形成和维持具有国际竞争优势产业的可能性（图 1-9）。一个有利的国内环境为国内产业在全球市场上的成功提供了基础。

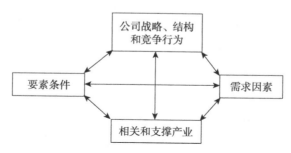

图 1-9　一国竞争优势的决定因素

1. 要素条件

要素包括物质资源、人力资本、气候条件、知识资源、地理位置、资本资源和基础设施等。它们不仅包括数量，还包括质量，以及获得这些要素的成本高低。

从要素的产生机制和所起作用看，要素可分为基础要素和推进要素。前者系指一国先天拥有或不需太大代价就能得到的要素，如自然资源、地理位置及非熟练劳动力等；后者则指必须要通过长期投资和培育才能创造出来的要素，如高质量人力资本、高精尖技术等。对于国家竞争优势的形成而言，后者更为重要，因为随着科学技术的发展，对基础要素的需求减少，靠基础要素获得的竞争优势难以持久，推进要素才是竞争优势的长远来源。在特定条件下，一国某些基础要素上的劣势反而有可能刺激创新，使企业在可见的瓶颈、明显的威胁前面为提高自己的竞争地位而奋发努力，最终使国家在推进要素上更具竞争力，从而创造出动态竞争优势，如日本和瑞士自然资源的劣势刺激了其推进要素的发展。但基础要素的劣势转化为推进要素的优势，需要一定条件，如企业从环境中接收到正确的信息，从而知道挑战的严重性；企业所面对的市场需求、国家政策及相关产业的条件要相对有利。就推进要素本身而言，通过努力创造，而不是继承或购买所得到的推进要素更有价值，而创造新要素的速度与效率也比一定时点上既有要素的存量来得重要。

要素根据其作用和专门性又可分为一般要素和专门要素。一般要素是指适用范围广泛的要素，可能被利用于广泛的产业种类中（如公路系统、资本市场）。专门要素则是指专门领域的专业人才、特殊的基础设施、特定领域的专门知识等专业性很强的要素（如专门供集装箱装卸的港口、研究所毕业的专业人才等）。专门要素更有可能为持续的竞争优势提供基础，因为它们更显得稀缺，更难培养，更不易得到。

波特认为，一国的产业要在国际竞争中保持优势地位，就必须进行要素创造。国家需要开发新的推进要素库和新的专门要素库，以此帮助以国内需求为基础的产业。

这样，要素创新方面的更新投资就需要不断地进行，尤其是当产业必须克服基础要素劣势时，那些以国内市场为基础的产业就显得更加重要，它们能为其他竞争激烈的产业获得足够资源提供长期支持。考虑到这些因素，以国内市场为基础的产业就会积极寻找高于当地竞争对手的可持续优势，设法拥有必要的从事发明创新的刺激因素，并将它们留在这一产业中而不是转移到另一产业。

2. 需求因素特别是国内市场的需求状况

波特认为，国内需求直接影响一国的公司和产品的竞争优势。其作用表现在：①本国市场的需求量大，将有利于本国企业迅速达到规模经济。②老练、挑剔的国内买主有助于产品高标准的建立。买方的高质量要求会使国内企业在买方压力下努力改进产品质量、性能和服务。③领先于世界的国内买方需求有助于国内企业在国际竞争中获得领先地位，因为在一国的买方需求领先于其他国家的情况下，国内企业将率先意识到新的国际需求的来临，并积极从事新产品的研究与开发，使企业的产品不断升级换代。另外，领先的国内需求还会使企业的新产品更容易在国内找到市场，使企业的新产品和企业得到发展的机会。④对于国内并非处于世界领先水平的产业来说，如果本国消费者有强烈的攀比心理，则会迫使本国企业不断跟踪国际水平，否则会被淘汰出局。

3. 相关和支撑产业

相关产业是指共用某些技术、共享同样的营销渠道和服务而联系在一起的产业或具有互补性的产业，如计算机设备和计算机软件，汽车和轮胎等；而支撑产业是指某一产业的上游产业，主要指作为生产原料和中间产品供应者的国内企业。相关和支撑产业的价值不仅在于它们能以最低价格为主导产业提供投入品，更重要的是，它们与主导产业在地域范围上的邻近，将使得企业相互之间能频繁迅速地传递产品信息、交流创新思路，从而极大地促进企业的技术升级，形成良性互动的"地方化经济"。

4. 企业战略、结构和竞争行为

波特认为，现实经济生活中，企业皆有各自的规模、组织形式、产权结构和竞争目标，不存在一种普遍适用的、能使企业在任何情况下都能应付自如的企业管理体制。企业良好的管理体制的选择，不仅与企业的内部条件和所处产业的性质有关，而且取决于企业所面临的外部环境。如消费品部门，为满足客户多变的需求，其组织要精干灵活；而制造大型和精密机械的生产资料部门则要保持组织管理上的严格有序。

波特强调，强大的本国竞争对手是企业竞争优势产生并得以长久保持的最强有力的刺激。在激烈的国内竞争下，国内企业间产品、市场的细分可以阻碍外国竞争者的渗透；正常竞争状态下的模仿效应和人员交流效应可提高整个产业的创新速度，促进产业升级；国内的激烈竞争还迫使企业尽早向外扩张，力求达到国际水准，占领国际市场。有鉴于此，波特反对"国内竞争是一种浪费"的传统观念，认为国内企业之间的竞争在短期内可能损失一些资源，但从长远看则利大于弊。国内竞争对手的存在，会直接削弱国内企业所可能享有的一些优势，从而迫使它们苦练内功，努力提高竞争力。这方面在中国有很多实例，如中国的冰箱、洗衣机、彩电。相反，国内竞争不激烈的产业往往不具有国际竞争力，如中国的邮政行业。

5. 两个辅助因素

除了上述四个基本因素之外，波特指出，一国所面临的机遇和政府所起的作用，对国家整体竞争优势的形成也具有辅助作用。

机遇是指重要的新发明、重大技术变化、投资成本的巨变、外汇汇率的重要变化、突然出现的世界或地区性需求、战争等偶然事件。机遇的作用在于它可能打断事物发展的正常进程，使原来处于领先地位的企业丧失竞争优势，落后国家的企业则可借此获得竞争优势，并后来居上。①但一国能否抓住并有效地利用机遇则取决于上述四个基本因素，因而它属于辅助因素。

政府作用表现在它可以通过对四个基本因素施加影响，从而影响国家竞争优势。如政府可以通过教育政策影响劳动力要素，通过产业政策为产业、企业竞争力的提高创造良好的环境，通过对消费者权益的保护培育国内需求……不过，政府政策仅在那些决定国家竞争优势的主要因素业已存在的产业中才能有效。波特注意到政府政策可以加速或增加获得竞争优势的可能性（当然也可以迟延或减少这些可能性②），但在没有其他有利条件的情况下，政府政策缺少创造国家竞争优势的力量。显然，政府作用也属于辅助因素。

（四）竞争优势的发展阶段

波特还提出了一个分阶段的发展模型，表明尽管不是严格的连续，但一国经济一般经过以下四个阶段的发展：第一阶段是要素推动阶段。基本要素即丰富的自然资源和廉价的劳动力成本上的优势是获取竞争优势的主要源泉。第二阶段是投资推动阶段。竞争优势的获得和产业价值链的延续主要来源于资本要素，持续的资本投入可以大量更新设备，引进技术并提高人员素质。第三阶段是创新推动阶段。竞争优势的持续需

---

① 如美国的禁酒令促进了加拿大酒业的诞生。约菲，戈梅斯-卡斯. 国际贸易与竞争——战略与管理案例及要点[M]. 宫桓刚，孙宁，译. 大连：东北财经大学出版社，2000.

② 政府的这种作用可能更大一些。美国著名的经济学家约翰·肯尼斯·加尔布雷思提出过如下观点："环视当今的世界，一个好的、诚实的政府是经济发展的最必要的条件，正如过去一个世纪在欧洲、美国所认识到的。经济发展所遇到的最大障碍之一便是政府不为自己的人民服务，同时又受到主权承诺的庇护。我们需要认识到（当然渠道是联合国而不是具体国家），主权在有些时候'保护'的是惨不忍睹的煎熬。"见约翰·肯尼斯·加尔布雷思与Asimina Caminis的谈话录："有关新千年的问题"[J]. 金融与发展（国际货币基金组织季刊），1999(12)：3.

要整个价值链的创新，特别要依靠企业将高科技转化为商品的努力赢得竞争优势的持续。20 世纪 80 年代的日本就处于这一阶段。最后一个阶段是财富推动阶段。产业主要依靠吃老本维持，创新的意愿及能力均下降，面临丧失竞争优势的危险。这就提示人们，要居安思危，通过促进产业结构的进一步升级来提高价值链的增值水平，防止被淘汰的厄运。

（五）政策含义

波特关于政府政策的观点是建立在若干个与一般经济分析有所不同的前提之上的。首先，他认为竞争是公司之间而非国家间的事情，政府不宜实施直接的干预行动，而应该制定政策来促进环境的改善，这种环境要能够产生竞争机会并对持续的发明创造形成一种压力。其次，保持一国的竞争优势需要持续不断的发明创造与变革。所以政府不应该采取那些导致短期的静态优势的政策，导致削弱产生发明与活力的基础。再次，一些国家竞争优势的基础比另一些国家的基础更具有可持续发展性。为此，政府应发展专门要素和推进要素的生产，发展产品差异较大和供给不足的市场部门。又次，一国的竞争优势要经过几十年而不是一两年的商业循环周期就可以产生。因而，最有益的政府政策应该着眼于长期计划，而不是短期的经济波动。最后，并非所有的公司和劳动力都能理解它们长期的自身利益。这就意味着政府要选择一种不考虑其公民即时享受和愿望的政策，避免"得利于眼前，遗患于长远"。

第四节　保护贸易理论

保护贸易理论比较多[①]。在本节，我们首先介绍最早的保护贸易理论——重商主义，这也是最早的国际贸易理论；接下来介绍李斯特的保护幼稚工业理论，该理论对发展中国家有较大的影响；最后介绍凯恩斯主义的超保护贸易理论，该理论研究了一国对外贸易对该国国民收入和就业的影响。

一、重商主义

重商主义是 16—18 世纪代表商业资本利益的经济思想和政策体系。它追求的目的

---

① 著名经济学家萨缪尔森将保护贸易的论点分为三大类：首先是一些非经济目标的论点。它们认为牺牲经济以便资助本国的其他目标是可取的。其次是在经济学上是错误的论点。其中某些论点的错误性质如此明显和露骨，以至无须予以认真讨论；另一些则需要运用细致和深奥的经济理论方面的推敲才能找到其错误之处。最后，有几个论点在完全竞争和充分就业的世界中是站不住脚的，但对一个大到足以影响其进出口价格的国家以及面临失业的国家而言，这些论点包含某些合理的内核。贸易保护理论还可分为传统的贸易保护依据和贸易保护的新理论，前者又分为流行于发展中国家的贸易保护理论和发达国家的贸易保护理论。

就是在国内积累货币财富，把贵重金属留在国内。[①]

重商主义者认为货币是财富的唯一形态，财富就是金银，金银的多少是衡量一个国家富裕程度的唯一尺度，一切经济活动都是为了获得金银，一国金银货币拥有量的多少，反映了该国的富裕程度和国力的强弱。当时的西欧人充满了对黄金和白银的渴望，其中的一个典型是哥伦布，他深信"黄金能把人的灵魂带到天堂"。获得黄金和白银的途径有开采金矿、银矿，对外掠夺和发展对外贸易等。重商主义者认为只有发展对外贸易而且要顺差才能使外国的金银流入国内，这样才算获得了贸易利益。

重商主义理论的核心是追求顺差。它们认为世界的资源是一定的、有限的。通过对外贸易获取金银是一种损人利己的行为。换句话说，对外贸易是一种零和游戏。根据管理对象的不同，重商主义分为早期重商主义和晚期重商主义。

早期重商主义又被称为重金主义或货币差额论，主张绝对禁止贵金属外流。如英国曾规定输出金银为大罪；在西班牙，输出金银可以判处死刑。在英国，为了禁止贵金属外流，规定持贵金属到国外购买商品由国家垄断；外国商人到英国贸易所得款项必须用于购买英国商品，不能将销售商品所得金银带出英国。早期重商主义以英国人威廉·斯塔福（W. Stafford，1554—1612）为代表，主张鼓励出口，尽可能不进口或少进口，把增加国内货币的累积、防止货币外流视为对外贸易政策的指导原则。通俗地讲，他们认为出口就好，进口就不好。

晚期重商主义又称贸易差额论，主张减少对货币本身运动的限制，由管理金银进出口改为管制货物进出口，力主奖出限入，以达到金银流入的目的。"把自己的金币当作诱鸟放出去"，以便引回来一群，即"把别人的金币引回来"。其代表人物是英国的托马斯·孟（Thomas Mun，1571—1641）。他在 1644 年出版的著作《英国得自对外贸易的财富》，被称为重商主义的"圣经"。在该书里，他得出了一个精辟的结论："货币产生贸易，贸易增加财富。"

二、李斯特的保护幼稚工业学说

李斯特（Friedrich List，1789—1846）是德国经济学家和政治活动家，历史学派的鼻祖，传统贸易理论反对派的先驱。他的贸易理论被称为保护幼稚工业论[②]。他的代表作是 1841 年出版的《政治经济学的国民体系》。李斯特本人靠刻苦自学成才，曾任大学教授，热衷于政治活动，曾两次当选邦议员。他因 1822 年的动乱而被审问和判刑。

---

① 徐滇庆阐述了新重商主义模式：在经济理论中，韩国采用的发展策略被称为新重商主义模式。新重商主义发展模式的主要特点是强调政府在经济发展中的指导作用。通常，政府制定一系列产业政策，选择特定产业作为支柱产业，选择一些成功的企业，加以重点扶持，以它们为主来实现产业发展目标。徐滇庆. 韩国新重商主义何以受挫[N]. 经济学消息报，NO.455(2).

② 第一个提出保护幼稚工业政策主张的是美国独立后第一任财政部长汉密尔顿。

由于拉菲特的建议，李斯特和其全家于 1825 年 4 月乘船去美国。在美国，他支持杰克逊参加的 1828 年总统竞选并成为美国公民，在美国继续参加保护贸易政策运动。1834 年以美国驻德国莱比锡领事身份回德。回德后继续推动德国实行保护贸易抵制英国商品。最后因经营实业破产，于 1846 年 11 月在贫病交迫中自杀身亡①。

（一）李斯特对自由贸易理论的批判

（1）李斯特指出"比较成本说"不利于德国生产力的发展。李斯特认为，德国实行自由贸易政策，从国外购买廉价的外国工业品，虽然可以减少支出，增加实际收入，但这样做的结果，会抑制德国工业的发展，使德国在经济上长期处于落后的从属于外国的地位。相反，德国如果采取保护贸易政策，虽然在保护之初会使工业品价格提高，但经过一段时期，随着德国工业的发展，生产力提高，工业品的生产成本将会下跌，工业品价格也会相应地降低。考虑到运输费用的节约，国产工业品价格甚至可能低于进口品。

（2）李斯特批评古典学派自由贸易理论忽视了各国历史和经济上的特点，提出了经济发展阶段论。古典学派自由贸易理论认为，在自由贸易下，各国可以按照比较优势形成和谐的国际分工，并都能从国际贸易中获得利益。李斯特认为这种学说是一种世界主义经济学，它抹杀了各国的经济发展差异和历史特点，错误地以"将来才能实现的世界联盟"作为研究的出发点。李斯特根据国民经济发展程度，将国民经济的发展划分为原始未开化时期、畜牧业时期、农业时期、农工业时期、农工商时期五个阶段。它认为，各国经济发展阶段不同，应采取的贸易政策也不同。处于第三阶段的国家，工业尚未建立，应实行自由贸易政策，输出农产品，以换得工业制成品，一方面促进本国农业的发展；另一方面刺激本国工业萌芽，培育工业化的基础。处于第四阶段即农工业阶段的国家，本国工业已有所发展，但还不能与外国产品相竞争，故应实行保护贸易政策，以避免或减轻外国产品进口竞争的冲击。处于第五阶段即农工商阶段的国家，生产力已高度发展，本国产品不怕国外的竞争，故应实行自由贸易政策，以享受自由贸易利益，促进本国工业的进一步发展。他认为，当时的西班牙和葡萄牙等国处于第三阶段，应实行自由贸易政策；美国、德国处于第四阶段，应实行保护贸易政策；而英国则处于第五阶段，法国处于第五阶段的边缘，都应实行自由贸易政策。

（3）李斯特主张国家干预经济和对外贸易。他认为，古典学派仅仅考虑交换价值的增加，而极少考虑生产力的发展是错误的，并提出了生产力理论。他认为生产力是决定一国兴衰存亡的关键问题。要发展生产力，就必须依靠国家，反对古典学派自由放任的经济政策。与古典学派视国家为"被动的警察"不同，李斯特把国家比喻为国

---

① 王永昆. 西方国际贸易理论讲座[M]. 北京：中国对外经济贸易出版社，1990：115-116；伊特韦尔，米尔盖特，纽曼. 新帕尔格雷夫经济学大辞典：第三卷：K-P[M]. 北京：经济科学出版社，1992：234-236.

民经济生活中"慈父般的有力指导者"。他认为，国家的存在比个人存在更为重要，国家的存在是个人与人类全体安全、幸福、进步以及文化发展的第一条件。所以，个人的经济利益应从属于国家真正财富的增进与维持。他还认为，国家在必要时可以限制国民经济活动的一部分，以保持其经济利益。他用"风力·人力·森林"这样一个比喻来说明国家在经济发展中的重要作用。他说："经验告诉我们，风力会把种子从这个地方带到那个地方，荒芜原野因此会变成稠密的森林；但是要培植森林就静等着风力作用，让它在若干世纪的过程中来完成这样的转变，世上岂有这样愚蠢的办法？如果一个植林者选择树秧，主动栽培，在几十年内达到了同样的目的，这倒不算一个可取的办法吗？历史告诉我们，有许多国家，就是采取了那个植林者的办法而胜利实现了他们的目的。"[①]因此，李斯特主张在国家干预下实行保护贸易政策。

（二）李斯特主张的"贸易保护"

虽然李斯特主张落后国家实行保护贸易政策，但其目的是促进生产力的发展，而不是保护所有的产业。他在其论著中反复强调发展工业会给一国带来巨大的利益。他认为着重农业的国家，人民精神萎靡，一切习惯与方法偏于守旧，缺乏文化与自由；而着重工商业的国家则全然不同，人民充满自信，具有自由的精神。他提出的保护对象是：①农业不需要保护；②无强有力的外国竞争者的幼稚工业不需要保护；③有强有力的外国竞争者的幼稚工业需要保护。

他认为，保护必须有一个时限，最高不能超过30年。因为并不是所有的国家都适宜发展所有的产业，超过保护时限仍然缺乏竞争力的产业，就应该放弃。

至于具体的保护幼稚工业手段，他认为可以征收高关税，禁止输入，以免税或征收轻微进口税方式鼓励复杂机器进口。

（三）保护幼稚工业学说的"是是非非"

保护幼稚工业说在理论上能够成立，但实践上可能适得其反。著名的经济学家萨缪尔森和诺德豪斯曾指出："关税保护的历史揭示出了更多的相反事例：一些行业永远处于幼稚时期。尽管这一论点有其实际的重要意义，幼稚行业却无法争取到许多选票。从国会那里得到保护的不是幼稚行业，而是那些多年来一直不肯丢掉尿布的既得利益集团。"[②]

一般认为，保护幼稚工业说在历史上曾经起到过推动德国工业资本主义发展的积极作用。但是，关于美国的"保护幼稚工业实践"，世界银行经常用如下言语否定这种论调："尽管美国早期采取了保护措施，它仍然取得了令人印象深刻的发展绩效。"[③]

---

① 李斯特. 政治经济学的国民体系[M]. 陈万煦，译. 北京：商务印书馆，1961：100-101.

② 萨缪尔森，诺德豪斯. 经济学[M]. 杜月升，等译. 12版. 北京：中国发展出版社，1992：1450.

③ 杨小凯. 全球化和中国加入WTO[N]. 经济学消息报，NO.430.

三、凯恩斯主义的超保护贸易理论

凯恩斯（J. M. Keynes，1883—1946）的超保护贸易理论也称作新重商主义。凯恩斯是英国当代最著名的经济学家，凯恩斯主义经济学的创始人。他的代表作是在1936年出版的《就业、利息和货币通论》。1929—1933 年经济大危机以前，凯恩斯是一个坚定的自由贸易论者，坚决反对认为实行贸易保护主义可以增加国内就业和维持经济增长与繁荣的观点。但是大危机后其立场发生了改变。

（一）凯恩斯对自由贸易理论的批判

（1）凯恩斯及其追随者认为自由贸易理论关于"充分就业"的前提不复存在。事实上，大危机期间，美国等发达国家的失业率高达 25%。

（2）他认为，古典学派自由贸易理论者忽略了"国际收支自动调节说"在调节过程中对一国国民收入和就业所产生的影响。按照国际收支自动调节说，顺差国国内支付手段将由于顺差而增加，导致国内价格提高，出口减少而进口增加；相反，逆差国将由于逆差，国内支付手段减少，国内价格降低，于是出口增加而进口减少。

但是，凯恩斯认为，顺差国将由于国内支付手段增加而利率降低，从而投资增加，就业和国民收入增加；相反，逆差国则由于国内支付手段减少而利率提高，导致投资减少，就业和国民收入减少，带来痛苦的影响。

（二）投资乘数理论

为了说明投资对就业和国民收入的影响，凯恩斯提出了投资乘数理论。投资乘数是指投资增长与国民收入扩大之间的依存关系。他指出，投资增加（无论是建立新的企业还是已有企业扩大生产规模）会导致对生产资料需求的增加；而生产资料需求的增加会导致从事生产资料生产的企业主和工人的收入增加（包括新增就业人员的收入和原来就业者的收入增加），这导致对消费品的需求增加；消费品需求的增加又会引起从事消费品生产的企业主和工人的收入增加，并进一步增加对消费品的需求；为满足增加的需求又进一步增加投资……结果，国民收入的增加量将是初始投资的若干倍。用 K 表示这个倍数，用 ΔY 表示国民收入增量，ΔI 表示投资增量，则存在以下关系：

$$\Delta Y = K \cdot (\Delta I)\,[1]$$

其中 $K=1/(1-c)\,[1]$，c 为边际消费倾向，即增加的收入中用于消费的部分与增加的收

---

[1] 说明：①Y、I、c 等均为总量概念。②此公式产生了所谓的"节俭悖论"。"悖论"的含义是指 $\Delta I_1=\Delta I_2$，$c_1 < c_2$ 时，$\Delta Y_1 < \Delta Y_2$（ΔI_1 表示某一个时期的投资增量，ΔI_2 则表示下一个时期的投资增量；相应地，c_1 和 c_2 分别表示对应的两个时期的边际消费倾向，ΔY_1 和 ΔY_2 分别表示对应的两个时期的收入增量）；不是指如下的"合成谬误"：一个人的边际消费倾向变小，他下一个时期的收入可以不变或增加，但所有的"个人"边际消费倾向变小时，"全体"的下一个时期的收入相对减少。

入的比值。

（三）对外贸易乘数理论

凯恩斯的追随者将凯恩斯的一般乘数理论引入对外贸易领域，建立了对外贸易乘数（即贸易顺差增量与国内投资增量之和与国民收入增量之间的倍数关系）理论。他们把进口看成一国收入流量的漏损，把出口看成外国人的收入直接注入国内收入流的结果。他们认为，进口会对本国国民收入产生倍缩效应，而出口则会产生倍增效应。所以，只有当贸易顺差时，对外贸易才能增加一国的国民收入，而且国民收入的增量是贸易顺差增量的若干倍。原理如下：出口增加，则出口部门的收入增加，出口部门对其他部门的产品需求增加；进一步，其他部门的收入和就业增加……相反，进口增加，则进口竞争部门收入减少，进而对其他部门生产的产品需求减少，导致其他部门的收入和就业减少……用 ΔX 表示出口增量，ΔM 表示进口增量，ΔY 表示国民收入增量，ΔI 表示投资增量，K 表示对外贸易乘数，则有

$$\Delta Y = K \cdot [\Delta I + (\Delta X - \Delta M)]$$

式中，$K = 1/(1-c)^{②}$，c 为边际消费倾向。

由于贸易顺差能增加就业和国民收入，所以，超保护贸易理论主张奖出限入，以取得贸易顺差。

 参考资料与网站

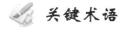 **关键术语**

"比较优势"原则　　要素价格均等化定理　　战略性贸易政策　　重商主义
投资乘数　　对外贸易乘数

---

① 由 $\Delta Y = \Delta S + \Delta C$，得 $\frac{\Delta Y}{\Delta Y} = \frac{\Delta S}{\Delta Y} + \frac{\Delta C}{\Delta Y}$。令 $s = \frac{\Delta S}{\Delta Y}$，令 $c = \frac{\Delta C}{\Delta Y}$，则 $1 = s + c$，从而 $\frac{1}{1-c} = \frac{1}{s} = K$。其中，$S$ 表示储蓄，ΔS 表示储蓄增量，s 表示边际储蓄倾向，即增加的收入中用于储蓄的部分与增加的收入的比值；C 表示消费，ΔC 表示消费增量。

② $K = 1/(1-c) = 1/(s+m)$，s 为边际储蓄倾向，m 表示边际进口倾向，即增加的收入中用于进口的部分与增加的收入的比值。推理如下：由 $\Delta Y = \Delta S + \Delta C + \Delta M$，可得 $1 = s + c + m$（推理同上），于是 $1 - c = s + m$，进一步可得 $K = 1/(1-c) = 1/(s+m)$。

复习思考题

一、简答题

1. 比较利益说的主要内容是什么？
2. 熟练劳动说的主要内容是什么？
3. 技术差距说的主要内容是什么？
4. 产业内贸易说的主要内容是什么？

二、论述题

1. 论述要素禀赋说的主要内容与结论。
2. 论述国家竞争优势论的主要内容。

 附录 1-1　约翰·穆勒及阿弗里德·马歇尔的相互需求理论

 即测即练题

第二章

国际贸易政策措施

　　不论是国内企业还是跨国企业，都要依靠自己的独特能力展开竞争，但跨国企业的经理还可以利用与单纯的国内竞争不同的另外两个来源开发竞争优势，即企业的本国政府政策和本国基础。本章将详细考察这两种优势的来源，包括鼓励出口措施、关税措施、非关税措施，以及贸易政策制定中的政治经济学。

　　由于出口贸易具有创汇、提供就业等作用，政府往往倾向于制定一定规范（如WTO规则）下的鼓励出口措施，以促进出口。对于出口型企业而言，本国政府的鼓励出口措施构成了自己的一种竞争优势来源，而外国的贸易保护政策就成为出口障碍。对于进口竞争型国内企业而言，本国的贸易保护政策构成了企业的本国基础。

第一节　鼓励出口措施

　　当企业面对要求苛刻的国际客户和国外竞争者的"最佳做法"时，公司的生产率会提高。对哥伦比亚和墨西哥进行的经验实证研究表明，在以往不出口的公司（记为A）开始向国外销售产品后，进行出口的公司（记为B）和原来不进行出口的公司（A）之间的生产率水平的差异往往会缩小。[①]所以，企业出口有助于提高企业的竞争力，而企业出口要充分利用国家的鼓励出口措施。

一、出口信贷

　　出口信贷（export credit）是出口国为促进本国商品尤其是大型机械设备和船舶的出口，加强其国际竞争能力，以对本国的出口给予利息补贴并提供信贷担保的方式，鼓励本国银行对本国出口商或外国进口商（或其银行）提供较低利率的贷款，以解决本国出口商资金周转的困难，或满足国外进口商对本国出口商支付货款需要的一种融资方式。出口信贷按其贷款对象不同可分为卖方信贷（supplier's credit）和买方信贷（buyer's credit）两种形式。

（一）卖方信贷

　　卖方信贷是由出口方银行直接向本国出口商提供的贷款，一般用于成套设备、船

---

　　① EVENETT S J. 世界贸易体制：未来之路[J]. 金融与发展（国际货币基金组织季刊），1999(12): 22.

舶等的出口。这种大型机械、设备的出口所需资金较多，时间长，买方一般要求采用延期付款的支付方式，卖方要很长时间才能把全部货款收回。因此，出口厂商为了资金周转，往往需要取得银行贷款的便利。卖方信贷就是出口国银行直接资助出口厂商向外国进口厂商提供延期付款，以促进商品出口。进口商以这种方式购入商品的价格比现汇购入的商品价格可能高出 8%～10%。卖方信贷的优点是手续简便，缺点是将商业利润、银行利息、手续费、附加费混在一起，买方不易了解进口商品的真正价格，而且卖方报价较高。

卖方信贷的基本做法（图 2-1）是：进、出口商先签订贸易合同，约定采用延期付款的支付方式；出口商与其所在地银行签订出口卖方信贷融资协议，获得贷款；出口商依据合同组织生产发货，进口商延期付款；进口商分期偿还货款，出口商以之偿还贷款。

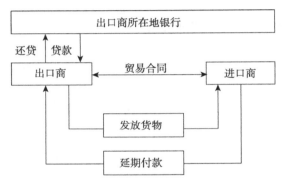

图 2-1　卖方信贷图解

（二）买方信贷

在大型机械设备和船舶贸易中，由出口商所在地银行向外国进口商或进口方银行提供贷款，给予融资便利，以扩大本国设备的出口，这种出口信贷称为买方信贷。在买方信贷下，进口商必须将其所得贷款的全部或大部分用于购买提供贷款的国家的商品，所以又称之为约束性贷款。这种措施的本质是通过借贷资本的输出带动商品的输出。

买方信贷的基本做法（图 2-2）是：签订进、出口商之间的贸易合同后，如果是贷款行直接贷款给外国进口商，进口商要用自身资金，以即期付款的方式向出口厂商支付买卖合同金额的 15%～20%的现金，其余货款以即期付款的方式将银行提供的贷款付给出口厂商，然后按贷款合同规定的期限，将贷款和利息还给供款银行。

如果是出口方银行向进口方银行贷款，进口方银行也以即期付款的方式代进口商向出口商支付应付的货款，并按贷款规定期限向供款行归还贷款和利息。进口商与进口方银行的债务关系按双方商定的办法在国内结算。买方信贷的优点是卖方在计算成本和报价时无须把各种因信贷业务而发生的各项费用计算在成本和报价内，因此报价较低，进口商对货款以外的费用比较清楚。

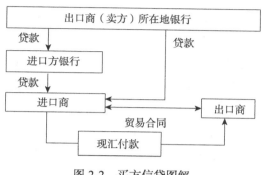

图 2-2　买方信贷图解

多数买方信贷是出口方银行贷款给进口方银行，属于银行信用（进口方银行再贷给进口商）。买方信贷要比卖方信贷使用普遍，这主要是因为其对参与各方都有明显的好处。

（1）对进口方而言，可以提高贸易谈判效率，争取有利的合同条款。一方面，进口方集中精力于自己熟悉的领域如货物的技术、质量等级、包装、价格和有关的贸易条件等，而将自己比较陌生的方面如信贷手续和有关费用交给银行处理，这样在谈判过程中可以有更充足的时间争取有利的贸易条件；另一方面，买方信贷费用由进口方银行和出口方银行双方商定，并由进口方银行支付给出口方银行，这笔费用往往少于卖方信贷下由出口方支付给出口方银行的费用。

（2）对出口方而言，可简化手续和改善财务报表。一方面，因为出口方出口货物时收入的是现汇，制定出口价格时无须考虑附加的信贷手续费等费用，只需根据同类商品的国际市场价格制定价格；另一方面，由于收入现汇，没有卖方信贷形式下的应收账款，一定程度上改善了出口商年末财务报表状况。

（3）对出口方银行而言，买方信贷是向进口方银行提供的，一般而言，银行信用大大高于商业信用（企业信用），出口方银行贷款的安全收回较为可靠。

（4）对进口方银行而言，在金融业特别是银行业竞争愈来愈烈的局势下，承做买方信贷可拓宽与企业联系的渠道，扩大业务量，增加收益。

我国的出口信贷原来都由中国银行办理，1994 年 7 月 1 日中国进出口银行（直属国务院领导的、新设立的政策性银行）开业以后，它与中国银行等外汇银行在办理出口信贷业务方面做了明确的分工，即中国进出口银行主要办理机电设备和成套设备等资本商品的出口信贷，而中国银行等外汇银行则可办理除了上述资本商品以外的其他商品的出口信贷。[①]

① 感兴趣的读者可登录该行网站了解其业务，网址为<www.eximbank.gov.cn>。

二、出口信用保险

出口信用保险（export credit insurance）是国家为了推动本国的出口贸易，保障出口企业的收汇安全而制定的一项由国家财政提供保险准备金的非营利性的政策性保险业务。它旨在鼓励发展出口贸易，并保证出口厂商因出口所受到的损失，能得到绝大部分补偿，使本国出口商在世界市场上与其他国家的出口商处于同等的竞争地位。投保出口信用保险可以给企业带来以下利益。

（1）出口贸易收汇有安全保障。出口信用保险使企业出口贸易损失发生时获得经济补偿，维护出口企业和银行权益，避免呆坏账发生，保证出口企业和银行业务稳健运行。

（2）有出口信用保险保障，出口商可以放心地采用更灵活的结算方式，开拓新市场，扩大业务量，从而使企业市场竞争能力更强，开拓国际贸易市场更大胆。

（3）出口信用保险可以为企业获得出口信贷融资提供便利。资金短缺、融资困难是企业共同的难题，在投保出口信用保险后，收汇风险显著降低，融资银行才愿意提供资金融通。

案例 2-1：积极应对突发事件，为被保险人提供高效理赔服务

案例 2-2：出口信用保险助力重型汽车企业抢占海外市场制高点

（4）得到更多的买家信息，获得买方资信调查和其他相关服务。出口信用保险有利于出口商获得多方面的信息咨询服务，加强信用风险管理，事先避免和防范损失发生。

（5）有助于企业自身信用评级和信用管理水平的提高。

中国设有"中国出口信用保险公司"[①]，用于对出口提供信用保险。

三、出口补贴

出口补贴（export subsidies）又称出口津贴，是一国政府为了使出口商品在价格方面具有较强的竞争能力，在出口商品时给予出口厂商的现金补贴或财政上的优惠待遇。出口补贴可分为两种：一种是直接补贴（direct subsidies），即出口某种商品时，直接付给出口厂商的现金补贴；另一种是间接补贴（indirect subsidies），指政府对某些出口商品给予财政上的优惠，如政府退还或减免出口商品的直接税、超额退还间接税（增值税、消费税、关税等）、提供比在国内销售货物更优惠的运费等。

一方面，许多国家为了扩大出口，纷纷采用补贴这种较为隐蔽的方式实施对本国

---

① 感兴趣的读者可登录该公司网站了解其业务，网址为 <www.sinosure.com.cn>。

的贸易保护；另一方面，许多国家纷纷出台反补贴税法抵制补贴行为，其中不少国家滥用反补贴措施，使其从一种保证公平贸易的手段蜕化为贸易保护主义的工具。其结果是，补贴与反补贴措施扭曲或损害了贸易各国的利益，影响了国际贸易的健康发展。为了约束规范补贴和反补贴措施，乌拉圭回合经过艰苦的谈判，在东京回合的《补贴与反补贴规则》基础上，达成了《补贴与反补贴协议》。该协议将补贴分为禁止使用的补贴、可申诉的补贴和不可申诉的补贴。

（1）禁止使用的补贴又称"红灯补贴"，是形式上或实际上依出口情况而定或用于使本国货压倒进口货的补贴。红灯补贴分为出口补贴和进口替代补贴两类，主要是指出口补贴。红灯补贴具体包括的内容很多，如政府按出口实绩对某一企业或产业提供的直接补贴，与出口或出口实绩相联系的特殊税收减让等。

（2）可申诉的补贴又称"黄灯补贴"，是指允许使用的补贴，但若该补贴对 WTO 成员产生了不利影响，则可对其采取磋商手段，或动用争议解决程序或对其采取反补贴措施。黄灯补贴也有多种，如政府机构对某些特定企业或产业实施的各种收入保证或价格支持政策；政府机构以特别优惠的条件向某些特定企业提供货物（如原材料、设备、中间品等）和服务（如运输、技术、各种生产和销售服务等）；政府机构给予企业特殊的优惠安排，如实行差别税率、缓征税收，或注销拖欠税款、减免税收等。

（3）不可申诉的补贴又称"绿灯补贴"，是合法的补贴，不能受到反补贴制裁，它包括所有非专门补贴，即那些不是主要使某个企业、某个产业或某个产业集团受益的补贴。补贴的非专门性要求补贴的分配标准必须是中立的、非歧视的和以整个经济为基础的，不对部门加以区分。但某些专门补贴也是不可申诉的，其中有研究与开发、对落后地区的帮助、帮助工厂适应新的环保规则（以上补贴均有一定限制）。

四、外汇倾销

外汇倾销（exchange dumping）是指降低本国货币对外国货币的比价，从而降低本国商品以外币表示的价格，增强本国商品的竞争力，达到扩大本国商品出口的目的。同时，本币对外贬值还会引起进口商品价格的上涨。因此，外汇倾销在一定条件下可起到促进出口和限制进口的双重作用，从而改善贸易收支。

一国要通过外汇倾销成功地扩大出口、限制进口，改善贸易收支，必须满足"马歇尔—勒纳条件"（Marshall-Lerner condition），即出口需求弹性（D_x）与进口需求弹性（D_i）之和大于 1：$D_x + D_i > 1$。"马歇尔—勒纳条件"有如下假定。

（1）当本币对外贬值导致国外市场需求扩大后，本国要能增加供给，且增加供给的产品数量与结构和增加的需求相适应。

（2）有"闲置资源"，保证增加供给所需要的资源投入。

五、商品倾销

乌拉圭回合签订的《反倾销协议》第 2 条明确规定，如一产品自一国出口至另一国的出口价格，低于在正常贸易中出口国国内消费的同类产品的可比价格，即以低于"正常价值"的价格进入另一国市场，则该产品被视为倾销（dumping）。

产品正常价值的确定有三种方法：①企业在本国国内市场通常贸易过程中确定的价格。如果长期（通常为一年）以低于平均总成本（总成本指固定成本与可变成本加上销售费用、一般开支及管理成本的总和）的价格销售大量产品，则该价格不被视为通常贸易中的价格。②如在出口国国内市场的正常贸易过程中不存在该同类产品的销售，或由于出口国国内市场的销量太小，以至于不能进行价格比较，则用同类产品出口至一适当第三国的最高可比出口价格。③原生产国的生产成本加合理金额的管理、销售和一般费用以及合理的利润之和，即所谓结构价值。一般情况下，应优先采用第一种方法。只有在不能采用第一种方法时，才能采用第二种或第三种方法。

西方国家在确定"正常价值"时，把所有国家分为市场经济国家和非市场经济国家两类。对市场经济国家采用上述标准，对非市场经济国家则采用第三替代国价格（见本章第二节关于反倾销税的阐述）。

（一）商品倾销的分类

按照倾销的目的不同，商品倾销可分为以下几种。

（1）偶然性倾销（sporadic dumping）。偶然性倾销指公司因商品过季或改营其他业务，需要处理库存商品，但国内市场容量有限而以低于成本或较低的价格在国外市场抛售。这种倾销虽然会对进口国国内同类产品的生产与销售造成一定程度的冲击，但由于持续时间短，进口国家通常较少采用反倾销措施。

（2）周期性倾销（periodic dumping）。在需求萎缩期间，如果企业预期未来有更好的行情，并认为与收不回全部成本而继续生产相比，解雇工人和降低生产能力的成本更高，企业就可能倾销，以便在整个商业周期内稳定生产。

（3）防御性倾销（defensive dumping）。它是指以低于生产成本的价格出口，以利于阻止潜在的竞争者进入进口国市场。

（4）间歇性倾销或掠夺性倾销（intermittent or predatory dumping）。它是指一国出口商为了将进口国国内生产商挤出市场，获得其在进口国国内市场的垄断地位后再制定垄断高价，获取垄断利润，而以低于本国国内市场价格甚至低于成本的价格，在某一国外市场销售产品。

这是仅有的一种潜在地危害到进口倾销产品国家福利的倾销。它是 20 世纪初几十年间美国反倾销立法的最初原则。美国担心外国企业（或卡特尔）可能会故意使产品价格低得足以把现有的美国企业赶出市场而形成垄断。一旦形成垄断，垄断者会利用其市场力量超额弥补低价造成的损失。不过，垄断者（卡特尔）要实现垄断目的，不仅要消除进口国国内的竞争，而且还必须能够阻止新竞争者的进入。为使这成为可能，垄断者要么必须具有全球性垄断力量，要么说服进口国政府实施或容忍对进入市场的限制。

从实践上来看，20 世纪 20 年代和 30 年代的国际混乱期间，工业制成品的掠夺性倾销曾普遍存在。但是，在现代竞争性市场上，掠夺性倾销可能变得越来越少了。试图消灭所有竞争者而暂时降低价格的厂商会发现，一旦他再度提高价格，许多跨国企业就会作为竞争者以有效率的大规模生产重新进入市场。实际上，第二次世界大战后一直没有关于掠夺性倾销的成功案例记载。

（5）持续性倾销（persistent dumping）。它是指一国出口商在较长时期内以低于国内市场价格的低价在某一外国市场销售产品，打击竞争对手，以挤进该国市场或提高在该国市场的份额。持续性倾销获得成功，需要具备几个条件。

①能够成功地实施严格的市场分割，防止出口商品再被进口到国内，从而能够维持国内市场的高价。

②企业能够实现规模经济或使生产能力得到充分利用，或企业需要尽可能快地沿其学习曲线下移，即随着产量增加，生产工人们不断提高效率从而使单位生产成本逐渐下降。

③倾销价格必须高于边际成本。[①]

④出口商认为国外市场的需求弹性[②]大于国内市场，即随着价格的降低，外国消费者对出口产品需求的增加大于国内消费者。

（二）商品倾销与出口补贴的比较

出口补贴是"鼓励出口措施"，但商品倾销是否属于"鼓励出口措施"却有争议。逻辑上讲，"鼓励出口措施"属于政府政策措施，实施主体应为政府，而商品倾销则是企业行为。正因为如此，WTO——作为国家与政府的组织，并不处理公司的事务——仅订有《反倾销协议》，规范政府对倾销可以采取的行动，却订有《补贴与反补贴协议》，既规范政府补贴，又规范政府对补贴作出的反应。商品倾销之所以被作为鼓励出口措施看待，原因是有的经济学家认为，出口商背后如果没有所在国政府的支持，根本不可能长期从事亏损的出口倾销。但是这种观点又使得商品倾销与出口补贴难以区别了。

企业商品倾销与政府作为鼓励出口措施提供出口补贴的结果一般都表现为低价出口，但二者存在如下不同之处。

---

① 边际成本表示生产另一单位产量的额外的或增加的成本。短期内，当生产商面对较大的规模经济和学习曲线，成本随着生产的增长而暴跌时，引来"远期价格"，就可能将价格定得低于当前的成本，无论是平均成本还是边际成本。

② 需求弹性被定义为价格变化导致的需求量变化百分比与价格变化百分比的比率。

（1）如上所述，二者行为主体不同。商品倾销是企业行为，出口补贴是政府行为。

（2）低价出口期间造成的损失补偿来源不同。商品倾销来源于掠夺性倾销的垄断高价或长期性倾销的国内高价和规模经济，出口补贴则来源于政府的补偿。

（3）当低价出口给进口国造成"实质性危害"或有"实质性危害"威胁时，进口国政府谈判、调查的对象不同。前者是出口企业，后者是出口国政府。

（4）进口国针对低价出口采取的措施不同。前者征收反倾销税，后者征收反补贴税——对我国而言，美国和欧盟等国家（集团）仅征收反倾销税。

（5）低价出口损失能否得到补偿的风险不同。商品倾销的降价损失有可能因垄断高价落空或国外需求弹性小而得不到补偿，而出口补贴则无此风险。

（6）从目的来看，掠夺性倾销的出发点或目的是恶意地垄断高价，而出口补贴仅是为了增加产品竞争力，以挤进市场或扩大市场份额，是无恶意的，尽管出口补贴也会对进口国国内市场造成冲击。

六、其他鼓励出口措施

除上述措施之外，企业还可利用政府促进出口机构，以及政府为促进对外贸易发展建立的经济特区提供的优惠措施，如自由贸易港、自由贸易区[①]、出口加工区、综合型经济特区、保税区与过境区等区内规定的优惠措施。

需要说明的是，出口企业除了充分利用本国鼓励出口措施所形成的竞争优势外，还必须了解本国对出口管制的规定，以免陷于被动。

所谓出口管制，是指一些国家，特别是发达资本主义国家，为了达到一定的政治、军事和经济目的，对某些商品，特别是战略物资与先进技术资料，实行限制出口或禁止出口。出口管制通常是发达资本主义国家实行贸易歧视政策的重要手段。出口管制就其形式来说，可分为单方面出口管制和多边出口管制。前者是由一个国家单独采取管制措施，后者是由一些国家联合进行，如于 1949 年成立、1994 年 4 月解散的巴黎统筹委员会（简称"巴统"）[②]。

---

① 指在一个国家内部设立的自由贸易区（free trade zone），不同于"区域经济一体化"中国家之间建立的自由贸易区（free trade area）。中国政府非常重视自由贸易区建设。习近平总书记在中国共产党第二十次全国代表大会上的报告指出，加快建设海南自由贸易港，实施自由贸易试验区提升战略，扩大面向全球的高标准自由贸易区网络。

② 1995 年，美国与其他主要工业化国家就建立新的出口管制体制、防止武器和具有军事用途的高技术产品落入潜在的敌对国之手等问题达成了协议。1996 年 9 月，美国与其他 32 个国家共同签署了《关于常规武器与两用产品和技术出口控制的瓦瑟纳尔协定》（简称《瓦瑟纳尔协定》），在此基础上建立起新的多边出口控制机构。与"巴统"相比，《瓦瑟纳尔协定》是一个十分松散的组织。它把出口决定权留给各国政府，而不像以前的"巴统"有权禁止向前"华约组织"国家出口高技术产品。它没有正式列举被管制的国家，只在口头上将伊朗、伊拉克、朝鲜和利比亚四国列入管制对象。它也不具备审议职能，不要求成员国将其出口许可证送交审议。《瓦瑟纳尔协定》规定有"自行处理"原则，成员国可以参照共同原则和清单自行决定实施出口管制的措施和方式，自行批准本国的出口许可。

第二节　出口障碍之一：关税措施

关税（tariff or customs duty）是进出口货物通过一国关境时，由该国政府所设计的海关向进出口商所征收的一种税收。关税与其他国内税赋一样，具有强制性、无偿性和预定性。关税作为现代贸易制度的一个重要内容，对一国国民经济会产生重大影响。对于进口竞争企业来说，本国的进口关税是其本国基础之一。对于出口企业而言，外国的进口关税是其出口障碍之一。

一、关税的作用

对进出口货物征收关税可以起到以下三方面的作用。

（一）增加财政收入

关税是海关代表国家行使征税权，因此，关税的收入是国家财政收入来源之一。这种以增加国家财政收入为主要目的而征收的关税，称为财政关税（revenue tariff）。随着社会经济的发展和其他税源的增加，总体上财政关税的意义已大为降低，关税收入在国家财政收入中的比重已经相对下降。发达国家的全部财政收入中关税所占的比重很低，如美国 20 世纪末关税仅占政府全部财政收入的 1%左右[①]。对于经济比较落后的国家来说，财政关税仍是其财政收入的一个重要来源。关税财政收入作用降低的同时，被世界各国普遍作为限制外国商品进口、保护国内产业和国内市场的一种手段来加以使用。

（二）保护国内产业与市场

关税能限制外国商品的进入，尤其是高关税，可以大大减少有关商品的进口数量，减弱以至消除进口产品对国内进口竞争企业的竞争，从而达到保护国内同类产业或相关产业的生产与市场的目的。这种以保护本国的产业和市场为主要目的的关税，称为保护关税（protective tariff）。目前各国设置的关税主要是保护关税。

在其他条件相同的情况下，关税率越高，关税对本国同类产品的保护程度也越高。但一国产品所受到的保护不仅受到对最终产品征收关税的影响，也受到对它们投入的原材料征收关税的影响。因此，关税税率所反映的保护率只是一个名义保护率（nominal rate of protection，NRP）。名义保护率就是某种进口商品通过该国关境时根据海关税则被征收关税的税率。以名义保护率衡量关税保护率的高低，有一定的局限性。对制成品而言，其生产涉及不同的原料或中间品。只有考察某一特定产业单位产品的增值部分的税率时，才代表着关税对本国同类产品的真正有效的保护程度，即有效保护率

---

① 唐海燕. 国际贸易学[M]. 上海：立信会计出版社，2001：255.

（effective rate of protection，ERP）。有效保护率是对某工业单位产品"增值"部分的从价税率，即一国整个的关税壁垒体系使某产业单位产出的增值提高的百分比（不考虑非关税壁垒）。公式为：ERP＝（$W-V$）/V，其中，ERP 为有效保护率，W 为施加一整套关税后的增加值，V 为施加一整套关税前的增加值。

在实际计算有效保护率时，我们使用公式 ERP $= \dfrac{T-Pt}{1-P}$。该公式的推导如下：

设 T 为进口的最终产品的名义关税率；t 为进口原材料的名义关税率；P 为原材料在最终产品中所占的比重（以不含关税的价格比表示），即原材料系数；X 为某种制成品的自由贸易价格；X' 为生产这种制成品的投入品即原材料的自由贸易价格。

ERP $= (W-V)/V = \{[X(1+T)-X'(1+t)]-(X-X')\}/(X-X') = (XT-X't)/(X-X')$。又 $X' = XP$，故 ERP $= (XT-XPt)/(X-XP) = (T-Pt)/(1-P)$，即

$$\text{ERP} = \frac{T-Pt}{1-P}$$

若 t 为 0 或根本没有进口投入品，则上式为 ERP $= \dfrac{T}{1-P}$

在有多种投入品的情况下，若已知对某一种产业（j）的产出品和 n 种投入品征收的名义关税率，则对产业 j 的有效保护率为

$$e_j = \left(t_j - \sum_i a_{ij} t_{ij} \right) \bigg/ \left(1 - \sum_i a_{ij} \right)$$

式中：t_j 为对产业 j 的产出品征收的名义关税率；$i=1,2,\cdots,n$ 为对产业 j 的投入品征收关税的项目；t_{ij} 为对产业 j 的投入中第 i 项投入征收的名义关税率；a_{ij} 为施加关税前 j 产业中第 i 项投入成本占产业 j 的产出值的比重。

当某一特定产业的产品受到比其投入品高的关税率的保护时，有效保护率会大于名义保护率。由于各个生产阶段会出现关税结构的升级[①]，最终产品的生产商往往比中间产品的销售者得到更高的有效保护率。因此，关税税率的结构对实际保护水平起着重要的决定作用。最终产品的有效保护率与名义保护率的关系为：当最终产品的名义保护率大于其所用进口原材料的名义税率时，有效保护率大于名义保护率；当最终产品的名义保护税率等于其所用进口原材料的名义税率时，有效保护率等于名义保护率；当最终产品的名义保护率小于其所用进口原材料的名义税率时，有效保护率小于名义保护率。

有效保护率概念比名义保护率更能真实地反映关税的保护水平，但它有以下缺点：一是它在技术上假定原材料系数固定不变（即没有产品替代），二是假定进口商品

案例 2-3：随着国内加工程度加深关税税率不断上升

---

① 关税升级是指这样一种关税税率结构，即对工业原料、农产品等的税率较低或免税，但随着加工次数、加工深度的提高，关税税率也逐渐提高。也称为瀑布式关税结构。

的国际价格不受本国关税影响（即假定本国为小国）。

（三）调节进出口商品结构

一个国家可以通过调整关税结构来调整进出口商品结构。但是，在大多数国家和地区加入 WTO 并达成关税减让表协议，从而关税率"固定"后，关税的这一作用已大大减弱。如乌拉圭回合后，不按贸易量或贸易额加权，仅按关税税号的百分比计算，发达、发展中、转型经济国家的约束关税的比例分别为 99%、73%、98%。在农产品领域，目前 100%的产品为约束关税。中国约束关税的比例为 100%。

二、关税的主要种类

（一）按照商品流向分类

按照商品流向，关税可分为进口税（import duty）、出口税（export duty）和过境税（transit duty）。

（1）进口税。进口税是进口国家的海关在外国商品输入时，根据海关税则对本国进口商品所征收的关税。高额进口税便是通常所讲的关税壁垒，高于 100%的进口关税称为禁止关税。下文"按征税待遇分类"中将对进口税进行详细分析。

（2）出口税。出口税是出口国家的海关在本国产品输往国外时，对出口商品所征收的关税。出口一般被认为"有利于"一国的经济，能够改善一国的贸易收支、提供就业机会等。而征收出口税会提高本国商品在国外市场的销售价格，降低竞争能力，不利于扩大出口，所以有必要简要地列举征收出口税的一些理由。①发展中国家征收出口税的一个相当重要的原因是为了增加财政收入，因为发展中国家经济落后，税源不广。②为了对付国内的通货膨胀压力。征收出口税会使出口商品的国内市场价格下跌，从而遏止国内市场价格水平的上升趋势。不过，除非同时采取紧缩性的国内宏观经济政策，出口税本身不能成为行之有效的反通胀措施。③用来重新分配本国的收入。若对生活消费品征收出口税，会将出口部门的收入转移到消费者。④对于大国来说，征收出口税可以改善贸易条件。中国有 84 个税号产品实行出口税。[1]

（3）过境税。过境税是一国对于通过其关境的外国货物所征收的一种关税。过境货物对被通过的国家的市场和生产并没有影响，只是在地理上通过，并不进入该国市场。征收过境税不利于国际商品的流通，第二次世界大战后绝大多数国家都不再征收过境税，仅在外国货物通过时征收少量准许费、印花费、登记费和统计费等。关税与贸易总协定（GATT 1947）第五条明确规定："缔约方对通过其领土的过境运输……不

---

[1] 具体产品见乌拉圭回合多边贸易谈判结果：法律文本，中国加入世界贸易组织法律文件[M]. 北京：人民出版社，2002：486-488.

应受到不必要的迟延或限制，并应对它免征关税、过境税或有关过境的其他费用，但运输费用以及与因过境而支出的行政费用或提供服务的成本相当的费用除外。"这项规定在 GATT 1994 得以保留并继续有效。

（二）按照征税待遇分类

按照征税待遇，关税可分为普通关税、优惠关税和进口附加税（import surtax）三种。它们主要适用于进口关税。

1. 普通关税

普通关税指对从没有与本国签订双边或多边贸易或经济互惠等协定的国家进口其原产的货物征收的非优惠性关税。这种关税税率一般由进口国自主制定，只要国内外条件不发生变化，就长期采用，税率是正项关税中最高的。

2. 优惠关税

优惠关税指对来自特定国家进口的货物在关税方面给予优惠待遇，其税率低于普通关税税率。优惠关税一般有最惠国待遇（most-favored-nation treatment）下的关税、普遍优惠制（generalized system of preferences，GSP）下的关税和特定优惠关税（preferential duty）三种。

（1）最惠国待遇下的关税：最惠国关税。最惠国待遇是指缔约双方相互间现在和将来给予第三国（包括单独关税区，下同）在贸易上的优惠、豁免和特权同样给予缔约对方，包括关税优惠。因此，最惠国待遇下的关税适用于那些彼此签订有双边或多边最惠国待遇协定的国家之间的进出口。如甲国与乙国签订了最惠国待遇协定，则甲国从乙国进口的产品适用最惠国税，若无此协定，则适用普通关税。乙国也是如此。最惠国关税税率比普通关税税率低，两者税率差幅往往很大。例如，美国对玩具的进口征收最惠国税税率为 6.8%，普通关税税率为 70%。第二次世界大战后，大多数国家都加入 GATT 及现在的 WTO 或签订了双边贸易条约或协定，相互提供最惠国待遇，享受最惠国待遇下的关税，因此，这种关税又被称为正常关税。

（2）普遍优惠制下的关税：普惠税。普遍优惠制简称普惠制，是发展中国家在联合国贸易与发展会议（UNCTAD）上经过长期斗争，在 1968 年通过建立普惠制决议之后取得的，是发达国家单方面给予发展中国家出口制成品和半制成品的一种关税优惠待遇。其主要内容是：在一定数量范围内（主要指关税配额或限额），发达国家对从发展中国家进口的工业品减免关税，部分免除加工过的农产品的进口关税。对于超过限额的进口则一律征收最惠国关税。

普惠制有三项基本原则：①普遍性原则，指发达国家应对从发展中国家进口的制成品和半制成品尽可能给予关税优惠；②非歧视原则，指发达国家应对所有发展中国家一视同仁，实施统一的普惠制，而不应区别对待；③非互惠原则，指发达国家给予发展中国家特别优惠关税待遇，不应要求发展中国家给予反向对等优惠。概括起来说就是，发达国家应对从所有发展中国家进口的全部制成品和半制成品给予单向优惠关税待遇。

目前的普惠制由 41 个给惠国的 14 个普惠制方案（欧盟 27 国①采用一个普惠制方案）组成。各普惠制方案由各给惠国和国家集团制订，对受惠国或地区名单、给惠产品范围、减税幅度、保护措施、原产地规则、毕业条款等方面进行规定。美国的普惠制方案规定：社会主义国家，石油输出国组织等国际商品卡特尔国家，没收美国公民财产的国家，对有关美国公民或企业所发生的争议不尊重仲裁程序裁决的国家，不能成为受惠国。

至今已有 40 个国家给（过）我国普惠制关税待遇，它们是：欧盟 27 国②、英国③、瑞士、列支敦士登、挪威、日本④、加拿大⑤、澳大利亚、新西兰、俄罗斯、白罗斯⑥、乌克兰、哈萨克斯坦、土耳其。美国在我国加入世界贸易组织后，仍然未给我国普惠制待遇。

普惠制待遇促进了我国出口贸易的发展。但是，中国面临着不断增多的"产品毕业"和"国家毕业"。若我国从给惠国的普惠制方案里"毕业"，将给中国出口带来负面影响：适用于我国的进口关税由普惠税改为最惠国关税，我国产品在进口国国内价格提高；我国的一些外国直接投资可能因此而转移到其他国家投资。

（3）特定优惠关税：特惠关税，指对从某个国家或地区进口的全部商品或部分商品给予特别优惠的低关税或免税待遇。特惠关税始于宗主国与殖民地附属国之间的贸易往来。目前国际上最有影响的是依《洛美协定》实施的特惠关税。《洛美协定》是 1975 年欧共体（欧盟的前身）与非洲、加勒比与太平洋地区 46 个发展中国家（1987 年增至 66 国）在多哥首都洛美签订的经济和贸易协定。参加协定的这些发展中国家第二次世界大战前都是欧盟国家的殖民地和附属国。根据《洛美协定》，欧共体对来自这些发展中国家的全部工业品和 94% 的农产品免征进口关税，而欧共体向这些国家出口的产品不享受反向的关税优惠待遇。

专栏 2-1：洛美协定

3. 进口附加税

在国际贸易中，有些国家对进口商品除了征收正常的进口关税外，还往往会根据

---

① 2020 年 1 月 30 日欧盟正式批准英国脱欧。

② 中国所有产品 2015 年 1 月 1 日起不再享受欧盟普惠制优惠待遇，即"国家毕业"。

③ 英国在脱欧之前作为欧盟的一员，不再给予中国普惠制关税优惠待遇。

④ 日本自 2019 年 4 月 1 日起不再给予中国输日货物普惠制关税优惠待遇。

⑤ 自 2014 年 7 月 1 日起，中国从加拿大的普惠制"国家毕业"。

⑥ 过去称"白俄罗斯"。

某种需要再征收额外的关税，即进口附加税。进口附加税的征收通常是作为一种特定的临时性措施，其主要目的是调节贸易平衡与收支，对某些商品的进口做特别限制，在国家与地区间实行贸易歧视和贸易报复等。进口附加税，无论其征收目的如何，都是进口数量限制的重要手段。

进口附加税的征收有两种方式。一种是对所有进口商品征收，如美国前总统尼克松在1971年8月为了应付国际收支危机，宣布对所有进口产品加征10%的进口附加税；一种是只针对特定国家的某项商品征收进口附加税，以限制这种特定商品的进口。这类进口附加税包括反补贴税（countervailing duty）、反倾销税（anti-dumping duty）、惩罚关税和报复关税等，主要是反倾销税和反补贴税。

（1）反倾销税。反倾销税是对实行商品倾销的进口货物征收的一种附加税，即在倾销商品进口时除征收进口关税外，再征收反倾销税。征收反倾销税的目的在于抵制外国倾销，保护国内相关产业。

对反倾销措施作出规定的是《关于实施1994年关税与贸易总协定第6条的协议》，通常称为《反倾销协议》。作为《建立WTO协议》不可分割的一部分，它提供了一个关于反倾销措施的详细、具体和全面的框架。在此之前，《1947年关税与贸易总协定》第6条对反倾销措施作出了规定。只要不与《反倾销协议》冲突，《1947年关税与贸易总协定》第6条的有关规定将仍然有效。

依据《反倾销协议》，实施反倾销措施必须具备三个条件，分别是存在倾销、损害及商品倾销与损害之间存在因果关系。[1]倾销是否存在及倾销幅度的确定取决于出口价格与正常价值的比较（正常价值的确定办法见本章第一节中的"商品倾销"）。[2]损害是指进口方生产同类产品的产业受到实质性损害、进口方生产同类产品的产业受到实质性损害的威胁或进口方建立生产同类产品的产业受到实质性的阻碍。[3]对损害的确定应依据肯定性证据，并应包括对下述内容的客观审查：①进口倾销产品的数量和价格对国内市场同类产品价格的影响；②这些进口产品对此类产品国内生产者产生的影响。至于倾销与损害之间因果关系的认定，进口方主管机构应审查除进口倾销产品以外的、其他可能使国内产业受到损害的已知因素，包括：①未以倾销价格出售的进口产品的价格及数量；②需求萎缩或消费模式的改变；③外国与国内生产商之间的竞争与限制性贸易做法；④技术发展、国内产业的出口实绩及生产率等。其中，"国内产业"是指国内同类产品的全部生产商，或是其产品合计总产量占全部国内同类产品产量的相当

---

① 《反倾销协议》第5条第2款。

② 倾销认定中有忽略不计的倾销幅度和数量：a. 若政府认定倾销幅度小于该产品出口价格的2%，则反倾销必须立即停止；b. 若倾销产品的数量不到该产品总进口量的3%，调查则需停止（但是如果几个国家的进口量之和达到总进口量的7%或以上，虽然每个国家的供应量不足总进口量的3%，调查仍可进行）。

③ 《反倾销协议》第3条对损害的注释。

部分的那些生产商。如果生产商与出口商或进口商是关联企业，或者它们本身被指控为倾销产品的进口商，则这些生产商不计算在内。

进口国有关倾销的补救措施，一种是征收反倾销税，另一种是价格承诺。若出口商自愿作出了令人满意的价格承诺，修改价格或停止以倾销价格出口，则调查程序可能被暂停或终止，有关部门不得采取临时措施或征收反倾销税。[1]

出口商在反倾销调查程序中，应仔细地审查对有关倾销、损害和两者之间因果关系的指控，将精力集中于损害及其与倾销之间的因果关系上，因为对于进口国申请人而言，证明损害要比证明倾销困难些，而要证明具体的倾销和损害之间存在因果关系就更为困难些。

中国作为 WTO 的正式成员，受到其他成员反倾销措施的不公正影响时，政府可以诉诸 WTO 争端解决机制，要求争端解决机构成立专家小组并要求获得救济。但是，涉及反倾销问题的争端解决程序与正常的争端解决程序大不相同。《反倾销协议》第17条第6款极大地限制了专家小组裁定案件是非曲直的能力，因为该条（款）要求专家小组必须接受对协议的任何合理的解释。在协议能以一种以上的方式进行解释的情况下，专家小组必须接受反倾销调查机构依据任何一种准许的解释所作出的决定。专家小组不能使用调查机构未掌握的或未使用的新信息来推翻反倾销裁决。许多情况下，专家小组只限于确定反倾销裁决是否违反了协议的程序性要求。如帕尔米特所述，乌拉圭回合中美国产业部门的主要目标是限制 GATT 专家小组推翻国内反倾销决定的权力……实际上这种游说所寻求的大部分目标都得到了满足。

中国作为反倾销的最大受害国，被征收反倾销税裁决比例很高的一个重要原因是所谓的"非市场经济国家"。欧、美国等国将中国视为"非市场经济国家"，在对中国进行反倾销调查程序中，正常价值的确定不是采用《反倾销协议》中规定的办法，而是采用第三国（市场经济国家）相似产品的价格作为替代，即采用第三替代国价格。美国区分"市场经济国家"和"非市场经济国家"的理由是，在市场经济条件下，存在着资本、商品和劳务市场，产品价格由竞争状态下的供求关系决定，因此国内市场通常贸易中的价格可以反映产品的真实成本。但在非市场经济条件下，资源和生产资料属于国家所有，原材料、能源的价格和工人工资由国家决定，货币不能自由兑换，市场及供求关系在价格决定中仅起很小的作用。因此，非市场经济条件下的国内销售价格是扭曲的，不能反映产品的正常价值，用这种价格与出口价格进行比较来确定是否存在倾销是不适当的。

"第三替代国价格"对中国非常不利。首先，替代国选择具有一定的随意性，尽管

---

[1] 反倾销调查对进口的阻碍作用及调查结束后作为补救措施的价格承诺，是非关税措施。关于价格承诺，有两点需要注意：a. 进口国有关部门不能强迫出口商作出价格承诺；b. 若反倾销部门认为不能接受出口商的价格承诺，可以拒绝其价格承诺，但应向出口商说明不接受的理由，并给出口商说明其意见的机会。

美国商务部选择的替代国要具备一定条件：经济发展水平与非市场经济国家的发展水平具有可比性；替代国是所比较的商品的重要生产商。即使所选择的替代国满足上述条件，如印度，但因为两国的价格结构不同，会造成对"正常价值"的高估。仍然以印度为例，印度虽然经济发展水平与中国相当，但其制造业没有中国发达，其制造业产品价格远高于中国。大多数替代国与中国生产出口产品的企业在工资、能源及原材料价格方面存在相当大的差异，产品价格自然也就不同。其次，由于只有在遇到反倾销时才选择替代国，中国出口商无法在开始出口就制定一个不存在倾销的价格。所以该标准对中国的出口商是很不公正的。

在中国加入 WTO 后的 15 年内，外国企业和政府仍可以使用针对"非市场经济国家"的第三替代国价格办法处理对中国产品的反倾销案。[①]

所以，获得"市场经济地位"成为中国企业应对国外反倾销的一个关键因素。但是，非市场经济问题在国际贸易当中实际不是一个学术问题，而是一个涉及实际利益的政治问题，它不是按照几个指标的衡量来完成最后的判定。认定一个国家是不是市场经济国家，没有国际上公认的标准。中国经济自由度明显高于俄罗斯，但是，欧盟在 2002 年、美国在 2003 年认可俄罗斯是市场经济国家。中国政府为获得"市场经济地位"的认可，进行了不懈的努力。

在中国加入世界贸易组织满 15 年以后，美国、日本和欧盟等主要国家仍然未给予我国"市场经济地位"。[②]

专栏 2-2：欧盟对华光伏反倾销案

专栏 2-3：中国遭遇的反补贴措施

（2）反补贴税。反补贴税又称为抵消关税，是指为抵消进口商品在制造、生产或输出时直接或间接接受的任何奖金或补贴而征收的一种进口附加税[③]。它主要是为了控制出口补贴对本国造成的影响，一般按"补贴数额"征收。与反倾销不同，进口国在开始反补贴调查前，它有与出口国政府进行磋商的义务。

乌拉圭回合以前，与补贴有关的条款是《GATT 1947》第 16 条，与反补贴措施有关的条款是第 6 条。现在，作为《建立 WTO 协议》不可分割的一部分，《补贴与反补贴措施协议》同时涵盖了这两个问题（农产品除外）。当然，只要不与《补贴与反补贴措施协议》相冲突，《GATT 1947》第 16 条与第 6 条依然有效。

---

① 虽然欧盟已将中国从"非市场经济国家"名单划入"特殊的市场经济国家"（这一类国家过去只有中国和俄罗斯，俄罗斯已于 2002 年获得欧盟"市场经济国家"的认可），但实际做法与"非市场经济国家"并无太大不同。

② 拿市场经济地位苛求中国没有道理[EB/OL]. [2014-01-27]. http://news.xinhuanet.com/fortune/2011-09/27/c_122091094.htm.

③ 反补贴调查对进口的阻碍作用，则称为非关税措施。

（三）按照征税标准分类

（1）从量税（specific tariffs）。从量税是按照商品的重量、数量、容量、长度和面积等计量单位为标准计征的关税。计算公式为：从量税额＝商品数量×每单位从量税

（2）从价税（ad valorem tariffs）。从价税是以进口商品价格为标准计征一定比率的关税，其税率表现为货物价格的百分率。计算公式为：从价税额＝商品总值×从价税率

（3）混合税（compound tariffs）。混合税又称复合税，它是对某种进口商品采用从量税和从价税同时征收的一种方法。计算公式为：混合税额＝从量税额＋从价税额

（4）选择税（alternative tariffs）。选择税是对于同一种进口商品同时订有从价税和从量税两种税率，在征税时选择其中一种计算应征税款。一般是选择税额较高的一种征税。

（5）差价税（variable levy）[①]。差价税又称差额税，当某种商品国内外都生产，但国内产品的国内价格高于进口产品的进口价格时，为保护国内生产和国内市场，按国内价格和进口价格之间的差额征收关税，这种关税称为差价税。欧洲联盟对农畜产品征收的差价税在 1995—1996 年海关税则中已改为按通常关税征收。

三、关税的经济效应[②]

关税对进口国经济的多方面影响称为关税的经济效应。对关税的经济效应的分析，可分为局部均衡分析（partial equilibrium analysis）与一般均衡分析（或总体均衡分析，general equilibrium analysis），每一种分析又可分进口大国和进口小国两种情况。

在关税的局部均衡分析中，只分析关税对一种商品（X）市场的影响，而不分析这种影响对其他商品市场的影响，以及这些影响对 X 商品市场产生的反作用。关税的一般均衡分析则考虑了包括关税所影响的商品 X 在内的所有市场，因为商品 X 的市场变化会影响其他商品的市场，而这些影响又会对 X 商品的市场产生重要的反作用。由于各种商品市场都是紧密相连的，一般地说，局部均衡分析只用作第一步的近似分析，一般均衡分析才有助于把握关税对整个经济的影响。

进口大国是指一国某种商品进口量占这种商品国际贸易量的比重较大，以至于其进口量的变化能影响这种商品的国际市场价格，是国际市场价格的影响者（price-maker），它面对的外国出口供给曲线是一条向上倾斜的曲线；进口小国正好相反，是国际市场价格的接受者（price-taker），它面对的外国出口供给曲线是一条水平直线。

[①] 陈琦伟（1988）将差价税称为"变动进口税率"，并把它看作一种非关税壁垒，理由是差价税的经常变动与"一旦确定不再轻易变动的传统关税政策不同"。

[②] 读者可以跳过这部分内容的分析过程，直接阅读结论。

学习这一部分内容，有助于理解中国履行入世承诺如降低关税税率、取消或扩大进口配额对中国的影响。下面的分析反过来就是中国降低进口关税税率的影响。由于配额可以折算为等价关税，下面的分析反过来也可以理解取消或扩大配额的影响。

（一）关税的局部均衡分析

1. 小国征收关税的影响

小国征收关税的影响的局部均衡可用图 2-3 分析。图 2-3 中 S_d 表示 A 国生产的 X 产品的供给曲线。供给曲线说明了生产者每增加一个单位该商品所支付的额外成本，因为供给曲线表明了生产者对每一单位商品愿意接受的最低价格。D_d 表示 A 国对 X 产品的总需求曲线，既包括对国内生产的 X 产品的需求，也包括对外国生产的 X 产品的需求。需求曲线表明了消费者对新增的每一单位商品愿意支付的最高价格。供给曲线和需求曲线交于点 H。自由贸易条件下，A 国国内产品价格与世界价格一致，都为 P_w。在此价格条件下，A 国对 X 产品的需求量为 D_0，国内供给量为 S_0，供求存在缺口，即贸易量为 $D_0 - S_0$。在此供求关系下，生产者剩余为 e，消费者剩余[①]为（$a+b+c+d+f$）。

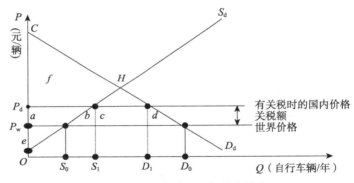

图 2-3　小国关税的局部均衡效应

如果 A 国对进口的 X 产品征收关税：

（1）由于 A 国是小国，X 产品的世界市场价格不变，而进口产品 X 在国内的售价由 P_w 提高到 P_d，此即小国征收关税的价格效应。

（2）由于世界市场价格不变，进口价格不变，进而进口价格指数（P_M）不变；又未考虑出口，出口价格及出口价格指数（P_X）视作不变，根据贸易条件（TOT）公式 TOT=P_X/P_M，可知贸易条件不变，此即小国征收关税的贸易条件效应。

（3）国内生产由 S_0 增加到 S_1，此为关税的生产效应（也指面积 b 所代表的福利损

---

① 所谓生产者剩余，指生产者以比他们愿意接受的最低价格更高的市场价格销售商品所获得的经济福利，在数字上即收入与生产成本的差额；在图形上表示为供给曲线以上、价格线以下和纵轴围成的面积。消费者对产品的价值评价与其购买商品时所支付价格的差额，对消费者来说，这是一个净经济福利收益，即消费者剩余，也就是消费者用比他们为某商品愿意且能够支付的最高价格更低的市场价格购买该商品所获得的经济福利；在图形上表示为需求曲线以下、价格线以上和纵轴围成的面积。类似的表述见本书第一章专栏 1-1。

失，即因为关税，商品 X 的部分供给由进口转移至成本更高昂的国内生产而损失的生产专业化利益）。

（4）对 X 产品的需求量由 D_0 减少到 D_1，此为关税的消费效应（也指面积 d 所代表的福利损失，即由于关税而失去的国际贸易利益）。

（5）进口量由 D_0S_0 减少到 D_1S_1，此为关税的贸易效应。

（6）政府获得了关税收入 c，此为关税的收入效应。

（7）关税的福利效应如下：消费者剩余损失（$a+b+c+d$），生产者剩余增加 a，考虑到政府关税收入 c，关税给 A 国的净福利影响为减少了（$b+d$）。

2. 进口大国征收关税的影响

在图 2-4（a）～（c）中，S_H 表示大国国内对商品 X 的供给曲线，S_F 表示外国对该国的出口供给曲线，S_{H+F} 表示对该国商品 X 的总供给曲线。S_{H+F} 是将国内对商品 X 的供给曲线和外国对该国的商品 X 的供给曲线相加得到的。例如，当 $P_X=1$ 时，10X 由国内供给，10X 由国外供给，总供给是 20X。当 $P_X=2$ 时，国内供给 20X，国外供给 30X，总供给是 50X。与小国面对的外国供给曲线是水平直线不同，该国面对的是向上倾斜的曲线，表示大国进口增加时，外国供给的商品 X 的价格会提高。

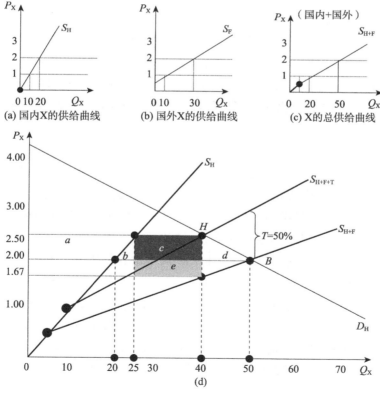

图 2-4 大国关税的局部均衡效应

在图 2-4（d）中，自由贸易时，国内对 X 商品的总需求曲线 D_H 与商品 X 的总供给曲线 S_{H+F} 相交于点 B。在这一点，$P_X=2$，20X 由国内生产商供给，30X 由国外厂商供给，共 50X。如果该国对商品 X 征收关税（T），如 $T=50\%$，则 S_F 向上移动 50%，成为 S_{F+T}，此时对该国商品的总供给曲线为 S_H 和 S_{F+T} 之和，即 S_{H+F+T}。现在 D_H 与 S_{H+F+T} 相交于点 H，此时，$P_X=2.5$，总需求为 40X，国内供给 25X，国外供给 15X。

关税导致该国商品 X 的国内售价提高，外国价格降低，这是大国征收关税的价格效应；由于该国进口价格降低，进口价指数降低，且不考虑出口，出口价格、出口价指数视作不变，根据贸易条件公式（$TOT=P_X/P_M$），可知该国贸易条件改善，这是关税的贸易条件效应；国内生产增加，这是关税的生产效应；消费减少，这是关税的消费效应；政府得到了（$c+e$）的关税收入，这是关税的收入效应。

关税的福利效应如下：消费者剩余减少（$a+b+c+d$），生产者剩余增加（a），考虑到政府增加的关税收入（$c+e$），大国征收关税对国民福利的净影响是（$e-b-d$）。其中，c 是政府从消费者手中得到的关税收入，e 是政府从国外出口商那里得到的关税收入。该国国内消费者和出口商共同分担了关税。

（二）关税的一般均衡分析

1. 小国关税的一般均衡效应分析

进口小国征收关税不会影响世界价格，它面对的仍然是与征收关税前相同的世界价格，但是它的进口品的国内售价会增加一个与关税额相同的数额。区别征收关税对单个生产者和消费者的影响，与对国家作为一个整体而言的影响，对理解小国情况下关税的一般均衡效应是非常重要的。我们假定，征收关税的小国政府将关税简单地分发给国内的每个人，或政府由于有了关税收入，可以减少对国内基础服务部门的收费。总而言之，在征收关税的条件下，与征税但不考虑关税收入相比，上述假定直接或间接地增加了消费者的收入[①]，消费者可以达到表示更高效用的无差异曲线。

在图 2-5 中，自由贸易时，小国 A 专业化生产大米，并通过出口大米，换取货币以进口钢铁。给定相对价格（P_r/P_s），A 国的生产点是 S_1，社会福利最大化下的消费点是 D_1。D_1O_1 是进口的钢铁数量，S_1O_1 是出口的大米数量，社会福利水平为 CIC_1。

如果 A 国钢铁行业成功地游说议会，对钢铁征收 t 的关税，从而使得钢铁的国内市场价格上涨了 t 个百分点，变为 $P_s(1+t)$，高于世界价格 P_s。在大米的世界价格不变的情况下，国内大米价格相对地降低了，在国内市场上，人们现在需要用更多的大米来换取与原先同样数量的钢铁。在图 2-5 中，这一变化表现为国内大米相对价格曲线变成了一条斜率为 $P_r/[P_s(1+t)]$ 的直线。厂商们将钢铁相对价格的上涨视作促使他们生产更多钢铁（相应地只能生产更少大米）的信号，开始不断地调整生产，直至 $MC_r/MC_s=P_r/[P_s(1+t)]$ 时为止。当较为平坦的国内相对价格线与生产可能性边界在

---

① 假定这种"收入增加"没有改变收入分配，因为收入分配的变化有可能改变社会无差异曲线的图形。

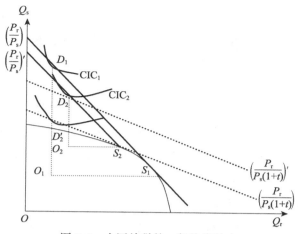

图 2-5　小国关税的一般均衡效应

点 S_2 相切时，二者便相等了。厂商的调整反应代表着生产偏离了专业化分工的模式，它使该国（作为一个整体而非单个生产者或消费者）的消费可能性边界从 (P_r/P_s) 平行地移到了 $(P_r/P_s)'$。就消费者来说，只能在 $(P_r/P_s)'$ 上选择消费点，使无差异曲线和与相对价格线 $P_r/[P_s(1+t)]$ 平行的虚线 $P_r/[P_s(1+t)]'$ 相切，切点为 D_2。钢铁相对价格的上升，不仅使钢铁的消费减少，其产生的负收入效应也可能减少大米的消费。

在图 2-5 中，消费点 D_2 在 D_1 之下，但在 D_2' 之上，即在国内相对价格线 $P_r/[P_s(1+t)]$ 的外边。这是因为在关税保护下，经济参与者除了生产者与消费者外，还有政府，政府通过征收关税获得了收入。由前面的假定，消费者可以在比国内相对价格线 $P_r/[P_s(1+t)]$ 所决定的效用更高的无差异曲线 CIC_2 上选择消费点。反映到图 2-5，就是无差异曲线与外移的国内相对价格线即 $P_r/[P_s(1+t)]'$ 相切的点 D_2。这一消费变动实际上是关税收入所带来的消费。最终消费点 D_2 有如下两个特征：①在从生产点 S_2 向左上方延伸出来的国际相对价格曲线上，是 A 国作为一个整体面对的消费可能性曲线。换句话说，A 国在 S_2 点上生产，但可以在国际相对价格下与别国进行贸易，从而在国际相对价格线上选择消费。②由于国内消费者面对的是国内相对价格，在最终消费点上，反映福利水平的社会无差异曲线必定与国内价格曲线相切。切点 D_2 是这些切点中的一个，在 $(P_r/P_s)'$ 上。在这一点，商品的边际替代率（MRS）[①]等于包含关税的商品相对价格（国内相对价格曲线的斜率），这是社会福利最大化的选择。

现在对上述内容进行一下总结：理解小国征收关税的一般均衡分析的思路是，A 国生产可能性边界和国际相对价格线 (P_r/P_s)（也是国内相对价格线）的切点决定该国的生产点 S_1；征收关税后，A 国生产可能性边界与国内相对价格线 $P_r/[P_s(1+t)]$ 的切

[①] MRS 被定义为：为了使消费者的效用不变或保持在原来的无差异曲线上，当多增加一个单位 X 商品的消费时，消费者必须放弃的 Y 商品的数量。MRS 是无差异曲线的斜率的绝对值，用两种产品的边际效用的比率来反映。

点决定该国生产调整后的生产点 S_2；S_2 决定了该国征收关税后该国作为一个整体的消费可能性边界 $(P_r/P_s)'$；又由于消费者面对的是国内相对价格线 $P_r/[P_s(1+t)]$，消费者只能在社会无差异曲线簇与 $(P_r/P_s)'$ 相交的交点中选择其斜率与国内相对价格线 $P_r/[P_s(1+t)]$ 平行的交点，即点 D_2，为消费点，该点在 $(P_r/P_s)'$ 上，又是无差异曲线与外移的国内相对价格线 $P_r/[P_s(1+t)]'^{①}$ 的切点。在最终消费点 D_2 上的社会无差异曲线（CIC_2）低于自由贸易中的社会无差异曲线（CIC_1），反映了社会福利水平的下降。总之，小国征收关税的经济影响可以概括为：增加进口竞争产业的生产，减少出口产品的生产；减少进口竞争产品的消费；减少贸易量；降低社会福利水平。

2. 大国关税的一般均衡效应分析

我们使用提供曲线（提供曲线的概念见第一章的附录 1-1）分析大国征收关税的一般均衡效应。在大国的情况下，征收关税的福利影响就不像小国那样清楚了，关税可能减少或增加该国的福利，也可能使该国的福利与征收关税前保持不变，因为大国能通过征收关税影响国际市场价格。所以，进口大国征收关税不仅给进口国本身造成影响，而且影响到整个世界。

如图 2-6 所示，OA 是大国 A 自由贸易条件下的提供曲线，OB 是其贸易伙伴的提供曲线。征收关税前，由 OA 与 OB 的交点 E 确定的 TOT 为贸易均衡时的贸易条件。现在 A 国征收关税，在任一贸易条件下，该国从事贸易的意愿都有所减弱，提供曲线"向下移动"，即偏转为 OA'。OA' 与 OB 在点 E' 相交，达成新的贸易均衡，贸易条件 TOT 移至 TOT'，A 国贸易条件改善。A 国征收进口关税导致的这种提供曲线移动，也可代表征收出口税的情况，因为这两种手段都意味着在任一贸易条件下，A 国从事贸易的意愿都有所减弱。进口关税和出口关税对贸易量与贸易条件的相同影响称为勒纳对称定理（Lerner symmetry theorem）。

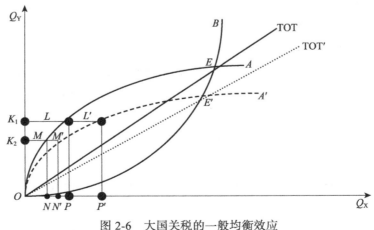

图 2-6　大国关税的一般均衡效应

---

① $P_r/[P_s(1+t)]'$ 的位置由关税收入决定。若不考虑关税收入，消费点为 D_2'。

由此可见，大国征收进口关税，贸易量减少，减少了其福利；但由于贸易条件改善，关税增加了其福利。关税对福利的净影响就取决于这两种反作用的大小。显然，这与小国征收关税的情况形成了对比：小国由于关税而贸易量减少时贸易条件不变，因此，征收关税后小国的福利总是减少的。

（三）最优关税

由上文可知，大国征收关税后，其贸易量减少，贸易条件改善。前者将减少该国的福利，后者则会增加该国的福利。由此产生了最优关税税率问题。

最优关税税率是指能使一国福利最大化的关税税率，即使一国从贸易条件改善中所得的收益减去进口数量减少造成的损失后的正差额达到最大时的关税税率。若实际的名义关税税率低于最优关税税率，则该国福利水平就会低于其最大值，因为进一步改善贸易条件可能产生的收益大于进口数量进一步减少所造成的损失。同样地，若实际的名义关税税率高于这一数值，则进一步改善贸易条件所增加的收益已不能抵消进口数量进一步减少所造成的损失的增加。随着关税税率提高，最终这个国家将通过禁止性关税回到自给自足的生产点。

最优关税税率的计算公式为 $t*=1/S_m$。其中 $t*$ 是一国的最优关税税率；S_m 是外国的供给价格弹性，$S_m=\dfrac{\mathrm{d}M/M}{\mathrm{d}P/P}$，$M$ 为本国进口量，P 为进口品价格。

由于小国在国际市场上面临的供给曲线是具有完全弹性的（$S_m=\infty$），所以小国的最优关税税率为零。

然而，一国征收关税改善贸易条件的同时，其贸易伙伴的贸易条件就会恶化，因为它们的贸易条件与征税国是相对的。面临贸易量减少和贸易条件恶化，贸易伙伴的福利无疑会减少，贸易伙伴因此极有可能征收报复性的最优关税，从而改善自己的贸易条件并挽回一定的损失，当然同时也进一步减少了其贸易量。如果率先征收关税的国家又进一步采取报复行动，由此导致无休止的贸易战，最终的结果是所有参加贸易战的国家损失全部或大部分贸易利益。

需要注意的是，一国征收最优关税，其贸易伙伴不采取报复行动时征收最优关税的国家所得收益也会小于贸易伙伴的损失。这样，就世界总体而言，征收关税要比自由贸易下福利减少。从这个意义考虑，自由贸易使世界福利最大化。正是基于此种认识，GATT/WTO 这样的没有后盾、其规则仅仅依赖于缔约方/成员方遵守意愿的国际经济组织才能得以成立并运作下去。

第三节　出口障碍之二：非关税措施

根据联合国贸易与发展委员会的定义，非关税措施（non-tariff measures，NTMs），是指一国政府采取的，除了普通关税以外的，任何可以潜在地对国际货物贸易产生经济影响，对贸易量或价格或二者都产生扭曲的所有政策措施。因其对贸易产生阻碍作用，又被称为非关税壁垒（non-tariff barriers，NTBs）。

当前常见的非关税措施既包括对钢铁、纺织鞋类、机械设备以及汽车等行业的进出口配额等数量限制，也包括对出口企业影响更大的技术标准、卫生检验检疫、劳工标准等非关税措施。尤其是在 2008 年全球经济因金融危机进入衰退期后，各类具有贸易保护性质的政策在各国竞相出现。非关税措施通常因其不够透明、形式多样，而且对国际贸易的影响不易度量，所以成为各国政府干预对外贸易的主要手段。

与关税壁垒相比，非关税措施具有以下一些明显的特色。

（1）隐蔽性。任何国家征收关税一般都是按照该国的海关税则进行的。而非关税措施一般是以法律、政策措施形式出现，也可以是在执行的过程中造成实际的障碍效果，因而具有较强的隐蔽性。

（2）灵活性。由于关税都在海关税则中规定，且一般在 WTO 的协议中得到约束，一般不容易变动。而非关税措施采取的是行政手段，且种类繁多，它的制定、实施、调整或改变都可以迅速且简单，因而拥有更强的灵活性。

（3）有效性。关税对进口产生的效果是间接的，它主要通过提高进口商的进口成本再影响进口数量。当进口商品凭借规模经济或出口补贴取得低生产成本时，关税的保护作用不再明显。非关税措施往往是直接限制进口数量，或直接禁止某些种类的产品进口。例如绝对配额，超过限额的部分是不允许进口的；技术标准的要求是，不符合标准的产品不具备市场准入的资格。因此，非关税措施有效性强于关税措施。

（4）歧视性。任何国家只有一部关税税则，不论是单式税则还是复式税则，都不能很好地体现进口国的国别政策，而非关税措施则拥有极强的歧视性，甚至可以针对某一个或数个国家单独采取某种措施。典型的例子就是美国和墨西哥之间的"金枪鱼"案。美国颁布的保护海豚相关法规规定禁止进口不符合某些捕捞标准的金枪鱼。墨西哥认为，这一规定是针对它的歧视性做法，最终进入 GATT 的争端解决机制进行裁决。

一、进口配额制

进口配额制（import quotas system），又称进口限额制，是一国政府对一定时期内进口的某些商品的数量或金额加以直接控制的制度。在规定的期限内，配额以内的货物可以进口，超过配额不准进口，或征收较高关税后才能进口。简单而言，进口配额的目的与征收关税一样，是为了限制进口、保护国内产业。但与关税不同的是，进口配额是直接的数量控制而不是通过提高进口商品价格间接地减少进口。

尽管世界贸易组织要求成员一般取消数量限制，但是，进口配额制度在某些领域仍然占据十分重要的地位，如在纺织品和农产品贸易中，进口配额还将长久存在。

与关税措施相比，进口配额可以有效地、直接地控制进口数量，对国内市场和产业的保护作用更加明显。但是，有一点应该澄清：配额的规定并不意味着该国的进口数量或金额必须等于配额，配额只是市场准入的（优惠）上限，并不是一个国家承诺必须进口的数量，如果进口国国内对进口商品没有需求，那也可以完全不进口。

根据对超过配额部分的做法不同，进口配额可以分为绝对配额和关税配额。

1. 绝对配额

绝对配额，是指在一定时期内，对某些商品的进口数量或金额规定一个最高限额，超过限额后，就不准进口。根据具体实施方式的不同，绝对配额有全球配额、国别配额和进口商配额之分。

（1）全球配额，是指对某种商品的进口给出一个总的限额，对来自任何国家或地区的商品一律适用。主管当局一般根据进口商的申请先后或过去某一时期内的实际进口额发放配额，直至总配额发完为止。

（2）国别配额，是指政府不仅规定了一定时期的总配额，而且在总配额内按照国别和地区分配固定的配额。如果配额的分配由进口国单方面决定，即为自主配额；如果是由进口和出口两国政府或民间团体之间通过协议来确定，则为协议配额。

（3）进口商配额，是指进口国政府将某些商品的进口配额在少数进口商之间进行分配。这一类型的配额在日本比较明显，如日本的食用肉进口配额就是在 29 家大商社间进行分配。

在这三种配额中，由于国别配额最能体现进口国的国别政策，而且通过双边协商后订立的双边国别配额不容易引起对方的不满或报复，因此，双边协商的国别配额运用十分广泛。

2. 关税配额

关税配额，是指在一定时期内，对商品的进口数量或金额规定一个限额，对于限额之内的进口商品，给予低关税或免税待遇，对于超过限额的进口商品则征收高额关税，或征收附加税或罚款后再允许进口。由概念内容上可以了解，关税配额就是将关税与配额的特点综合起来的一种贸易壁垒措施。

关税配额与绝对配额的最大区别在于，关税配额对超过配额的部分是允许进口的，而绝对配额是不允许进口的，因此绝对配额限制得更严，也更容易招致不满和报复。

 案例 2-4：2020 年中国粮食、棉花进口关税配额数量、申请条件和分配原则

二、"自愿"出口限制

"自愿"出口限制（voluntary export restrict，VER）是指出口国家或地区在进口国

的要求和压力下，"自愿"规定某一时期内某些商品对该国的出口限制，在该限额内自行控制出口，超过限额即停止出口。简单而言，就是出口国"自愿"限制其出口量。

对进口国来说，由于对方自愿限制，其进口量也就自然减少。所谓"自愿"，其实只是出口国在进口国的要求和压力下不得不采取的限制政策。因此，经济学家把"自愿"出口限制看成进口配额的一种特殊形式。对于出口国来说，与进口国设置"进口配额"或采取反倾销措施相比，"自愿出口限制"对出口国的损失要少一些，甚至可能因为进口国旺盛的需求而获得"超额利润"，因为出口国控制配额分配，出口国政府或企业可以因此获取"出口配额租"。

案例 2-5：中国纺织品与服装的"自愿"出口限制

典型的"自愿"出口限制是 1981 年开始的日本汽车生产商自愿限制对美国的汽车出口，以及美国、日本、芬兰、挪威等国对中国的纺织品进口和欧盟对中国的农产品进口实行的"自愿"出口限制政策。

三、进口许可证制

当一国政府出于对本国利益的需要必须限制进口或监控进口情况时，一般都会采用进口许可制度。按照 WTO《进口许可程序协议》总则的定义，所谓进口许可，是指实施进口许可制度的行政程序。进口许可证制（import license system）是指进口国家规定某些商品进口必须事先领取许可证，才可进口，否则一律不准进口。

（1）按照是否与配额相结合，进口许可证可以分为有定额的进口许可证和无定额的进口许可证。有定额的进口许可证是指进口国事先规定有关商品的进口配额，然后在配额的限度内，根据进口商的申请对每笔进口货物发给一定数量或金额的进口许可证，配额用完即停止发放。无定额的进口许可证不与进口配额相结合，有关政府机构事先不公布进口配额，颁发有关商品的进口许可证，只是在个别考虑的基础上进行。由于无定额的进口许可证是个别考虑的，没有公开的标准，因而就给正常贸易的进行造成更大的困难，起到更大的限制进口的作用。

案例 2-6：中国的进口许可证制度

（2）按照进口商品的许可程度，进口许可证可以分为自动进口许可证和非自动进口许可证。自动进口许可证对进口国别或地区没有限制，对于属于这类许可证范围的商品，进口商只需填写一般许可证之后，即获准进口。非自动进口许可证，又称为特种商品进口许可证。对于该许可证项下的商品，进口商必须向政府有关当局提出申请，经过政府有关当局逐笔审批后才能进口。

四、歧视性的政府采购政策

由于凯恩斯主义的主流经济学地位，政府在经济中的影响与作用都变得非常的重要。无论是长期维护一个较为庞大的政府也好，还是短期通过扩大政府支出来刺激经济也好，政府采购已成为一国消费的重要组成部分，也成为宏观经济学中国民支出的重要组成部分。事实上，每年政府采购额占国际贸易额的 10%～15%[1]。

歧视性的政府采购政策（discriminatory government procurement policy）是指国家通过法令和政策明文规定，政府机构在采购商品时必须优先购买本国货物或服务，或其他歧视性的规定。具体的做法包括以下几种。

（1）优先购买本国产品与服务。例如，20 世纪 80 年代已经取消的美国《购买美国货法案》（*Buy American Act*）中，规定联邦政府必须购买美国产品，除非该商品的价格超过国际市场同类商品的 6%以上；对于国防部的采购，这一标准达到 12%，甚至一度达到 50%。

（2）强调产品与服务中的国产化程度。在政府不得不使用外国产品和服务时，强调国产化程度，如零部件国产化程度、当地产品含量或本国提供服务的比例等。

（3）偏向国内企业的招标。在政府出资的工程招标中也经常存在歧视性做法，采用的评标标准或程序偏向国内企业。尽管不明文规定外国企业不能投标，但政府制定一些苛刻的歧视性标准和不透明的程序，使外国企业实际上不可能中标。

（4）直接授标。有的政府工程不通过招标而直接将工程授予一家特定企业（一般都是本国企业）。

在某些情况下，政府采购会导致需求转移，直接从进口商品转移到本国商品，从而导致利润转移，由此对国际贸易形成了不必要的歧视，违反了 WTO 的非歧视待遇原则。因此，WTO 反对歧视性的政府采购，并建议成员进行相互减让。WTO《政府采购协议》于 1996 年 1 月 1 日生效，协议加强了保证国际竞争的公平和非歧视条件的规则。与东京回合达成并于 1981 年生效的《政府采购协议》相比，1996 年生效的协议将管辖范围扩大到了服务贸易、地方政府的采购以及公用事业单位的采购。

五、技术措施

技术规则和产品标准因各国而异，规则与标准的不同对制造商和消费者的行为均会产生主要的影响。当然，如果任意地设置技术规则，则无疑会成为保护主义最好的借口之一，技术规则和产品标准则会成为典型的贸易壁垒[2]。

按照 UNCTAD 2019 版的《非关税措施分类目录》，技术措施分为技术性贸易壁垒、卫生检验检疫措施，以及装运前检验和其他手续。

1. 技术性贸易壁垒

技术性贸易壁垒指技术法规、技术标准和合格评定程序的措施，不包括《动植物

---

① 刘力，刘光溪. 世界贸易组织规则读本[M]. 北京：中共中央党校出版社，2000：160.
② http://www.wto.org/english/tratop_e/tbt_e/tbt_e.htm.

卫生措施》一章所涵盖的措施。20 世纪 90 年代以来，技术性贸易壁垒成为最主要的非关税壁垒之一，WTO 有专门的《技术性贸易壁垒协议》（以下简称 WTO/TBT 协议）处理相关事务。

根据 UNCTAD 2019 版的《非关税措施分类目录》，技术性贸易壁垒的具体措施包括以下几种。

（1）与技术性贸易壁垒有关的进口授权/许可。如为遵守相关技术法规或合格评定程序，在进口前，必须从相关政府机构获得与货物有关的授权、许可、批准或执照。或者，要求进口商在从事某些产品的进口业务时，需获得授权、注册、许可证、执照或任何其他类型的批准，以符合相关技术法规或合格评定程序。

（2）残留物和限制使用物质的容许限值。如水泥中的盐含量或汽油中的硫含量必须低于规定的含量，油漆中限制使用溶剂。

（3）标签、标记和包装要求。如电冰箱必须贴有容量、重量和耗电量的标签；必须根据产品类型规定搬运或储存条件；通常，运输集装箱上必须标明"易碎品"或"此面朝上"等标志；应使用托盘集装箱或特殊包装保护敏感或易碎产品；等等。

（4）生产或生产后要求。其包括在生产过程中以及运输和仓储中的要求，如出口伊斯兰国家的畜产品必须遵守伊斯兰法律规定的动物屠宰要求；药品应储存在一定温度以下等。

（5）产品标识要求。该类措施是指为识别具有特定名称的产品而满足的条件，包括生物或有机标签。如要将产品标识为巧克力，它必须含有至少 30% 的可可。

（6）产品质量、安全和性能要求。该类措施是指有关安全性（例如耐火性）、性能（达到预期或声称结果的有效性）、质量（例如规定成分的含量和耐久性）或其他措施未涵盖的与技术性贸易壁垒有关的其他最终产品要求。例如，门必须能抵抗一定的最低温度；3 岁以下儿童玩具不得含有小于一定尺寸的物品；踏板自行车的车把、座椅和刹车有最低限度的条件等。

（7）与技术性贸易壁垒有关的合格评定。这类措施是指确认满足了与技术性贸易壁垒有关的特定要求，包括：抽样、测试和检验程序；合格评定、验证和保证程序；

案例 2-7：2020 年化妆品行业的技术法规汇总

认可和批准程序。例如，药品在进口前必须提供其安全性和有效性的证书，然后进行登记注册；汽车进口前，需要对样品进行测试，以证明其符合安全标准；纺织品和服装的进口必须在允许入境前检查尺寸和所用织物；对进口产品的信息披露要求，使产品能够在生产、加工和分销的各个阶段进行跟踪。

2. 卫生检验检疫措施

卫生检验检疫措施是指在一国为保护人类或动物生命免受食品中的添加剂、污染物、毒素或致病生物的危害而采取的措施；为保护人类生命免受植物或动物传播疾病的危害、为保护动物或植物生命免受虫害、疾病或致病生物的危害而采取的措施；为防止或限制害虫进入或传播对一国造成的其他损害以及保护生物多样性而采取的措施。除此之外，旨在保护环境、消费者利益或动物福利的措施不在动植物卫生措施的范围内。其具体表现形式主要为技术法规，以及与这些法规相关的合格评定程序。

案例 2-8：日本时隔 23 年恢复办理英国牛肉进口手续

3. 装运前检验和其他手续

装运前检验，是指进口国主管机构授权的独立检验机构在货物从出口国装运前对货物进行强制性的质量、数量和价格控制。例如，进口纺织品时，需要提供第三方的装运前检验证书，以核实颜色和材料类型。

直接托运要求，是指要求货物必须直接从原产国装运，不得在第三国停留。例如享受 GSP 待遇进口的货物必须直接从原产国运出，以满足该制度的原产地规则条件（即保证产品未在任何第三国被操纵、替换或进一步加工）。

通过指定海关口岸的要求，是指进口货物通过指定入境点和/或海关进行检验、测试等的义务。

案例 2-9："氯洗鸡"卡住美英自贸谈判

进口监测、监督和自动许可措施，是指监督特定产品进口价值或数量的行政措施。如纺织品进口前必须申领自动进口许可证。

六、或有贸易措施

或有贸易措施，传统国际贸易教材中称之为"贸易救济措施"，是指为抵消进口产品在进口国市场上的不利影响而采取的措施。主要是依据不公平贸易行为是否符合某些程序和实质性要求来确定是否采取救济行为的措施，包括反倾销、反补贴和保障措施。反倾销与反补贴见本章第二节，这里仅介绍保障措施。

国内产业受进口产品严重损害时，政府可以实行临时的进口限制以保护国内生产者，这就是关贸总协定和世界贸易组织认可的保障措施（《GATT 1994》第 19 条）。在关税和非关税保护政策日益受到约束的情况下，许多发达国家利用这一措施对本国企业实行"紧急保护"。

（一）进口国政府实行保障的具体措施

1. 一般（多边）保障措施

一般（多边）保障措施（general/multilateral safeguards）是为防止或救济因产品进口激增而造成的严重损害和促进调整而对产品进口采取的临时边境措施。一国可对从所有来源进口的产品采取保障措施（即暂时中止多边减让），前提是调查确认了产品进口激增正在或可能对制造同类或直接竞争产品的国内产业造成严重损害。保障措施可以采取多种形式，包括增加关税、数量限制和其他形式（例如关税配额、价格措施和特别征税），所有这些措施的实施期限若超过 1 年，必须在实施期间逐步放开。尽管世贸组织协定禁止数量限制，但《保障措施协定》允许采取这种形式的保障措施，当然，前提是符合某些条件。

2. 农业特别保障措施

农业特别保障措施（special agricultural safeguards）是针对农产品贸易而言，为应对进口激增或进口价格下跌而允许进口国征收额外关税的措施。进口量或价格的具体触发水平是在国家层面确定的。如果是进口量触发，即指定农产品的进口量超过规定的限额，则附加税仅适用于所述年度末；如果是价格触发，即指定农产品的进口价格低于规定的限价，则附加税是按装运方式征收的。

3. 未另行规定的保障措施

未另行规定的保障措施（safeguards not elsewhere specified）可包括适用于根据区域贸易安排、加入议定书或其他协定进口产品的特别保障机制。

（二）采取保障措施的前提条件

WTO《保障措施协议》规定："一成员只有在根据以下规定，确定正在进口至其领土的某一产品的数量与国内生产相比绝对或相对增加，且对生产同类或直接竞争产品的国内产业造成严重损害或严重损害威胁时，方可对该商品实施保障措施。"具体来说，这一条款主要规定了采取保障措施的必要条件，这包括：①进口产品数量的绝对或相对增加；②进口增加是由不可预见的情况造成的；③进口增加是多边贸易谈判所带来的贸易自由化的结果；④这种大量进口对国内生产者造成了严重损害或严重损害的威胁。

（三）保障措施对贸易的阻碍作用

（1）保障调查（safeguard investigation）。进口国主管机构对所涉货物进口量是否激增，进口的激增是否会对同类产品或直接竞争产品的本国生产商造成或可能造成严重损害进行调查。

（2）保障关税（safeguard duties）。保障关税是对特定产品的进口征收的临时关税，以防止或救济因进口激增而造成的严重损害（如调查中确定的），并促进调整。

（3）保障性数量限制（quantitative safeguard restrictions）。若调查中确定了进口激增造成了严重损害，进口国主管机构可以对该进口产品的进口实行临时数量限制。

（4）其他形式的保障措施（safeguard measures, other form）。这是指以关税或数量限制以外的形式采取的保障措施，包括关税和数量要素相结合的措施在内。

案例 2-10：中国入世后面对的保障措施

七、其他非关税措施

除了配额等公开的进口数量限制以外，还有其他许多非关税措施，从不同程度上直接或间接地起着限制进口的作用。

（一）海关程序

海关程序是指进口货物通过海关时所必须经历的程序，一般包括申报、征税、查验和放行。对于各国来说，虽然没有进口限制，但是，只需要实行烦琐的进口海关程序，就能通过层层填表、盖章或故意拖延时间，降低通关效率，从而有效地限制甚至禁止进口。具有贸易壁垒作用的海关程序主要包括以下几个方面：①海关对申报表格和单证作出严格要求；②通过改变商品归类提高税率或适用进口配额；③通过海关估价制度使完税价格高估，从而提高关税税额；④从进口商品的查验放行程序上限制进口。

经典的案例是，法国为了限制日本等主要出口国向其出口录像机，曾在1982年10月规定，所有进口的录像机都必须到普瓦蒂埃（Poitiers）海关通关，并对所有伴随文件都要彻底检查。普瓦蒂埃是距离法国北部主要港口100多英里的小镇，该海关只有非常窄小的一间屋子，海关人员也少。其结果十分有效，进口量从原来的每月数万台降到每月不足1万台。如此烦琐的海关程序如果放在鲜活产品上，又会是一种什么样的结果呢？

WTO《海关估价协议》规定了六种顺序采取的海关估价方法，以尽量减少因海关估价不合理而对国际贸易造成不必要的损害。这六种海关估价方法依次是：①进口商品的成交价格；②相同商品的成交价格；③类似商品的成交价格；④倒扣法；⑤计算价格法；⑥合理办法。

（二）影响竞争的措施

影响竞争的措施，是指一国主管机构给予一个或多个有限经济经营者群体专有或特殊优惠或特权的措施，主要包括国营贸易企业（进口）、强制性使用国家服务（主要是指保险和运输）等措施。

国营贸易，是国家对某些商品的进出口规定由政府机构直接进行经营，或者把商品的进出口的垄断权给予公营企业或国有企业经营。按WTO规定，国营贸易不仅包括计划经济国家国有企业对进出口贸易的垄断，也包括市场经济中对某些产品（烟、酒及有些关键产品，有时也包括农产品）的专营（专卖）制度。在外贸体制改革以前，中国的进出口基本上是由国家垄断，西方国家则存在不少大公司对某种产品的经营垄断。针对国营贸易问题，《GATT 1947》第17条，以及《GATT 1994》中"关于对第17条解释的谅解"进行了规范。协议规定，国营贸易企业在购买和销售时，应该只以商业上考虑为根据，并按商业惯例对其他成员方提供参与购买或销售的适当竞争机会，不得实行歧视政策。[①]

一般而言，国家垄断经营的主要是关系国计民生或国家安全的重要商品，同时也是极容易产生垄断利润的产品，一般不是需求价格弹性极小的产品，就是战略性产品。各国国家垄断的进出口商品主要包括四大类：烟酒、农产品、武器和石油。

进出口垄断的保护作用不是通过政府贸易政策而是通过垄断组织的行为实现的。由于独家经营，垄断机构为了牟利就可以通过控制进口量来提高进口商品在国内市场的价格，其结果一方面减少了进口，另一方面刺激了国内生产，能够起到贸易保护的实际效果。

（三）金融措施

金融措施是指一国主管机构对进口所需外汇的获取条件、成本以及支付条件制定的规范措施。金融措施与关税措施类似，主要通过增加进口成本对贸易产生影响。金融措施主要包括以下几种。

1. 外汇管制

外汇管制，即一国政府通过法令对国际结算和外汇买卖加以限制，以平衡国际收支和维持本国货币汇率的一种制度。在《非关税措施分类目录（2019）》中，外汇管制称为官方外汇分配条例。在保护贸易体制下，外汇分配制度本身也是保护体制的重要构件（Bhagwati & Krueger，1973）。

外汇与对外贸易关系密切，如果实行外汇管制，进口商和消费者不能自由兑换外汇，也就不可能自由进口。利用外汇管制来达到限制进口目的的方式包括：国家对外汇买卖的数量直接进行限制和分配，称为数量性外汇限制；采用复汇率制度，对不同的外汇需求实行不同的汇率，通过对外汇买卖成本的控制来影响商品的进出口，称为成本性外汇管制；通过上述两种方式的结合实行更严格的控制，称为混合性外汇管制。

2. 多重汇率制

多重汇率制是指一国主管当局在特定情况下出台的，根据产品类别，采用不同的进口汇率。一般来说，官方汇率只适用于基本商品，而其他商品则必须按商业汇率支付，或偶尔通过拍卖购买外汇。但是，根据《国际货币基金组织协定条款》第八条第3 款，未经 IMF（国际货币基金组织）批准，各成员不得从事任何歧视性安排或多种货币做法。

非均衡的高估汇率能够让使用进口资本品的国内进口替代企业受益（这些企业普遍受到各种进口数量限制措施的保护），而使出口行业受到严重抑制。本国货币的贬值

---

①《GATT 1994》对国营贸易企业做了如下定义：包括销售局在内的政府的和非政府的企业，这类企业享有包括法令或宪法权利在内的专有的或特殊的权利或特权，在业务运营中通过其购买或销售活动影响进出口水平或方向。国营贸易企业可能完全是私有的，因为国营企业的标志并不在于企业的所有权，而在于其拥有的专有权。

则可以保护可贸易品行业。汇率政策的作用在于通过汇率波动引起国内相关经济变量的变动，再通过利益重组来调整经济主体行为，直接或间接地影响本国经济的增长。货币贬值的价格效应能改变贸易条件，使进出口商品、劳务相对价格及收费发生变化，进而购买力减弱，金融资产等出现损益现象，由此导致贸易收支发生变化，进而改变国际收支状况。

通过采用汇率政策进行贸易保护相较于关税和数量限制等保护措施来说，不会造成可贸易品内部的各种歧视和扭曲（Corden，1982）。

3. 预付款要求

预付款要求包括进口押金、现金保证金要求、预付关税和敏感产品的可退还押金等。

进口押金制，是指一国主管机构要求进口商在进口商品时，必须预先按进口金额的一定比例，在规定的时间内，在指定的银行无息存入一笔现金，才能进口。

现金保证金要求，则是指在信用证开立前将交易价值总额全额或者部分以外币形式存入商业银行。

预付关税，是指一国主管机构要求进口商在进口商品时，必须预先支付全部或部分关税，才能进口。

敏感产品的可退还押金，则是在进口产品前，要求进口商支付一定定金，当用过的产品或其容器被退回回收系统时，定金即被退还。

预付款要求增加了进口商的资金负担，影响流动资金的周转效率，增加了进口交易成本，减弱了进口商的进口能力与动力，从而起到了限制进口的作用。

（四）价格控制措施

价格控制措施是指进口国为控制或影响进口货物价格而采取的措施，主要目的是：①在某些产品的进口价格较低时支持其国内价格；②在国内市场价格或国外市场价格波动幅度过大时稳定某些产品的国内价格；③增加或保持税收。这一类措施还包括按固定百分比或固定数额增加进口成本的准关税措施，即以类似方式增加进口成本的关税措施以外的措施。

1. 影响完税价格的管理措施

影响完税价格的管理措施是指进口国主管机构根据生产者或消费者的国内价格来确定进口价格。例如，可以通过制定最低和最高限价或恢复到确定的国际市场价值来实现这一目标。

2. 自愿出口价格限制

自愿出口价格限制是指在进口国的要求或者压力下，出口商同意将货物价格保持在一定水平以上的安排。自愿出口价格限制程序一般由进口国发起，因此被视为一种进口措施。尽管世贸组织协定禁止此类措施，但根据《补贴和反补贴措施协议》和《1994年关贸总协定第六条（反倾销做法）执行协定》，在反补贴和反倾销初步证据证实了因补贴或倾销造成了进口国同类产业的损害时，允许采取价格承诺形式中止案件的措施。

3. 可变税费

可变税费是指进口国主管机构为了使进口产品的市场价格与相应国内产品的价格保持一致而征收税费，包括滑准税和可变成分。

4. 海关附加费和季节性关税

海关附加费是指进口国政府为增加财政收入或保护国内产业，除关税外，仅对进口产品征收的特别税。季节性关税则一般适用于农产品，只在一年的某些时期使用。

5. 其他与政府服务有关的费用

其他与政府服务有关的费用包括海关检查、加工和服务费，商品处理或仓储费，外汇交易税，印花税，进口许可费，领事发票费，统计税，运输设施税等。

6. 对进口征收的国内税费

关贸总协定第三条允许一国对进口产品征收国内税（internal taxes and charges levied on imports），但要求其税额不高于对类似国内产品征收的税额。一国一般会对奢侈品或是非必需品的进口征收消费税或者营业税，如香烟和酒精消费税。有些国家也会对敏感产品征收额外的税费，如二氧化碳排放费等。

八、商务意义

对于中国的出口企业（包括加工贸易企业）来说，除了关注进口国的关税变动之外，更要关注进口国非关税措施的变动。非关税措施的实施相对而言比较机动灵活，而且对进口的打击更为直接。若不能越过非关税措施带来的壁垒效应，一般意味着企业出口市场的基本丧失。换言之，若企业能够成功地越过其带来的壁垒效应，则可以保持甚至获得更大的市场。对于中国的出口企业来说，保持与相关协会、商会、质量监督管理部门以及商务部门的信息畅通是及时得到国外非关税措施信息的唯一选择。

基本上所有的技术性贸易壁垒措施的实施都具有简单的商务意义：未通过相关的法规和标准的认定意味着市场不准入；要想通过认定获得广阔的市场，则必须付出代价：技术革新和检测成本。

对于国内生产商而言，在遭遇来自进口产品的严重威胁而受到损害或损害威胁时，了解国内可申请的贸易救济措施是十分必要的。反倾销措施首先着眼的是对进口竞争厂商的利益保护。不过由于规避措施的存在，反倾销措施对进口竞争产业的保护效果经常被削弱。

第四节　贸易政策制定中的政治经济学

在世界贸易组织公布的《WTO 十大利益》一文中，第 9 条利益是，"WTO 能够使各国政府在制定政策时避免受限于过窄的经济利益"，"经过半个多世纪发展的 GATT/WTO 贸易体系帮助政府更平衡地看待贸易政策"。[①]换句话说，就是 WTO 有助于避免政府受到过多的游说影响，因为各产业或产业集团都是政府政策制定过程中强有力的"院外利益集团"。

一、对外贸易政策的类型

从对外贸易政策的发展历史来看，基本上可以将各国的贸易政策划分为自由贸易政策和保护贸易政策。

自由贸易政策是指政府取消对对外贸易的限制，不对本国货物和服务企业提供特权与优惠，力图消除各种贸易壁垒，使货物与服务尽可能地自由流动。从贸易政策的历史发展进程来看，自由贸易政策并不是绝对的自由，即使是在英国经济最强大的时候，尽管有亚当·斯密和大卫·李嘉图的理论指导，英国也没有实行完全的自由贸易政策。换言之，自由贸易政策一般都是相对的、部分的。

保护贸易政策是指政府采取各种措施限制货物和服务的进口，以保护本国的产业和市场不受或少受外国货物和服务的竞争，同时对本国的货物与服务出口采取促进措施，以鼓励出口。从贸易政策的历史发展进程来看，保护贸易政策不是绝对的保护，也不是完全地保护本国的所有市场和产业。因为任何一个国家总有部分产业或商品在国际上具有竞争力，需要自由地参与竞争。由于日本和韩国的成功崛起，"战略性贸易政策"在 20 世纪 80 年代受到各国瞩目，成为发展中国家贸易政策的主要模仿对象之一。这种"以邻为壑"的贸易政策也是保护贸易政策的一种。而如今所说的"贸易自由化"政策，则是在保护贸易政策的基调上努力促进部分市场、部分产业的自由贸易。

案例 2-11：美欧数字税争端

二、贸易政策的政治经济学理论

贸易理论和贸易政策的分析告诉我们不同的利益集团有不同的贸易政策需求。如斯托尔珀—萨缪尔森定理阐明，自由贸易会使一国原来丰裕要素的所有者受益，稀缺

---

①　摘自 "9 The system shields governments from narrow interest" of "Ten benefits of WTO"，<www.wto.org>（2008 年 8 月 28 日进入）。

要素的所有者受损，因此，一国丰裕要素的所有者希望更自由的贸易政策，而稀缺要素的所有者则会要求贸易保护。在关税的经济分析中我们也看到，征收关税会增加生产者剩余而减少更多的消费者剩余，因而二者对贸易政策有不同的要求。

一般而言，任何贸易政策都可能影响到一国的收入分配格局，不同的社会阶层或利益集团对此会有不同的反应，受益的支持，受损的反对，共同影响该国的贸易政策。因此，一国政府所采取的政策必然是国内利益集团竞争的结果。

对于任何执政党来说，维持政权的稳定和保证继续执政都是最根本的。服从于这一目标，其制定政策时就既要考虑经济方面的因素，如资源的最有效利用和社会福利的最大化，还要有政治和社会因素的考虑。在经济学的分析中，贸易政策的选择取决于社会总体福利水平的最大化。在贸易政策的政治经济学分析中，任何一项贸易政策的实施都是利益集团的需求和政府供给的均衡。

（一）贸易政策政治经济学的核心思想与研究内容

贸易政策政治经济学[①]认为，从经济效率（帕累托最优）的目标看，贸易干预政策的福利效果与自由放任贸易政策相比总是次优的，或者说，在理论上总是存在着替代贸易干预政策的最佳政策。然而现实中贸易干预政策在社会的公共选择过程中"优于"自由贸易政策，其真正根源必须从政治市场中寻找答案。更进一步说，贸易政策导致的收入分配效应促使政治市场中的参与者——选民或公众、政府、官僚、利益集团乃至外国人——根据各自的既定目标或既得利益产生对新的贸易政策的需求和供给，关税率、非关税壁垒、补贴率等作为贸易政策的"价格"在政治市场上出清，最终达到均衡稳定状态，从而决定了贸易政策选择的质量（形式）和数量（程度）。很显然，一国的政治制度、经济体制和结构特征决定与制约着贸易政策的各个方面。

概括地说，贸易政策政治经济学（以贸易保护为例）的研究内容包括以下几个主要方面：①总体保护水平的变化及其决定因素；②某时点截面（跨部门或跨国家）的保护结构及其决定因素；③不同时期（时间序列）保护结构的变化及其决定因素；④保护形式（如关税和数量限制）的选择及其决定因素；⑤保护的福利效果以及不同保护形式之间福利效果的比较；⑥保护的政治决策过程和机制。

（二）国际贸易政策政治经济学的理论方法

按照对政府的角色和行为的假设将其划分为"仁慈的政府""自利的政府"和"民主的政府"。

（1）"仁慈的政府"是将政府视为谋求社会利益最大化的明智的专制者，它有自身独立的价值标准和目标函数，不受个别利益集团的左右。"社会福利函数"（social

---

① 盛斌. 国际贸易政策的政治经济学：理论与经验方法[J]. 国际政治研究，2006（2）.

welfare function）方法和贸易政策的"保险理论"（insurance theory）是解释"仁慈的政府"贸易政策的两个主要模型。

（2）"自利的政府"是将政府视为一个特别的团体，它的成员（官僚和政治家）与一般经济人一样追求自身利益的最大化，如寻求政治统治的稳定、选举概率的最大化或者个人在政治"收入"上的最大化。也就是说，政府是社会中的一个利益集团，只不过由于它是贸易政策的最终制定者，因而显得地位更突出和特殊些而已。在这种模式下，再按照政治市场上将贸易政策的供求的主导力量划分为"需求分析""供给分析"和"需求—供给分析"三种类型的模型。

（3）"民主的政府"是指政治家出于人自利的本性仍将追求个人利益的最大化，但由于同时受到民主制度、规则和程序的约束，他们还必须"自觉地"从整个社会的福利出发在最大限度上反映普通选民的意愿。或者说，政府的贸易政策是在利益集团和公众的夹缝中求得平衡。它试图将"仁慈的政府"和"自利的政府"两种模式进行折中。

由此可知，贸易政策可以被视为以下因素共同作用的结果：①政策制定者的目标；②贸易保护中的受益者和受损者对政策所施加的影响；③监管政策制定者与贸易保护中受益者和受损者之间相互作用的制度设置。

下面用经济学家罗德瑞克（Dani Rodric）的一张示意图从"自利的政府"的角度来描述贸易政策的制定框架（图 2-7），用案例 2-12 来说明美国钢铁产业政策的演变。

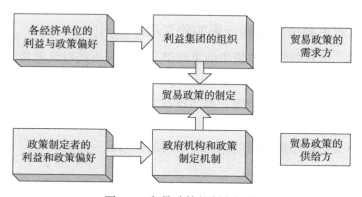

图 2-7 贸易政策的制定框架

三、影响一国对外贸易政策的因素

案例 2-12：美国钢铁保护的政治经济学

贸易政策政治经济学的理论假定了一种制度安排、个人及利益集团通过民主程序自由地寻求对政策结果的影响。贸易政策的实施决定取决于政策制定者的动机，也就是政策制定者要最大化他的政治目标。贸易政策的实施决定还取决于压力集团的偏向。

一般来说，影响一国对外贸易政策制定的因素有以下几种。

（一）经济力量的强弱

从历史进程来看，经济比较发达、国际竞争力强的国家一般主张自由贸易政策，如19世纪中后期的英国。经济发展落后、国际竞争力弱的国家，则倾向于保护贸易政策，对对外贸易加以诸多限制，如19世纪的美国和德国，以及第二次世界大战结束后的日本。

（二）经济发展战略的选择

采用"外向型"经济发展战略的国家或地区一般更倾向于自由贸易政策，如20世纪80年代的"亚洲四小龙"。如果一国采取的是进口替代型发展战略，一般倾向于保护贸易政策。一国的产业发展战略，也对该国的贸易政策倾向产生深远的影响，对于一国重点发展的产业，通常采用保护贸易措施。

（三）利益集团的影响

不同的贸易政策对不同的利益集团带来不同的影响。自由贸易政策对于具备国际竞争力的产业、出口行业和消费者十分有利。但是对于不具备国际竞争力的产业而言，自由贸易政策就意味着更激烈的竞争、破产和失业。对于新兴产业来说，自由贸易政策意味着产业不能正常地成长，或者成长更为艰辛。因此，不同的利益集团会出自自身利益的考虑要求采用不同的贸易政策。

（四）国际政治经济环境和一国的外交政策

国别政策是一国对外贸易政策中的重要部分。在美国的对外贸易政策中可以明显地体现这一点，尤其是对中国的政策。从最初的每年一次"最惠国待遇"[①]审议，到美国对华高技术产品的出口管制措施，都体现着美国对国际政治经济环境和其外交政策的考虑。虽然中国政府一再强调不应该把贸易问题政治化，但是从政治经济学的角度来看，美国是不太可能不把贸易问题和政治问题联系在一起的。

 参考资料与网站

---

① 后为 PNTR（永久性正常贸易关系）审议。

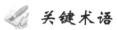 **关键术语**

出口信贷　　　出口信用保险　　　出口补贴　　　外汇倾销　　　商品倾销
出口管制　　　有效保护率　　　　普遍优惠制　　进口附加税

 复习思考题

一、简答题

1. 外汇倾销改善贸易收支的条件是什么？

2. 简述商品倾销的分类。

3. 普遍优惠制的三原则是什么？

4. 技术措施对贸易可能产生哪些影响？

5. 或有贸易措施包括哪些种类？

6. 政府在制定政策时会受到哪些因素的影响？

二、分析与论述题

1. 小国征收关税影响的局部均衡分析（作图）。

2. 案例 2-7 中列举了 2020 年化妆品行业的技术法规变动情况，试分析技术法规的变动对于中国的化妆品企业来说有何影响。

 即测即练题

第三章

国际贸易政策协调

第二次世界大战之后，世界经济出现两个重大发展趋势：一是在 WTO 全球多边贸易体制的推动下，多边贸易自由化所涉及的范围和领域不断扩大与深化；二是以优惠性的贸易协议或安排（preferential trade agreement/arrangement，PTA）为宗旨的区域经济一体化（regional economic integration，REI）发展势头迅猛。国际贸易规则出现了多边贸易体制与区域贸易安排同时并存的局面。

第一节　多边贸易体制

一、WTO 框架下多边贸易体制概述

世界贸易组织于 1995 年 1 月 1 日经由乌拉圭回合谈判成立，总部位于瑞士日内瓦。截止到 2020 年 1 月，WTO 共拥有 164 个成员[①]。WTO 的日常运行机构为 WTO 秘书处，该秘书处有雇员 639 人，行政领导为总干事。[②]中国于 2001 年 12 月 11 日成为 WTO 的正式成员。

WTO 秘书处认为，"WTO 就是在全球或接近全球的层面上处理国与国之间贸易规则的国际组织。它是一个促进贸易自由化的组织，也是政府间谈判贸易协议的场所，还是政府解决贸易争端的地方，以及多边贸易体制[③]的管理机构。"

二、WTO 框架下的多边贸易规则

WTO 协议是成员间进行磋商的结果，主要是 1986—1994 年乌拉圭回合谈判的产

---

① http://www.wto.org/english/thewto_e/whatis_e/tif_e/org6_e.htm（2020 年 8 月 26 日进入）。

② http://www.wto.org/english/thewto_e/secre_e/intro_e.htm（2014 年 2 月 19 日进入）。

③ 即 WTO 管理的体制。大多数国家，包括世界上几乎所有主要贸易国，都是该体制的成员，但仍有一些国家不是，因此使用"多边"（multilateral）一词，而不用"全球"（global）或"世界"（world）等词。在 WTO 事务中，"多边"是相对于区域或其他成员数量较少的国家集团所进行的活动而言的，这与该词在国际关系其他领域的用法是有区别的，如一个多边安全协议可以是区域性的（世界贸易组织秘书处. 贸易走向未来——世界贸易组织概要[M]. 北京：法律出版社，1999：1）。

物。《关税与贸易总协定》（GATT）现在是 WTO 在货物贸易方面的主要规则。乌拉圭回合同时也创立了处理服务贸易、知识产权、贸易争端和贸易政策审议方面的规则。整个协议长达 3 000 多页，共有 60 个协议、附件、决定和谅解，但实际上它的结构比较简单（图 3-1）。通过这些协议，WTO 成员建立了非歧视性的贸易体制。每个成员都得到其他成员的承诺，它们的出口在其他国家将会受到公平和一致的待遇。每个承诺对进口到本国的产品亦有效。

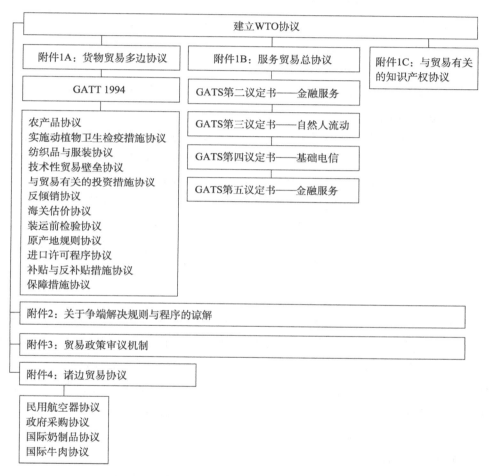

图 3-1 《马拉喀什建立 WTO 协定》的法律结构

注："国际奶制品协议"和"国际牛肉协议"已于 1997 年底终止。
资料来源：世界贸易组织秘书处. 贸易走向未来——世界贸易组织（WTO）概要[M].
北京：法律出版社，1999：24.

对于货物和服务贸易两大贸易领域的协议，其基本框架相同，都包括了以下三部分内容：①内容广泛的原则性协议，即《GATT 1994》和 GATS；②其他协议与附件，即处理具体部门或问题的特殊要求；③减让表，即各成员方允许外国具体产品或服务进入本国市场的具体承诺程度。但是服务贸易总协议还包含第四部分：关于最惠国待遇豁免的清单。下面选择部分协议作出简要介绍[①]。

（一）有关货物贸易的主要协议

1. 1994 年关税与贸易总协定

该协议的主要内容包括《GATT 1947》的各项条款，及其在《建立 WTO 协议》生效前已经实施的法律文件核准修正和修订的文本及附件等。

2. 农产品协议

农产品协议主要涉及三大方面内容，包括市场准入、国内支持和出口补贴及其他人为增加出口产品竞争力的措施。

（1）对于市场准入，该协议规定的规则是"单一关税"，即要求各成员方将农产品的非关税措施转化成关税措施。

（2）对于国内支持，该协议则将其划分为三类："红箱"措施，即不允许使用的对贸易产生严重扭曲的国内支持措施；"蓝箱"措施，即允许限制使用的某些国内支持措施，如对于被迫限制生产的农民，可以给予某种直接支付；"绿箱"措施，即对贸易影响最小，而且允许自由使用的措施，包括政府的农业服务措施，如研究、病虫害控制、基础设施和粮食安全等，以及不刺激生产的对农民的直接给付等。

（3）对于出口补贴，协议禁止对农产品实施出口补贴，除非补贴已经列入成员的减让表。

3. 纺织品与服装协议

1995 年《纺织品与服装协议》取代《多种纤维协定》，将纺织品与服装正式纳入正常的 WTO 规则之中。协议规定自 1995 年 1 月 1 日起 10 年内分三阶段逐步取消发达国家按《多种纤维协定》对纺织品和服装进口的配额限制，实现贸易自由化。该协议是 WTO 协议中唯一规定了自行废止的协议。但是这一协议的权威性曾受到威胁，如在第二章"出口障碍之二：非关税措施"一节中所提到的美国等不少国家提出将配额取消的时间期限延长到 2007 年。

4. 原产地规则协议

货物原产地是指依照一国《进出口货物原产地条例》确定的捕捉、捕捞、收集、收获、采掘、加工或者生产某一货物的国家（地区）。原产地规则一般是指任何成员为确定货物原产地而实施的普遍适用的法律。原产地证书则是指出口国（地区）根据原产地规则和有关要求签发的，明确指出该证中所列货物原产于某一特定国家（地区）

---

① 详细内容参考石广生. 中国加入 WTO 知识读本（二）——乌拉圭回合多边贸易谈判结果：法律文本[M]. 北京：人民出版社，2002，或者在 <http://docsonline.wto.org/GEN_searchResult.asp> 中下载英文版本（中文版本没有法律效力，仅供参考）。

的书面文件。

货物原产地的认定会出现在不同场合，如实施最惠国待遇、反倾销和反补贴、保障措施、原产地标记管理、国别数量限制、关税配额等非优惠性贸易措施以及进行政府采购、贸易统计等活动中。

WTO《原产地规则协议》分为 4 个部分，由 9 个条款和 2 个附件构成，只适用于实施非优惠性商业政策措施的原产地规则，而不适用于优惠性原产地规则。其中后者一般指自由贸易区等优惠性贸易安排和普惠制下的货物原产地规则。

5. 与贸易有关的投资措施协议

该协议要求各成员将其与贸易有关的投资措施中容易引起贸易限制或扭曲的规定通知货物贸易理事会，并要求发达国家在 2 年内、发展中国家在 5 年内、最不发达国家在 7 年内取消这些规定。要求取消的主要规定包括当地成分要求、出口比例要求、外汇平衡等。

6. 其他货物贸易相关协定

除此之外，WTO 系列协议中还包括《实施动植物卫生检疫措施协议》《技术性贸易壁垒协议》《海关估价协议》《装运前检验协议》《进口许可程序协议》《反倾销协议》《补贴与反补贴协议》《保障措施协议》以及 2015 年签订的《贸易便利化协议》。

（二）服务贸易总协议

本协定是迄今为止第一套关于国际服务贸易的、具有法律效力的多边贸易规则。该协定所涉及的领域包括国际运输、国际旅游、国际金融与保险、国际电讯、国际工程承包、视听服务、国际文教卫生交流等。与 GATT 的结构唯一不同的地方在于，它还包括了第四部分，即关于最惠国待遇豁免的清单，它列明了各成员方分别在哪些领域暂时不适用非歧视待遇原则中的最惠国待遇原则。

市场准入和国民待遇是本协议中最重要的条款。与货物贸易领域不同，这两个原则并不是各成员必须履行的普遍义务，而是建立在各自的承诺之上，或者说是在平等协商基础上按照大多数成员同意的市场开放程度通过谈判达成协议，再根据协议在不同行业实行不同程度的国民待遇。

协议还包括人员流动、航空运输、金融服务、电讯服务和最惠国待遇例外申请五项附录，以及 1995 年后达成的《金融服务协议》和《信息技术产品协议》。

（三）与贸易有关的知识产权协议

该协议主要的目的在于缩小各国在知识产权保护方面的差距，并要使这些权利受到共同的国际规则的管辖。协议涉及的议题包括：如何适用贸易体制及其他国际知识产权协议的基本原则；如何给予知识产权充分的保护；各国如何在其领土内充分实施这些权利；各成员之间如何解决与知识产权有关的争端；过渡期间如何安排。

本协议覆盖的知识产权范围是版权及其邻接权、商标（包括服务商标）、地理标识、工业设计、专利、集成电路外观设计、未公开信息（包括商业秘密）。

三、WTO 框架下多边贸易规则的基本原则

多边贸易体制体现于 WTO 协议中，而且覆盖了农业、纺织品和服装、银行、电信、政府采购、产业标准和产品安全、食品卫生检疫规则、知识产权等各个领域，内容冗长而复杂，工商管理人员并不需要完全掌握这些法律文件，但需要了解贯穿所有这些文件的六个简单基本原则，因为这些原则构成了现行多边贸易体制的基础①。

（一）非歧视待遇原则

非歧视原则又称无差别待遇原则，即缔约双方在实施某种优惠和限制措施时，不要对缔约对方实施歧视待遇。在 WTO 中，非歧视原则体现在最惠国待遇和国民待遇条款。

1. 最惠国待遇

所谓最惠国待遇，是指缔约一方现在和将来给予任何其他第三方的任何优惠、特权都必须自动、无条件地给予缔约另一方。WTO 协议规定，成员间不能歧视性地对待它们的贸易伙伴。WTO 某成员一旦授予某个（些）国家一项特殊优惠（例如给予某种产品更低的关税），就必须给予所有其他成员。换言之，就是优惠一个国家，就必须优惠全部国家（Favour one，favour all）。

最惠国待遇原则在《GATT 1994》第 1 条，《服务贸易总协议》（GATS）第 2 条，《与贸易有关的知识产权协议》（TRIPS）第 4 条中都有规定。尽管各协议的规定有些区别，但是足见该原则的重要性。

（1）最惠国待遇的适用领域。从货物贸易领域来看，最惠国待遇主要适用于以下几个方面：①进口关税；②对进出口本身征收的费用，包括进口附加税、出口税等；③与进出口相关的费用，如海关手续费、质量检验费、卫生检疫费等；④对进出口国际支付及转账征收的费用；⑤征收上述税费的方法；⑥与进出口相关的各种规则和手续；⑦对进口货物直接或间接征收的税费，如销售税等；⑧有关进口产品在境内销售、购买、运输、分销等方面的法律、法规、规章和政策措施。

（2）最惠国待遇的例外。出于各种各样的原因，WTO 对最惠国待遇也规定了一些例外，也就是当成员出现某些特定情况时，允许成员援引例外规定而不遵守最惠国待遇原则。这些例外规定包括：①区域经济一体化例外；②授权条款与普惠制的例外；

---

① 根据 WTO 秘书处的最新陈述编译，www.wto.org（2020 年 8 月 26 日进入）。

③历史特惠关税例外；④特定成员间互不适用方面的例外；⑤特殊情况下义务的豁免；⑥边境贸易的例外；⑦利益丧失或损害而中止义务；⑧游离于 WTO 之外的货物与服务；⑨一般例外与安全例外。

WTO 的所有这些例外规定都构成了实际的法律漏洞，或者说在非常时期准许放弃贸易自由化政策，而采用贸易保护政策。这也是当 WTO 的发展遇到困难时，区域经济一体化现象蓬勃发展的原因之一。

2. 国民待遇

国民待遇指平等对待外国人和本国国民。WTO 规定，进口产品和本地生产的产品应该受到同等的待遇，至少应该在外国产品进入进口国市场之后给予同等待遇。外国和本土的服务、商标、版权和专利也应该享受同等的待遇。这就是"国民待遇"原则，它出现在《GATT 1994》第 3 条、GATS 第 17 条、TRIPS 第 3 条。

（1）国民待遇原则的基本内容。具体而言，国民待遇原则包括以下内容：①不能直接或间接地对进口产品征收高于对境内相同产品征收的税费；②给予进口产品在境内销售、购买、运输、分销等方面的待遇，不得低于给予境内相同产品的待遇；③不得直接或间接地对产品的加工、使用规定数量限制，不得强制规定优先使用境内产品；④不得利用税费或者数量限制等方式，为境内产业提供保护。

（2）应用国民待遇原则应该注意的事项。对于国民待遇原则应该注意以下三个方面内容：①适用对象涉及货物、服务和知识产权三个方面，但适用的范围具体规则有所差别。②只涉及其他成员方的货物、服务或服务提供者、知识产权所有者和持有者在进口国关境内所享有的待遇。也就是说，只有一成员的货物、服务或知识产权进入另一个成员境内时才能享受国民待遇，换而言之，一成员对进口征收关税并不违反本原则。③成员方的货物、服务或服务提供者、知识产权所有者和持有者在进口境内享有的待遇不应该低于进口成员方同类产品、服务及相关对象所享有的待遇。换而言之，允许成员对进口实施超国民待遇，但不允许实施低国民待遇。

（3）国民待遇与最惠国待遇的区别。与最惠国待遇不同，国民待遇的实施必须是对等的，且不得损害对方国家的主权，并只限定在一定的范围内，包括：①对货物贸易，《GATT 1994》第 3 条规定国民待遇是无条件的；②对服务贸易，GATS 第 17 条规定，对服务产品国民待遇仅适用于一成员作出具体承诺的部门，即不是无条件地给予国民待遇。③对于知识产权，TRIPS 第 3 条规定，每个成员给予其他成员的国民待遇不应该低于它给予本国公民的待遇，除非其他有关国际知识产权公约有规定。

（二）贸易自由化原则：通过谈判逐渐降低贸易壁垒

降低贸易壁垒，消除贸易扭曲，是促进国际贸易自由流动的主要措施之一。贸易壁垒不仅包括关税措施，还包括一切存在贸易效应的非关税措施，如进口禁令、进口配额等有选择性的数量限制措施以及其他的贸易政策措施。随着时间的推移，大部分的非关税壁垒措施，像汇率政策、技术标准、环境保护、生态安全等都纳入 WTO 的谈判范畴，有不少已经达成了多边协议。

尽管贸易自由化原则要求各成员进行各项贸易政策的调整，但整体而言对各成员还是利大于弊的。WTO 协议允许各成员通过渐进式自由化，逐步进行调整，而且发展中国家也有更长的过渡期来履行其作出的承诺。

总而言之，本原则要求各成员通过谈判逐渐降低贸易壁垒，开放市场，促进货物与服务的自由流动。对于各个成员来说，就是削减关税，控制非关税壁垒措施的实施。但是，贸易自由化并不意味着完全的自由贸易，而是在某些情况下允许一定程度的保护。例如，当某成员出现因进口商品的倾销而受到损害时可以提起反倾销诉讼，征收反倾销税；在受到补贴产品的损害时可以寻求反补贴诉讼和反补贴措施，甚至在进口商品因正常贸易，即使没有受到不公平竞争而出现某些问题时，也允许寻求保障措施的保护。另外，WTO 要求一般取消数量限制，禁止出口补贴，但是在农产品、纺织品领域还存在不少例外[①]。

（三）可预见性原则[②]

对于参与国际贸易业务的企业来说，进口国政府保证不提高贸易壁垒有时可能与降低贸易壁垒同样重要。这主要是因为，WTO 允许存在各种贸易救济措施，而且它的基本原则中也存在不少例外，并因此形成了诸多履行中的法律漏洞，所以说它并不是一个完全禁止贸易保护的组织。因此，如果 WTO 成员承诺不会无故地提高贸易壁垒，将有助于提供一个清晰的、透明的商务环境，并因此增加国际投资，促进就业的增加，消费者也同样会拥有更多的选择。当然，各成员政府推动多边贸易体制的建立健全，这本身就是期望获得稳定而又可预见的商务环境。

在 WTO 中，当成员同意开放其货物或服务市场时，它们就受到了自己的承诺的约束。对于货物贸易来说，这些约束就是承诺关税税率的上限，也就是说成员征收的关税税率不会高于自己的承诺水平，但允许降低。一旦成员要求提高约束的关税税率，它必须与其他成员协商之后，才有可能采取。乌拉圭回合谈判的成就之一就是扩展了受约束的贸易范围（表 3-1）。在货物贸易领域，对一些敏感性商品 GATT 一直没有达成协议，也就是农业、纺织品与服装一直游离于 GATT 规则管辖之外，而经过乌拉圭回合谈判后签订的 WTO 协议中包括《农产品协议》，对 100% 的农产品贸易达成了关税约束。《纺织品与服装协议》则将纺织品与服装纳入 WTO 管辖的范围。关税约束的存在，给贸易和投资者加大了市场保证的力度。

---

① 在某些文章和书籍中将此点内容称为"WTO 的适当保护原则"。

② 在某些文章和书籍中将本原则直接称为透明度原则。

表 3-1　乌拉圭回合前后的关税约束程度　　　　　　　　　　%

国家类型	之前	之后
发达国家	78	99
发展中国家	21	73
转型国家	73	98

说明：本数据为关税税号的百分比，未根据贸易额或贸易量进行调整。

资料来源：世界贸易组织秘书处. 贸易走向未来——世界贸易组织概要[M]. 北京：法律出版社，1999：6.

　　除关税约束之外，WTO 的多边贸易体制也通过其他方式改进自己的可预见和稳定性。一种方法是减少使用配额和其他措施来设立进口数量限制，因为经济学分析显示，配额对一国经济的扭曲程度更高。另一种方法是使成员的贸易规则尽量清晰和公开，也就是保证透明度。许多 WTO 协议要求成员政府公开其政策，既可以在国内公开，也可以通知 WTO。WTO 贸易政策审议机制对成员贸易政策的常规监督也鼓励各成员政策的透明。

（四）鼓励公平竞争原则

　　经常有人说 WTO 是一个"自由贸易"机构，但是这种说法不完全，也不准确。WTO 所管理的多边贸易体制确实允许进行关税保护，在某些情况下也允许其他形式的保护。所以准确地说，WTO 是一个致力于公正、公平和无扭曲竞争的贸易体制。例如，在货物贸易方面，允许在国际收支恶化的情况下不履行承诺的义务；在一国因出现倾销损害、他国补贴的损害时允许征收进口附加税；尤其是允许在特定条件下采取保障措施。尽管保障措施与反倾销和反补贴措施同属贸易救济措施，但前者与后者最大的区别就在于：保障措施是针对正常贸易行为采取的措施。在服务贸易领域，各成员开放市场的依据是自己的承诺表。换而言之，成员可以对没有列入承诺表中的行业采取保护措施。在知识产权方面，由于知识产权有别于一般的货物和服务，其价值保证的前提就是采取一定的手段进行保护，以维持知识产权方面的公平竞争，所以相关协议的主要目的是加强全球范围内对知识产权的保护，而不是降低保护。因此，在某些教科书中，"允许正当保护"也作为 WTO 的一项基本原则。

　　非歧视原则，包括最惠国待遇和国民待遇原则设立的目的之一就是寻求公平的贸易条件。倾销和补贴问题在某些情况下是不公平竞争行为，应该受到谴责。但是这些问题非常复杂，如何判定一项倾销或补贴是否该受到制裁，如何制裁，税率如何确定，这些问题在各国都有不同的规定。WTO 的《反倾销协议》、《补贴和反补贴措施协议》都是针对存在不公平竞争行为时，进口国遭受损害的情况达成的成员共识。

　　其他许多 WTO 协议中也都有支持公平竞争的内容，如农业、知识产权、服务方面的协议。《政府采购协议》将竞争规则拓展到成千上万个地方政府机构和公用事业单位的采购之上。

（五）对欠发达经济体更优惠

WTO 鼓励发展，而发展中经济体在履行协议内容时需要更大的弹性。同时，WTO 协议一般都继承了 GATT 对发展中经济体提供特殊援助和贸易优惠的条款。

WTO 成员中有 3/4 是发展中经济体和转型经济体。在乌拉圭回合的 7 年半谈判中，这些经济体中有近 60 个执行了贸易自由化计划。同时，发展中经济体和转型经济体比以往更积极地参与乌拉圭回合谈判，在多哈回合谈判中也是如此。

在乌拉圭回合后期，发展中经济体准备接受发达经济体提出的绝大多数义务。但是，协议也确实给予它们一段过渡时间来进行调整，以适应其不熟悉甚至是困难的 WTO 条款，尤其对那些最不发达经济体而言。

考虑到发展中经济体的具体利益和要求，WTO 确立了对发展中经济体的特殊待遇原则。这包括允许发展中经济体的市场保护程度可以高于发达经济体；通过"授权条款"规定各成员可以给予发展中经济体差别及更加优惠的待遇，而不必将这种待遇延伸到其他成员；GSP 制度的存在为发展中经济体的工业制成品出口提供了单方面的优惠待遇；在知识产权协议的实施方面，发展中经济体有更长的时间安排；在争端解决机制方面，也要求 WTO 秘书处对发展中经济体提供技术援助和法律援助。

（六）保护环境

在 2011 年的 WTO 年度报告中，保护环境被列为多边贸易体系的第六个基本原则。WTO 协议允许成员方采取措施保护环境和公共健康、动植物安全。但是实施这些措施时必须对本国和外国企业一视同仁。换而言之，在实施环境保护措施时，成员方不能将其作为隐蔽的贸易保护政策之一。

四、多边贸易体制下的争端解决机制

由于贸易是产品价值的实现环节，直接与经济利益挂钩，因此，简单的贸易问题常常会涉及巨大的利益冲突，引发贸易争端。WTO 的主要功能之一就是提供贸易争端解决的场所，而且从某种程度上来说，WTO 本身也就是一个贸易争端解决机制（DSU）。

一般而言，争端解决机制是多边贸易体制的一个中心内容，它也是 WTO 对全球经济稳定的特有贡献。如果没有争端解决的手段，那么以规则为基础的多边贸易体制就会非常脆弱。因为不对违反规则的情况进行惩处，规则是不会得到有效执行的。与 GATT 的贸易争端解决机制相比，WTO 的争端解决程序加强了争端解决机构裁定的执行力度，并使贸易体制更加有保证而且具有可预见性。WTO 争端解决机制对具体争端规定了时间表。贸易争端解决机构的出发点不是进行审判，而是解决争端。所以，如果可能的话，它一般鼓励争端成员方通过磋商来解决争端。

与 GATT 的争端解决程序不同，乌拉圭回合协议引进的程序结构性较强，对整个程序的各个阶段进行了清楚界定。争端解决程序中也加入了对案件解决的期限规定，形成一个相对固定的时间表（表3-2）。当然在各阶段的时间规定上还是有一定的弹性。如果一个案件经历了整个程序，那么它持续的整个期限不应该超过1年，若有上诉，也不超过15个月，若案件十分紧急，也可以加速进行。

表 3-2 争端解决的具体时间表

程序	期限
协商、调解等	60 日
建立专家小组并任命其成员	45 日
最终报告提交各方	6 个月
最终报告提交给 WTO 各成员	3 个星期
DSB 通过报告（如无上诉）	60 日
总计	1 年
上诉机构报告	60～90 日
DSB 通过上诉机构报告	30 日
总计（如上诉）	1 年零 3 个月

对于争端解决机制准司法性质的最好解释就是，对于败诉的成员，DSU 的规定使其不能阻止裁决的通过。在 GATT 程序中，裁决必须经过全体合议才能通过。这就意味着，任何一个国家的反对都能阻止裁决的通过。现在，裁决自动通过，除非有"一致拒绝"的合议，也就是说，任何希望阻止裁决通过的国家必须劝说其他所有成员，包括案件中的对手，都同意它的观点。因此，争端解决机构作出的最后裁决被否定的可能性极低。

五、商务意义

（一）多边贸易体制

WTO 多边贸易体制给各成员方的企业带来直接利益。在货物贸易方面，由于各成员方的关税约束使得市场准入程度上升，由于各成员使用同一套贸易规则而使贸易环境相对稳定，因此制造企业和商业企业可以在更为确定的条件下运行。在服务贸易方面，因为各成员有约束力的承诺，企业会在更加透明的贸易环境中运行而受益。

由于进口环境的透明和稳定，进口企业的成本下降，进口原材料、中间品和服务的出口企业成本也会下降，最终因竞争力上升而受益。

WTO 体制也赋予各成员的企业相当的权利（表3-3）。对于本国生产商和进口商来说，因 WTO 体制而获得的权利包括：有权按照《海关估价协议》进行纳税、申辩和上诉；有权申领和获得进口许可证等。对于出口企业来说，获得的权利包括：在遭遇进口国的贸易救济措施调查期间有权利提供证据，当进口国没有尊重自己的这一权利时，有权利向自己的政府寻求帮助，由双方政府协商处理，直至由 WTO 争端解决机制处理。

表 3-3　WTO 多边贸易体制给企业提供的权利和带来的利益

WTO 多边体制的内容	权利	利益
减让和承诺的约束	商业意义	进入外国市场的保证
	出口商的权利	有权期待出口产品关税不高于约束税率，或新增非关税措施约束；有权期待服务产品与服务提供者不会受到进口国承诺以外的其他限制
	进口商的权利	有权期待进口产品关税不高于约束税率；服务企业有权在遵守承诺的情况下与外资设立合资公司
海关估价协议	商业意义	保证进口商申报的价值作为确定完税价格的依据
	进口商的权利	进口商有权获得对其货物如何予以确定海关估价的书面解释，避免武断或虚构的海关估计；进口商有权对估价确定提出申诉
装船前检验协议	商业意义	为出口商提供便利，改善贸易环境，减少海关相关的腐败
	出口商的权利	有权要求进口方所采用的检验程序、标准按贸易合同确定的要求和标准进行；有权获知所有其需遵守的检验要求的有关法律、法规规定；有权期待装船前检验活动避免不合理的延误；有权在不满海关决定时，向独立的审查机构提出上诉*
	进口商的权利	有权在货物装船前进行质量、数量检验和对合同商品的价格审核
进口许可证程序协议	商业意义	保证进口商和外国提供者迅速获得需要的进口许可证
	进口商的权利	有权期待发放许可证程序符合协议规定的指导原则；履行了进口国法律要求，从事属于自动进口许可证有关产品的进口业务的任何人、商号或机构，均有资格申请和取得进口许可证；**不会因为文书的书写等小错误而受到不适当的惩罚；有权期待在规定的期间内获得许可证
适用于出口的规则	商业意义	退还出口产品承担的间接税
	出口商的权利	有权期待免于支付，或者退还用于生产出口产品的进口料件所纳关税；有权期待退回出口产品所承担的所有间接税；当政府征收出口税时，有权期待政府的公平对待
反倾销和反补贴	出口商的权利	有权在立案调查开始后，立即被告知；在调查中，有权提供有利于自己的证据；有权期待在初步调查确立倾销幅度或补贴成分微小，或是进口无关紧要时，终止调查
	进口商的权利	在遭遇损害时，有权提出反倾销或反补贴调查的申请，前提是提出申请的企业生产量占国内总产量的25%或以上

注：*摘自黄建设.WTO 中装船前检验制度及相应对策建议[J]. 航海技术, 2002（5）；**摘自胡楠.WTO《进口许可证程序协议》解读[J]. 当代石油石化, 2002（1）。

资料来源：联合国国际贸易中心. 英联邦秘书处.世界贸易体制商务指南[M]. 上海：上海财经大学出版社, 2001：34-35，此处进行了部分修改。

（二）多边贸易体制的争端解决机制

对于企业来说，当进口贸易政策对企业出口造成不必要的阻碍、损害或损害威胁，通过市场渠道无法解决困境时，若干企业可以联合（达到一定的市场份额），由本国政府与进口国政府进行磋商。若情况紧急，无法通过双边政府谈判解决时，就可以利用WTO 的争端解决实体（DSB）进入贸易争端解决程序。一般而言，进入争端解决程序的案件多数是以双边谈判解决，少部分进入专家小组程序。

对于企业而言，WTO 的 DSB 是企业面临不公平竞争时的选择之一。案例 3-1 给出了进入 WTO 的 DSB 程序专家小组后的进程。

 案例 3-1

美国—委内瑞拉汽油案：争端解决的时间表例证

1995 年 1 月 23 日，委内瑞拉向 DSB 投诉，认为美国正在使用的规则在进口汽油与国产汽油之间造成了歧视，并正式要求与美国进行磋商。案件的起因是，美国对进口汽油实施的化学指标规则比对国产汽油的规定更严格。委内瑞拉及后来的巴西认为，这是不公平的做法，因为美国汽油并没有达到相同的标准——这违反了"国民待遇"原则，而且不能根据 WTO 的保护健康与环境措施例外而免除美国违反 WTO 基本原则的责任。

1996 年 1 月 29 日，专家小组完成了它的最终报告，同意委内瑞拉和巴西的意见。那时，巴西已经加入这个案件，1995 年 4 月提出申诉，由同一专家小组审理这两个案件。其后，美国上诉，上诉机构完成其最终报告。上诉机构报告支持了专家小组的结论（但也对专家小组的某些法律解释进行了修改）。DSB 于 1996 年 5 月 20 日采纳了上诉机构报告和经过修改的专家小组报告，此时距离初次提出申诉 1 年零 4 个月。

美国和委内瑞拉进行 6 个半月的协商后，双方达成了一致，并同意美国在 15 个月内修改它的法律规定，即执行 DSB 解决方案的时间为上诉结束后的 15 个月内（也就是 1996 年 5 月 20 日到 1997 年 8 月 20 日）。

1997 年 8 月 26 日，美国向 DSB 提交报告，它已经在 8 月 19 日签署了一份新的规定，也就是对原来的清洁空气法案进行了修订（该争端经过的时间见表 3-4）。

表 3-4 美国—委内瑞拉汽油案

时间 （0 = 案件开始）	目标时间/ 实际时间	日期	行动
−5 年		1990	美国修改《清洁空气法案》
−4 个月		9/1994	美国根据《清洁空气法案》限制汽油进口
0	60 日	23/1/1995	委内瑞拉向 DSB 投诉，并要求与美国磋商
+1 个月		24/2/1995	磋商失败
+2 个月	30 日	25/3/1995	委内瑞拉要求 DSB 建立专家小组

时间 （0＝案件开始）	目标时间/ 实际时间	日 期	行 动
+2½个月		10/4/1995	DSB 同意设立专家小组，美国未阻挠（巴西投诉，要求与美国磋商）
+3 个月		28/4/1995	专家小组成立（5 月 31 日，专家小组也被指定审查巴西的申诉）
+6 个月	9 个月（目标期限是 6～9 个月）	（10—12）/7/1995，（13—15）/7/1995	专家小组召开会议
+11 个月		11/12/1995	专家小组将中期报告交给美国、巴西、委内瑞拉评论
+1 年		29/1/1996	专家小组向 DSB 交最终报告
+1 年零 1 个月		21/2/1996	美国上诉
+1 年零 3 个月	60 日	26/4/1996	上诉机构提交报告
+1 年零 4 个月	30 日	20/5/1996	DSB 通过专家小组报告和上诉机构报告
+1 年零 10½个月		3/12/1996	美国与委内瑞拉就美应该采取的措施达成协议（实施期为自 5 月 20 日起 15 个月）
+1 年，11½个月		9/1/1997	美国向 DSB 提交关于实施情况的第一份月度报告
+2 年零 7 个月		（19—20）/8/1997	美国签署新规则（19 日），实施期结束（20 日）

资料来源：世界贸易组织秘书处. 贸易走向未来——世界贸易组织概要[M]. 北京：法律出版社，1999：76-77，有改动。

第二节　区域经济一体化概述

随着经济的发展，世界各国无一例外地都卷入国际分工和国际交换，成为全球产业链中的一环。各国都在利用整个国际市场来扩大自己的社会再生产规模，利用中间品贸易来创造和维持自己的比较优势，促进了国际贸易的空前发展。世界贸易组织在进入 21 世纪后遭受到了空前的阻力，美国从 2017 上半年开始干扰上诉机构法官正常遴选过程，随着 2 名法官在 2019 年 12 月 10 日到期离任，目前只有中国籍法官赵宏在任，意味着 WTO 上诉机构已经无法正常运转，多边贸易体制受到了严重的挑战。为了把握经济全球化带来的商机，避免被边缘化，区域经济一体化成为世界各国除加入多边贸易体制之外的又一个选择。

由于区域经济一体化过程中会不可避免地出现贸易创造和贸易转移效应，企业一般都会关注本国和主要市场所在国家参与的区域经济一体化组织，以充分利用商机，减少损失。

一、区域经济一体化定义

《新帕尔格雷夫经济学大辞典》认为，"两个独立的国民经济之间如果存在贸易关系就可认为是经济一体化（economic integration）；另一方面，经济一体化又指各国经济之间的完全联合。"经济一体化"作为一个过程，它包含着旨在消除不同国家经济单位之间的歧视"；"作为事物的一种状态，它表示各国民经济之间不存在各种形式的歧视"。由此可知，经济一体化既可以是静态的状态概念，也可以是一个动态的进程概念。实现经济一体化的手段是"成员方消除相互间的各种歧视"，即消除各国间的贸易、投资壁垒，促进贸易与投资的自由流动。经济一体化的目的就是"把各自分散的国民经济纳入一个较大的经济组织中"，以便获得各个国家单方面行动无法获得的政治经济利益。

所谓区域经济一体化（regional economic integration），是指一个地理区域内，各国一致同意减少并最终消除关税和非关税措施，以便做到相互之间货物、服务和/或生产要素自由流动的状态或过程[①]。由于经济发展存在着不平衡，所以世界各国尤其是小国建立各种类型的区域经济一体化组织，以此来适应经济全球化中的激烈竞争，期望在国际市场的竞争中能与经济实力强大的美国等经济实体相制约，因此区域经济一体化是当今世界经济发展不平衡的结果。

在区域经济一体化组织中，成员之间取消了关税和非关税措施，使商品和生产要素实现自由流动，利用自由贸易的动态利益，扩大整个国家的经济循环，促进区域内贸易和经济的持续增长。在成员与非成员之间则分别或统一采取贸易壁垒措施，限制货物、服务和生产要素的跨国界自由流动，以保护区域内的市场、产业和企业。

二、区域经济一体化的层次

依据区域内的经济一体化程度，或者说依据商品和生产要素自由流动程度的差异，成员国的政策协调程度不同，区域经济一体化可以从低到高划分为六个层次。[②]

（一）优惠贸易安排

优惠贸易安排是指成员之间通过协定或其他形式，对全部或部分货物贸易规定特别的关税优惠，也可能包括小部分商品完全免税的情况。这是经济一体化程度最低、成员间关系最松散的一种形式。早期的东南亚国家联盟就属于这种一体化组织。

---

① 希尔. 当代全球商务[M]. 曹海陵，刘萍，译. 3 版. 北京：机械工业出版社，2004：174-175.
② 依据一体化范围的不同，有部门一体化和全盘一体化之分；依据成员的经济发展水平不同，可以有水平一体化和垂直一体化之分。

（二）自由贸易区

自由贸易区（free trade area）[1]是指各成员之间取消了货物和服务贸易的关税壁垒，使货物和服务在区域内自由流动，但各成员仍保留各自的关税结构，按照各自的标准对非成员征收关税。[2]

从理论上来说，理想的自由贸易区不存在任何扭曲成员之间贸易的壁垒措施、补贴等支持性政策以及行政干预，但对非成员的贸易政策，则允许各成员自由制定与实施，并不要求统一，因此这种形式也是松散的一体化组织。

建于 1960 年的欧洲自由贸易联盟（EFTA），是目前持续时间最长的自由贸易区，但是随着奥地利、芬兰和瑞典在 1995 年加入欧盟后，其成员只剩下挪威、冰岛、列支敦士登和瑞士四个。建立于 1994 年的北美自由贸易区（NAFTA）则是最负盛名的自由贸易区，因为它是美国、加拿大和墨西哥三个处于不同经济发展阶段的国家构建而成的，并因为经济发展差异导致集团内部的冲突不断，而成为备受瞩目的区域经济集团。

（三）关税同盟

关税同盟（customs union）是指各成员之间完全取消了关税和其他贸易壁垒，实现内部的自由贸易，并对来自非成员的货物进口实施统一的对外贸易政策。

关税同盟在经济一体化进程中比自由贸易区前进了一步，因为它对外执行统一的对外贸易政策，目的是使结盟国在统一关境内的市场上拥有有利地位，排除来自区外国家的竞争。为此，关税同盟需要拥有强有力的管理机构来监管与非成员之间的贸易关系，即开始带有超国家的性质。

世界上最著名的关税同盟是比利时、荷兰和卢森堡于 1920 年建立的比荷卢关税同盟；美洲的安第斯条约组织也是一个典型的关税同盟，因为安第斯条约各成员之间实行自由贸易，而对外统一征收相同的关税，税率从 5% 到 20% 不等。另外，沙特阿拉伯等海湾六国于 2003 年建立的海湾关税联盟也属于典型的关税同盟。

（四）共同市场

共同市场（common market）是指除了在各成员内完全取消关税和数量限制，并建立对外统一关税外，还取消了对生产要素流动的限制，允许劳动、资本等生产要素在成员间自由流动，甚至企业可以享有区内自由投资的权利。

南方共同市场（也称南锥体共同市场），即由阿根廷、巴西、巴拉圭和乌拉圭组成的南美集团，正朝这一方向努力。[3]

---

[1] 不同于在一个国家内部设立的自由贸易区（free trade zone）。

[2] 希尔. 国际商务：全球市场竞争[M]. 周健临，译. 3 版. 北京：中国人民大学出版社，2001：255.

[3] 显然，"南方共同市场"，依据定义，现阶段是名不副实的。

（五）经济同盟

经济同盟（economic union）是指成员间不但货物、服务和生产要素可以完全自由流动，建立对外统一关税，而且要求成员制定并执行某些共同的经济政策和社会政策，逐步消除各国在政策方面的差异，使一体化程度从货物、服务交换，扩展到生产、分配乃至整个国家经济，形成一个庞大的经济实体。

（六）完全经济一体化

所谓完全经济一体化（perfectly economic integration），是指各成员之间除了具有经济同盟的特征之外，还统一了所有的重大经济政策，如财政政策、货币政策、福利政策、农业政策，以及有关贸易及生产要素流动的政策，并有共同的对外经济政策。完全经济一体化是区域经济一体化的最高级形式，具备完全的经济国家地位。因此，加入完全经济一体化组织的成员损失的政策自主权最大。

在欧元（Euro）取代欧元区 19 国[①]的货币之后，欧盟朝着完全经济一体化又进了一步。

三、区域经济一体化的发展现状

按照 WTO 协议规定，成员有义务向 WTO 报告其参加的区域经济一体化组织或者签署的优惠性贸易安排。截止到 2007 年 8 月，几乎所有成员都向 WTO 通知参与了一个或一个以上的区域贸易安排。1948—1994 年，GATT 大约收到 151 份与货物贸易有关的区域贸易安排。而 1995 年 1 月—2020 年 7 月，有 558 份涉及货物或服务贸易领域的区域贸易安排通知到 WTO[②]。WTO 既有新区域贸易协议生效、原有区域贸易协议失效，又有新加入等各类通知数据。截止到 2020 年 8 月，仍在生效的 RTAs 有 494 份，详细情况见表 3-5、表 3-6。

表 3-5　根据通知所依据的条款不同分类的实际生效 RTAs

WTO 相关系数	原有	新 RTAs	合计
GATT 第 24 条（FTA）	3	245	248
GATT 第 24 条（CU）	10	11	21
授权条款	5	56	61
GATS 第 5 条	7	157	164
合计	25	469	494

数据来源：http://rtais.wto.org/UI/publicsummarytable.aspx（2020 年 8 月 28 日进入）。

---

① 包括德国、法国、意大利、荷兰、比利时、卢森堡、爱尔兰、西班牙、葡萄牙、奥地利、芬兰、立陶宛、拉脱维亚、爱沙尼亚、斯洛伐克、斯洛文尼亚、希腊、马耳他、塞浦路斯。

② WTO 区域贸易协定数据库，http://rtais.wto.org/UI/charts.aspx#。

表 3-6　根据类型不同分类的实际生效 RTAs

优惠贸易安排类型	授权条款	GATS 第 5 条	GATT 第 24 条	合计
关税同盟	7	—	11	18
关税同盟新增	2	—	10	12
经济一体化协议	—	157	—	157
经济一体化协议新增	—	7	—	7
自由贸易区	23	—	245	268
自由贸易区新增	1	—	3	4
部门一体化协议	26	—	—	26
部门一体化协议新增	2	—	—	2
合计	61	164	269	494

数据来源：http://rtais.wto.org/UI/publicsummarytable.aspx。

随着欧洲和美洲经济一体化的发展，双边和诸边贸易协议开始大量出现，洲际经济一体化的构想也开始出现并在逐步推进之中。长期强调多边贸易自由化的亚太地区从 20 世纪 90 年代也开始迅速卷入这一趋势。随着跨国公司的全球扩张，以及企业全球化的进程加速，区域经济一体化组织的绝大多数主要参与者在不断跨越区域边境寻求结盟伙伴，因此不相邻的国家之间也开始大量出现跨区域的经济一体化组织。下面分别从欧洲、美洲、亚洲和洲际的区域经济一体化情况来说明全球区域经济一体化的发展进程。

（一）欧洲的区域经济一体化

欧洲的区域一体化组织包括欧盟和欧洲自由贸易联盟，其中欧盟在不断扩大，而欧洲自由贸易联盟则有缩小之势。下面主要介绍欧盟。

欧洲联盟简称欧盟（European Union，EU），目前是世界上经济一体化程度最高的区域经济组织。2004 年 5 月 1 日爱沙尼亚、拉脱维亚、立陶宛、波兰、捷克共和国、斯洛伐克、匈牙利、斯洛文尼亚、马耳他和塞浦路斯 10 国的加入，2007 年 1 月 1 日保加利亚和罗马尼亚的加入，2013 年 7 月 1 日克罗地亚的加入，使得欧盟成员国达到28 个，经济实力得到了进一步的提升。除了向更高形式的经济一体化组织迈进，吸收新成员以外，欧盟还通过缔结新的区域贸易协定或重新启动沉寂多年的区域经济合作谈判来发展自身。例如，EU 与海湾合作组织（GCC）及南美共同市场进行区域自由贸易区谈判，将使其在各方面尤其是能源战略上取得重大的进展。但是，2017 年英国开始了它的脱欧历程，且于 2020 年 1 月 31 日 23 时正式"脱欧"。

1. 欧盟的发展历程

欧盟最初的形式是成立于 1951 年的欧洲煤钢共同体，成员包括比利时、法国、联邦德国、意大利、卢森堡和荷兰 6 国。1957 年，《罗马条约》签订以后，上述 6 国建立了欧洲经济共同体和欧洲原子能共同体。1967 年 7 月，6 国决定将 3 个机构合并，统称为欧洲经济共同体。根据《罗马条约》第 3 条的要求，欧洲经济共同体要求成员国消除内部的贸易壁垒，创立统一的对外关税，同时要求各成员国消除阻碍生产要素在成员国之间自由流动的各种障碍。因此，欧洲经济共同体是一个共同市场。20 世纪 80 年代，欧洲经济共同体正式改称为欧洲共同体（EC），1993 年 11 月 1 日《马斯特里赫特条约》生效后，欧洲联盟正式诞生。1995 年 12 月 15 日欧盟首脑马德里会议决定未来欧洲采用统一货币"欧元"，并于 1999 年在欧元区 11 国首先发行实施。

2. 欧盟的统一经济政策

欧盟统一大市场的基本特点是实现货物、服务、人员和资金的四大自由流动，因此欧盟共同的经济政策就是围绕着这四个特点进行磋商和制订。

（1）货物自由流动。在这一方面，欧盟统一了海关制度，打破了原来的关税和非关税措施。具体体现在：①简化海关手续和商品产地条例，各成员国都执行统一的商品过境管理方案和统一的商品分类目录；②建立一系列专门机构，制定统一的安全、卫生、检疫标准以及统一的产品和技术标准，商品进出口时，只需要提供发运国的检疫证书；③加强技术合作，实现科技一体化，以科技促进经济的发展；④建立税务清算手续，统一增值税和消费税，成员国之间的商品进出口不再办理出口退税和进口征税。这四方面的措施既降低了企业的交易成本，也减少了政府的某些行政费用支出。

（2）服务自由流动。包括：①各成员之间相互开放服务市场，允许各种职业者任意跨国界开业；②各成员互相承认按各国法律建立起来的公司与企业，允许银行、证券交易、保险、租赁、运输、广播电视、通信和信息等服务业开展跨国服务，并在共同体内部发放统一的运营许可证；③统一所得税，并制定统一的运输、服务价格和标准，以鼓励各国工程技术人员的自由流动。

（3）人员自由流动。欧盟各成员国相互承认现有的立法和制度，消除国籍歧视，允许各国间人员自由流动。各国都相互承认文凭和学历，提供均等的就业机会。

（4）资金自由流动。取消各成员国之间对跨国界金融交易的限制，允许一国银行在其他成员国设立分行，允许一国居民自由购买其他成员国的债券和股票；放宽对其他成员国公司和企业在本国发行债券与股票的限制，取消对为买卖债券而获得商业信贷的限制。

案例 3-2：英国"脱欧"：汽车企业的机遇

（二）美洲的区域经济一体化

整体而言，美洲的区域经济一体化程度不如欧洲，而且作为美洲最引人注目的区域经济一体化组织，北美自由贸易区建立在美国对于欧盟扩张的戒备基础之上。中美洲共同体、安第斯条约组织和南方共同市场在美洲经济一体化的进程中也比较重要。

此外，原计划在 2005 年建立的美洲自由贸易区也在不断地推进。

1. 北美自由贸易区

北美自由贸易区是美国为了与欧盟相抗衡而联合加拿大和墨西哥组成的区域贸易集团。1988 年 1 月 2 日，美国与加拿大政府签署自由贸易协定，并于 1989 年 1 月 1 日正式生效。1990 年美国与墨西哥进行有关两国自由贸易的磋商，1991 年 2 月加拿大也参与谈判，三国开始就建立北美自由贸易区问题进行谈判。1992 年 12 月 17 日，《北美自由贸易协定》（NAFTA）签署，并于 1994 年 1 月 1 日正式生效。如此，拥有 3.6 亿人口，国民生产总值达到 6 万多亿美元，贸易总额高出欧盟 25% 的全球最大的自由贸易区宣告成立。随着 1996 年加拿大和智利在渥太华签署自由贸易协定、2003 年美国与智利签订自由贸易协定，北美自由贸易区也走向扩展道路。

北美自由贸易协定的内容包括：①在 10 年内取消墨西哥、加拿大和美国之间 99% 的商品贸易关税；②取消大部分阻碍跨国界的服务贸易壁垒；③保护知识产权；④取消 3 个成员国之间对外直接投资的大部分限制；⑤实行共同的国家环境标准，不允许为了吸引投资而降低标准等。

北美自由贸易区自建立以来一直就存在不和谐的音符。与欧盟不同，北美自由贸易区由发达国家美国、加拿大和发展中国家墨西哥组成，是一个垂直一体化组织。所以，当来自墨西哥的廉价劳动力取代美国的就业时，矛盾就非常突出。对于墨西哥来说，廉价的美国农产品的输入导致墨西哥农民的利益受到严重的打击。因此，北美自由贸易区的发展历程也不如欧盟那般顺畅。

案例 3-3：新北美自由贸易协定生效　日本车企难掉头

2. 安第斯条约组织

1969 年，玻利维亚、智利、厄瓜多尔、哥伦比亚和秘鲁签署了《卡塔赫纳协定》，由此建立了安第斯条约组织。该协定规定，各成员国进行内部关税的削减，统一对外关税和运输政策，实施共同的公共政策，以及对最小的成员国玻利维亚和厄瓜多尔实施特惠政策。

在 20 世纪 80 年代，由于某些政治原因和经济原因，这一组织名存实亡，既没有无关税的贸易，也没有统一的对外关税；既没有共同的工业政策，也没有经济政策的协调。直到 1990 年，现在的成员国玻利维亚、厄瓜多尔、秘鲁、哥伦比亚和委内瑞拉签署了《加拉帕哥斯宣言》，安第斯条约才真正得到启动。各国在宣言中称，其目标是在 1995 年建立共同市场。1994 年中期，安第斯条约成员国才削减内部关税，实行统一对外关税，建立了关税同盟。

3. 南方共同市场

1994 年底，阿根廷、巴西、乌拉圭和巴拉圭正式建成了关税同盟（虽然名称为"共同市场"）。南方共同市场对成员国经济增长作出了积极的贡献。但是世界银行的一份报告指出，该区域集团的贸易转移效应超过了贸易创造效应。

4. 美洲自由贸易区

1995 年 6 月，在 34 个西半球国家的贸易部长会议上，发起了创立美洲自由贸易区的有关工作。依据酝酿得出的《联合声明》和《工作计划》，成立了 7 个工作小组，内容涉及市场准入、海关程序与原产地规则、投资、技术标准和技术壁垒、卫生与健康措施、补贴以及小国问题。尽管美国是美洲自由贸易区早期的倡导者，但是，美国的态度目前并不十分明朗。美国的经济实力决定了它在美洲自由贸易区中的主导地位，即美国的大力支持是建立美洲自由贸易区的前提。

（三）亚洲的区域经济一体化

与欧洲和美洲的区域经济一体化过程不同，亚洲的区域经济一体化出现较晚。东南亚国家联盟成立的日期确实很早，但是它主要是一个政治联盟，在贸易领域只不过具有优惠贸易安排这种初级形式。东南亚自由贸易区也是 2000 年以后才形成的。20世纪 90 年代以后的亚太经济合作组织则只是一个潜在的自由贸易区的雏形，而非实质上的区域经济一体化组织。南亚有由孟加拉国、印度、不丹、马尔代夫、尼泊尔、巴基斯坦、斯里兰卡 7 个国家在 1985 年 12 月构建的南亚地区合作协会（SAARC）。2003年中东的沙特阿拉伯等海湾六国组建了海湾关税同盟。进入 21 世纪以来，整个亚洲地区（亚太地区）的双边贸易协定磋商进入升温阶段。

1997—1998 年的东南亚金融危机之后，经济一体化问题在东亚地区急速升温，包括中国、日本和韩国在内的东亚国家都开始卷入区域经济一体化的进程当中，出现了所谓的"十加三"构想和三个"十加一"构想。[①]其中，中国已经与东盟在 2002 年发表签署协议，计划在 10 年内建成中国—东盟自由贸易区。

1. 东南亚自由贸易区[②]

东南亚国家联盟（Association of Southeast Asian Nations，ASEAN）成立于 1969年。东盟建立之初主要是个政治联盟，在经济上只是一个优惠贸易安排，目标只是促进成员之间的自由贸易和在产业政策之间进行合作。

1992 年开始东盟意识到区域经济一体化的重要性，并着手计划建立较高层次的区域经济一体化组织，目标是在 2008 年实现东南亚自由贸易区。虽曾遭受东南亚金融危机的沉重打击，但孕育 10 年之久的东盟自由贸易区仍在 2002 年 1 月 1 日正式启动，

---

① "十加三"是指东盟十国加上中、日、韩三国组建自由贸易区；三个"十加一"是指中、日、韩分别与东盟十国组建自由贸易区。

② 进一步了解请参考东盟官方网<www.aseansec.org>。

达到了"在 2002 年之前将产品关税降至 5%以下"的目标。10 年来，东盟的平均关税已从 12.76%降至 3.85%。在 55 000 多个关税项目中，超过 90%的产品关税已降到了 0～5%。6 个老成员国相互间的贸易关税已降至 3.21%，4 个新成员国[①]也有 50%的产品关税达到《东盟共同有效优惠关税协定》的要求。关税降低带来了区域内出口额的稳步增加，东盟内部的出口额已从 1993 年的 432 亿美元增加到 2003 年的近 900 亿美元。东盟自由贸易区的下一步目标是"在 2010 年全面撤除进口壁垒，产品关税降至零，进而实现东南亚区域内资金、货物和人才的自由流动"。

东盟除大力推动区内自由贸易外，也在积极推动与亚太区国家的自由贸易。例如，已经进入实施阶段的"中国—东盟"自由贸易区，"东盟—日本"经济合作、"东盟—澳新"经济合作，以及正在紧锣密鼓谈判中的 RCEP。

2. 南亚区域合作联盟自由贸易区

1985 年 12 月，南亚七国（包括印度、孟加拉国、不丹、尼泊尔、巴基斯坦、斯里兰卡、马尔代夫）首脑齐聚达卡，通过了《南亚区域合作宣言》和《南亚区域合作联盟宪章》，建立南亚区域合作联盟。1995 年 12 月，南亚区域合作联盟启动"南亚特惠贸易安排（SAPTA）协定"，截至 1997 年，各成员国已共同降低了 2 239 种商品的关税，减让幅度一般为 10%至 60%。虽然上述减让商品多为贸易量较小的商品，大宗商品尚未被列入减让清单，但此举仍促进了区域内贸易额的上升。2004 年第 12 届首脑会议（伊斯兰堡），该联盟成员签署了《南亚自由贸易协定框架条约》，要求南亚各国从 2006 年开始降低关税，取消非关税壁垒，建立南亚自由贸易区以推动南亚区域内部经济合作。

3. 中国参与区域经济一体化的情况

根据中国自由贸易区网的资料显示，截止到 2020 年 8 月，中国已签署自由贸易协定 19 个（其中 4 个为升级版协定），分别是中国与东盟、新加坡、巴基斯坦、新西兰、智利、秘鲁、哥斯达黎加、冰岛、瑞士、毛里求斯、马尔代夫、格鲁吉亚、澳大利亚和韩国的自由贸易协定，内地与香港、澳门的更紧密经贸关系安排（CEPA）；正在谈判的自由贸易协定 13 个（其中 3 个为原有自由贸易协定的升级谈判），分别是中国与海湾合作委员会（GCC）、斯里兰卡、以色列、挪威、摩尔多瓦、巴拿马、巴勒斯坦和柬埔寨的自贸谈判，以及中日韩自贸区和《区域全面经济合作伙伴关系》（RCEP）协定谈判。

案例 3-4：中国坚定扩展自由贸易"朋友圈"

---

① 6 个老成员是印度尼西亚、马来西亚、菲律宾、新加坡、泰国和文莱，4 个新成员是越南、老挝、缅甸与柬埔寨。

（四）跨洲际区域一体化组织

1. 亚洲太平洋经济合作组织

亚洲太平洋经济合作组织，简称亚太经合组织（Asia-Pacific Economic Cooperation，APEC）。1989 年 1 月，澳大利亚总理霍克提出召开亚太地区部长级会议，讨论加强相互间经济合作。1989 年 11 月，亚太经合组织第一届部长级会议在澳大利亚首都堪培拉举行，标志着亚太经合组织的正式成立。到 2007 年 9 月，该组织拥有 21 个成员：美国、日本、加拿大、澳大利亚、新西兰、韩国、马来西亚、泰国、新加坡、菲律宾、印度尼西亚、文莱、中国、中国台湾、中国香港、墨西哥、巴布亚新几内亚、智利、秘鲁、俄罗斯和越南。亚太经合组织每年召开一次部长级会议，自 1993 年以后，每年也召开领导人非正式会议，讨论本区域内的经济贸易合作问题。

1991 年 11 月，亚太经合组织第三届部长级会议在韩国首都汉城（现称"首尔"）举行，会议通过的《汉城宣言》正式确立该组织的宗旨和目标为："为本地区人民的共同利益保持经济的增长与发展；促进成员间经济的相互依存；加强开放的多边贸易体制；减少区域贸易和投资壁垒。"

亚太经合组织的组织机构包括领导人非正式会议、部长级会议、高官会、委员会和专题工作组等。其中，领导人非正式会议是亚太经合组织最高级别的会议，其首次会议于 1993 年 11 月在美国西雅图召开。

目前亚太经合组织正在十大领域加强合作：贸易与投资数据处理、贸易促进、扩大投资和技术转让、人力资源开发、地区能源合作、海洋资源保护、旅游、通信、交通和渔业。从合作领域来看，亚太经合组织的目标不仅仅限于建立自由贸易区，还包括实现生产要素自由流动的经济一体化长期目标。

亚太经合组织的第一个贸易自由化目标是建立亚太自由贸易区，并在第二次非正式领导人会议上发表了《茂物宣言》，宣布了亚太经合组织的第一步长期目标：将加强亚太地区的经济合作，扩大乌拉圭回合的成果，以与关贸总协定原则相一致的方式，进一步减少相互间的贸易和投资壁垒，促进货物、服务和资本的自由流通。在宣言中明确要求，发达经济体不迟于 2010 年实现贸易和投资自由化，发展中经济体不迟于 2020 年实现贸易和投资自由化。

2. 跨太平洋战略经济伙伴关系协定

跨太平洋伙伴关系协议（Trans-Pacific Partnership Agreement，TPP）的前身是跨太平洋战略经济伙伴关系协定（Trans-Pacific Strategic Economic Partnership Agreement，P4），是由亚太经济合作会议成员中的新西兰、新加坡、智利和文莱四国发起，从 2002 年开始酝酿的一组多边关系的自由贸易协定，旨在促进亚太地区的贸易自由化。2011 年 11 月 10 日，日本正式决定加入 TPP 谈判，而中国没有被邀请参与 TPP 谈判。2013

年 9 月 10 日，韩国宣布加入 TPP 谈判。

跨太平洋伙伴关系协议与传统的自由贸易协定模式的区别在于它将是一个包括所有商品和服务在内的综合性自由贸易协议，将对亚太经济一体化进程产生重要影响，可能将整合亚太的两大经济区域合作组织，亦即 APEC 和东南亚国家联盟重叠的主要成员国，将发展成为涵盖 APEC 大多数成员在内的亚太自由贸易区，成为亚太区域内的小型世界贸易组织。

TPP 成员间的自由贸易协定共有 11 个。除了跨太平洋战略经济伙伴关系协定（P4），还包括：澳大利亚—智利自由贸易协定（2009 年 3 月 6 日）、澳大利亚—新西兰更紧密经济关系协定（1983 年 1 月 1 日）、澳大利亚—新加坡自由贸易协定（2003 年 7 月 28 日）、澳大利亚—美国自由贸易协定（2005 年 1 月 1 日）、美国—智利自由贸易协定（2004 年 1 月 1 日）、美国—秘鲁贸易促进协定（2009 年 2 月 1 日）、美国—新加坡自由贸易协定（2004 年 1 月 1 日）、秘鲁—新加坡自由贸易协定（2009 年 8 月 1 日）、智利—秘鲁自由贸易协定（2009 年 3 月 1 日）、新西兰—新加坡更紧密经济关系协定（2001 年 1 月 1 日）。此外，美国还与越南签署了双边贸易协定（2001 年 12 月 10 日）。

2015 年 10 月谈判结束，协议达成。但是美国特朗普总统在 2017 年年初退出，导致 TPP 协议实际生效不可能。同年年底除美国之外的其余 11 个亚太国家宣布更名为"Comprehensive and Progressive Agreement for Trans-Pacific Partnership，CPTPP"，并于 2018 年 2 月公布了 CPTPP 的最后协议版本，年底正式生效。

3. 跨大西洋贸易与投资伙伴关系协定

跨大西洋贸易与投资伙伴关系协定（Transatlantic Trade and Investment Partnership，TTIP）是指美国和欧盟双方谈判之中的通过削减关税、消除双方贸易壁垒等来发展经济、应对金融危机的贸易协定。美国贸易谈判代表办公室表示，TTIP 是美国和欧盟（EU）之间正在谈判的一项雄心勃勃的、全面的、高标准的贸易和投资协议，该协议将通过增加美洲制造的商品和服务进入欧洲市场的机会，帮助美国家庭、工人、企业、农民和牧场主释放机会，将有助于提升美国的国际竞争力，促进就业。

2013 年 6 月，美欧正式宣布启动《跨大西洋贸易与投资伙伴协议》的谈判，最终目标是建立美欧自由贸易区[①]。2013 年 7 月，TTIP 的谈判小组已设置了多达 20 个不同领域，覆盖了大多数行业。2013 年 10 月，第二轮谈判在布鲁塞尔举行。根据双方圈定时间表，美欧 FTA 的谈判将在两年内完成，也就是 2015 年底之前。但是，2016

案例 3-5：TPP、CPTPP 与中国的应对

---

① "经济北约"（TTIP）重塑国际贸易格局. 人民网. 2013-07-25.

年 10 月第 15 轮美欧谈判结束之后，这一协定的谈判进入停滞状态。

第三节　区域经济一体化的经济效应

作为动态过程的区域经济一体化本身就意味着对成员方和非成员方给予不同的贸易待遇，因此，区域经济一体化组织会导致资源在成员方和非成员方之间的重新配置，贸易活动在成员方与非成员方之间的重新划分，世界各国的福利也会随之出现变化。随着国内市场扩大成整个区域市场，成员方的整个经济循环基础得到扩大，规模经济效应也会因之更为明显。区域经济一体化对成员方经济的所有影响，我们称之为区域经济一体化的经济效应，并将其划分为静态效应和动态效应。所谓静态效应，是指假定经济资源总量不变，技术水平给定时，区域经济一体化组织对区域内国际贸易、经济发展及消费者福利的影响。所谓动态效应，则指随着时间的推移，区域经济一体化对成员方带来的长期的、动态的影响。

一、区域经济一体化的静态效应

分析区域经济一体化静态效应的代表性理论是关税同盟理论。美国普林斯顿大学的雅各布·范纳（Jacob Viner）是经济一体化理论或者说是古典关税同盟理论的创立者，而理查德·利普西（Richard G. Lipsey）等经济学家则对关税同盟理论进行了扩展。

范纳在其著作《关税同盟》中提出，关税同盟成立以后会直接产生贸易创造效应和贸易转移效应。为了便于理解范纳所提的这些概念，利普西则在著名的论文《关税同盟理论的综合考察》中给出了简单的例证。

（一）贸易创造效应

范纳认为，区域经济一体化的贸易创造效应是指由关税同盟引起的产品来源地从资源耗费较高的本国生产者转移到资源耗费较低的成员国生产者而增加的福利[1]。这种原来不存在的贸易被创造出来，体现了经济开始走向按照自由贸易来配置资源，因此可以提高成员国国内的福利水平。如果从全球的角度来看，福利水平同样也可以得到提高。利用利普西给出的简单例证，我们可以了解贸易创造的含义。

假设只存在甲、乙、丙 3 个国家，都生产某一种产品，只存在关税一种贸易壁垒（假设其他贸易壁垒都关税化了）。各国的价格（假定一切成本都考虑到价格之中）如表 3-7 所示。

---

① 类似的表述为：贸易创造是由于形成贸易集团而创造的新贸易量，因此而获得的福利即为贸易创造效果。

表 3-7　建立关税同盟前后的各国价格与税率情况表（一）

国别	建立关税同盟之前		甲、乙两国建立关税同盟之后	
	国内价格（美元/单位产品）	关税税率/%	国内价格（美元/单位产品）	关税税率/%
甲	35	100	35	成员间：0 对非成员：75
乙	26	75	26	成员间：0 对非成员：75
丙	20	0	20	0

从表 3-7 可以知道，在建立关税同盟之前，丙国具有该产品的绝对优势，按照古典国际贸易理论，丙国应该出口该产品，但是由于甲、乙两国存在较高的关税，所以三国之间不存在商品流动，每个国家都只能拘泥于国内市场进行资源配置、生产和销售产品。在甲、乙两国建立关税同盟之后，内部成员之间取消关税和其他非关税措施，对外统一执行 75% 的关税措施。因为乙国的产品价格是 26 美元，低于甲国的 35 美元，所以乙国具备了绝对优势，在不存在贸易壁垒的情况下，乙国向甲国出口产品。这一贸易活动在关税同盟建立之前是不存在的，因此，称之为贸易创造。

至于两国原来就有贸易发生，成立关税同盟后因取消关税壁垒而增加的贸易，可以应用经济学的局部均衡分析方法，得到图 3-2。我们从数字与图形的分析中可以了解建立关税同盟之后，贸易创造效应给成员国带来的经济影响，以及社会的净福利影响。

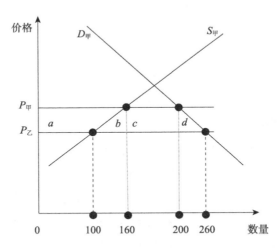

图 3-2　关税同盟对成员国（甲）的贸易创造效应与社会福利

从表 3-7 的数据来看，在进行区域经济一体化（在此处是关税同盟）之前，按照国际市场价格，甲国的国内供给显然不能满足其国内需求。该产品的国际市场价格是 $P_乙$，因为征收关税（t），所以甲国的产品销售单价是 $P_甲 = P_乙(1 + t)$。在甲与乙国组建关税同盟后，对内关税取消。因此，甲国从乙国进口的产品不再征收关税，价格降低。从进口数量上看，从原来的 40 单位（200 - 160），增加到 160 单位（260 - 100），增加的进口量中有 60 单位是替代本国原来的高成本生产，另 60 单位则是因为价格下降带来的消费扩张。因此，对于甲国来说，净福利的增加应该是图 3-2 中的 b 与 d 面积之和。

（二）贸易转移效应

范纳认为，贸易转移效应是指产品来源地从资源耗费较低的非成员国生产者转移到资源耗费较高的成员国生产者而损失的福利[①]。贸易转移效应阻止了从外部低成本的进口，而以高成本的集团内部生产代替，这违背了自由贸易的资源配置效率原则，使消费者的购买价格上升，造成福利损失。如果从全球的角度来看，生产资源的重新配置导致了生产效率的下降和生产成本的提高，从而导致全球福利水平的下降。利用利普西给出的简单例证，我们同样可以清楚地了解贸易转移的含义。

假设只存在甲、乙、丙 3 个国家，都生产某一种产品，只存在关税一种贸易壁垒（假设其他贸易壁垒都关税化了）。各国的价格（假定一切成本都考虑到价格之中）如表 3-8 所示。

表 3-8　建立关税同盟前后的各国价格与税率情况表（二）

国别	建立关税同盟之前		甲、乙两国建立关税同盟之后	
	国内价格（美元/单位产品）	关税税率/%	国内价格（美元/单位产品）	关税税率/%
甲	30	50	26	成员：0；非成员：50
乙	26	75	26	成员：0；非成员：50
丙	20	0	20	0

从表 3-8 可以知道，在建立关税同盟之前，丙国具有该产品的绝对优势，而甲国的关税税率为 50%，即使考虑关税效应，丙国也具备出口优势，所以，丙国向甲国出口。乙国因为存在 75% 的关税，考虑关税的影响，乙与丙国之间，甲与乙国之间是不存在贸易的。在甲、乙两国建立关税同盟之后，在内部成员之间取消关税和其他非关税措施，对外统一执行 50% 的关税措施。因为丙国加上关税负担后的产品价格是 30 美元，高于乙国的 26 美元（甲乙之间不存在贸易壁垒），所以，相对于乙国，丙国丧失了对甲国出口的绝对优势，乙国向甲国出口产品，原有的贸易受到了抑制。因此这一贸易活动正是从原来丙国的出口转移而来，称之为贸易转移。

如果应用经济学的局部均衡分析方法，我们可以得到图 3-3，从数字与图形的分析

[①] 类似的表述为：贸易转移是指从集团外部的出口者转向集团内部出口者的贸易量，因此损失的福利即贸易转移效果。

中可以了解建立关税同盟之后，贸易转移效应给成员国带来的经济影响，以及社会的净福利影响。

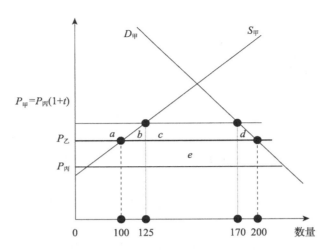

图 3-3　关税同盟对成员国的贸易转移效应与社会福利

从图 3-3 中可以得出，在组建关税同盟之前，甲国同样对进口产品征收 50% 的关税，因为有丙国的存在，且丙国的产品价格为 $P_丙$，$P_丙 < P_乙$，所以甲国从丙国进口 45 单位（170 − 125）。在与乙国建立关税同盟后，对内取消关税，对外统一关税，因此甲国不再从丙国进口，而从乙国以 26 美元的价格无关税进口 100 单位（200 − 100）。从乙国的进口中有 45 单位是从原来丙国的进口转移而来，有 25 单位（125 − 100）是对甲国高成本的生产的替代，还有 30 单位（200 − 170）是因为价格下降带来的消费增加。其中从丙国转移的 45 单位进口就是贸易转移效应。对于甲国来说，因为贸易创造效应带来了（$b + d$）面积的福利增加，但也带来了 e 面积的福利减少（c 加上 e 的面积是关税同盟之前的关税收入），因此它的净福利效应取决于贸易创造与贸易转移效应二者的大小。

从贸易创造效应和贸易转移效应的分析来看，关税同盟以两种相反的方式影响成员国的贸易和福利。如果贸易创造效应与贸易转移效应同时存在，那么成员国的价格越接近低成本的世界市场价格，区域经济一体化对该国市场的影响越可能为正。换句话说，此时的贸易创造效应带来的福利水平提高将大于贸易转移效应带来的福利水平下降。根据古典关税同盟理论的结论可以得出如下结论：当贸易创造效应大于贸易转移效应时，关税同盟才可能出现；否则，不应该建立关税同盟。

案例 3-6：南美洲的贸易转移

经济学家贝拉·巴拉萨用事后进口需求的收入弹性这个指标对欧共体的贸易创造和贸易转移效应进行了分析，他得出的结果是，欧共体的成立确实带来了内部福利的增长。他的结论证实了欧共体（以及现在的欧盟）的出现确实符合经济学上的分析。

（三）贸易扩大效应

如前所述，就关税同盟而言，无论是贸易创造效应还是贸易转移效应，都导致一国消费者支付价格的降低，需求增加，进口增加，贸易扩大。贸易扩大效果是从需求方面形成的概念，而贸易创造效应和贸易转移效应都是从生产方面形成的概念。

（四）其他静态效应

区域经济一体化对成员国的静态效应还包括一些制度方面的影响：①由于区域内关税的取消，负责监督越过边境的成员国产品和服务的海关官员可以减少，相应的某些海关也可以取消，由此带来整个行政费用和管理成本的下降。②与单个成员国过去所能获得的平均贸易条件相比，整个区域经济集团的整体谈判力量对比使其贸易条件得到改善。③成员国在同世界其他国家进行贸易谈判时，也比依靠自身力量谈判拥有更大的讨价还价能力。

二、区域经济一体化的动态效应

大市场理论分析了区域经济一体化的动态效应，该理论的代表人物是西陶斯基和德纽。他们认为，当区域经济一体化发展到共同市场之后，就能比关税同盟发挥出更大的优势；而优势主要来源于生产要素在共同市场内部的自由流动，从而形成超越国境的大市场，使产品与生产要素在大市场中进行重新配置，获得自由化带来的效率提高和动态的经济效应。

（一）获得规模经济效应

规模经济效应是指当企业的规模扩大到一定程度时，单位产品成本下降，报酬增加。获准进入更大的市场有可能使成员国在特定出口产品上获得规模经济。规模经济可能来自因生产企业的规模扩大而带来的内部规模经济，也可能来自企业外部经济条件的变化带来的投入品成本下降。可以肯定的是，这些规模经济效应都来源于区域经济一体化所带来的市场扩张。

从产业内贸易理论的分析来看，规模经济效应是产生中间品贸易以及产业内贸易的主要原因之一。因为规模经济效应的存在导致企业对某种产品的专业化生产，由此而形成大规模的产业内贸易。这一点可以从欧共体的产业内贸易增长中观察到。

（二）加强市场竞争，推动经济利益增长

降低进口的贸易壁垒能够带来更具有竞争性的经营环境，并且可能会削弱区域经济一体化组织建立之前存在的市场垄断力量。而竞争会促使企业进行机构改组、产业升级、管理更新和推动新技术的应用，促进生产率的提高和社会利益的增加。

对欧共体的研究表明，竞争加强是区域经济一体化对欧共体最重要的影响。恰恰是区域经济组织建立之后，实现了商品和生产要素的自由化流动，使各国企业面临空前激烈的竞争，从而刺激劳动生产率的提高和成本的下降，并刺激新技术的开发和利用。

但是，竞争加剧带来的另一个后果是，在与区外企业竞争时，区域内的企业为了获得竞争优势而进行区域内的合并，有可能重新出现垄断行为。

（三）刺激投资

通过贸易协议的约束，区域经济一体化组织内的市场规模得到扩大，投资环境得到改善，这一点对区内外的企业都具有投资吸引力。

（1）区域经济组织内部的企业为了应付市场的扩大和竞争的加剧，必须增加投资，以更新设备，开发和利用新技术，扩大生产规模。

（2）成员国减少从非成员国的进口，迫使非成员国的企业为了避免贸易转移的消极影响，而到成员国进行投资，以避开贸易壁垒。

美国经济学家 Magnus Blomstrom 在对北美自由贸易区和南方共同市场进行研究后得出的结论是：区域经济一体化带来的环境变动越大，单个国家或产业的区位优势越明显，一体化协议就越可能导致外商直接投资从区外国家或其他成员国家流入该国[1]。不过也有经济学家的研究指出，区域经济一体化组织的贸易创造效应会导致一些产业的投资减少，而且外资的投入会减少本国的投资机会。同时，因为存在经济发展水平的差异，有可能产生资本移动的"马太效应"，即投资涌向经济发达地区，而落后地区的投资不仅会减少，而且固有的投资也可能会流失。所以，区域经济一体化对投资的促进作用可能会出现一些偏差。

第四节　区域经济一体化的动因

各国参与区域经济一体化的原因不同，但是它们在加入区域经济一体化组织时大体上都会以经济贸易利益、国家安全等为基本的考虑因素。因此，在讨论区域经济一体化的动因时，我们将所有参与的原因划分为经济和政治两种，另外，再简单地叙述反对区域经济一体化的一些理由。

一、区域经济一体化的经济动因

无论哪种形式的区域经济一体化，其成员构成如何，追求共同的经济贸易利益始终是贸易成员之间启动谈判和缔结贸易协议的首要动机，因为它进行的是经济合作。

---

[1] BLOMSTROM M. Regional integration and foreign direct investment. http://www.nber.org.

成员国参与区域经济一体化的经济动因包括以下几种。

（一）区域经济一体化是一种"次优的"解决方法

在区域经济一体化内部的贸易自由化通常被经济学家（和 WTO）看作相对于多边贸易自由化来说的次优选择。因为区域经济一体化的成员国优惠措施并不对全球放开，而且成员国的经济也并不对全面的国际竞争开放，而是只对毗邻国或是缔约国开放，尽管从事实上看，这些毗邻国或是缔约国并不一定是某些货物和服务的最有效供应者。在经济全球化高涨的今天，因为成员的多元化，导致 WTO 管辖的范围不能得到足够的扩展，举行的市场准入谈判也时常无果而终，为了抢先获得部分贸易自由化带来的经济利益，不同的国家开始组建区域经济一体化。如此，既能够获得一定的贸易自由化利益，同时避免国内市场受到过度的冲击。所以，在"最优"的贸易自由化状态不能达到时，作为"次优"选择的区域经济一体化得到了长足的发展。

（二）追求贸易扩大的利益

1. 追求贸易转移的效益

尽管贸易转移对进口的成员国而言存在社会福利的丧失，但是，正如任何国家都存在自己的比较优势/劣势产品一样，区域经济一体化中的某一成员不可能在所有的产品上都是进口国，总有部分产品是出口的。尽管非成员国的产品和服务的生产或提供更有效率，但因为存在的区域共同对外贸易壁垒，所以成员国可以成功地消除它们的份额，获得贸易转移效应。随着贸易转移效应的进行，成员国在获得规模经济效应的基础上，生产效率逐渐提高，最终获得预期的产业结构升级以及经济增长。

追求贸易转移效应的典型例子包括欧盟的共同农业政策和北美自由贸易区的纺织品与服装产业政策。共同农业政策的实施，使得非欧盟成员国的低成本农产品难以进入欧盟市场。北美自由贸易区建立前后，1992 年墨西哥在美国的纺织品与服装进口中占 3.6%，1998 年这一比重上升到 12.3%，与此同时，东亚国家的份额从 32.5%下降到 17.0%[①]。由此导致墨西哥成为美国的第一大纺织品来源国，中国则下降到第二位。

2. 追求贸易创造带来的利益

按照范纳的观点，区域经济一体化组织都带有不同程度的贸易创造效应。当成员国内部生产成本的差异越大时，成员国和非成员国之间生产成本的差异越小，当成立区域经济一体化组织前关税越高时，区域经济一体化组织越倾向于更多的贸易创造而不是贸易转移。

经济学家认为，贸易创造效应能够带来全球经济福利的增加，贸易转移效应则相反。WTO 对区域经济一体化组织的要求之一是：对区域内的贸易自由化程度应该高于

---

① 资料来源：KRUEGER A O. Trade creation and trade diversion under NAFTA (NBER working paper)[EB/OL]. [2008-08-27]. http://www.nber.org/paper/w7429.

建立区域经济一体化组织之前，而对区域外的贸易自由化程度不能因此而降低。WTO 如此规定或许就是为了鼓励贸易创造，限制过多的贸易转移效应，避免对全球经济福利造成损失。

3. 例证

表 3-9～表 3-12 给出的是建立 NAFTA 前后的区内贸易状况。美国在建立 NAFTA 之后，向墨西哥和加拿大的出口从 1993 年的 1 418 亿美元上升到 1998 年的 2 332 亿美元，所占比重从 30.4%上升到 34.3%；美国从墨西哥的进口，1993 年是 407 亿美元，1998 年上升到 961 亿美元，所占比重从 6.8%上升到 10.2%；美国从加拿大的进口，1993 年是 1 136 亿美元，1998 年上升到 1 780 亿美元，所占比重变化不大。从墨西哥的数据来看，墨西哥的出口从 1993 年的 518 亿美元上升到 1998 年的 1 068 亿美元，对美国的出口则从 1993 年的 431 亿美元上升到 873 亿美元（1997 年曾达到 945 亿美元）。从数据来看，墨西哥参与 NAFTA 获得的贸易增长最大，无论从相对值还是绝对值来考虑都是如此。对于美国和加拿大来说，尽管相对的贸易增长不大，但是绝对的增长数值也不小。所以，获得贸易利益应该是每个经济一体化组织建立的经济动因之一。

表 3-9　NAFTA 的贸易模式 A——美国的贸易（美国的出口）

年份	总出口/10 亿美元	向墨西哥的出口/10 亿美元	占比/%	向加拿大的出口/10 亿美元	占比/%
1980	220.8	15.1	6.9	35.4	16.0
1985	213.1	13.6	6.4	47.3	22.2
1990	393.1	28.4	7.2	83.0	21.1
1991	421.8	33.3	7.9	85.1	20.2
1992	447.3	40.6	9.1	90.2	20.2
1993	465.4	41.6	8.9	100.2	21.5
1994	512.4	50.8	9.9	114.3	22.3
1995	583.5	46.3	7.9	126.0	21.6
1996	622.9	56.8	9.1	132.6	21.3
1997	687.6	71.4	10.4	150.1	21.8
1998	680.0	79.0	11.6	154.2	22.7

资料来源：KRUEGER A O. Trade creation and trade diversion under NAFTA (NBER working paper)[EB/OL]. [2008-08- 07]. http://www.nber.org/paper/w7429.

表 3-10　NAFTA 的贸易模式 B——美国的贸易（美国的进口）

年份	总进口/10 亿美元	从墨西哥的进口/10 亿美元	占比/%	从加拿大的进口/10 亿美元	占比/%
1980	257.0	12.8	5.0	42.0	16.3
1985	316.6	19.4	5.4	69.4	19.2
1990	517.0	30.8	6.0	93.8	18.1
1991	509.3	31.9	6.3	93.7	18.4

续表

年份	总进口/10亿美元	从墨西哥的进口/10亿美元	占比/%	从加拿大的进口/10亿美元	占比/%
1992	552	35.9	6.5	101.3	18.3
1993	600.0	40.7	6.8	113.6	18.9
1994	689.3	50.4	7.3	132.0	19.1
1995	771.0	62.8	8.1	148.3	19.2
1996	817.8	74.1	9.1	159.7	19.5
1997	898.7	87.2	9.7	171.4	19.1
1998	944.6	96.1	10.2	178.0	18.8

资料来源：同表 3-9。

表 3-11　NAFTA 的贸易模式 C——墨西哥的贸易（墨西哥的出口）

年份	总出口/10亿美元	向美国的出口/10亿美元	占比/%	向加拿大的出口/10亿美元	占比/%
1980	18.0	12.5	69.4	0.1	0.8
1985	26.8	19.0	70.8	0.4	1.8
1990	40.7	32.3	79.43	0.2	0.8
1991	42.7	34.0	79.5	1.1	2.7
1992	46.2	37.5	81.1	1.0	2.2
1993	51.8	43.1	83.3	1.5	3.0
1994	60.9	51.9	85.3	1.5	2.4
1995	79.5	66.5	83.6	2.0	2.5
1996	96.0	80.7	84.0	2.2	2.3
1997	110.4	94.5	85.6	2.2	2.0
1998	106.8	87.3	81.8	4.9	4.5

资料来源：同表 3-9。

表 3-12　NAFTA 的贸易模式 D——墨西哥的贸易（墨西哥的进口）

年份	总进口/10亿美元	从美国的进口/10亿美元	占比/%	从加拿大的进口/10亿美元	占比/%
1980	17.7	10.9	61.6	0.3	1.8
1985	13.4	9.0	66.6	0.2	1.8
1990	30.0	19.8	66.1	0.4	1.3
1991	49.9	36.9	73.9	0.7	1.4
1992	62.1	44.3	71.3	1.1	1.7
1993	65.4	46.6	71.2	1.2	1.8
1994	79.3	57.0	71.8	1.6	2.0
1995	72.5	54.0	74.5	1.4	1.9
1996	89.5	67.6	75.6	1.7	1.9
1997	109.8	82.2	74.8	2.0	1.8
1998	106.9	79.0	73.9	0.9	0.8

资料来源：同表 3-9。

（三）追求市场扩大带来的竞争效应和规模经济效应

国内市场的限制很难使企业具有较强的盈利能力，整个国际市场则存在太多的强有力竞争。区域经济一体化融合若干个狭小的市场，一是可以使成员国获得规模经济效应，二是能提高竞争强度，由此给成员国带来一些经济收益：①有利于通过竞争防止公司垄断力量的形成，降低其市场影响力；②市场的扩大可以使企业充分获得内部规模经济效应；③为产业和企业的发展创造更大的空间，企业能够在区域内市场考虑资源配置、生产和营销战略，减少了因市场狭小带来的各种弊端；④市场的扩大能够带来产业规模扩大，获得外部规模经济；⑤市场的扩大能够促进技术外溢效应，促进新产品的产生；⑥市场的扩大也可以防范来自成员国的贸易政策损害。

在经济缓慢增长或衰退的背景下，当某成员国的相关产业和企业受到压力，成员国政府迫于这些压力采取各种贸易限制措施时，区域经济一体化组织中的成员国可以免于这些严厉的限制措施。典型的例子就是美国布什政府于 2002 年 3 月 5 日对主要的钢铁进口施加关税，但是作为北美自由贸易区成员国的墨西哥和加拿大得到了免除。

（四）促进投资增长

区域经济一体化的建立可以使区内国家的投资环境改善，吸引区域内外的投资增加。区外的企业为使贸易转移效应遭受的损失降到最低，必须采取规避贸易壁垒的方式进入市场，通常的方法就是各种形式的直接投资。另外，区域经济一体化带来的市场扩大也是吸引区外企业进行投资的原因，因为通过投资进入某一个国家就能够撬开整个区域市场。例如，《北美自由贸易协议》生效于 1994 年，墨西哥的外资流入超过100 亿美元，比 1993 年翻了一番以上。其中比较突出的是墨西哥汽车产业的外资流入，全球各大汽车生产厂商都在墨西哥投资设厂，以便能够自由地进入美国、加拿大市场以及其他与墨西哥签署了自由贸易协议的国家[①]。直接证明这一点的证据就是美、加、墨之间机械与运输设备的产业内贸易状况（表 3-13）。1982—1993 年，欧盟在全球对外直接投资流入中所占份额从 28% 上升为 33%。南方共同市场吸收美国投资的存量从1993 年的 3.9% 上升到 1995 年的 4.4%。另外，区域内的经济整合，使得区域内的竞争加剧，企业规模扩大，必然会增加区内的投资。同时因为交易成本的下降，使区内企业的预期利润增加，从而吸引更多的投资资金。

表 3-13　NAFTA 中美、加、墨之间机械与运输设备的产业内贸易状况　　　　　%

国家与产品类别	1990 年	1991 年	1992 年	1993 年	1994 年	1995 年	1996 年	1997 年
美国								
机械与运输设备出口	31.4	30.2	30.8	32.1	33.6	31.6	31.8	33.0

---

① 例如，墨西哥在 1999 年 11 月 24 日与欧盟签署了建立双边自由贸易区的协定。

续表

国家与产品类别	1990 年	1991 年	1992 年	1993 年	1994 年	1995 年	1996 年	1997 年
机械与运输设备进口	23.2	23.6	27.3	27.2	28.6	29.4	31.5	32.1
加拿大								
机械与运输设备出口	89.2	88.8	90.0	89.3	90.7	88.6	89.3	89.7
机械与运输设备进口	75.8	74.5	74.6	77.6	80.2	80.2	81.2	80.3
墨西哥								
机械与运输设备出口	90.3	86.8	92.9	94.3	94.2	93.5	92.2	92.1
机械与运输设备进口	77.3	72.0	72.6	71.9	71.2	76.5	78.2	78.3

资料来源：同表 3-9。

二、区域经济一体化的政治动因

在大部分建立自由贸易区和关税同盟的尝试中，区域经济一体化的政治原因也十分突出。通过与邻国的经济建立联系以及日益增进的相互依赖，相邻国家之间就会产生政治合作的动力。相对而言，各国之间暴力冲突的潜在可能性因此减少，国家安全得到保障。另外，通过形成经济上的国家集团，各成员国可以凭借集团的力量提高自己在国际上的地位，以及增强国际经济政策的谈判或游说能力。

案例 3-7：中国在亚洲的对外直接投资

（一）区域经济一体化是国际政治中安全利益的需要

《世界贸易组织的十大利益》一文表述 WTO 的第一大利益就是多边贸易体系能够促进世界和平。[1]早在重商主义时期，就认为一国的经济贸易实力强大与否与该国的军事实力成正比，而当时的大小战争大多与划分国际市场、争夺经济利益密切相关。20 世纪上半叶的两次极具破坏力的世界大战，都是由某些难以控制的实现单一民族国家的野心引发的。因此，区域经济一体化成员国间进行经济合作，实现共同的经济发展，对于国家安全来说，无疑是增添了一道屏障。

有学者在 20 世纪 90 年代对贸易与安全的关系，以及起因做过调查分析，得出的结论是："如果两国的贸易翻一番，则两国间冲突的风险大致降低 17%。"[2]

政治学家则指出，各国间进行的贸易问题谈判有利于彼此不通过战争对付对方。由于"区域经济一体化可能提供一种最佳的贸易冲突解决途径，对外贸易壁垒必然随着一体化的深化而不断降低"[3]。因此，区域经济一体化将会有利于减少区域内的冲突，

---

[1] http://www.wto.org/english/res_e/doload_e/10b_e.pdf（2008 年 8 月 7 日进入）。

[2] POLACHEK S. Conflict and trade: an economic approach to political international interactions[M]//ISARD W, ANDERTON C. Economics of arms reduction and the peace process. New York: Elsevier Science, 1992: 89-120.

[3] SCHIFF, WINTERS. Regional integration as diplomacy[J]. World Bank Economic Review, 1998, 12(2): 271-296.

促进区域内贸易自由化的政策都有利于增强区域内的安全与和平。

政治理由是不少区域经济一体化组织建立的初衷之一。例如，南方共同市场的出现是为了缓解阿根廷和巴西之间军事力量的相互威胁，东盟成立之初也是希望减缓印度尼西亚和马来西亚的紧张关系。

此外，区域经济一体化对于成员国来说还有利于共同抵制来自区域外的安全威胁。

（二）提高国际政治实力，增强国际经济政策的谈判或游说能力

对于小国而言，彼此间的联合可以增强在双边谈判中的力量。在第二次世界大战结束后，欧洲各国在世界市场和世界政治领域都不能使自己达到一流强国的地位，建立一个统一的欧洲以便与美国和苏联抗衡的想法占据了许多欧共体奠基人的脑海。随着欧共体的建立，成员国之间实现了经济贸易政策的协调和共同利益的一致，在与美国及其他贸易伙伴进行双边谈判时，欧共体的地位得到了明显的提高。比较 20 世纪

案例 3-8：RCEP 结束谈判：东盟显示团结力量中国获得实利

50 年代和 90 年代的欧美贸易摩擦及解决方法，可以得出一个结论：欧洲区域经济一体化程度的加深，使欧盟成员国具备了单个国家不可能具备的与美国相抗衡的经济与政治实力。

东南亚国家的经济一体化同样提高了其成员国在国际政治上的地位，也增强了它们与中国、日本和韩国进行双边谈判的实力。

 参考资料与网站

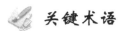 **关键术语**

自由贸易区　关税同盟　共同市场　经济同盟　贸易创造效应　贸易转移效应

复习思考题

一、简答题

1. WTO 框架下多边贸易规则的基本原则有哪些？

2. 区域经济一体化的经济动因有哪些？

3. 简述关税同盟的静态效应。

4. 简述关税同盟的动态效应。

二、分析论述题

1. 收集整理资料论述当前 WTO 面临哪些挑战，中国可能持有的立场是什么？

2. 案例 3-2 中提到的 2020 年英国正式"脱欧"，试分析这一事件对中国汽车企业可能存在的影响。

3. 案例 3-5 中提到 2019 年 11 月 4 日，第三次 RCEP 领导人会议的联合声明称，目前 15 个成员已结束全部 20 个章节的文本谈判以及实质上所有市场准入问题的谈判，准备 2020 年签署协议。这个涵盖全球约 1/3 人口和经济体量的超大型自贸区呼之欲出。试分析 RCEP 协议的生效对中国企业来说可能存在的机遇。

 即测即练题

第四章

跨国公司与跨国经营

自 20 世纪 90 年代以来，由于经济全球化①与信息化的发展，企业的经营环境发生了根本性的变化。这种变化表现在以下几个方面：第一是从 20 世纪 80 年代初以来，大多数国家采取了旨在吸引外国投资者并创造适宜的投资环境的政策，生产要素的跨国界流动越来越便利；第二是现代信息技术特别是国际互联网的出现极大地降低了跨国经济活动的交易成本；第三是市场全球化以及生产要素的跨国自由流动，改变了企业的生存方式，即企业必须具有全球视野，在全球范围内配置资源，参与国内外市场竞争与合作，才能在国际竞争中获得竞争优势。正是在上述背景下，跨国公司、企业跨国经营日益受到重视。

经济全球化加剧了企业之间的竞争，企业需要通过进出口贸易和对外直接投资在全球范围内寻找并获取廉价、优质资源，输出制成品与输出生产制造能力并举，增强自己的国际竞争力。本章首先对跨国公司（multinational corporations，MNCs；transnational corporations，TNCs；multinational enterprises，MNEs；Multinationals）进行概括性介绍；之后分析了企业跨国直接投资的动因与优势；最后结合中国的实际情况分析中国的对外直接投资或"走出去"战略。

第一节 经济帝国：跨国公司概述

根据《世界投资报告 2013》，全球价值链②通常由跨国公司协调，投入和产出的跨境贸易都在其子公司、合同伙伴以及正常供应商的网络中进行。跨国公司协调的全球价值链约占全球贸易的 80%。全球价值链中的增加值贸易模式在很大程度上是由跨国公司的投资决策塑造的。因此，可以毫不夸张地说，跨国公司对世界经济有巨大的

---

① 国际货币基金组织在 1997 年 5 月发表的《世界经济展望》中给经济全球化下的定义是：（经济）全球化是指由于全球范围内的跨国商品和服务交易及国际资本流动的规模和形式的增加，以及技术的广泛迅速传播，世界各国在经济上的相互依赖程度越来越深。

② 生产工序的分散化和工序中生产任务与生产活动的国际分工催生了无国界的生产系统。这些生产系统可以是有顺序的链条或是复杂的网络，它们的范围可能覆盖全球或是区域，它们通常被称为全球价值链（WIR2013）。

影响。

一、跨国公司的定义与运作

尽管跨国公司在全球经济中扮演着举足轻重的角色，但是跨国公司的定义并不统一。海闻等（2003）给跨国公司下的定义是：跨国公司是指在两个或两个以上国家（或地区）拥有矿山、工厂、销售机构或其他资产，在母公司统一决策体系下从事国际性生产经营活动的企业。薛荣久（2003）认为跨国公司是跨国界进行直接投资并且获得控制权的企业。

联合国跨国公司委员会认为一个跨国公司需要具备的基本条件如下。

第一，跨国公司本质上是一个工商企业，组成这个企业的实体要在两个或两个以上的国家从事生产经营，不论其采取何种法律经营形式，也不论其经营领域。

第二，跨国公司实行全球战略，尽管它的管理决策机构的设立主要以某国或某个地区为主。在跨国公司的全球决策中，市场占据主导地位：市场决定了企业的经营策略和经营状况。

第三，跨国公司的经营范围很广，研究与开发、原料开采、工业加工到批发、零售等再生产的各个环节都可纳入它的经营范围。

跨国公司的运作是：通过对外直接投资在世界范围内进行生产和资源配置；在世界范围内配置研究与开发、采掘、提炼、加工、装配、销售，以及服务等环节；把最高决策权保留在母公司，母公司承担确定整个公司的投资计划、生产安排、价格制度、市场安排、利润分配、研究方向，以及其他重大决策的职能。

二、跨国公司的发展与政府政策

跨国公司是对外直接投资（foreign direct investment，FDI）的主体，而 FDI 的发展与政府政策有密切的关系。20 世纪 80 年代以来，世界各国政府采取了促进对外直接投资的政策措施。表现一是自 80 年代中期以来，世界各国对外直接投资政策自由化步伐加快。目前，发达国家对 FDI 的限制大多数已不存在，一些发展中国家和转型国家虽然有资本外逃和国内资本短缺之忧，但也正在逐步减少这种限制。当然，一国减少对 FDI 的限制，并不保证该国企业就能拥有 FDI 以及 FDI 的规模，它主要是为该国企业扫除 FDI 的制度障碍，而根本上还取决于企业是否拥有所有权优势和内部化优势，以及是否发现了有利的投资区位即拥有区位优势。二是从 20 世纪 80 年代初以来，大多数国家采取了旨在吸引外国投资者并创造适宜的投资环境的政策（表 4-1）。从表 4-1 可以看出，从 1991 年到 2019 年世界各国关于利用外商直接投资（inward foreign direct investment，IFDI）规制的变化数量很大，绝大部分有利于 IFDI 的规制变化，是对外国直接投资减少限制、给予优惠的政策措施。虽然说彻底的限制性政策在很大的程度上能保证取得预期的效果，但是普遍的东道国吸引外资的优惠政策，为跨国公司提供了更为广阔的可供选择的区位决策空间，而开放方向的政策变化即使是广泛的，也不一定能取得预期的效果。三是除了国家层面进一步的 IFDI 政策自由化，国际层面上仍在继续签署协定，以促进各国国家层面上的 IFDI 政策自由化。国家之间的双边投资协定（bilateral investment treaties，BITs）减少了跨国公司的投资风险，双重征税协定（double taxation treaties，DTTs）便于跨国公司在全球范围内从事生产、经营活动。

表 4-1　1991—2019 年世界各国 IFDI 规制数、IFDI 数、BITs 和 DTTs 签订数

年份	1991	1992	1993	1994	1995	1996	1997	1998	1999	2000
有利于 IFDI 的规制数	80	77	99	108	106	98	134	136	130	147
不利于 IFDI 的规制数	2	0	1	2	6	16	16	9	9	3
IFDI（10 亿美元）	159	176	218	243	331	385	478	691	1 087	1 388
BITs 签订数	—	124	129	191	202	211	153	170	130	84
DTTs 签订数	—	61	96	107	101	114	65	79	109	57
年份	2001	2002	2003	2004	2005	2006	2007	2008	2009	2010
有利于 IFDI 的规制数	193	234	218	234	162	142	74	83	71	75
不利于 IFDI 的规制数	14	12	24	36	41	35	24	23	31	36
IFDI（10 亿美元）	818	716	558	742	959	1 411	2 002	1 816	1 216	1 409
BITs 签订数	158	82	86	73	70	73	44	59	82	54
DTTs 签订数	67	68	60	84	78	83	69	75	109	113
年份	2011	2012	2013	2014	2015	2016	2017	2018	2019	
有利于 IFDI 的规制数	52	65	63	52	75	84	98	65	66	
不利于 IFDI 的规制数	15	21	21	12	14	22	23	31	21	
IFDI（10 亿美元）	1 652	1 403	1 467	1 228	2 034	1 919	1 700	1 495	1 540	
BITs 签订数	33	20	30	18	20	30	9	30	16	
DTTs 签订数	14[*]	10[*]	14[*]	13[*]	11[*]	7[*]	9[*]	10[*]	6[*]	

注：①"IFDI（10 亿美元）"为按照东道地区和国家统计；②2011—2019 年的 DTTs 签订数无法获得，故用"含投资规定的条约"（treaties with investment provisions，TIPs）签订数代替 DTTs，*代表 TIPs 签订数。

资料来源：World Investment Report（WIR）（1992—2020）。

需要说明的是，政府政策在阻止 FDI 进入一个国家方面具有决定性影响。但是，使 IFDI 成为可能的规制框架是适当的，经济因素才是决定性的。

三、跨国公司：主宰世界经济

联合国贸发会议（UNCTAD）发布的《世界投资报告 1999》指出，跨国公司已经成为全球经济的核心，在推动经济全球化和世界 FDI 的高速发展上起着主导作用。以跨国公司 FDI 为核心的国际生产体系正在快速形成。2002 年的报告指出，主宰全球经

济局面的仍然是世界上最大的跨国公司。2005 年的报告指出，跨国公司是最有影响的 R&D（研究与开发）参与者，占了全球 R&D 的主要份额。随着国际化大生产的发展，跨国公司在世界经济全球化中所起的作用越来越大。《世界投资报告 2019》（要旨和概述）显示，2018 年百强企业中的跨国企业在研发方面的投资超过 3 500 亿美元，占所有企业出资研发的 1/3 强。技术、制药和汽车业的跨国企业研发支出最多。可以毫不夸张地说，跨国公司对世界经济有巨大的影响。

作为跨国公司对世界经济影响的一个指示器，巨型跨国公司的经济规模堪比国家。用跨国公司的销售额与国家的 GDP（国内生产总值）相比较，最大的 200 家跨国公司的销售额 1999 年占世界 GDP 的 27.5%。世界 50 个最大的"经济体"中，14 个是跨国公司，36 个是国家。当然，用跨国公司的销售额与国家的 GDP 相比较，在概念上是有缺陷的，因为 GDP 是一个附加值量度标准，而销售额不是。一个可比较的标准是将销售额重新计算为附加值。对于公司来说，附加值可用工资和利润、折旧和摊销、税前收入之和估算。按照此种测量方法，2000 年世界上最大的跨国公司是埃克森—美孚石油公司，其 2000 年的附加值估计为 630 亿美元，在国家和非金融公司的混合排名中排名第 45 位。以附加值计，该公司的规模相当于智利或巴基斯坦。在 2000 年最大的 100 个经济体—公司混合排名中，有 29 家跨国公司；排位在 51～100 位的最大经济实体中半数是私人公司（表 4-2）。

而且，跨国公司规模的增长率超过了许多国家。世界上最大 500 家企业的销售额在 1990—2001 年几乎增至 3 倍，而世界 GDP 按现在的价格在同一期间仅仅增长了 1.5 倍。UNCTAD 采用的 100 家跨国公司的总销售额在 1990—2000 年也从 3.2 万亿美元增加到将近 4.8 万亿美元。最大的跨国公司的附加值增长率近些年来也比国家发展要快。100 家最大的跨国公司的附加值 1990 年占世界 GDP 的比重为 3.5%，2000 年则为 4.3%。这一增长——大约 6000 亿美元——几乎等于西班牙的 GDP。100 家最大的跨国公司的附加值在世界 GDP 的份额提高证实了跨国公司规模在过去的 10 年间变得更大了。

表 4-2　2000 年最大的跨国公司与经济体附加值比较　　　10 亿美元

排名	跨国公司/经济体名称	附加值[a]	排名	跨国公司/经济体名称	附加值[a]
1	美国	9810	10	墨西哥	575
2	日本	4765	11	西班牙	561
3	德国	1866	12	韩国	457
4	英国	1427	13	印度	457
5	法国	1294	14	澳大利亚	388
6	中国	1080	15	荷兰	370
7	意大利	1074	16	中国台湾	309
8	加拿大	701	17	阿根廷	285
9	巴西	595	18	俄罗斯联邦	251

续表

排名	跨国公司/经济体名称	附加值 [a]	排名	跨国公司/经济体名称	附加值 [a]
19	瑞士	239	57	尼日利亚	41
20	瑞典	229	58	通用电气公司	39 [b]
21	比利时	229	59	丰田汽车公司	38 [b]
22	土耳其	200	60	科威特	38
23	奥地利	189	61	罗马尼亚	37
24	沙特阿拉伯	173	62	皇家荷兰壳牌公司	36
25	丹麦	163	63	摩洛哥	33
26	中国香港	163	64	乌克兰	32
27	挪威	162	65	西门子	32
28	波兰	158	66	越南	31
29	印度尼西亚	153	67	利比亚	31
30	南非	126	68	英国石油 BP	30
31	泰国	122	69	沃尔玛百货	30 [c]
32	芬兰	121	70	国际商用机器 IBM	27 [b]
33	委内瑞拉	120	71	大众汽车	24
34	希腊	113	72	古巴	24
35	以色列	110	73	日立	24 [b]
36	葡萄牙	106	74	道达尔菲纳埃尔夫	23
37	伊朗	105	75	威利赞通讯	23 [d]
38	埃及	99	76	松下电器产业	22 [b]
39	爱尔兰	95	77	三井企业	20 [c]
40	新加坡	92	78	亿昂	20
41	马来西亚	90	79	阿曼	20
42	哥伦比亚	81	80	索尼公司	20 [b]
43	菲律宾	75	81	三菱	20 [c]
44	智利	71	82	乌拉圭	20
45	埃克森美孚	63 [b]	83	多米尼加共和国	20
46	巴基斯坦	62	84	突尼斯	19
47	通用汽车	56 [b]	85	菲利普·莫里斯	19 [b]
48	秘鲁	53	86	斯洛伐克	19
49	阿尔及利亚	53	87	克罗地亚	19
50	新西兰	51	88	危地马拉	19
51	捷克共和国	51	89	卢森堡公国	19
52	阿拉伯联合酋长国	48	90	西南贝尔电讯 SBC	19 [d]
53	孟加拉国	47	91	伊腾忠	18 [c]
54	匈牙利	46	92	哈萨克斯坦	18
55	福特汽车	44	93	斯洛文尼亚	18
56	戴姆勒克莱斯勒	42	94	本田汽车公司	18 [b]

续表

排名	跨国公司/经济体名称	附加值ᵃ	排名	跨国公司/经济体名称	附加值ᵃ
95	埃尼	18	98	叙利亚	17
96	尼桑汽车公司	18ᵇ	99	葛兰素史克	17
97	东芝公司	17ᵇ	100	英国电信（BT）	17

注：ᵃ 经济体数字是 GDP，跨国公司数字是附加值。附加值被定义为工资、税前利润、折旧和摊销①的总和。

　　ᵇ 附加值是用 2000 年 66 个可获得相关数据的制造商的附加值占销售总额 30%的份额估算出来的。

　　ᶜ 附加值是用 2000 年 7 个可获得相关数据的贸易公司的附加值占销售总额 16%的份额估算出来的。

　　ᵈ 附加值是用 2000 年的其他 22 个可获得相关数据的第三级公司（other tertiary companies）的附加值占销售总额 37%的份额估算出来的。

资料来源：UNCTAD. World Investment Report，2002：90.

四、跨国公司内部贸易

　　跨国公司内部贸易是指跨国公司的母公司与国外子公司、国外子公司相互之间进行的产品、原材料、技术与服务贸易。②当前，跨国公司内部贸易约占了国际贸易的 1/3。

（一）跨国公司内部贸易的利益

　　（1）降低外部市场造成的经营不确定风险。由于受市场自发力量的支配，企业经营活动面临着诸多风险，包括投入品供应的数量不确定、价格不确定，不同生产工序或零部件分别由独立企业承担产生的协调上的困难。跨国公司可以将上述经营活动内部化，通过合理计划，安排生产、经营活动，进行公司内部贸易，大大降低上述各种经营的不确定性。

　　（2）降低交易成本。这里主要指减少通过外部市场进行对外交易谈判、签约和合同履行所发生的成本。当然，企业另一方面要付出内部化成本如行政协调成本。

　　（3）适应高技术产品生产的需要。高技术产品是 R&D 强度（即 R&D 经费支出占工业总产值的比重）很高的产品，其生产需要的技术在转让时会存在市场定价、交易成本和技术外溢等市场化问题。跨国公司可将研发和技术内部化，通过内部技术转让即内部贸易很好地解决上述问题。③

　　（4）增强公司在国际市场上的垄断地位和竞争能力，实现全球利益的最大化。跨国公司通过内部化可降低外部市场造成的经营不确定风险、降低交易成本，运用公司内部贸易价格可实现这一利益。

---

　　① 摊销英文原文是 amortisation，指将资产的账面价值按照费用的受益期进行分配。该词也可以译作"摊还"，指对未清偿债务本金和利息的定期支付。

　　② 跨国公司对其他公司的贸易，称为公司外部贸易。

　　③ 一般的技术转让均存在上述三方面的市场化问题，高技术产品生产中此问题更为突出。

（二）跨国公司内部贸易价格

跨国公司内部贸易价格通常称为转移价格，指跨国公司内部母公司与子公司、子公司与子公司之间进行货物和服务交换中，在公司内部所实行的价格。转移价格包括转移高价与转移低价。转移价格的运用可带来如下效益。

（1）减轻纳税负担。跨国公司的子公司分设在世界许多国家和地区，其经营须向东道国政府纳税。母公司与子公司所在各国的税率高低差别可能较大，税则规定也不一致。于是，跨国公司往往利用各国税率差异，通过转移价格（转移高价或转移低价）人为地调整利润在母公司与子公司之间的分配，以把跨国公司总的所得税税负降到最低限度。当然，转移价格的运用还要考虑关税因素（以及海关估价）并在二者冲突时进行权衡。

（2）增强子公司在国际市场上的竞争能力。如果子公司在当地遭遇激烈的竞争，或要扩大市场份额，取得新市场，跨国公司就可能采用转移价格，降低子公司的成本，提高子公司的竞争能力以及子公司在当地的信誉，便于子公司在当地发行证券或获得贷款。

（3）减少或避免外汇风险。首先是减少或避免汇率风险。原理如下：如果预测某一子公司所在的东道国货币将对外贬值，跨国公司就可以通过子公司高进低出的转移价格，将部分资产转移到国外，减少东道国货币对外贬值造成的损失（甚至可能获利）。其次是逃避东道国的外汇管制。当子公司所在的东道国政府对外国公司利润和投资本金的汇回在时间上和数额上有限制时，跨国公司可以通过该子公司高进低出的转移价格将利润或资金调出该东道国。

第二节　跨国经营理论

跨国经营通常有两种理解。狭义的跨国经营是指跨国公司的经营活动。广义的跨国经营则包括一切国内企业所从事的跨越国界的经营活动。在本章，跨国经营指在两个或更多的国家（地区）进行直接投资的营利性经济活动；跨国经营理论即国际直接投资理论，从国家角度来看即对外直接投资理论。下文在使用这些术语时不加区别。

理论界认为，现代国际直接投资理论产生于 20 世纪 60 年代，是一门年轻的学科，理论发展远未达到成熟的阶段。60 多年来，仍然没有出现一个普遍公认的所谓一般的直接投资理论。国际直接投资理论，即跨国经营理论，可以分为跨国经营的宏观理论和跨国经营的微观理论两类。前者以国家利益为出发点，研究跨国经营的变化规律及其对母国和东道国的影响，其重要假设之一是完全竞争；后者以企业的经济利益为中心，研究企业为什么进行跨国经营活动、怎样从事跨国经营以及在哪里跨国经营，其代表性假设是不完全竞争。本书由于主要从企业管理者的角度分析跨国经营活动，围于篇幅，故仅仅介绍微观层面的跨国经营理论。微观层面的跨国经营理论主要有垄断优势理论、产品生命周期理论、内部化理论、区位理论、国际生产折衷理论[①]以及企业国际化阶段论。由于产品生命周期理论在本书第一章已经述及，区位理论在国际生产折衷理论有所涉及，本节仅仅介绍其他四个微观跨国经营理论。

上述宏观层面和微观层面的跨国经营理论是外国主流跨国经营理论，是由发达国家的学者们以英、美、日等发达国家的跨国公司为研究对象形成的。考虑到中国是一个发展中国家，本章还要简单介绍发展中国家跨国经营的代表性理论，即小规模技术理论、技术地方化理论以及技术创新产业升级理论[②]，为中国企业跨国经营提供理论支持。

一、跨国经营的微观理论

（一）垄断优势理论

1960 年，斯蒂芬·海默（Stephen Herbert Hymer）在其撰写的博士学位论文《国内企业的国际化经营：对外直接投资的研究》中，提出了以垄断优势来解释美国企业对外直接投资行为，并与他的导师查尔斯·金德尔伯格（Charles P. Kindleberger）共同创立了"垄断优势理论"。文献中称他们的研究为"海-金传统"（H-K tradition）。该理论以不完全竞争为分析的前提，认为垄断优势是市场不完全竞争的产物。

海默认为导致企业对外直接投资的决定性因素是企业拥有垄断优势。正是跨国公司拥有某种垄断优势，才能在跨国经营中立于不败之地。垄断优势包括三大类：①知识资产优势，如专利和专有技术、获得资金的便利条件、管理技能等；②产品市场不完全的优势，如名牌商标、产品差异、营销技巧、市场价格操纵；③跨国公司内部和外部规模经济优势。

海默认为垄断优势来自市场不完全。市场不完全（即不完全竞争）是指介于完全竞争与完全垄断之间的市场状况。他认为至少存在四种市场不完全：①由规模经济引起的市场不完全；②产品市场的不完全；③资本和技术等生产要素市场的不完全；④由政府课税、关税等措施引起的市场不完全。前三种市场不完全使企业能够拥有垄断优势，第四种市场不完全使企业通过对外直接投资利用其垄断优势实现价值增值。

（二）内部化理论

这一理论是由英国里丁大学的巴克利（Peter J. Buckley）和卡森（Mark C. Casson）提出，并由加拿大学者鲁格曼（Alan M. Rugman）等加以发展的。他们把美国学者科

---

① 但是，国际生产折衷理论也可看作一种宏观理论。王林生，范黎波. 跨国经营理论与战略[M]. 北京：对外经济贸易大学出版社，2003：157-158.

② 不过，国际生产折衷理论也适用于发展中国家。王林生，范黎波. 跨国经营理论与战略[M]. 北京：中国对外经济贸易出版社，2003：158.

斯（Coase）的交易费用理论用于企业对外直接投资行为的研究，以垄断优势和市场不完全作为理论分析的前提，通过分析市场交易机制和企业内部交易机制的关系，提出市场竞争的不完全和交易成本的存在，促使企业通过建立企业内部市场来取代外部市场，以便降低成本，增强企业竞争力。该理论是当代西方跨国公司理论的主流，其主要观点可概括如下：由于市场的不完全，若将企业所拥有的科技和营销知识等中间产品通过外部市场来组织交易，则难以保证厂商实现利润最大化目标；若企业建立内部市场，可利用企业管理手段协调企业内部资源的配置，避免市场不完全对企业经营效率的影响。企业对外直接投资的实质是基于所有权之上的企业管理与控制权的扩张，而不在于资本的转移。其结果是用企业内部的管理机制代替外部市场机制，以便降低交易成本，拥有跨国经营的内部化优势。

1. 内部化理论基于三个基本假设

（1）企业在不完全市场竞争中从事生产经营活动的目的是追求利润最大化。

（2）中间产品市场的不完全，使企业通过对外直接投资，在组织内部创造市场，以克服外部市场的缺陷。所谓中间产品，除了用于制造其他产品的半成品外，还包括研究与开发、营销技巧、管理才能以及人员培训等。

（3）跨国公司是跨越国界的市场内部化过程的产物。

2. 四组与市场内部化决策相关的因素

（1）行业特定因素，主要是指产品性质、外部市场结构以及规模经济。

（2）地区特定因素，包括地理位置、文化差别以及社会心理等引起的交易成本。

（3）国别特定因素，包括东道国政府政治、法律、经济等方面政策对跨国公司的影响。

（4）企业特定因素，主要是指企业组织结构、协调功能、管理能力等因素对市场交易的影响。

内部化理论认为，上述四组因素中，行业特定因素对市场内部化的影响最重要。当一个行业的产品具有多阶段生产特点时，如果中间产品的供需通过外部市场进行，则供需双方关系既不稳定，也难以协调，企业有必要通过建立内部市场保证中间产品的供需。企业特定因素中的组织管理能力也直接影响市场内部化的效率，因为市场交易内部化也是需要成本的。只有组织能力强、管理水平高的企业才有能力使内部化的成本低于外部市场交易的成本，也只有这样，市场内部化才有意义。

3. 利用和开发以知识为代表的中间产品是企业内部化的动力

中间产品不只是半成品、原材料，较为常见的是结合在专利权、人力资本之中的各种知识。知识产品包括知识、信息、技术、专利、专有技术、管理技能、商业信誉等，具有以下主要特征。

（1）信息悖论。只有买方充分了解知识产品、确定了知识产品的价值以后，买方才会愿意且决定购买该知识产品。然而，一旦买方了解、掌握了知识产品，他们也可能就不愿意再购买了。至少，由于信息不对称，买卖双方对知识产品的价值评价往往不一致，买方对知识产品的价值缺乏充分的认识，不愿意支付令卖方满意的价格。

（2）零边际成本。知识产品生产与销售的成本并不取决于它的数量，它的边际成本为零。

（3）非竞争性消费。知识产品被一个消费者使用，并不影响它被其他消费者使用。只要该知识产品没有失去价值，能够被无数消费者使用，就存在着被买方继续扩散的可能，从而减少卖方在该知识产品上的获利。这样，将知识产品内部化是避免卖方风险的必要途径。

中间产品市场是不完全的，其表现是缺乏某些市场以供企业之间交换产品，或者市场效率低，导致企业通过市场交易的成本上升。因此，追求利润最大化的厂商必须对外部市场实行内部化，即建立企业内部市场，利用企业管理手段协调企业内部资源的配置，避免市场不完全对企业经营效率的影响。

当然，跨国公司市场内部化过程也是有成本的，如增加企业内部的交流成本、内部市场的管理成本等。"当且仅当（以知识产品为代表的）中间产品市场内部化的收益大于它的成本时，市场内部化行为就必然产生。"

（三）国际生产折衷理论

国际生产折衷理论是英国里丁大学教授约翰·邓宁（John H. Dunning）于1977年提出的。该理论被广泛接受，逐渐成为西方跨国公司理论的主流，是迄今为止理解和解释企业跨国投资和经营的最好理论之一。该理论的核心思想是：企业跨国投资是为了获得、利用和开发三种关键的优势，即所有权优势（ownership specific advantages, OSA）、内部化优势（internalization specific advantages, ISA）和区位优势（location specific advantages, LSA）。邓宁认为企业只有同时具备这三种优势才能从事对外直接投资，故将这个模型称为"三优势模型"（OIL），并以"折衷"一词来命名自己的理论。"折衷"一词旨在"集百家之所长，熔众说于一炉"。

1. 所有权优势

所有权优势是指一国企业所拥有而别国企业没有或难以得到的生产要素禀赋、产品的生产工艺、管理技能等。邓宁把所有权优势分为以下三类。

（1）企业本身具有的竞争优势，包括：企业的规模和已经取得的经济地位；生产的多元化；从劳动分工中取得的优势；垄断地位；对特有资源的获得能力；企业特有的技术、商标；生产、管理、组织和营销系统；研究与开发能力、人力资本、经营经验；在要素投入（劳动力、自然资源、资本、信息）获取上的优势；产品进入市场的优先权；政府保护。

（2）国外子公司或分支机构与其他企业相比所拥有的优势，如能够从母公司直接得到的经营能力（管理、研究与开发、营销技巧等），提供综合资源（生产采购、加工、营销、融资）的规模经济效益。

（3）由企业的多国经营而获得的优势，如对信息、市场、投入等的深入了解，根据不同地区要素禀赋、市场结构、政府干预的特征，确定全球经营战略和分散风险的能力等。

2. 内部化优势

内部化优势指企业克服市场失效的能力。邓宁将市场失效分为以下两类。

（1）结构性市场失效（structural market failure），指由非完全竞争市场所导致的市场缺陷，这种市场缺陷可以产生垄断租金。造成结构性市场失效的原因首先是东道国政府的限制，如关税壁垒和非关税壁垒所引起的市场失效，这是促使跨国公司为绕过贸易壁垒而到东道国大量投资的主要因素；其次是无形资产的特性影响了外部市场的形成和发育。

（2）交易性市场失效（transactional market failure），指公平交易不能充分发挥作用的情形，如交易因渠道不畅而需付出高昂的费用，交易方式僵化降低了成交的效率，因期货市场不完善而无法降低未来交易风险。

具体来说，邓宁认为在以下情况下，企业将实行内部化：①减少或避免交易成本和谈判成本；②避免为保护知识产权所需要的成本；③购买者不确定；④不允许价格歧视存在；⑤需要卖方保证产品质量；⑥弥补市场失灵的缺陷；⑦有利于防止政府干预（如配额、关税、价格歧视、税收歧视）；⑧保证供给条件稳定；⑨控制市场范围。

邓宁认为市场失效不仅存在于中间产品，也存在于最终成品。

3. 区位优势

区位优势是指东道国所特有的政治法律制度和经济市场条件，包括两个方面：一是东道国要素禀赋如自然资源、地理位置、市场规模及结构、收入水平、基础设施等产生的优势；二是东道国的政治法律制度、经济政策、基础设施、教育水平、文化特征等产生的优势。区位优势是由东道国状况决定的，企业自身无法左右。

表 4-3 是邓宁对"三优势模型"（OIL）的简短解释：企业若同时拥有所有权优势、内部化优势和区位优势，则有条件以对外直接投资方式进入国际市场；企业若拥有所有权优势和内部化优势，但缺乏区位优势，则只能以产品出口方式进入国际市场；企业若仅拥有所有权优势而无内部化优势和区位优势，则企业只能进行无形资产转让。[①]

---

① 逻辑推理的结果是，企业若拥有所有权优势而无内部化优势，不管有没有区位优势，企业都只能以无形资产转让方式进入国际市场。

表 4-3　企业优势与跨国经营方式

方式	所有权优势	内部化优势	区位优势
对外直接投资	有	有	有
产品出口	有	有	无
无形资产转让	有	无	无

（四）企业国际化阶段论

企业国际化（internationalization of firms）是近 50 年来跨国公司研究领域的重点课题之一。企业国际化理论是关于企业国际化经营发展过程的理解和概括，主要回答以下两个基本问题：①企业国际化是怎样一个发展过程，是渐进的还是跳跃的？是演进的还是突变的？②什么因素决定企业的国际成长？

北欧学者以企业行为理论研究方法为基础，提出了企业国际化阶段理论。也有学者称之为"乌普萨拉国际化模型"（Uppasala internationalization Model，U-M）。该理论有两个基本命题：①企业国际化应该被视为一个发展过程；②这一发展过程表现为企业对外国市场逐渐提高投入（incremental commitment）的连续形式。

约汉森（Johanson）和瓦尔尼（Vahlne）对瑞典 4 家企业的跨国经营过程进行比较研究时发现，它们在跨国经营战略步骤上有惊人的相似之处：最初的外国市场联系是从偶然的、零星的产品出口开始的；随着出口活动的增加，母公司掌握了更多的海外市场信息和联系渠道，出口市场开始通过外国代理商而稳定下来；再随着市场需求的增加和海外业务的扩大，母公司决定在海外建立自己的产品销售子公司；最后，当市场条件成熟以后，母公司开始进行对外直接投资，在外国建立生产、制造基地。

约汉森等将企业跨国经营过程划分为四个发展阶段：①不规则的出口活动；②通过代理商出口；③建立海外销售子公司；④从事海外生产和制造。这四个阶段是一个"连续""渐进"的过程。它们分别表示一个企业海外市场的卷入程度或由浅入深的国际化程度。企业国际化的渐进性主要体现在两方面：①企业市场范围扩大的地理顺序通常是本地市场→区域市场→全国市场→海外相邻市场→全球市场；②企业跨国经营方式演变的最常见类型是纯国内经营→通过中间商间接出口→直接出口→设立海外销售分部→海外生产。

北欧学派用"市场知识"（market knowledge）解释企业国际化的渐进特征。市场知识分为两部分：①一般的企业经营和技术，即客观知识，这可以从教育过程、书本中学到；②关于具体市场的知识和经验，或称经验知识，这只能从亲身的工作实践中积累。决策者市场知识的多寡直接影响其对外国市场存在的机会和风险的认识，进而影响其对海外市场的决策。他们认为企业的海外经营应该遵循上述渐进过程。

北欧学者用"心理距离"（psychic distance）概念分析、解释企业选择海外市场的先后次序。"心理距离"是指"妨碍或干扰企业与市场之间信息流动的因素，包括语言、文化、政治体系、教育水平、经济发展阶段等"。他们认为当企业面临不同的外国市场时，选择海外市场的次序遵循心理距离由近及远的原则。

总而言之，北欧学者认为企业的跨国经营应遵循以下两个原则：①当企业面对不同的外国市场时，它们首先选择市场条件、文化背景与母国相同的国家，即企业的跨国经营具有文化上的认同性；②在某一特定市场的经营活动中，企业往往走从出口代理到直接投资的渐进道路。但是，也有例外情况，如：①当企业拥有足够雄厚的资产，其海外投资相比之下微不足道时，海外经营阶段的跨越是有可能的；②在海外市场条件相同情况下，企业在其他市场获得的经验会使其跨过某些阶段而直接从事海外生产活动。

国际化阶段理论提出以后，引起了国际企业研究界广泛的关注。许多学者进行了大量的经验研究。得出的较为一致的结论是：国际化阶段理论（U-M）主要适用于中小企业的国际化行为。对于大型、多元化的企业而言，其抵御风险的能力提高，国际化的渐进特征并不十分明显。另一些检验结果表明，国际化阶段理论对"市场寻求型"跨国公司的国际经营行为有较强的解释力，但对于其他投资动因的企业，如资源寻求型、技术寻求型、战略资产寻求型等并不十分明显。

二、发展中国家跨国经营理论

迄今为止，跨国经营理论认为发达国家跨国公司的竞争优势主要来自企业对市场的垄断、产品差异、高科技和大规模投资以及高超的企业管理技术。发展中国家跨国公司显然不具备上述优势。这就产生了以下问题：发展中国家为什么要对外直接投资？后发展型跨国公司有哪些竞争优势？又怎样在激烈的国际竞争中生存、发展？从20世纪70年代开始，一些学者逐渐关注发展中国家企业跨国经营理论的探讨，提出了许多有价值的理论和观点。这些理论虽然还不够成熟与完善，但对发展中国家与地区的跨国公司的产生和发展仍有参考价值与借鉴意义。下面将介绍关于发展中国家跨国公司研究的三个代表性理论。

（一）小规模技术理论

美国哈佛大学研究跨国公司的刘易斯·威尔斯（Louis T. Wells）在1983年出版的《第三世界跨国企业》一书，被学术界认为是研究发展中国家跨国公司的开创性成果。威尔斯认为，发展中国家跨国公司的比较优势来自以下三方面。

（1）拥有为小市场需求服务的小规模生产技术。低收入国家制成品市场的一个普遍特征是需求量有限，因此大规模生产技术无法从这种小市场需求中获得规模经济效益。许多发展中国家企业正是开发了满足这种小市场需求的生产技术而获得了竞争优势。这种小规模技术的特征往往是劳动密集型的，生产有很大的灵活性，适合小批量生产。他对印度和泰国的调查结果证明了这一点。

（2）威尔斯认为发展中国家跨国公司具有来自"当地采购和特殊产品"的竞争优势。发展中国家的企业为了减少因进口技术而造成的特殊投入需要，寻求用本地的投入来替代。一旦这些企业学会用本地提供的原料和零部件替代特殊投入，它们就可以将这些专门知识推广到面临相同问题的其他发展中国家。另外，发展中国家企业对外直接投资具有鲜明的民族文化特点，主要是为服务于国外同一种族团体的需要而建立的。一个突出的例子是华人社团在食品加工、餐饮、新闻出版等方面的需求，带动了一部分东亚、东南亚国家和地区的海外投资。这些产品的生产往往利用东道国的当地资源，在生产成本上享有优势。根据威尔斯的研究，这种"民族纽带"性的对外直接投资在印度、泰国、新加坡、马来西亚，以及来自中国台湾和中国香港两地区的投资都占有一定比例。

（3）低价产品营销战略。物美价廉是发展中国家跨国公司抢夺市场份额的主要武器。发达国家跨国公司的产品营销战略往往要投入大量的广告费用，以此树立产品形象，创造名牌产品效应。与此形成鲜明对比的是，发展中国家跨国公司花费较少的广告支出，采取低价营销战略。

在分析发展中国家企业对外直接投资的动机时，威尔斯认为对于制造业而言，保护出口市场是其对外直接投资的一个非常重要的动机。其他动机还包括谋求低成本、分散资产、母国市场的局限、利用先进技术等。

小规模技术理论对于分析与研究经济落后国家的企业走向跨国经营的初期阶段，怎样在国际竞争中争得一席之地颇有启发。对外直接投资不仅从企业的经营战略和长期发展目标上看是必要的，而且企业的创新活动大大增加了发展中国家企业参与国际竞争的可能性。

（二）技术地方化理论

拉奥（Sanjaya Lall）在对印度跨国公司的竞争优势和投资活动进行了深入研究后，提出了关于发展中国家和地区跨国公司的技术地方化理论。拉奥认为，虽然发展中国家和地区的跨国公司的技术特征表现为规模小、标准技术和劳动密集型等，但是这种技术的形成包含着企业内在的创新活动。以下几个方面使发展中国家企业能够形成和发展自己的"特定优势"。

（1）发展中国家跨国公司的技术知识当地化是在不同于发达国家的环境下进行的，这种新的环境往往与一国的要素价格及其质量相联系。

（2）发展中国家企业生产的产品适合于发展中国家自身的经济条件和需求。

（3）发展中国家企业的竞争优势不仅来自其生产过程及产品与当地的供给条件和

需求条件紧密结合，而且来自创新活动中所产生的技术在小规模生产条件下具有更高的经济效益。

（4）在产品特征上，发展中国家企业仍然能够开发出与名牌产品存在差异的消费品。当东道国国内市场较大，消费者的品位和购买力有较大差别时，发展中国家企业生产的产品仍有一定的竞争能力。

（5）上述几种竞争优势还会由于民族或语言因素得到加强。

该理论的主要特点是不仅分析了发展中国家和地区企业的国家竞争优势，而且强调了形成竞争优势所需要的企业创新活动。

（三）技术创新产业升级理论

英国里丁大学坎特威尔（Cantwell）和托兰惕诺（Tolentino）在研究新兴工业化国家和地区的企业对外直接投资迅速增长基础上，于 20 世纪 80 年代末期提出了技术创新产业升级理论。

该理论提出了两个基本命题：第一，发展中国家产业结构的升级，说明了发展中国家企业技术能力的稳定提高和扩大，这种技术能力的提高是一个不断积累的过程。第二，发展中国家企业的技术能力提高，是与它们对外直接投资的增长直接相关的。现有的技术能力水平是影响其国际生产活动的决定因素，同时也影响发展中国家跨国公司对外直接投资的形式和增长速度。在这两个命题的基础上，他们得出了如下结论：发展中国家对外直接投资的产业分布和地理分布是随着时间的推移而逐渐变化的，并且是可以预测的。

坎特威尔和托兰惕诺认为，发达国家企业的技术创新表现为大量的研究与开发投入，处于尖端的高科技领域，引导技术发展的潮流。而发展中国家企业的技术创新最初来自外国技术的进口，并使进口技术适合当地的市场需求；随着生产经验的积累，对技术的消化、吸收带来了技术创新；这种技术创新优势又随着管理水平、市场营销水平的提高而得到加强。因此，发展中国家跨国公司的技术积累过程是建立在它们"特有的学习经验基础上的"。

坎特威尔和托兰惕诺还分析了发展中国家的企业跨国经营的产业特征和地理特征。他们认为，发展中国家跨国公司对外直接投资受其国内产业结构和内生技术创新能力的影响。在产业分布上，首先是以自然资源开发为主的纵向一体化生产活动，然后是以进口替代和出口导向的横向一体化为主。从海外经营的地理扩张看，发展中国家企业在很大程度上受"心理距离"的影响，遵循周边国家→发展中国家→发达国家的渐进发展轨道。随着工业化程度的加深，一些新兴工业化国家和地区的产业结构发生了明显变化，技术能力也迅速提高。在对外投资方面，他们已经不再局限于传统产业的传统产品，开始从事高科技领域的生产和研发活动。

第三节　跨国经营动因与优势

1993年，芬兰学者威尔什（Lawrence S. Welch）和罗斯坦端尼（Reijo K. Luostatinen）在《国际化中的内外向联系》一文中认为，企业国际化包括内向型视角和外向型视角两种地理导向，"企业内向国际化过程会影响其外向国际化的发展，企业内向国际化的效果将决定其外向国际化的成功"。外向型跨国经营包括下列方式：出口，向外国公司发放许可证，在国外与外国企业建立合资企业，建立或收购外国企业。内向型跨国经营指企业意识到了跨国公司对本土导向型企业竞争力的冲击，并采取下列方式：进口，作为许可证交易的受约人，在国内与外国企业建立合资企业，被国外企业并购。

在国内外有关企业国际化的研究中，绝大部分是把企业的国际化看作企业如何或怎样进行跨国经营的。在本节的有关论述中，企业国际化即指企业跨国经营，而且有关跨国经营的论述限于对外直接投资。

一、跨国经营动因

企业对外直接投资有三个目的：①降低生产与运输成本；②将国内过剩的生产能力向国外转移，获取规模经济效益；③发挥或获取技术优势。不同企业的跨国经营动机有着很大的区别。对于处在不同国家的企业来说，企业所在国家的资源禀赋、经济发展水平等，是决定企业是否跨国经营的外在重要因素；同一个国家的企业，因所处的经营领域及自身资金、技术等内在因素不同，跨国经营动机也会迥然不同。

（一）发达国家企业跨国经营动因

学者们对不同国家、不同企业跨国经营动因进行的调查和分析中，日本学者小岛清和英国学者邓宁对跨国经营动因所做的系统归纳，受到了学术界较为普遍的认同。小岛清认为企业对外直接投资的三类主要动因是自然资源寻求型、市场寻求型和生产要素寻求型。邓宁根据他对美、英等国企业的考察，归纳出资源寻求型、市场寻求型、效率寻求型和战略资产寻求型四种类型。下面依据邓宁的四类动因学说，对发达国家企业跨国经营活动动机进行详细的分析。

1. 资源寻求型跨国经营

资源寻求型跨国经营区分为资源贫乏国家企业的跨国经营和自然资源富裕国家企业的跨国经营。

（1）自然资源贫乏国家企业的跨国经营。母国的资源禀赋、经济发展水平及东道国的区位优势等，对资源寻求型投资的时机与规模有重要的影响。相关的研究文献揭示了以下三种情形：①本国自然资源的稀缺（如石油、森林）和快速的工业化进程，使得类似英国、荷兰、比利时这样的欧洲国家，将海外资源的开发与经营视为维系本国经济发展的最重要手段之一。资源寻求型投资成为这些国家对外直接投资的发端。②德国战后的海外投资也发轫于寻求国外自然资源这一类型。在德国战后初期的对外直接投资中，资源寻求型投资占有突出的地位。但是与美国、英国企业相比，德国优秀企业是以国内投资为主，出口为辅，海外投资尤为次之。③日本企业的对外投资从资源寻求型开始，但首先是从寻求和利用周围地区的廉价劳动力资源开始，到 20 世纪 70 年代后期转向市场寻求型（电子、汽车）和效率寻求型（重化工业）投资为主。[①]

（2）自然资源富裕国家企业的跨国经营。企业的所有权比较优势不同，以及企业所在国家的保护资源政策，使得即使自然资源丰富的国家，也会经常进行资源寻求型投资，如瑞典企业和美国企业。瑞典是一个自然资源尤其是林业资源丰富的国家，其企业在这些领域的技术与管理水平世界一流。由于瑞典企业在造纸、木材加工领域所拥有的技术与管理方面的所有权比较优势，瑞典企业并不因为本国丰富的造纸资源而放弃对国外相应资源的开发，因为这涉及瑞典企业未来持续性的发展与扩张。瑞典林产品和造纸行业在美国、加拿大、巴西和葡萄牙投资，就是资源寻求型投资，其重要目的就是获得当地的原材料资源。美国石油公司在中东地区的初期海外投资以及在加拿大的投资，同样也属于资源寻求型投资。

2. 市场寻求型跨国经营

市场寻求型投资可以细分为规避贸易壁垒型投资、稳定与市场扩大型投资、开辟新市场型投资和跟随潮流型投资四种类型。推动企业进行市场寻求型跨国经营的主要因素有以下两种。

（1）区域经济一体化的发展。区域经济一体化对企业跨国经营有深远的影响。欧洲联盟和北美自由贸易区形成前后，带动了跨国公司对这两个地区直接投资的迅速增加。自由贸易区的建立，消除了成员国之间的关税壁垒，彼此之间商品可以自由流动。而关税同盟及更高级形式的经济一体化还对来自非成员国的产品征收统一的关税。在这种情况下，对于贸易与投资的权衡，非成员国的跨国公司多是积极采取直接投资方式进入这一区域市场。[②]如欧盟经济一体化过程促进了美国、加拿大和日本对欧盟的直接投资。

不过，区域经济一体化对区域内所有成员国外资流入的影响程度并不相同，如北美自由贸易区中的美国、曾经欧盟中的英国，它们的区位优势往往成为外资企业的最佳选择，然后再由这些国家向区域内其他国家出口产品。

---

① 应该说明的是，即使自然资源匮乏的国家（地区），也完全可能不以资源寻求型投资为主，如中国台湾企业的海外投资就从来不以此类型投资为主。

② 同时，区域内投资对于企业更充分发挥 OIL 优势具有很大意义。详见鲁桐. 中国企业跨国经营战略[M]. 北京：经济管理出版社，2003.

（2）投资政策自由化趋势。各国的投资自由化政策为企业跨国经营建立新市场、扩大已有市场，提供了新的保证和动力（见本章第一节有关内容）。

3. 效率寻求型跨国经营

20世纪70年代，石油危机使日本原材料进口成本大幅度上升，其他国家对本国矿产资源的出口限制增加，日本国内环保主义呼声日高。在上述背景下，日本重化工业、电子、汽车等行业的企业利用东道国资源（包括自然资源和廉价劳动力资源），进行就地生产、就地销售的效率寻求型投资，取代过去的以资源寻求型投资为主。

欧、美企业的对外直接投资则是由技术流动因素引致的。著名学者内热拉（Narula）对1980—1994年跨大西洋技术流动的研究发现，欧洲对美国技术的依赖远大于美国对欧洲的依赖，也远大于欧洲各国之间的技术依赖。美国企业在信息、生物等高技术领域所具有的所有权优势，造成欧洲区域内技术合作远不如与美国企业合作。欧洲企业通过与美国企业建立技术联盟直至采取并购行动，是欧洲企业获得美国先进技术的重要手段。

美国企业对外直接投资则倾向于具有投资高增长率的技术密集型行业，倾向于借助对外直接投资建立全球性的技术合作、营销网络，并获得优势地位。事实上，美国企业在全球范围内的跨国并购浪潮中发挥了引导性作用。

4. 战略资产寻求型跨国经营

只有大型跨国公司才能进行战略寻求型对外直接投资。20世纪90年代全球范围内第五次企业并购浪潮中的大规模跨国战略并购，多属于战略资产[①]寻求型。

（二）发展中国家（地区）企业跨国经营动因

发展中国家企业跨国经营的动因，与发达国家有很多共同的地方，但由于受到国家（地区）经济和科技发展水平的限制，所以也与发达国家企业的跨国经营动因有一些区别。

1. 资源寻求型跨国经营

一些新兴工业化国家（地区）为了解决国内工业化与资源不足的矛盾，也进行了资源寻求型对外直接投资。韩国是一个典型例子。韩国资源寻求型投资以大企业为主，寻求的资源包括工业生产所需要的自然资源，以及由于国内劳动力成本上涨，劳动密集型产业需要的外国廉价劳动力资源。

2. 贸易替代（或促进）型跨国经营

巴西企业跨国经营的主要领域包括食品、纺织、服装、木材与家具、自行车、电

---

① 战略资产是指那些在某个具体市场上构成企业成本优势或差异化优势基础的资产。

子产品、钢铁制品、汽车零配件等。这些领域的投资与经营都是为了消除贸易壁垒对巴西产品出口所构成的障碍。

韩国企业为了克服贸易保护主义，加强对主要出口市场的竞争力，其综合商社通过建立海外分支机构，推动国内制造业的出口。与出口促进型跨国经营相适应，韩国物流业、金融、保险等服务业的对外直接投资业迅速发展了起来。

3. 市场寻求型跨国经营

中国台湾是这一类型投资的典型。虽然中国台湾岛内资源稀缺，但它的对外直接投资不是从资源寻求型开始的，而是从制造业的市场寻求型开始的。中国台湾第一笔对外直接投资，是 1959 年在马来西亚建立的投资 10 亿美元的水泥公司。此后，中国台湾对马来西亚、菲律宾等东南亚国家的直接投资也基本上集中在制造业领域。20 世纪 80 年代推动中国台湾企业跨国经营的主要因素是贸易保护和台币升值。

中国台湾中小企业的对外直接投资推动了台湾对外直接投资规模的扩大，这对发展中国家企业对外直接投资具有示范作用。中国台湾中小企业对外直接投资的领域包括纺织、服装、箱包、玩具、家用电器等，主要投资流向是东南亚国家。

4. 技术获取型跨国经营

进入 20 世纪 90 年代后，一些新兴经济体努力在发达国家从事生产经营活动的重要动因之一，就是为了获取东道国的先进技术。中国台湾的一批企业在这个时期开始了面向新技术的海外投资。成为发达国家之前的韩国大企业在同时期的对发达国家投资中，十分重视在技术领域多种形式的合作。通过投资与合作，企业可以不断消化吸收先进技术，提高自有技术水平。

二、跨国经营竞争优势

跨国经营竞争优势是指跨国经营企业（跨国公司）在国际市场竞争中所拥有的超过本国国内企业、东道国和第三国企业的优越条件和地位。企业凭借此种优越条件和地位能优于对手，更好地满足顾客需要，从而给企业带来超额利润或提高企业的国际市场份额。

（一）发达国家跨国公司的竞争优势

20 世纪 60 年代以来的跨国公司主流理论很好地总结了发达国家跨国公司跨国经营竞争优势，认为这些企业以母国先进的工业为基础，建立了相对明显的企业综合优势。它们规模巨大，技术开发和管理能力强，资本雄厚，组织管理人才和经验丰富。它们主要集中在一些资本密集、技术密集、研究与开发密集的先进技术生产部门，如化学、医药、汽车、电子工业、机械制造等。

1. 规模经济优势

首先，由于固定成本的存在和固定投资的不可分割性，生产规模的扩大可以持续降低单位产品的生产成本，从而使产品价格具有竞争力。其次，规模经济优势还来自（甚至于主要是）非生产性活动，如集中化的研究与开发，建立大规模销售网络以及进行集中的市场购销、大规模的资金筹措和统一管理等。跨国公司因其规模巨大而有能力充分利用这些活动，从而建立并拥有技术、信息、资金、货币以及企业组织协调等优势。事实上，当把规模经济与市场结构因素联系在一起时，在不完全竞争的市场结构中，不仅存在规模经济，而且存在企业最小最佳规模，达不到有效规模的企业在竞争中处于不利地位。这一结论可以解释跨国公司与规模经济的相关性。

2. 技术优势

掌握和使用新技术在市场竞争中起着越来越重要的作用，一家公司目前的新技术研究与开发活动很大程度上决定了它将来的市场地位。由于新技术研究与开发产品在企业内部转移的成本较小，跨国公司的技术成果往往通过内部使用和转移保持其技术领先地位。技术的内部转移是跨国公司利用其内部化优势的主要方面。

3. 品牌优势

跨国公司凭借其先进的技术、高质量的产品和强大的广告宣传，形成了许多知名品牌或世界名牌。世界著名跨国公司都把品牌的树立和维护看作增强竞争能力的重要手段。著名管理咨询公司麦肯锡的一份研究报告表明，美国《财富》500 强中的前 250 位大公司有近 50%的市场价值来自无形资产，而品牌价值是企业无形资产中最重要的部分。

4. 先行者优势

先行者优势也称作"早行动者优势"。跨国公司作为行业的先行者，可以在获得资源、引领技术潮流（标准）、制定规则和掌握客户资源方面，在竞争中获得有利地位。在获得资源方面，先行者可比后来者获得更多的有形资产，如优越的地理位置、较低的厂房和设备投入、廉价的原料等。从掌握客户资源来看，跨国公司作为先行者可以通过规模经济和范围经济降低成本、通过提供高质量的产品和服务建立良好的声誉与品牌形象等差别化战略，牢牢掌握客户资源。另外，先行者还可抢先获取或建立商标、专利、品牌、知识和经验等无形资产。

（二）发展中国家跨国公司的竞争优势

20 世纪 80 年代以来，随着经济全球化程度的加深，发展中国家跨国公司有了实质性的发展。《世界投资报告 2019》显示，国有跨国企业的数量接近 1 500 家，与 2017年的数字相近。欧洲国有跨国企业占国有跨国企业总数的 1/3 强，另外 45%来自亚洲发展中经济体，其中 18%来自中国。在全球跨国企业百强中，国有企业的数量从 15

家增加至 16 家。其中包括来自中国的 5 家企业和来自发达国家的 11 家企业。发展中国家跨国公司与发达国家跨国公司不同（表4-4），其竞争优势首先在于其低成本和低价格。价格竞争是发展中国家跨国公司在国际市场竞争的最重要的"武器"。其低价格来自低成本。在 20 世纪 80 年代初对 369 家中国香港的对外直接投资企业的调查中发现，香港跨国公司的主要竞争优势来自其管理和技术人员的工资水平低于发达国家跨国公司的同类指标。[1]低劳动力成本使来自发展中国家的跨国公司在劳动密集型行业如建筑、服装、电子、玩具等具有明显竞争优势。另外，发展中国家对外投资的技术大多是标准技术，用于生产一般产品而非新产品。这类技术生产的产品价格需求弹性大，有利于在价格方面加强竞争力。其次在于其对周边国家比较熟悉，其适用技术对东道国市场适应性较强，以及它们以民族文化为纽带来拓展"生存空间"，在文化背景上比发达国家跨国公司具有独特的竞争优势。

表 4-4　发展中国家与发达国家跨国公司比较

特征	发达国家跨国公司	发展中国家跨国公司
海外子公司规模	大	小
产品特征	名牌产品	非名牌产品
技术含量	高技术	标准技术
研究与开发能力	高投入	低投入
主要海外投资地区	发达国家	发展中国家
主要对外投资形式	控股子公司	合资企业
投资动机	效益型和战略型	资源型和市场型

资料来源：鲁桐. WTO 与中国企业国际化[M]. 北京：中共中央党校出版社，2000：128.

参考资料

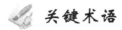

关键术语

跨国公司　跨国公司内部贸易　转移价格　内部化优势

---

① 卢馨. 构建竞争优势——中国企业跨国经营方略[M]. 北京：经济管理出版社，2003：74.

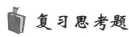 复习思考题

一、简答题

1. 有一种观点认为："绝大多数的外国投资者都是为了利用东道国的廉价劳动力"。此种观点是否正确？理由是什么？

2. 简述跨国公司内部贸易的原因。

3. 试述国际生产折衷理论的主要内容。

二、论述题

1. 试述国际资本流动所产生的影响。

2. 在第二次世界大战后一段时间内，大多数发展中国家由于担心跨国公司在本国拥有太大的市场份额而伤害本国企业，对外国直接投资采取限制或管制的政策，但 20 世纪 70 年代中期之后，很多发展中国家对外国直接投资的态度发生了很大变化，转而采取中性或积极鼓励的外资政策。试根据相关的直接投资理论，解释发展中国家外资政策转变的原因。

 附录 4-1　FDI 的东道国决定因素

 即测即练题

第五章

跨国经营中的货币价格

　　货币是交易的一般媒介。在众多的交易中，通过货币结算可以大量地节约时间、降低交易成本。世界上有 200 多个国家（包括单独关税区，下同），绝大多数国家都有自己的货币。通常情况下，一国货币不能在另一国流通。因此，企业在跨国经营中必然面对不同国家的货币（外汇）、货币兑换、货币价格变化即汇率变动等问题。本章在详细介绍外汇和汇率的相关内容基础上，结合外汇牌价阐述如何阅读汇率报表；然后介绍汇率决定的基础、影响汇率变动的因素以及汇率变动对经济的影响；最后介绍汇率制度，包括固定汇率制度、浮动汇率制度、现行的人民币汇率制度和香港的联系汇率制度。

案例 5-1：巴西航空工业公司和巴西雷亚尔的疯狂之旅

　　如案例中所详述的，当雷亚尔对美元贬值时，Embraer 的收入就会提高，反之亦然。以上案例说明外汇市场所发生的一切对销售、利润和企业战略都有根本性的影响。因此，管理者了解外汇市场的运行以及汇率的变动对自己的企业有何影响，是非常重要的。

第一节　外汇与汇率

　　国家间各种经济往来会产生国与国之间的货币收付。由于各国货币制度有别，货币单位不同，国家间的货币收付会引起不同货币的兑换，而货币兑换与外汇（foreign exchange）、汇率是密不可分的。

一、外汇的概念

　　外汇，是指本国货币兑换成外国货币，或者将外国货币兑换成本国货币以清偿国际债权债务的活动，也称为国际汇兑。外汇的概念可以从动态和静态两个角度去界定。动态的外汇，指一国货币兑换成另一国货币，来进行国家间债权债务清偿的经济活动；静态的外汇，指国家间债权债务清偿所依靠的支付工具或手段。人们通常所说的外汇，一般是指静态外汇，其又有广义和狭义之分。

广义的静态外汇概念泛指一切以外国货币表示的资产。我国 2008 年 8 月 1 日国务院第 20 次常务会议修订通过的《中华人民共和国外汇管理条例》中所称的外汇，是指下列以外币表示的可以用作国际清偿的支付手段和资产：①外币现钞，包括纸币、铸币；②外币支付凭证或者支付工具，包括票据、银行存款凭证、银行卡等；③外币有价证券，包括债券、股票等；④特别提款权①；⑤其他外汇资产。②国际货币基金组织曾经对此做过明确的说明："外汇是货币当局（中央银行、货币管理机构、外汇平准基金及财政部）以银行存款、国库券、长期和短期政府债券等形式保有的在国际收支逆差时可以使用的债权。"

狭义的静态外汇是指以外币表示的可用于国家之间结算的支付手段。只有存放在国外银行的外币资金，以及将对银行存款的索取权具体化了的外币票据才构成外汇，主要包括银行汇票、支票、银行存款等，这就是通常意义上的外汇。例如，以外币表示的有价证券、黄金、暂时存放在持有国境内的外币现钞，都不能视为外汇，因为它们不能直接用于国际结算。外币在其发行国是法定货币，一旦它们流入他国，便立即失去法定货币的身份与作用，外币持有者须将这些外币向本国银行兑换成本国货币才能使用。即使是银行，也要将这些外币运回其发行国或境外外币市场（如欧洲货币市场），变为在国外的银行存款，才能用于国际结算。

二、外汇的特征及分类

在中国，通常只有可自由兑换货币才能被称为外汇。可自由兑换货币指该种货币可以被持有人自由地兑换为任何其他国家货币。按照国际货币基金协定的规定，所谓可自由兑换货币，是指一种货币在国际经常往来中，随时可以无条件地作为支付手段使用，接受方亦应无条件接受并承认其法定价值。

（一）外汇的特征

外汇具有三个基本特征，即可自由兑换性、普遍接受性和可偿还性。可自由兑换性是指外汇能够自由地兑换成其他形式的资产或支付手段；普遍接受性是指外汇必须在国际经济交往中能为各国普遍接受和使用；可偿还性是指以外币表示的债权或资产

---

① 特别提款权（special drawing right，SDR）是国际货币基金组织创设的一种储备资产和记账单位，亦称"纸黄金"（paper gold）。它是基金组织分配给会员的一种使用资金的权利。会员在发生国际收支逆差时，可用它向基金组织指定的其他会员换取外汇，以偿付国际收支逆差或偿还基金组织的贷款，还可与黄金、自由兑换货币一样充当国际储备。但由于其只是一种记账单位，不是真正货币，使用时必须先换成其他货币，不能直接用于贸易或非贸易的支付。因为它是国际货币基金组织原有的普通提款权以外的一种补充，所以称为特别提款权。

② 摘自中华人民共和国外汇管理条例. [2020-07-15]. http://www.safe.gov.cn/model_safe/laws/law_detail.jsp?ID=80100000000000000,47&id=4.

可以保证得以偿付，否则国际汇兑的过程将无法进行。[①]

（二）外汇的种类

根据三种不同的分类标准，可将外汇分为不同种类。

1. 根据外汇的使用范围分

根据外汇的使用范围可分为自由外汇和记账外汇。

自由外汇，是指以可自由兑换的外国货币表示的各种支付手段和金融资产。作为自由外汇的货币的一个主要特征是可自由兑换货币。可自由兑换货币主要是指发行国对该国经常项目和资本与金融项目下的收支不进行管制或限制。国际货币基金协定第 30 条款认为自由使用货币是指被基金指定的会员国的货币，该货币：①事实上国际往来支付中被广泛使用；②在主要外汇市场上被广泛交易。目前世界上有 50 多种货币是可自由兑换货币，其中主要有美元（USD）、欧元（EUR）、英镑（GBP）、日元（JPY）、港币、瑞士法郎（CHF）、新加坡元、加拿大元、澳大利亚元、丹麦克朗、挪威克朗、瑞典克朗、新西兰元等。但是真正普遍应用于国际结算的可自由兑换货币的只有 10 多种，如美元、英镑、欧元、日元、瑞士法郎等。

记账外汇又称协定外汇或清算外汇，是指两国政府之间签订的支付协定项下的只能用于双边清算的外汇。未经货币发行国家货币管理当局批准，记账外汇不能自由兑换成其他国家货币或对第三国支付。记账外汇只能根据两国政府之间的清算协定，在双方银行开立专门账户记载使用。例如我国对某些发展中国家的进出口贸易，为了节省双方的自由外汇，签订双边支付协定，采用记账外汇办理清算。

2. 根据外汇的交割期限分

根据外汇的交割期限可分为即期外汇和远期外汇。

即期外汇又称现汇或外汇现货，是指国际贸易或外汇买卖中即期进行收付的外汇，是在买卖成交后立即交割，或在成交后第一个营业日或第二个营业日内完成交割的外汇。外汇买卖中的交割是指一方付出本币，另一方付出外币。

远期外汇又称期汇或远期汇兑，是指达成交易后，交易者只能在合同规定的日期才能办理资金收付的外汇。远期外汇的期限一般为 1～6 个月，也可长达 1 年。

3. 根据外汇的来源和用途分

根据外汇的来源和用途可分为贸易外汇和非贸易外汇。

贸易外汇，是指因商品的进口和出口而发生的支出与收入的外汇，包括对外贸易中因收付贸易货款、交易佣金、运输费和保险费等发生的那部分外汇。我国的贸易外

---

① 类似的表述为：①具有真实的债权债务基础；②票面所表示的货币一定是自由兑换货币；③能用以偿还国际债务（刘舒年，温晓芳. 国际金融[M]. 5 版. 北京：对外经济贸易大学出版社，2017：6）。

汇主要包括出口外汇、补偿贸易外汇、来料加工的外汇收入等。贸易外汇是一国外汇收支的重要项目，在国际收支平衡表中占有极其重要的地位。

非贸易外汇，是指因非贸易往来而发生收入和支出的外汇，包括侨汇、旅游外汇、劳务外汇、私人外汇、驻外机构经费以及交通、民航、邮电、铁路、银行、保险、港口等部门对外业务收支的外汇。

三、汇率的概念及其表示方法

世界上多数国家或地区都有自己的货币，如中国使用人民币、美国使用美元、日本使用日元、欧元区国家使用欧元等。通常情况下，一国货币不能在另一个国家流通，就必然涉及不同货币之间的货币兑换及其兑换比率问题，如 1 美元可以兑换 6.932 5 元人民币，100 日元才可以兑换 6.317 8 元人民币，这里的 6.932 5 和 6.317 8 就是汇率。

（一）汇率的概念

汇率（exchange rate），即外汇的买卖价格，又称为汇价、外汇牌价或外汇行市。具体而言，它是指两国货币之间的相对比价，也称为货币价格，是一国货币用另一国货币表示的价格，或以一个国家的货币折算成另一个国家的货币的比率。

（二）汇率的表示方法

常见的汇率表示方法有两种：一种是用文字表述的汇率，如美元兑人民币汇率6.9325；另一种是用两种货币符号表述的汇率，如 USD/CNY6.9325，这里的斜线表示兑换的意思。表 5-1 是汇率的两种表示方法比较表。这两种表示方法的形式虽然不同，但含义是一样的，都是 1 美元等于 6.932 5 元人民币。每一种货币都有货币符号。用 3 个英文字母表示货币标准符号，如美元的货币标准符号为 USD，人民币的货币标准符号为 CNY。

表 5-1　汇率的两种表示方法比较表

文字表述的汇率	货币标准符号表述的汇率	两种表示方式的含义
美元兑人民币	USD/CNY	每一美元等于若干数额人民币
美元兑日元	USD/JPY	每一美元等于若干数额日元
英镑兑美元	GBP/USD	每一英镑等于若干数额美元
美元兑欧元	USD/EUR	每一美元等于若干数额欧元

注：①货币符号表述的汇率中，斜线前面的货币是基础货币，斜线后面的货币是标价货币。②按惯例，银行报出的货币汇率有 5 位有效数字，最后一位为点数，以此类推，从右边向左边数过去，第一位称为"个（基本）点"，第二位称为"十个（基本）点"，第三位称为"百个（基本）点"。如某日 USD／CNY 的汇率为 6.932 5，第二天 USD/CNY 的汇率为 6.935 6，我们就说 USD/CNY 的汇率上升了 31 个（基本）点。

四、汇率的标价方法

　　要确定两个国家货币之间的汇率，首先要明确以哪个国家的货币作为标准。汇率既可以用甲国货币表示乙国货币的价格，也可以用乙国货币表示甲国货币的价格。在外汇交易中，人们把各种标价方法下数量固定不变的货币叫作基础货币或基准货币；数量随市场变动不断变化的货币叫作标价货币或报价货币。由于在计算和使用汇率时确定的标准不同，因而就形成了两种不同的标价方法：直接标价方法和间接标价方法。此外，根据外汇市场惯例，分为美元标价法和非美元标价法。

（一）各国外汇市场上汇率的标价方法

　　各国外汇市场上的外汇交易活动通常局限在一定的国家或地区，多数是银行与工商企业、个人等顾客进行本币与外币买卖。此时的银行报价既可以用本国货币表示外国货币的价格，也可以用外国货币表示本国货币的价格。需要说明的是，只有明确报价银行所处的国家或地区时，谈论直接标价法（direct quotation）和间接标价法（indirect quotation）才有意义。

　　（1）直接标价法。直接标价法也称应付标价法，是指以 1 个或 100 个单位的外国货币为标准，折算为一定数额的本国货币。也就是说，直接标价法将外国货币当作商品，而本国货币作为价值尺度。如 1 美元等于 6.932 5 元人民币，对于中国来说就是直接标价法。在直接标价法下，汇率是以本国货币表示的单位外国货币的价格。外汇汇率上涨，说明外币币值上涨，表示单位外币所能换取的本币增多，本币币值下降；外汇汇率下降，说明外币币值下跌，表示外国单位货币能换取的本币减少，本币币值上升。目前世界上大多数国家，包括我国都采用直接标价法。

　　（2）间接标价法。间接标价法是指以 1 个或 100 个单位的本国货币为标准，折算为一定数额的外国货币。也就是说，在这里本国货币被当作商品，用外国货币的数额来表示本国货币的价格，外国货币充当了价值尺度。如 1 英镑等于 1.738 1 美元，对于英国来说，就是间接标价法。在间接标价法下，汇率是以外国货币来表示单位本国货币的价格。若一定数额的本国货币能兑换的外国货币比原来减少，说明外国货币升值；若一定数额的本国货币能兑换的外国货币比原来增多，则说明外国货币的币值下跌，本国货币的币值上升。目前世界上使用间接标价法的国家不多，主要是英国、英联邦国家、美国、欧元区国家、澳大利亚等国家，其中美国对英镑、澳大利亚元、新西兰元和欧元采用直接标价法[①]。

　　直接标价法与间接标价法虽然基准不同，但站在同一国家角度看，直接标价法与

---

　　① 纽约联邦储备银行（Federal Reserve Bank of New York. http://www.ny.frb.org/markets/fxrates/noon.cfm.（2020 年 7 月 10 日进入）。

间接标价法是互为倒数的关系。例如，如果 1 美元能够兑换到 6.932 5 元人民币，那么 1 元人民币可兑换 0.144 2（1/6.932 5）美元。所以，只要掌握了其中一种标价法下的汇率值，就可以计算另一种标价法下的汇率值。进行国际经济调研，尤其是对目标国家的货币汇率进行研究时，弄清目标货币汇率的标价方法，是分析问题或进行市场行情预测的前提。

为了避免对汇率标价法在概念上产生混淆，一般惯例认为，无论在哪一种标价法中，外汇汇率都是指外币兑本币的汇率。如我国公布的外汇牌价，就是指美元、日元等外币兑人民币的汇率。若是指人民币汇率，则将人民币看作基准货币，表示人民币兑外币的汇率。在纽约外汇市场上，外汇汇率是指各种货币兑美元的汇率。在伦敦外汇市场上，外汇汇率指各种货币兑英镑的汇率；若是特别指明英镑汇率，则是指英镑兑其他货币的汇率。

为了不引起混淆，本书有关对汇率的分析，均以直接标价法为准，即外汇汇率上升是指本币价值下降或外币升值。

（二）国际金融市场汇率标价方法

国际金融市场上的外汇交易通常是跨国或跨地区的全球业务，交易的金额大，币种多，既做本币兑外币的交易，也做一种外币兑另一种外币的交易。在国际金融市场上，各种货币汇率的标价方法和报价已经形成国际惯例。国际金融市场汇率标价方法按照美元是否是基础货币划分为美元标价法和非美元标价法。

（1）美元标价法。美元标价法也称为"单位美元"标价法，是以美元为基础货币来表示各国货币的价格。世界各主要外汇市场银行间交易，多数货币的汇率都是以美元为基础货币，即每 1 美元等于若干数额其他货币。美元以外的两种货币之间的汇率则必须通过各自货币与美元的汇率进行套算。

（2）非美元标价法。非美元标价法也称为"单位镑"标价法，是以英镑、爱尔兰镑、澳元、新西兰元等货币为基础货币所表示的汇率，即每 1 英镑、1 爱尔兰镑、1 澳元、1 新西兰元等于若干数额美元的标价法。在国际金融市场上，用英镑、爱尔兰镑、澳元、新西兰元等货币作为基础货币对外报价是历史或习惯的原因造成的（欧元诞生后也作为基础货币）。

五、汇率的类型

在实际应用中，汇率可以从以下六种角度进行分类。

1. 按照外汇交易的交割期限分

按照外汇交易的交割期限可划分为即期汇率（spot exchange rate）和远期汇率（forward exchange rate）。

（1）即期汇率，又称现汇汇率，是指进行即期外汇交易时所采用的汇率。即期外汇交易是指外汇买卖成交后，交易双方在两个营业日内进行交割的交易方式。银行公布的外汇牌价，如无特别说明均指即期汇率。

（2）远期汇率，又称期汇汇率，是指进行远期外汇买卖时所使用的汇率。远期外汇买卖是指外汇买卖双方事先订立交易合同，但并不立即进行买卖货币的支付，而是约定在未来一定时期按事先约定的汇率、币种、金额、时间进行交割的业务。这一事先约定的汇率就是远期汇率，它一般在买卖合同中约定。远期外汇的交割期限一般为1~6个月或长达1年。

2. 按照银行与客户买卖外汇的角度分

按照银行与客户买卖外汇的角度可划分为买入汇率（buying rate 或 bid rate）、卖出汇率（selling rate 或 offer rate）、中间汇率（medial rate）和现钞汇率（bank notes rate）。

（1）买入汇率，又称外汇买价，是指银行从同业或其他客户（企业、单位、个人等）买入外汇时所采用的汇率。

（2）卖出汇率，又称外汇卖价，是指银行向同业或其他客户卖出外汇时所采用的汇率。

买入汇率和卖出汇率都是从银行角度划分的，银行买入外汇价格较低，卖出外汇价格较高，低价买进与高价卖出之间的差价即为银行的经营费用和利润来源。因此，在直接标价法下，买入汇率是本币数额较少的那个汇率，它表示银行买入一定数额外汇时所付出的本币数额。卖出汇率是本币数额较多的那个汇率，它表示银行卖出一定数额外汇所得到的本币数额。

而在间接标价法下，买入汇率是本币折合为较多外币的那个汇率，它表示银行买入多少外汇需要支付一定数额的本币。卖出汇率是本币折合为较少外币的那个汇率，它表示银行卖出多少外汇应收到的一定数额的本币。

买入汇率和卖出汇率相差的幅度，一般在0.1%~0.5%，但是各国不尽相同，具体多少还要由外汇的供求状况、外汇市场的行情、交易频繁程度[①]和银行各自的经营策略来决定。一般而言，银行间买卖外汇的买卖差价小于银行与一般客户之间的买卖差价，这主要是因为银行之间买卖外汇的数额巨大。

（3）中间汇率，又称中间价，是指现汇买入汇率和卖出汇率的平均价，即

$$中间汇率 = （买入汇率 + 卖出汇率）÷ 2$$

中间汇率常被用于新闻、报刊报道和对汇率进行一般性考察时使用。它主要用来说明外汇市场中汇率的一般走势，还可以作为企业内部本币与外币核算时的计算标准。

---

① 交易频繁的美元、欧元、日元、英镑、瑞士法郎等，买卖差价相对较小，而一些交易清淡的币种买卖差价就比较大。

（4）现钞汇率，又称现钞买入价或者钞价，是银行从客户那里购买外币现钞（包括现钞、铸币）的价格。[①]

3. 按照银行的汇总方式分

按照银行的汇兑方式可划分为电汇汇率（telegraphic transfer rate, T/T rate）、信汇汇率（mail draft rate, M/T rate）和票汇汇率（mail transfer rate, D/D rate）。

（1）电汇汇率，也称电汇价，是经营外汇业务的本国银行，在卖出外汇后，以电报委托其国外分支机构或代理行付款给受款人所使用的一种汇率。在这种方式下，由于电信费用较高，而且因为电汇付款较快而使银行不能占用客户资金，所以电汇汇率高于信汇汇率和票汇汇率。电汇汇率一般被看作基本汇率，其他汇率都以电汇汇率为基础来计算确定。各国公布的外汇牌价，如无特别说明，均指电汇汇率。在国际金融市场上，由于汇率很不稳定，各国的进出口商为了避免外汇风险，一般都会在贸易合同中规定交易采用电汇汇率。

（2）信汇汇率，是指银行卖出外汇收到本币时，以信函方式（邮寄支付委托书）通知国外分行或代理行，委托其向收款人付款时所采用的汇率。由于银行承兑汇票业务时，信汇邮程较长，银行可以占用客户资金并获得利息收益，且信函成本低于电报，因此信汇汇率低于电汇汇率。不过，现在航空邮寄用时也比较短，因而信汇汇率与电汇汇率的差价缩小了。

（3）票汇汇率，是指银行卖出外汇收到本币后，开立以其国外分行或代理行为付款人的银行汇票，交给汇款人，由汇款人自行寄给或亲自携带交给国外收款人，收款人凭该银行汇票向汇入行提取款项，这种方式下所使用的汇率称为票汇汇率。因汇票有即期和远期之分，所以票汇汇率可分为即期票汇汇率和远期票汇汇率。即期票汇汇率一般等于信汇汇率，低于电汇汇率。对于远期汇票而言，票汇支付期限越长，票汇汇率越低。这是因为收款人未从汇入行提取汇款之前，汇出行都可以利用汇款人的资金获取利息收益，期限越长，获得的收益也就越多。

4. 按照汇率制度分

按照汇率制度可划分为固定汇率（fixed exchange rate）和浮动汇率（float exchange rate）。[②]

（1）固定汇率，是在历史上出现的法定汇率制下所产生的，它指政府选择黄金或外国货币作为标准，以法定的形式规定本国货币与另一国货币之间的固定比价，且这一比价的波动被限制在一定的小幅度范围之内。在金本位货币制度（包括金币本位、金块与金汇兑本位制度）下和第二次世界大战以后的布雷顿森林体系下，世界各国基

---

① 钞价与汇价不同，原因见本章第一节"即期外汇牌价"部分所做的解释。

② 阅读这部分内容时可结合本章第四节"汇率制度类型"部分的内容来看。

本上都采用这种汇率。在金币本位制度下，汇率由货币的含金量决定，汇率的波动受到黄金输送点的限制，汇率比较稳定，波动幅度较小。在布雷顿森林体系下，美元成为世界货币体系的中心货币，各国货币与美元挂钩，并确定相应的汇率，而且各国政府有义务维持该汇率的稳定，此时的汇率也是基本稳定的。当本国货币汇率上浮超过规定的幅度，中央银行必须进入外汇市场抛售本币，买入外币；当本国货币汇率下跌超过规定幅度，中央银行则必须抛售外币，买入本币，将汇率维持在一定的波动幅度内。

（2）浮动汇率，是指一国货币与另一国货币的汇率不是由该国的货币管理当局规定的，而是由外汇市场的供求状况自发决定的。当外币供大于求时，外币贬值，本币汇率上升；相反，则外币升值，本币汇率下降。1973 年布雷顿森林体系崩溃后，各主要西方工业国家都采用了浮动汇率。

浮动汇率根据是否有政府的干预，又可分为自由浮动汇率和管理浮动汇率。自由浮动汇率又称清洁浮动汇率（clean floating rate），是指政府对汇率的波动不采取任何干预措施，汇率完全由外汇市场的供求情况来决定和自行调整。事实上，自由浮动汇率只是一个理论概念，每个国家都对外汇市场进行干预，使汇率稳定或者使汇率朝着对本国有利的方向变动。管理浮动汇率又称肮脏浮动汇率（dirty floating rate），是指政府通过参与外汇市场买卖等手段，干预外汇的变动和走向，汇率的变动由市场供求关系和政府干预共同决定。

此外，根据汇率的浮动方式，浮动汇率又可分为单独浮动汇率、盯住某一种货币浮动汇率、盯住一揽子货币浮动汇率和联合浮动汇率。单独浮动汇率是指一国货币不同任何一国货币产生固定联系，即其浮动并不依赖于任何其他国家的货币，其变动完全由外汇市场的供求状况来决定（不排除政府的干预）。目前，美国、日本和加拿大等国家都采用单独浮动汇率。盯住单一货币浮动汇率是指一国货币与另一国货币挂钩，其汇率波动被限定在很小的范围内。中国香港由于其独特的货币发行机制，港币与美元挂钩，是典型的盯住单一货币浮动汇率。盯住一揽子货币浮动汇率是指本国货币与几个国家货币挂钩，按照贸易所占的比重或其他标准对货币的重要程度赋予一定的权重，并以此确定本国货币对外币的汇率及其变动。联合浮动汇率是指一些经济联系紧密的国家组成货币集团，集团内成员国之间实行固定汇率制度，其货币之间的汇率变动不能超过规定的幅度，各中央银行有责任和义务将汇率稳定在该幅度内。欧元诞生之前，参加欧洲货币体系的德、法、意等国实行的汇率就是典型的联合浮动汇率，它们之间的汇率基本保持稳定，而对美元和其他国家的货币则实行联合浮动。

5. 按照汇率的制定方法分

按照汇率的制定方法可划分为基础汇率（basic rate）和套算汇率（cross rate）。

（1）基础汇率，又称基准汇率，是指本国货币对关键货币的汇率。所谓关键货币，是指在国际交往中使用得最多，在其外汇储备中所占的比重最大，在国际上被普遍接受的可自由兑换的货币。目前各国一般多选择本国货币与美元之间的汇率作为基本汇率。这是因为第二次世界大战后，美元在国际金融市场上占据了主导地位，成为国际支付中使用最多的货币和各国外汇储备的主要货币。各国在制定本国货币汇率时，一般首先会制定本国货币兑美元的汇率。[①]

（2）套算汇率，又称交叉汇率，是指两国货币通过各自对关键货币的汇率套算出来的汇率。目前在国际金融市场上，一般都报各国货币对美元的汇率，而美国以外的其他国家之间的货币汇率，则由它们对美元的汇率套算出来。例如，假设 1USD= 0.886 7EUR；1USD=0.940 8CHF；则欧元兑瑞士法郎的交叉汇率为： 1EUR=0.940 8/0.886 7=1.061 0CHF。

案例 5-2：套算汇率的计算

6. 按照外汇管制的松紧程度分

按照外汇管制的松紧程度可划分为官方汇率(official rate)和市场汇率(market rate)。

（1）官方汇率，又称法定汇率，是一国中央银行或货币管理当局规定并公布的、要求一切外汇交易都采用的汇率。在实行严格外汇管制的国家，由于没有自由的外汇市场，因此汇率无法根据外汇市场供求状况形成，一般由金融当局制定和公布。凡规定官方汇率的国家，如无有关法令允许，一切外汇交易都必须以官方汇率为准。实行计划经济的国家一般都制定官方汇率。

官方汇率分为单一汇率（single exchange rate）和复汇率（multiple exchange rate）两种。单一汇率是指一切外汇交易均以一种官方汇率进行，这种汇率通用于该国所有的经济交往中。复汇率是指一国为达到某种政策目的，规定有两种或两种以上汇率，不同的汇率适用于不同的国际经济贸易活动。复汇率是外汇管制的一种产物，曾被许多国家采用过。[②]官方汇率一经国家制定，一般不能频繁地变动。虽然官方汇率保证了一国汇率的稳定，但是却缺乏弹性，很难反映外汇市场的供求状况。

（2）市场汇率，又称自由汇率，是指在自由外汇市场上进行外汇交易的实际汇率，它由外汇供求关系所决定。在汇率管制较松的国家，官方宣布的汇率往往只起到中心汇率的作用，外汇交易由自由市场外汇供求情况决定。

六、中国外汇市场的牌价

（一）即期外汇牌价

表 5-2 是中国银行人民币即期外汇牌价。目前我国的外汇市场采用直接标价法，外汇管理局公布的人民币汇率牌价是 100 单位外币所能够兑换的人民币数额，外币为

---

① 中国的关键货币包括美元、港元、英镑、日元和欧元。

② 包括双重汇率。双重汇率指一国同时存在两种汇率，是复汇率的一种形式。

基础货币，而人民币则为标价货币。

　　表 5-2 中的基准价是各外汇指定银行之间以及外汇指定银行与客户之间人民币对美元、日元、港币、欧元、英镑买卖的交易基准汇价。2005 年 7 月 21 日之前，公布人民币汇率基准价，各外汇指定银行和经营外汇业务的其他金融机构以基准价为依据，根据国际外汇市场行情自行套算出人民币对其他各种可自由兑换货币的中间价，在中国人民银行规定的汇价浮动幅度内①自行制定外汇买入价、外汇卖出价以及现钞买入价，办理外汇业务，并对外挂牌。2005 年 7 月 21 日人民币汇率形成机制改革后，中国人民银行于每个工作日闭市后公布当日银行间外汇市场美元等交易货币对人民币汇率的收盘价，作为下一个工作日该货币对人民币交易的中间价。自 2006 年 1 月 4 日起，中国人民银行授权中国外汇交易中心于每个工作日上午 9 时 15 分对外公布当日人民币

表 5-2　中国银行人民币即期外汇牌价

日期：2020/7/10　星期五　　　　　　　　　　　　　　　　　　　　单位：人民币/100 外币

货币名称	标准符号	现汇买入价	现钞买入价	现汇卖出价	现钞卖出价	中行折算价
英镑	GBP	878.72	851.41	885.19	889.1	881.63
港币	HKD	90.17	89.46	90.53	90.53	90.25
美元	USD	698.93	693.25	701.9	701.9	699.43
瑞士法郎	CHF	740.77	717.91	745.97	749.17	743.76
新加坡元	SGD	500.72	485.27	504.24	506.75	502.3
瑞典克朗	SEK	75.35	73.02	75.95	76.32	75.74
丹麦克朗	DKK	105.56	102.3	106.4	106.91	105.99
挪威克朗	NOK	73.43	71.16	74.01	74.37	73.87
日元	JPY	6.5204	6.3178	6.5684	6.5785	6.5241
加拿大元	CAD	513.43	497.22	517.22	519.5	515.03
澳大利亚元	AUD	484.59	469.53	488.15	490.31	486.84
欧元	EUR	786.87	762.42	792.67	795.22	789.48
澳门元	MOP	87.65	84.71	88	90.93	87.71
菲律宾比索	PHP	14.07	13.58	14.23	14.87	14.14
泰国铢	THB	22.29	21.6	22.47	23.18	22.38
新西兰元	NZD	457.47	443.36	460.69	467.02	459.39
韩国元	KRW	0.5799	0.5595	0.5845	0.606	0.5837

　　注：中行折算价为中行根据基准价及自身情况确定的、内部使用的中间价，主要用于内部会计核算时各种货币之间的折算，同时也用于外汇买入后内部的平仓，计算该业务的损益。

　　资料来源：中国银行网站<http://www.boc.cn/sourcedb/whpj/>（2020 年 7 月 10 日进入）。

---

　　① 2005 年 7 月 21 日汇率改革，取消了银行对客户非美元货币挂牌汇率浮动区间限制，扩大了美元现汇与现钞买卖差价，允许一日多价。见中国外汇交易中心<http://www.chinamoney.com.cn/chinese/bkccpr/>中的"外汇市场"中的"人民币汇率中间价"备注 1（2020 年 7 月 10 日进入）。

对美元、欧元、日元和港币汇率中间价①，作为当日银行间即期外汇市场（含询价交易方式②和撮合方式）以及银行柜台交易汇率的中间价。2015 年 12 月 11 日，中国人民银行推出了"收盘价＋篮子货币"新中间价定价机制，中国外汇交易中心同时发布 CFETS 人民币汇率指数，加大了参考一篮子货币的力度，以更好地保持人民币对一篮子货币汇率基本稳定。③2017 年 5 月 26 日，中国人民银行在人民币兑美元汇率中间价报价模型中引入逆周期因子，适度对冲市场情绪的顺周期波动。④

如前所述，买入价、卖出价是站在银行的角度来说的，买入价低于卖出价，买卖价差是银行的成本与利润。表 5-2 清楚表明，外汇的买入价均小于外汇的卖出价。其中现汇的买入价、卖出价是指外汇的买入价、卖出价。现钞买入价和卖出价是指银行买入、卖出现钞的价。

钞价与汇价不同，因为外币现钞与外汇有差异。外币现钞主要指的是由境外携入或个人持有的可自由兑换的外国货币，如美元、日元、英镑的钞票和硬币或以这些外币钞票、硬币存入银行所生成的存款，是具体的、实在的外国纸币、硬币。由于外币现钞有实物的形式，且人民币是我国的法定货币，外币现钞在我国境内不能作为支付手段，银行需要将购入的外币现钞累积到一定数额后，运送到该外币的发行国或者能流通该外币的国外地区或外币市场，变为该银行在国外的银行存款，现钞才能变成银行真正意义上可以使用的外汇资金。银行由此要损失利息和支付因运到国外而发生的包装、运输、保险等费用。银行要将所有这些损失和费用转嫁给出卖钞票的顾客，所以现钞买入价要低于现汇买入价。

现汇是账面上的外汇，它的转移出境只需要进行账面上的划拨就可以了，不存在实物形式的转移。对于银行来说只是在账上记了这么一笔，并不需要保管它。因此在银行公布的外汇牌价中现钞与现汇并不等值，现钞的买入价低于现汇的买入价。由于各币种现汇和现钞业务成本不同，如现钞业务还包括押运、安保等成本支出，故现钞卖价高于现汇卖价。在条件允许前提下，中国银行部分币种现钞卖出价与现汇卖出价保持一致（如表 5-2 所示港币、美元）。

如表 5-2 所示，中国银行买入 100 美元的现钞需付出 693.25 元人民币，买入 100 美元的现汇需付出 698.93 元人民币，卖出 100 美元的现汇和现钞都可以收回 701.9 元

---

① 从 2006 年 8 月 1 日起公布英镑对人民币汇率价格后，同时对外公布人民币对英镑汇率中间价。

② 询价交易方式（简称 OTC 方式）：OTC 方式是指银行间外汇市场交易主体以双边授信为基础，通过自主双边询价、双边清算进行的即期外汇交易。

③ 2016 年 2 月，中国人民银行首次公开了 RMB 汇率中间价的报价机制－"收盘汇率＋一篮子货币汇率变化"定价规则具体内容，即当日中间价＝前日中间价＋［（前日收盘价－前日中间价）＋（24 小时货币篮子稳定的理论中间价－前日中间价）］/2。

④ 外汇市场自律机制核心成员将人民币对美元汇率中间价报价模型由原来的"收盘价＋一篮子货币汇率变化"调整为"收盘价＋一篮子货币汇率变化＋逆周期因子"。

人民币。现汇的买入价与卖出价相差 2.97 元人民币，此为银行买卖 100 美元所获得的收益。中间汇率是（现汇买入汇率 + 现汇卖出汇率）/2，如美元的中间汇率是 700.415[（698.93 + 701.9）/2]。中间汇率常用来对汇率进行分析。例如，传媒为了方便人们参与外汇买卖，掌握外汇买卖行情，其报道的汇率多为中间汇率。我国结算本国贸易与非贸易的从属费用也采用外汇牌价的中间汇率。

表 5-3 是招商银行的个人外汇买卖报价表。比较表 5-3 与表 5-2，可以看出它们的不同。表 5-2 是中国银行人民币即期外汇牌价，每天对外公布一次（允许一日多价）。表 5-3 是个人外汇买卖报价，它是一天中某一特定时刻的报价。在整个交易日，汇率随市场上交易货币的供给与需求波动而波动。因受国际上各种政治、经济因素，以及各种突发事件的影响，汇价经常处于剧烈的波动之中，客户在进行外汇买卖时，应充分认识到风险与机遇并存。由于外汇买卖牌价中的每一汇率报价都是某一特定时刻的汇率，汇率随时变动，当银行经办人员为客户办理买卖成交手续时，会出现银行报价与客户申请书所填写的汇率不一致的现象，若客户接受新的价格并要求交易，应经客户确认后，以新的汇率进行交易。外汇汇率一经成交，客户不得要求撤销。

表 5-3　招商银行的个人外汇买卖报价表

深圳　2020-07-10 14:46:13

货币/货币	买入价	卖出价	货币/货币	买入价	卖出价
澳大利亚元/港币	5.369 7	5.377 7	加拿大元/港币	5.685 4	5.695 4
澳大利亚元/美元	0.692 4	0.694 4	加拿大元/日元	78.300 0	78.600 0
澳大利亚元/加拿大元	0.942 4	0.946 4	加拿大元/新加坡元	1.022 0	1.025 4
澳大利亚元/日元	73.890 0	74.290 0	英镑/港币	9.750 9	9.762 9
澳大利亚元/新加坡元	0.964 4	0.969 2	英镑/澳大利亚元	1.811 7	1.819 7
澳大利亚元/瑞士法郎	0.651 1	0.655 1	英镑/美元	1.257 7	1.260 1
美元/港币	7.747 8	7.752 8	英镑/欧元	1.115 0	1.120 0
美元/加拿大元	1.361 0	1.363 0	英镑/加拿大元	1.711 6	1.717 6
美元/日元	106.750 0	106.950 0	英镑/日元	134.220 0	134.820 0
美元/新加坡元	1.393 3	1.395 3	英镑/新加坡元	1.752 3	1.758 3
美元/瑞士法郎	0.940 8	0.943 2	英镑/瑞士法郎	1.182 9	1.188 9
欧元/港币	8.725 6	8.736 6	日元/港币	7.248 5	7.258 5
欧元/澳大利亚元	1.621 8	1.627 8	新加坡元/港币	5.555 6	5.561 6
欧元/美元	1.125 4	1.127 8	新加坡元/日元	76.530 0	76.750 0
欧元/加拿大元	1.531 6	1.537 2	瑞士法郎/港币	8.223 0	8.233 0
欧元/日元	120.100 0	120.660 0	瑞士法郎/加拿大元	1.444 2	1.447 6
欧元/新加坡元	1.567 8	1.573 8	瑞士法郎/日元	113.270 0	113.610 0
欧元/瑞士法郎	1.058 2	1.064 2	瑞士法郎/新加坡元	1.478 2	1.482 2

资料来源：招商银行网站．"外汇"中的"外汇行情"[EB/OL]．[2020-07-10]. http://fx.cmbchina.com/Hq/CmbQuote.aspx.

　　银行在开展外汇买卖业务时也是以双向报价的形式对客户报价。即银行在报某一货币对外（如美元/欧元）的买入价的同时，也报该货币对外的卖出价，以满足不同客户的需要。中国外汇市场上的报价也是同时报出买入价与卖出价。目前，中国的银行为了向广大居民进行个人外汇买卖交易提供最大的优惠，除个别分行对个别货币有现钞、现汇价格之分以外，外汇买卖现钞、现汇价格都是一样的。虽然在外汇买卖中，钞买价与汇买价相同，但是，根据国家外汇管理有关规定，现钞、现汇之间外汇买卖业务不能互换，即现钞不能随意换成现汇，外汇买卖业务本着钞变钞、汇变汇的原则进行。

　　表 5-3 所示的交易货币左边是基础货币，右边是标价货币，买入价与卖出价是站在银行的立场，买入与卖出基础货币的价格。例如：左边币种是美元，右边币种是日元，我们称之为美元兑日元的报价，买入价与卖出价是银行买入与卖出美元的价。买入价为 106.75，卖出价为 106.95，即银行按 106.75 日元的价格买入 1 美元，按 106.95 日元的价格卖出 1 美元。若客户手中有 1 000 美元，可换为 106 750 日元，而卖出 106 950 日元才可换得 1 000 美元。

　　从表 5-3 可以看出，买卖的货币均是外币，这是由于人民币还不是可自由兑换货币，目前还不能进行人民币对外汇的自由买卖。[①] 外汇买卖业务不需要另交手续费[②]。银行的费用体现在买卖差价上。在外汇交易中，银行及时报出的买卖价格之间的点差直接影响交易者的收入。按照国际惯例，国内银行外汇买卖业务的报价，在柜台大屏显示时，用红色、绿色和黄色标示出汇率的变化情况。红色表示下跌，绿色表示上涨，黄色表示持平。这和我国股市的报价正好相反。我国股市中的红色表示上涨，绿色表示下跌。

　　在外汇市场中，上涨或下跌均是针对报价中的基础货币而言的。例如，美元兑日元的报价是绿色，即表示与上一次报价相比，美元兑日元的价格上涨了，用单位美元可以兑换更多的日元；相反，美元兑日元的报价是红色，则表示美元兑日元的价格下降了，用单位美元兑换的日元比上次报价要少。

（二）远期外汇牌价

　　表 5-4 是中国银行人民币远期结售汇（外汇）牌价。远期外汇牌价即远期汇率，它是在远期外汇交易中使用的汇率。远期外汇交易即预约购买与预约出卖的外汇业务，亦即买卖双方先行签订合同，规定买卖外汇的币种、数额、汇率和将来交割的时间，到规定的交割日期，再按合同规定，卖方交汇，买方付款的外汇业务。

　　在国家间的对外贸易中，常用远期收汇的方式，即给予进口商短期信贷的方法，以扩大出口。但是，出口商远期收汇面临的汇率波动风险很大，为了避免风险带来的

---

　　① 在中国，"××银行个人外汇买卖牌价表"是指用一种外币买卖另一种外币，而不是人民币买卖某一种外币。

　　② 通常用银行的卖出价减去买入价后，再除以买入价，就是交易银行的手续费。

表 5-4　中国银行人民币远期结售汇牌价

日期：2020 年 7 月 10 日 单位：人民币/100 外币

货币		1 周	1 个月	3 个月	6 个月	9 个月	12 个月
英镑	买入	878.038 063	879.206 955	882.160 699	886.588 411	888.337 456	893.712 123
	卖出	889.336 363	890.984 155	893.892 499	898.390 211	900.407 356	906.564 423
港币	买入	90.0555 29	90.172 488	90.426 137	90.755 273	90.839 853	91.336 016
	卖出	91.225 788	91.225 788	91.488 237	91.824 673	91.935 553	92.463 516
美元	买入	699.415 35	700.366 25	702.471 65	705.525 00	707.045 00	710.975 10
	卖出	704.455 35	705.576 25	707.741 65	710.785 00	712.505 00	716.535 10
瑞郎	买入	741.194 2	742.605 3	746.082 8	751.825 0	755.055 3	761.741 4
	卖出	749.813 3	751.686 4	755.276 9	761.066 0	764.595 7	771.394 6
欧元	买入	785.994 9	787.443 9	790.781 2	796.298 0	799.219 6	805.830 8
	卖出	796.624 5	798.388 0	801.995 9	807.414 6	810.589 9	817.344 5
日元	买入	6.525 549	6.5353 13	6.560 731	6.603 761	6.624 365	6.676 637
	卖出	6.607 554	6.6214 15	6.647 477	6.690 548	6.714 208	6.766 883
澳元	买入	482.879 745	483.521 828	485.005 644	487.185 796	487.910 955	490.789 819
	卖出	490.551 545	491.455 528	492.999 344	495.184 496	496.087 555	499.069 819

资料来源：中国银行"中行人民币远期结售汇牌价"。

损失，便出现了远期外汇交易。

从参与远期外汇交易的人员构成来看，购买远期外汇的有远期外汇支出的进口商，负有不久到期的外币债务的债务人，输入短期资本的谋利者，以及对于远期汇率看涨的投机商等。卖出远期外汇的有远期外汇收入的出口商，持有不久到期的外币债权的债权人，输出短期资本的谋利者，以及对于远期汇率看跌的投机商等。经营外汇业务的商业银行，也利用远期外汇交易平衡自己的远期外汇买卖。

为满足企事业单位、国家机关、社会团体及外商投资企业的业务需要，经中国人民银行正式批准，中国银行自 1997 年 4 月 1 日起开办远期结售汇业务。到 2003 年 4 月，中国银行、中国工商银行、中国建设银行、中国农业银行均已获准开办此项业务。

远期结售汇业务，也称远期外汇交易业务，是指客户与银行签订远期结售汇合同，把将来办理结汇或售汇的外币币种、金额、汇率和期限固定下来，到期时按该合同订明的币种、金额、期限、汇率与银行办理结汇或售汇。结汇汇率即银行买入外汇的汇率，售汇汇率即银行卖出外汇的汇率。

在我国的外汇交易市场上，真实的贸易背景是交易的基础，交易的主体必须是企业与银行，结汇、售汇周转头寸不得超过核定的限额。目前开展远期结售汇业务的币种基本不受限制，其中美元是远期签约的主要币种。各家银行与客户签订远期合约后一般自行平盘。但是，交易的期限有一定的限制，目前远期交易的期限分为 7 天、20 天、1 个月、2 个月、3 个月、4 个月、5 个月、6 个月、7 个月、8 个月、9 个月、10

个月、11 个月、12 个月共 14 个档次。

　　远期外汇牌价与即期外汇牌价相同，买入价、卖出价是指银行买入与卖出基础货币的汇价，因此，表 5-4 中的买入价、卖出价是银行买入与卖出美元的汇价。远期外汇牌价每天公布一次。

　　远期汇率和即期汇率的差异，决定于两国的利息差异，并大致和利息差异保持平衡。除利息因素以外，货币的法定贬值、升值和下浮、上浮的预测而引起的投机活动，两国的政治局势，以及国际形势的变化等因素，会造成较大的远期汇率的贴水、升水，致使远期汇率与即期汇率的差异超过两地利率水平的差异，因而难以用数字衡量。如 1967 年英镑公开贬值前夕，英国外汇市场上大量抛售 3 个月和 6 个月的英镑远期外汇，从而促使英镑远期汇率的贴水不断提高，贴水率甚至超过了 20%，与利率差异已毫无关联。

第二节　汇率决定的基础及理论

　　汇率是一种货币与另一种货币的价值之比，因此汇率决定的基础应该是两种货币所具有或者说是所代表的实际价值，而货币制度决定了汇率形成的机制。

一、汇率决定的基础

　　汇率决定的基础与货币制度密切相关。货币制度是指一个国家以法律形式规定的货币流通的组织形式，简称币制。货币制度的演变主要经历了金本位和纸币本位制度两个阶段。不同的货币制度下汇率决定的基础是不同的，并且货币制度也在不断地演变。

（一）金本位制度下汇率决定的基础

　　金本位制度是以黄金作为本位货币的货币制度，又分为金币本位制度、金块本位制和金汇兑本位制度。

1. 金币本位制度下汇率决定的基础

　　金币本位制度是以黄金为本位货币的货币制度，它盛行于 1880—1914 年。在金币本位制度下，黄金可以自由铸造、自由兑换和自由输出入。在这种制度下，各国都规定单位货币含有黄金的重量和成色，被称为含金量。两个实行金币本位制度国家的货币法定含金量之比就被称为铸币平价（mint par or specie par）。铸币平价是决定一国汇率的基础。例如，金币本位制期间，1 英镑的含金量为 7.322 4 克，1 美元的含金量为 1.504 656 克，英镑对美元的铸币平价为 1 英镑 = 4.866 5 美元（7.322 4 ÷ 1.504 656）。由此可见，英镑和美元的汇率是以各自的含金量作为基础的。

　　值得注意的是，铸币平价只是汇率的决定基础，它所决定的汇率并不是外汇市场上实际的汇率。金本位制度下的汇率由于受外汇市场供求因素的影响，汇率围绕铸币平价是以"黄金输送点"（gold transport point）为其最大的幅度上下波动。所谓黄金输送点，是指汇率的上涨或下跌超过一定的界限时，将会引起黄金的输入或者输出，从而起到自动调节汇率的作用。因为在两国之间输送黄金，需要支付各种运送费用，如包装费、运费、保险费、检验费和运送期间所损失的利息等，因此黄金输送点的构成为

$$黄金输出点 = 铸币平价 + 1 单位黄金运送费用$$
$$黄金输入点 = 铸币平价 - 1 单位黄金运送费用$$

第一次世界大战以前，在英国和美国之间运送一单位黄金的各项费用和利息，大约为所运送黄金价值的 0.5%～0.7%，按平均数 0.6% 计算，在英国和美国之间运送 1 英镑黄金的费用大约为 0.03 美元。设英镑对美元的铸币平价为 4.866 5 美元，由此就可计算出黄金输送点：

$$黄金输出点 = 4.866\ 5 美元 + 0.03 美元 = 4.896\ 5 美元（波动上限）$$
$$黄金输入点 = 4.866\ 5 美元 - 0.03 美元 = 4.836\ 5 美元（波动下限）$$

假设在美国外汇市场上，英镑外汇的价格受市场供求关系的影响逐渐上涨。当英镑汇率上涨超过了 4.896 5 美元即黄金输出点时，则美国进口商就不愿按此高汇率在外汇市场上直接购买英镑，而宁愿直接运送黄金到英国去偿付债务，这时外汇市场上对英镑的需求就会减少，英镑汇率就会下跌，直至跌到 4.896 5 美元以内；相反，当英镑汇率下跌到 4.836 5 美元即黄金输入点时，则美国出口商就不愿意按此低汇率将英镑兑换为美元，而宁愿用英镑在英国购进黄金，再运回国内，这时外汇市场上英镑的供应就会相应减少，英镑汇率就会上升，直至上升到 4.836 5 美元以上。

因此，在金币本位制度下，汇率以铸币平价为中心，以黄金输出点为上限、黄金输入点为下限进行波动。相对来说，汇率的波动幅度较小，基本上是固定的。这是因为运送黄金的各项费用仅为黄金价值的 0.5%～0.7%，所占比重较小。

虽然金币本位制度下的汇率相对比较稳定，使得各国的经济往来走着稳定的发展道路，但是这种制度下汇率的稳定性并不是绝对的。因为世界黄金储备十分有限，世界经济的快速发展使得各国对黄金的需求量越来越大，黄金供给与需求的矛盾也越来越尖锐，此时金币本位制度的缺陷逐渐暴露出来。第一次世界大战爆发前，许多国家为了备战，纷纷开始限制甚至是禁止黄金出口或者是纸币自由兑换黄金，金本位制度也因此失去了汇率稳定的基础并开始走向崩溃的边缘。第一次世界大战爆发以后，金币本位制度彻底瓦解（美国除外），取而代之的是金块本位和金汇兑本位制度。

2. 金块本位和金汇兑本位制度下汇率的决定基础

金币本位制度发展到后期，由于黄金产量跟不上经济发展对货币日益增长的需求，黄金参与流通、支付的程度下降，其作用逐渐被以其为基础的纸币所取代。只有当一国需要大规模支付时，才会使用黄金，而且金块的绝大部分为政府所掌握，因此其输

入和输出受到很大的影响，它已经不再能够充当直接的支付手段和流通手段。在这种货币制度下，两种货币之间的汇率由纸币所代表的金量之比来决定，称为法定平价。法定平价成为汇率的决定基础，汇率以法定平价为中心上下波动，但是波动的幅度已经不再受黄金输入点和输出点的限制，而是由政府来规定和维护这一波动幅度。这是因为在金块本位和金汇兑本位制度下，黄金已不能自由输入和输出，这时黄金输送点事实上已经不存在，政府通过设立外汇平准基金来保持汇率的稳定。当一国外汇汇率上升到规定的上限以外时，该国政府将在外汇市场上出售外汇，增加外汇市场上的供给，从而使汇率下降到规定的范围之内；相反，当一国外汇汇率下降到规定的下限以外时，该国政府将在外汇市场上买进外汇，减少外汇市场上的供给，从而使得汇率上升到规定的范围之内。但是一国政府能够操纵外汇市场，使得汇率按照本国的意愿变动的前提是本国拥有足够的外汇储备，即经济实力比较强大。对于第一次世界大战刚刚结束的大多数国家而言，这一条件是不具备的。因此，在金块本位和金汇兑本位制度下的汇率，与金币本位制度相比，其稳定程度已经明显降低。

金块本位和金汇兑本位制度由于它的不稳定性，仅仅维持了短短的一段时间。1929—1933 年世界性的经济危机爆发之后，金块本位和金汇兑本位制度彻底崩溃，西方资本主义国家纷纷开始实行纸币流通制度，汇率决定基础变得越来越复杂了。

（二）纸币流通制度下汇率的决定基础

在纸币流通制度下，纸币本身并没有价值，它只是流通中的一种价值符号。马克思在他的货币理论中指出，"纸币是价值的一种代表，两国货币之间的汇率便可以用两国货币各自所代表的价值量之比来确定。"这里所说的两国纸币各自所代表的价值量之比即法定平价。纸币所代表的价值量是由各国政府根据过去流通中的金属货币的含金量来确定的，以法律的形式来规定。在纸币流通制度下，法定平价成为汇率的决定基础。例如，假设 1 英镑的法定含金量为 3.581 34 克黄金，1 美元的法定含金量为 0.888 671 克黄金，则 1 英镑=3.581 34/0.888 671 = 4.30 美元，即英镑对美元的汇率为 4.30。

但是在第二次世界大战爆发之后，西方资本主义国家通货膨胀的发生，使得以纸币为基础的纸币流通制度极不稳定。为了稳定各国之间的货币关系，西方国家于 1944 年建立了布雷顿森林体系，各国间的汇率也因此得以稳定。布雷顿森林协议规定：①实行以黄金—美元为基础、可调整的固定汇率制度。即规定美元按 35 美元等于 1 盎司黄金与黄金保持固定比价，各国政府可随时用美元向美国政府按这一比价兑换黄金。②各成员国货币与美元挂钩，并根据各自代表的金量确定与美元的比价并保持固定。③各成员国货币对美元的波动幅度为平均上下各 1%，各国货币当局有义务对外汇市场进行干预以保持该国汇率的稳定。只有当一国国际收支发生"根本性不平衡"时，才允许该国货币升值或贬值，但要事先得到国际货币基金组织的同意。

从 20 世纪 50 年代开始，美国先后发动了朝鲜战争和越南战争，战争使得美国国际收支迅速恶化，美元的价值也随之开始波动，再加上日本、德国、法国等资本主义国家的崛起，美元的国际地位开始动摇。1971 年美元不得不进行法定贬值，此时西方国家也开始重新调整汇率，汇率的波动幅度由原来的 1%扩大到 2.25%，实际上汇率的波动幅度可以达到 10%。然而，汇率波动幅度的增加并没有减轻西方国家的通货膨胀。1973 年布雷顿森林体系不得不宣布瓦解，这标志着以美元为中心的固定汇率制度彻底结束。自此，西方各国不再宣布或者公布本国货币的法定平价，而是纷纷开始实行浮动汇率制度，自此法定平价不再是汇率的决定基础。

在与黄金脱钩了的纸币本位下，纸币所代表的价值量或纸币的购买力，是决定汇率的基础。在实际经济生活中，由于各国劳动生产率的差异、国际经济往来的日益密切、金融市场的一体化和信息传递技术的现代化等因素，纸币本位制度下的货币汇率决定还受其他多种因素影响。

二、汇率的决定理论

（一）购买力平价理论

购买力平价理论（theory of purchasing power parity, PPP）的理论渊源可追溯到 16 世纪，瑞典学者卡塞尔（G. Cassel）于 1922 年首次对其进行了系统的阐述。

1. 一价定律

购买力平价的理论基础是货币数量论和一价定律（law of one price）或称一价原则。如果相同的产品在不同地区存在价格差异，套利者就可从低价地区购买商品，然后在高价地区卖出来套取利润。这种行为会促使低价地区的商品需求大于供给，商品价格上升，而高价地区则供给大于需求，商品价格下降，最后两地区价格会逐渐趋于相同，致使套利机会消失。这种可以通过套利活动消除价格差异的产品称为可贸易商品（tradable goods），反之则称为不可贸易商品。因此在自由贸易条件下，当运输费用为零时，同种可贸易商品在各国的价格用同一货币表示时，应该是一致的，这就是一价定律。用公式表达为

$$P_A = e \cdot P_B$$

式中，P_A 为某商品在 A 国以 A 国货币表示的价格；P_B 为同商品在 B 国以 B 国货币表示的价格；e 为汇率（一单位 B 国货币等于多少单位 A 国货币）。

2. 绝对购买力平价

绝对购买力平价是指在某一时间点上，一国货币的价值由单位货币在国内所能购买到的商品和劳务的量所决定，即由购买力所决定，因此两国货币之间的兑换比率取决于两国货币的购买力之比，而购买力的大小是通过物价水平所体现的。用公式表达为

$$e = \frac{\sum P_A}{\sum P_B}$$

式中，$\sum P_A$ 为 A 国可贸易商品的一般物价水平；$\sum P_B$ 为 B 国可贸易商品的一般物价水平；e 为汇率（一单位 B 国货币等于多少单位 A 国货币）。

3. 相对购买力平价

相对购买力平价理论是卡塞尔在 1918 年分析第一次世界大战时通货膨胀率和汇率变动关系时提出的。在实际生活中，各国之间存在交易成本，同时各国的贸易商品和不可贸易商品的权重存在差异，因此各国的一般物价水平以同一种货币计算并不相等，而是存在着一定的偏离。把汇率变动的幅度和物价的变动幅度联系起来，就是相对购买力平价。用公式表达为

$$e_1 = (P_A / P_B) \cdot e_0$$

式中，e_0 为正常时期的汇率；e_1 为通货膨胀后的汇率；P_A 为 A 国货币的购买力变化率；P_B 为 B 国货币的购买力变化率。

4. 购买力平价理论的评价

购买力平价理论的优势：①正确地把物价水平与汇率相联系，通过物价与货币购买力的关系去论证汇率的决定及其基础；②该理论直接把通货膨胀因素引入汇率决定的基础之中，这在物价剧烈波动、通货膨胀日趋严重的情况下，有助于合理地反映两国货币的对外价值。

购买力平价理论的缺陷：①把货币所代表的价值看成由纸币的购买力决定的，使得该理论无法揭示汇率的本质。②该理论强调货币数量或货币购买力对汇率变动的影响，而忽视了生产成本、投资储蓄、国民收入、资本流动、贸易条件以及政治形势等对汇率变动的影响。货币的购买力只是影响汇率变动的重要因素之一，而不是全部。

（二）利率平价理论

利率平价学说的基础理论与购买力平价说一样，也是一价定律，即在完全竞争的市场上，投资者用相同资金投资所获得的收益，在世界范围内用同一货币表示时，应该一致或趋于相同。

1. 非抛补套利平价

投资者承担一定的投资风险，不进行远期交易，利用未来的预期汇率来预算收益。当两国利率不同时，大量在利率高的国家投资的行为会带来利率和汇率的变动，最终导致市场平衡，两国投资的预期收益相同。用公式表达为

$$1 + i_d = \frac{E_e^f}{e}(1 + i_f)$$

整理上式可得

$$\frac{E_e^f - e}{e} = i_d - i_f$$

式中，E_e^f 为未来预期汇率；e 为即期汇率；i_d 为本国利率；i_f 为外国汇率。当本国汇率高于外国汇率，本国货币预期在未来贬值。

2. 抛补套利平价

投资者要规避一定的投资风险，签订远期合约，在远期市场以远期汇率卖出远期外汇。用公式表达为

$$\frac{f - e}{e} = i_d - i_f$$

式中，f 为远期汇率。如果本国利率高于外国利率，则远期利率必将升水，这意味着本币会在远期贬值，反之亦然。因此可以得知，汇率远期的升（贴）水利率等于两国利率之差。

3. 利率平价理论的评价

利率平价理论的优势：①从资金流动的角度指出了汇率与利率之间相互作用的关系，对远期外汇市场的业务实践作出了比较完整的总结。②利率平价学说还具有特别的实践价值，由于利率的迅速变动会对汇率产生立竿见影的影响，为中央银行调节外汇市场提供了有效途径。

利率平价理论的缺陷：①利率平价理论脱离了实际，完全充分流动的金融市场是不现实的。②忽视了其他因素对汇率的影响，只强调了利率差的决定作用。实际上，交易成本、资本流动限制、汇率风险等因素都会对人们的套利和投机行为产生一定的影响。

（三）国际收支理论

实行浮动汇率制度后，一些西方经济学家把凯恩斯主张的国际收支均衡条件的分析应用于汇率的决定分析，即提出国际收支理论。1981 年，美国学者阿尔盖系统总结了这一理论。

1. 国际收支理论

国际收支学说认为，汇率是由外汇供求决定的，而外汇供求又由国际收支来决定的，外汇供求平衡是国际收支均衡的一种表现。凡是影响国际收支均衡的因素都会影响汇率的变动。当一国国际收支处于均衡状态时，由此决定的汇率水平也就是均衡汇率。用公式表示为

$$e = f(Y_d, Y_f, P_d, P_f, i_d, i_f, E_e^f)$$

式中，e、Y、P、i、E_e^f 分别为外汇汇率、国民收入、物价水平、利率、预期未来汇率。

2. 国际收支理论的评价

国际收支理论的优势：①它指出了汇率与国际收支的密切关系，有利于全面分析短期内汇率的变动与决定。②该理论是一个关于汇率决定的流量理论，因为其将国际收支所引起的外汇供求流量当成了决定短期汇率水平及其变动的主要因素。

国际收支理论的缺陷：①国际收支学说对各变量如何影响汇率的分析是在其他变量不变的条件下进行的，而实际这些变量之间存在着复杂的关系，它们对汇率的影响是难以简单确定的。②该理论的核心基础是要求国际收支平衡，但实际经济中，经常是处于国际收支不平衡的状态，因而该理论的适用性受到限制。

（四）其他汇率决定理论

20 世纪 90 年代以后，一些经济学家开始关注原有汇率理论未曾考虑的宏观经济关系的微观基础，从而形成了具有微观基础的汇率宏观经济分析方法。与此同时，基于对理性预期的批判，从外汇市场微观结构研究出发的汇率决定的微观结构理论，和市场参与者异质性导致汇率混沌运动思想出发的汇率决定的混沌分析法也崭露头角。

第三节　汇率的波动及其影响

经济生活中很多因素会引起汇率的变动，而汇率变动又会反作用于经济的运行，对一国的国内经济和国际经济产生影响。

一、影响汇率波动的因素

汇率的波动表现在两个方面：货币贬值和货币升值。影响一国汇率变动的因素很多，各种因素的影响也不同，而且这些因素相互影响、相互制约。影响汇率变动的主要因素可分为长期因素和短期因素两类。其中，经常账户差额[①]、通货膨胀率和经济实力为长期因素，利率、各国汇率政策和政府干预、投机活动与市场心理预期、政治与突发因素为短期因素。随着经济和科技的发展，过去认为是长期的影响因素在较短的时间内也会对汇率发挥作用。

（一）经常账户差额

经常账户差额是影响汇率变化最重要的因素，既受汇率变化的影响，又会影响到外汇供求关系和汇率变化。当一国有较大的经常账户逆差时，说明本国外汇收入少于外汇支出，对外汇的需求大于外汇的供给，外汇汇率上涨，本币对外贬值；相反，当一国处于经常账户顺差时，外国对本国货币需求增加，会造成本币对外升值，外汇汇

---

① 经常账户、经常账户差额详见第十章。

率下跌。虽然存在利率、心理预期等短期因素的影响，但经常账户差额与汇率之间的这种关系在长期内发挥作用。

经常账户状况对汇率的影响还取决于经常账户差额的性质。短期的、临时性的、小规模的差额，可以轻易地被国际资金的流动、相对利率和通货膨胀率、政府在外汇市场上的干预和其他因素所抵消。但是，长期的巨额的经常账户逆差，一般会导致本国货币汇率的下降。

（二）通货膨胀率

纸币制度的特点决定了货币的实际价值是不稳定的，通货膨胀以及由此造成的纸币实际价值与其名义价值的偏离几乎在任何国家都是不可避免的，这必然引起汇率水平的变化。如果一国的纸币发行过多，流通中的纸币量超过了商品流通过程中的实际需求，就会造成通货膨胀。通货膨胀使一国的纸币在国内购买力下降，使货币对内贬值。通货膨胀几乎在所有国家都发生过。因此，在考察通货膨胀率对汇率的影响时，不仅要考察本国的通货膨胀率，还要与其他国家的通货膨胀率进行比较，即要考察相对通货膨胀率。一般来说，相对通货膨胀率持续较高的国家，表示其货币的国内价值的持续下降速度相对较快，其汇率也将随之下降。通货膨胀率的高低是影响汇率变化的基础。

通货膨胀率可以通过多种途径影响汇率。例如，通货膨胀率提高，以外币表示的本国商品的出口价格上涨，其产品在国际市场上的竞争力下降，出口减少，从而影响经常账户余额。通货膨胀率还会通过人们对汇率的预期，影响资本流动。如一国通货膨胀率高，人们会预期该国货币贬值，于是会进行货币兑换，造成该国货币在外汇市场上的实际贬值。

（三）经济实力

一国经济实力是奠定其纸币汇率高低的基础。而经济实力强弱是通过许多方面、许多指标表现出来的，如稳定的经济增长率、低通货膨胀水平、低失业率、平衡的国际收支、充足的外汇储备以及合理的经济结构、贸易结构等都标志着一国经济实力强。这不仅形成了本币币值稳定和坚挺的物质基础，而且也会使外汇市场上人们对该货币的信心增强。相反，经济增长缓慢甚至衰退、高通货膨胀率、高失业率、国际收支巨额逆差、外汇储备短缺以及经济结构、贸易结构等失调，则标志着一国经济实力弱，从而使本币失去稳定的物质基础，人们对其信心下降，对外不断贬值。一国经济实力强弱对汇率变化的影响是较长期的，即它影响汇率变化的长期趋势。

（四）利率水平

利率在一定条件下对汇率的短期影响很大。利率对汇率的影响是通过不同国家的利率差异引起资金特别是短期资金的流动而发挥作用的。在一般情况下，当一国提高利率水平，或本国利率高于外国利率时，会引起资本流入该国，由此对本国货币需求增加，使本币升值、外汇贬值；相反，当一国降低利率水平或本国利率低于外国利率时，会引起资本从本国流出，由此对外币需求增大，使外汇升值、本币贬值。

利率对于汇率的另一个重要作用是导致远期汇率的变化。由利率引起的资本流动还要考虑未来汇率的变动，只有当利率的变动抵消了汇率在未来的不利变动之后金融资产所有者仍有利可图，资本的国际流动才会发生。现在国际资本流动规模大大超过国际贸易额，因此，利率变化对汇率的影响显得更为重要。

要注意的是，利率水平对汇率虽有一定的影响，但从决定汇率升降趋势的基本因素看，其作用是有限的，它只是在一定的条件下，对汇率的变动起暂时的作用。

（五）各国汇率政策和政府对市场的干预

为了维持汇率的稳定，或使汇率的变动服务于经济政策目的，政府常会对外汇市场进行干预，如中央银行在外汇市场上买进或卖出外汇；政府采取财政、货币政策间接干预外汇市场。一般来说，扩张性的财政、货币政策造成的巨额财政收支逆差和通货膨胀，会使本国货币对外贬值；紧缩性的财政、货币政策会减少财政支出，稳定通货，使本国货币对外升值。中央银行影响外汇市场的主要手段是：调整本国的货币政策，通过利率变动影响汇率，直接干预外汇市场，对资本流动实行外汇管制。

（六）市场心理预期

市场心理预期①因素是影响国家间资本流动的一个重要因素。在国际金融市场上，有大量的短期性资金。这些资金对世界各国的政治、经济、军事等因素都具有高度的敏感性，受着预期因素的支配。当人们预期某种货币将贬值，市场上马上就会出现抛售这种货币的行为，使这种货币供大于求，迅速贬值。

影响人们心理预期的因素主要有三方面：一是与外汇买卖和汇率变动相关的数据资料信息；二是来自电视、电台等的经济新闻和政治新闻；三是社会上人们相互传播未经证实的消息。这些因素都会通过影响外汇市场交易者的心理预期进而影响汇率。有时虚假的经济新闻或者信息也会导致汇率的变动。

另外，外汇市场的参与者和研究者对市场交易人员心理的影响，以及交易者自身对市场走势的预测都是影响汇率短期波动的重要因素。当市场预计某种货币下降时，交易者会大量抛售该货币，造成该货币汇率下浮的事实；相反，当人们预计某种货币趋于坚挺时，又会大量买进该种货币，使其汇率上扬。由于公众预期具有投机性和分散性的特点，加剧了汇率短期波动的振荡。

---

① 所谓预期，是指参与经济活动的人，对与其经济决策有关的经济变量在未来某个时期的数值所作出的估计和预测。心理预期是人们对未来事物发展趋势的估计。

（七）政治与突发因素

由于资本首先具有追求安全的特性，因此，政治及突发性因素对外汇市场的影响是直接和迅速的。政治突发因素包括政局变动、政策失去连续性、政府的外交政策变化以及战争、经济制裁和自然灾害等。另外，西方国家大选也会对外汇市场产生影响。政治与突发事件因其突发性及临时性，使市场难以预测，故容易对市场造成冲击，一旦市场对消息作出反应并将其消化后，原有消息的影响力就大为削弱。政治因素一般来得比较突然，很难预测，因此它对汇率的影响是比较直接和迅速的。例如2003年伊拉克战争期间，美元就经历了几次起落。

除了上述介绍的影响汇率的因素外，还有其他因素会引起汇率变动。各种因素对汇率的影响交织在一起，错综复杂，使得汇率的变动常常捉摸不定，难以预测。在分析影响汇率变动的因素时，很难用一种因素去解释汇率的变动，因此不仅要对单个因素进行分析，而且要进行综合分析，以便作出正确的判断。

案例 5-3：日元的汇率变动

二、汇率波动的影响

汇率的变动不仅要受一系列经济因素的影响，而且其变动又会反过来对一国国际收支、国内经济乃至世界经济产生广泛的影响。了解汇率的变动对经济的影响，一方面有助于一国外汇管理当局制定该国的汇率政策，另一方面也有助于涉外企业进行汇率风险管理。

（一）汇率变动对一国国际收支的影响

汇率变动对一国国际收支[①]的影响主要体现在贸易收支、非贸易收支、资本流动和外汇储备四个方面。

1. 汇率变动对贸易收支的影响

一国货币汇率的变动会直接导致该国商品价格的变动，进而影响本国商品的国际竞争力，最终影响该国的进出口规模和贸易收支状况。例如，如果一国货币对外贬值即本币汇率下降，则以本币所表示的进口商品价格升高，以外币表示的本国出口产品的价格降低，这样可以抑制进口、扩大出口，将有利于货币对外贬值的国家改善其贸易收支。如果一国货币对外升值即本币汇率上升，则情况正好与此相反。

汇率的变动对贸易收支的影响是有条件的。汇率的变动能否影响贸易收支主要取决于进出口商品的供给和需求弹性。设 ε 表示需求弹性，它是指单位商品价格的变动所引起的进出口商品需求数量的变动比，即 $\varepsilon = \dfrac{\Delta Q_d / Q_d}{\Delta P / P}$。进口商品需求弹性为 ε_m，

———————————

① 国际收支的概念见第十章。

出口商品需求弹性为 ε_x。类似地，设 η 表示供给弹性，它是指商品单位价格变动所引起的进出口商品供给数量的变动比，即 $\eta = \dfrac{\Delta Q_s / Q_s}{\Delta P / P}$。进口商品供给弹性为 η_m，出口商品供给弹性为 η_x。

从出口角度而言，只有出口商品的需求弹性足够大，汇率的变动才能增加或减少外国对该国出口商品的需求。要实现最终出口商品需求的增加或减少，还要求出口商品的供给弹性足够大，这样该国才能充分利用闲置资源进行扩大或缩小生产，从而汇率的变动才能够起到扩大或缩小出口的作用。对进口也是一样。马歇尔等人对货币的贬值也有表述，即马歇尔—勒纳条件：假设商品的供给具有完全的弹性，即 $\eta_m \sim \infty$，$\eta_x \sim \infty$，那么贬值的效果就取决于进、出口商品的需求弹性 ε_m 和 ε_x。只有当进口商品的需求弹性与出口商品的需求弹性之和大于1，即 $\varepsilon_m + \varepsilon_x > 1$ 时，货币贬值才能改善贸易收支。

此外，从一国汇率的变动到贸易收支的变动还有一个时滞。本币对外币贬值后，出口商品以外币表示的价格下降，外国对该国商品的需求会增加，但是本国并不能立即增加供给，因为企业扩大生产还需要一个较长的过程，所以出口的增长会有一个时滞。同样，对于进口而言，因为原来已经签订的合同还要继续执行，因此货币贬值后进口不会立即减少。货币贬值后常常会出现这种现象，即在货币贬值的初期，出口商品的数量增加缓慢（以外币表示的价格已降低），进口商品的外币价格不变（本币价格提高）而数量未见减少，贸易收支反而恶化。[①]只有经过一段时间的调整，贸易收支才能够得以改善，此即所谓的"J 曲线效应"[②]。

2. 汇率变动对非贸易收支的影响

（1）一国货币汇率的变动对国际收支经常项目中的服务贸易会产生一定的影响。以旅游为例，假设一国货币对外升值即本币汇率上升，则该国的货物、劳务、旅游等的相对价格将会大大提高，外国游客考虑到旅游成本的增加，将会减少对该国旅游的需求，因此会降低该国旅游、劳务等服务贸易收入。相反，若一国货币对外贬值，则有助于吸引更多的外国游客，服务贸易收入也会相应增加。但会抑制本国居民对国外旅游的需求，从而减少了本国居民对国外旅游和其他服务的支出。汇率变动产生的上述作用，是以汇率变动而国内物价不变或相对缓慢为前提的。

（2）汇率的变动对一国单方面转移收支也会产生影响。一般而言，货币的贬值会对一国的单方面转移收支产生不利的影响。以侨汇为例：侨汇多为外国侨民赡养家属

---

① 以本币收支来看是如此。进一步的阐述见：姜波克. 国际金融新编[M]. 6 版. 上海：复旦大学出版社，2017：44-46.

② "J 曲线效应"见第十章。

汇款，若家属所在国的货币对外贬值，外国侨民则只需汇回较少的外币就可以维持国内亲属以前的生活水平，从而使该国侨汇收入将减少。

3. 汇率变动对资本流动的影响

汇率的变动对资本流动的影响可以从国际收支的资本与金融项目中体现出来。资本从一国流向国外，主要是追求利润和避免损失，因而汇率变动会影响资本流动。当一国货币贬值而尚未到位时，国内资本的持有者和外国投资者为避免货币进一步贬值而蒙受损失，会将资本调离该国。若该国货币贬值，并已贬值到位，在具备投资环境的条件下，投资者不再担心贬值受损，外逃的资本就会抽回国内。若货币贬值过头，当投资者预期汇率将会反弹，就会将资本输入该国，以谋取汇率将来升值带来的好处。关于货币升值对于资本流动的影响，一般则相反。需要说明，汇率变动对资本流动的上述影响，是以通货膨胀、利率等因素不变或相对缓慢变动为前提的。

4. 汇率变动对外汇储备的影响

外汇储备[①]是国际收支中十分重要的一部分内容。汇率的变动能够对一国外汇储备产生影响，前提是外汇汇率的变动是外汇储备中主要货币的汇率变动。

（1）本国货币汇率变动会通过资本流动和进出口贸易额的增减，直接影响本国外汇储备的增加或减少。通常，一国货币汇率稳定，有利于该国引进外资，从而会增加该国的外汇储备；反之，则会引起资本外流，减少该国的外汇储备。由于一国汇率变动，其出口额大于进口额时，储备状况会改善；反之，储备状况则恶化。

（2）当储备货币贬值时，持有储备货币国家的外汇储备的实际价值遭受损失。而储备货币国家则因储备货币贬值而减少了债务负担，又可从中受益。

在衡量汇率的变动对一国外汇储备的影响时，不仅要确定各种外币在外汇储备中的权重，还要分析各种货币的升值或者贬值程度，这样综合分析才能够得出准确的结论。

（二）汇率变动对国内经济的影响

汇率变动对国内经济的影响体现在国内物价水平、国民收入和就业水平、产业结构和经济增长等方面。

1. 汇率变动对国内物价水平的影响

汇率变动的一个很直接的结果就是国内物价水平的变动，因为汇率的变动会引起进、出口商品价格的相对变化，最终将改变国内的物价水平。从出口商品来看，一国货币贬值，有利于出口，在国内生产能力已经较为充分利用或者国内资源较为有限的情况下，就会加剧国内市场的供需矛盾，使国内商品的供应相对减少，促进物价上涨。

---

① 外汇储备的概念见第十章。

从进口消费品和原材料来看，汇率下降，由于示范效应，会带动国内同类商品价格上升。另外，如果设备或原材料是该国必须从国外进口的，国内市场缺乏替代品，那么投入的成本增加，也会导致有关产品价格上升。另外，国内本币贬值可以提高以本币表示的进口商品的国内价格，降低以外币表示的出口产品的国外价格。若货币汇率上升，一般则相反。但是，在实践中，贬值不一定真能达到上述的理想结果。因为，贬值会通过各种传导机制，反作用于国内经济的运行，抵消贬值带来的好处。

2. 汇率变动对国民收入和就业水平的影响

在市场经济中，需求是制约收入增长和就业状况的关键因素。根据上述汇率变动对物价水平的影响分析可知，汇率变动通过对进、出口的影响，进而影响国内总需求，总需求的变动又会进一步影响国民收入和就业水平。若一国货币对外升值，则会使该国商品进口增加、出口减少，国内总需求会相应减少，进而会抑制国内生产的发展，最终导致国民收入的减少和就业水平的降低。相反，若一国货币对外贬值，进口减少，出口增加，国内总需求相应增加，生产扩大，最终将导致国民收入水平和就业水平的提高。

在发展中国家，国民收入和就业的增长经常遇到资金、技术、设备、原料等方面的约束。若政府实行压低本币汇率的政策，使本国的土地和劳动力对外商来说更加便宜，便可能吸引投资性资本的流入。这有助于打破各种资源约束，推动收入增长和就业增加。

3. 汇率变动对产业结构的影响

根据与汇率变动关系是否密切，可以将产业结构划分为国际贸易部分和非国际贸易部分两大部分。国际贸易部分的产品主要用于国际贸易，非国际贸易部门的产品主要用于国内消费。汇率的变动对这两部分的影响程度并不完全相同，从而导致生产资源在两个部门的重新配置，进而影响一国的产业结构。

一国货币对外贬值后，本国产品价格相对较低，出口产品在国际市场上的竞争力提高，出口规模扩大，出口部门即国际贸易部门利润增加，由此导致生产资源由非国际贸易品部门向国际贸易品部门转移。这样，一国产业结构会倾向于国际贸易部门，国际贸易品部门在整个经济体系中对经济的贡献增加，本国对外开放程度加大。若一国货币对外升值，则情况恰好与此相反。

但是本国货币的持续升值或贬值也会对本国产业结构产生十分不利的影响。例如，一国货币持续对外贬值会鼓励国内高成本低效益的出口产品和进口替代品的生产，在一定程度上具有保护落后产业、扭曲资源配置的可能。同时，由于国外先进技术等的本币价格相对较高，一些需求这些先进技术的企业就要承担过重的经济负担，不利于本国产业结构升级。

4. 汇率变动对经济增长的影响

汇率变动对经济增长的影响主要表现在汇率的变动通过影响一国的进出口来带动国民收入的增加或减少。以货币贬值为例，若一国货币对外贬值，将使得出口规模扩大，出口收入增加。只要增加的出口收入中有一部分用于本国产品的消费，那么出口收入的增加就需要国内产品供给的增加，即国内必须有闲置的资源用于扩大再生产。如果本国资源短缺，生产资源大部分依赖进口，那么货币的贬值就会增加进口需求，国民收入会因此而减少，同时经济的增长也会受到阻碍。

此外，汇率的变化对国内经济的影响还表现在一国收入分配、货币供给等方面。总之，上述分析告诉我们，汇率政策可以被一国政府用来实现其国内经济发展的目标。

（三）汇率的变动对世界经济的影响

汇率变动对一国影响程度大小取决于该国的经济实力及其在世界中所处的地位。小国的汇率变动只会对其贸易伙伴国的经济产生轻微的影响，而大国尤其是可自由兑换货币的大国，其汇率的变动将会对世界经济产生很大的影响。由于小国汇率变动的影响较小，这里就只介绍大国的汇率变动对世界经济的影响。

（1）大国货币大幅度的对外贬值，至少在短期内会不利于其他发达工业国家和发展中国家的贸易收支，由此会加剧发达国家与发达国家、发达国家与发展中国家之间的矛盾。这样很容易引起贸易战和汇率战，进而影响世界经济的发展。

（2）大国货币由于可自由兑换，一般被用来充当国家间计价手段、支付手段或储备手段。这些大国货币汇率的变动，对参与此种货币的交易以及将此种货币作为交易媒介的经济主体，即跨国公司等都会产生直接的利害关系。为了避免汇率变动造成的损失，各经济主体将会进行频繁的金融交易以对资产保值或谋取利润，由此会引起金融财富在国家间的大量转移，使得国际经济和金融领域呈现动荡的局面，不利于世界经济的发展。

（3）大国的汇率变动和不稳定也会对国际储备体系和国际金融体系产生很大的影响。目前的国际货币体系正在朝着多样化和多元化发展，正是其结果之一。第二次世界大战以前英镑在世界货币中占据绝对的优势地位，但是第二次世界大战以后布雷顿森林体系的建立使得美元成为世界货币的中心货币，1973 年布雷顿森林体系瓦解之后就出现了由美元、日元、欧元等许多货币共同充当国际货币的局面。

汇率的变动常常会与一些宏观经济变量结合在一起共同起作用，无论升值或贬值，都会对一国经济和世界经济产生很大的影响。一般而言，一国经济对外开放程度越深，与国际金融市场的联系越密切，则该国受汇率变动的经济影响就越大；反之，受汇率变动的经济影响就越小。因此，为了整个世界经济的稳定发展，各主要发达国家，尤其是经济大国都应当努力维持本国汇率的基本稳定。

第四节　汇 率 制 度

一、汇率制度的类型

汇率制度（exchange rate regime or exchange rate system），又称汇率安排，是指一国货币当局对本国汇率确定的原则及其变动的基本方式所做的一系列安排或规定。按照汇率的变动方式，可将汇率制度分为两大类型：固定汇率制度（fixed exchange rate system）和浮动汇率制度（floating rate system）。

案例 5-4：索罗斯狙击英镑

（一）固定汇率制度

固定汇率制度，是指政府利用行政或法律手段确定、公布并维持本国货币与某种参考物之间的固定比价的汇率制度。所谓参考物可以为黄金，也可以为某国货币或一组货币。

固定汇率制度可以追溯到金本位货币制度时期。自 19 世纪末期西方国家开始实行金本位货币制度，到 1973 年布雷顿森林体系瓦解，基本上世界各国实行的都是固定汇率制度。因此，固定汇率制度包括金本位货币制度下的固定汇率制度[①]和纸币流通货币制度下的固定汇率制度。

纸币流通制度下的固定汇率制度主要是指布雷顿森林体系下的固定汇率制度。它是第二次世界大战后根据 1944 年在美国新罕布什尔州的布雷顿森林召开的国际金融会议上所签订的"布雷顿森林协议"确定下来的汇率制度，主要内容是以《国际货币基金协议》的法律形式固定下来的。该协议规定：参加国际货币基金组织的会员国货币的汇价应以黄金或 1944 年 7 月 1 日所含黄金重量与成色的美元（当时 1 美元含0.888 671 克纯金，即 1 盎司黄金为 35 美元）表示。这使得各国货币均与美元直接挂钩，各国货币浮动的幅度不能超过规定汇率的 ±1%，而且各国政府有义务维护本国汇率稳定，即通过动用外汇储备对外汇市场进行干预，使本国汇率保持在规定的范围之内。各国货币管理当局也常用贴现政策、外汇管制、直接输出黄金或举借外债来维护汇率在上下界限之内波动。确切地说，布雷顿森林体系下的固定汇率制度是可调整的钉住美元的固定汇率制度，美元也因此一直处于世界霸主地位。

在布雷顿森林体系下，汇率的波动范围虽然已经大大超过了金币本位货币制度下黄金输送点的范围，但是汇率还是相对比较稳定的。在当时，对世界经济的恢复与发

---

① 金币本位、金块本位和金汇兑本位制下的固定汇率制度见"汇率决定的基础"部分内容。

展起到了至关重要的作用，但是由于其自身存在着无法克服的缺陷，最终布雷顿森林体系还是走上了解体的道路。布雷顿森林体系的缺陷主要表现在以下几个方面。

（1）整个国际货币体系以一国经济地位为基础。把国际货币体系建立在美国的经济地位基础上，一旦美国经济地位发生变化，国际货币体系也必然随之动荡。这是布雷顿森林体系的根本缺陷。

（2）缺乏弹性的固定汇率制度。布雷顿森林体系是一种固定汇率制度，限制了各国利用汇率杠杆来调节国际收支的作用，严重地影响各国实现宏观经济目标的各种政策。

（3）自身无法克服的"特里芬难题"。布雷顿森林体系在清偿能力、信心、调整性方面的固有缺陷是导致其解体的根本原因。在该体系下，随着世界经济的发展，需要增加国际清偿能力，即增加国际储备（美元），而增加美元国际储备，美国的国际收支必须长期持续逆差，使人们对维持美元与黄金间的可兑换性产生怀疑，对美元的清偿能力丧失信心。要维持各国对美元的信心，美国必须纠正其逆差，这又使国际清偿能力不足。维持以美元为中心的布雷顿森林体系，保证"双挂钩"原则的实现，美国有两个基本责任：第一，要保证各国中央银行以 35 美元每盎司的官价向美国兑换黄金，以维持各国对美元的信心。美国履行其兑换义务，必须具有比较充足的黄金储备，这是布雷顿森林体系的基础。第二，美国要向各国提供足够的清偿力——美元，以解决各国对美元的需求。然而这两个问题，信心和清偿力是有矛盾的。美元供给太多就会有不能兑换黄金的风险，从而发生信心问题。而美元供给太少就会发生国际清偿力不足的问题。也就是说，要满足世界经济和国际贸易不断增长的需要，国际储备必须有相应的增长，这必须有储备货币供应国——美国的国际收支赤字才能完成。但是各国手中持有的美元数量越多，则对美元与黄金之间的兑换关系越缺乏信心，并且越要将美元兑换为黄金。这个矛盾终将使布雷顿森林体系无法维持。第一次指出布雷顿森林体系中的信心和清偿力矛盾的是美国耶鲁大学教授特里芬（R. Triffin），故称之为"特里芬难题"。

事实上，"特里芬难题"不仅是布雷顿森林体系的缺陷，也是任何以一种货币为国际储备货币的货币制度的弱点。"特里芬难题"充分体现了理论的高度预见性，最终布雷顿森林体系就是因为这一根本缺陷走向崩溃。

进入 20 世纪 60 年代，美国的经济实力下降，而且经济增长缓慢，国际收支持续逆差，因此美元地位逐渐削弱。此时固定汇率制度的缺点也逐渐地暴露出来，布雷顿森林体系下的汇率制度已不再能适应各国经济的发展需要。在 20 世纪 70 年代石油危机的再次冲击下，1973 年布雷顿森林体系彻底宣告瓦解，持续了 28 年的固定汇率制度终于走到了尽头，此时西方各主要国家相继实行浮动汇率制度。

（二）浮动汇率制度

浮动汇率制度，是在 1973 年固定汇率制度崩溃之后，主要西方工业国家普遍实行的一种汇率制度。它是指一国政府不再对本国货币和外国货币之间的汇率加以固定，也不规定汇率波动的上下限，完全由外汇市场根据外汇的供求状况，自行决定本币对外币的汇率。浮动汇率制度已有很久的历史。在西方国家实行金本位货币制度时，一些殖民地、附属国，特别是实行银本位货币制度国家的货币汇率，就曾长期处于不稳定的状态，这实际上就是浮动汇率制度。第一次世界大战以后，法国、意大利、加拿大等国和亚非拉一些发展中国家，也曾实行过浮动汇率制度。浮动汇率制度从不同的角度可以有两种划分方式：按照政府是否干预可以划分为自由浮动（或清洁浮动）和管理浮动（或肮脏浮动）；按照汇率的浮动方式可以划分为单独浮动、联合浮动和钉住浮动。①

现在世界上实行固定汇率制度的国家虽然较多，但国际汇率制度的性质仍然是浮动汇率制，根本原因是，美元、日元、英镑、欧元等主要货币的汇率是浮动的。

（三）汇率制度的比较

1. 固定汇率制度的优缺点

（1）固定汇率制度的主要优点：有利于世界经济的稳定发展。在固定汇率制度下，各国货币之间的比价基本固定，这样有助于进出口企业、国际信贷和国际投资主体进行成本及利润的核算，同时也减少了汇率变动所带来的风险。因此有利于各国之间更好地进行经济往来，最终有利于整个世界经济的稳定发展。

（2）固定汇率制度的主要缺点：第一，在固定汇率制度下，由于各国货币比价基本不变，因此汇率无法发挥调节国际收支的经济杠杆作用。第二，固定汇率制度容易引起一国经济内部失衡。当一国国际收支持续顺差时，因为汇率基本固定，该国只能采取扩张性货币政策来平衡国际收支，这样很容易导致国内物价上涨，形成通货膨胀。事实上，采取这种措施来调节国际收支是以牺牲内部均衡来换取外部均衡，虽然在短期内是有效的，但是在长期内对一国国内经济发展是十分不利的。第三，固定汇率制度容易引起国际汇率制度的动荡和混乱。若一国国际收支持续逆差，它所采取的财政政策或货币政策无效时，该国政府就会采用本国货币对外国货币法定贬值的措施，这会引起与其有密切贸易关系的国家也随之采取同样的措施进行报复，这将形成一条导火线，进一步引起世界上其他各个国家的货币纷纷贬值，从而导致整个国际汇率制度的动荡和混乱。

---

① 这部分内容请参见本章第一节"固定汇率与浮动汇率"内容。有一种比较特殊的钉住浮动汇率制度——联系汇率制度，以港币的联系汇率制度最为典型（见下文）。

2. 浮动汇率制度的优缺点

浮动汇率制度和固定汇率制度正好相对，即浮动汇率制度的优点正好与固定汇率制度的缺点相对应，其缺点与固定汇率制度的优点相对应。

（1）浮动汇率制度的主要优点：第一，浮动汇率制度能够发挥调节国际收支的经济杠杆作用，因为若一国国际收支失衡，只需通过汇率的上下浮动即可消除，而无须政府采用财政政策或货币政策。第二，在浮动汇率制度下，国际收支能够自动实现平衡，无须以牺牲国内经济为代价。第三，浮动汇率制度下各国可以减少外汇储备。因为浮动汇率制度下，各国不再有维持汇率稳定的义务，也就不需对外汇市场进行过多干预，因而就不需要太多的外汇储备，这样多余的外汇资金便可以用于引进国外先进的技术设备，增加投资，从而促进本国经济的发展。

（2）浮动汇率制度的主要缺点：第一，汇率的频繁波动，使得各国进出口企业、国际信贷和国际投资主体难以核算成本和利润，并使它们面临着由于汇率的变动造成的汇率风险，从而不利于整个世界经济的稳定发展。第二，在浮动汇率制度下，汇率的变动也为外汇投机提供了土壤和条件，助长了外汇投机活动，这将会进一步加剧国际金融市场的动荡和混乱。第三，在浮动汇率制度下，世界各国将在汇率制度上选择朝着有利于本国经济的方向调整汇率，这样非常不利于国际金融领域的国际合作，从而会加剧国际货币体系的矛盾。

表 5-5 显示的数据说明，从 2010 年到 2018 年，全球采用软钉住汇率制度的国家占比有所上升，采用硬钉住汇率制度和浮动制度的国家占比有所下降。近几年汇率制度安排的小幅度变动，一方面是由于为了适应国际贸易和金融发展的需要，另一方面可能是由于全球金融风险的出现和消化所导致。

表 5-5　IMF 成员[①]各种汇率制度占比　　　　　　　%

汇率制度	2010 年	2011 年	2012 年	2013 年	2014 年	2015 年	2016 年	2017 年	2018 年
硬钉住汇率制度	**13.2**	**13.2**	**13.2**	**13.1**	**13.1**	**12.6**	**13.0**	**12.5**	**12.5**
无独立法定货币制度	6.3	6.8	6.8	6.8	6.8	6.8	7.3	6.8	6.8
货币局制度	6.9	6.3	6.3	6.3	6.3	5.8	5.7	5.7	5.7
软钉住汇率制度	**39.7**	**43.2**	**39.5**	**42.9**	**43.5**	**47.1**	**39.6**	**42.2**	**46.4**
传统钉住制度	23.3	22.6	22.6	23.6	23.0	23.0	22.9	22.4	22.4
稳定化安排制度	12.7	12.1	8.4	9.9	11.0	11.5	9.4	12.5	14.1
爬行钉住制度	1.6	1.6	1.6	1.0	1.0	1.6	1.6	1.6	1.6
类似爬行汇率安排制度	1.1	6.3	6.3	7.9	7.9	10.5	5.2	5.2	7.8
水平带内的钉住制度	1.1	0.5	0.5	0.5	0.5	0.5	0.5	0.5	0.5

① 截至 2020 年 7 月，国际货币基金组织共有 189 个成员（包括科索沃），13 个联合国成员并不在该组织之内，而有 9 个地区被纳入该组织。

续表

汇率制度	2010 年	2011 年	2012 年	2013 年	2014 年	2015 年	2016 年	2017 年	2018 年
浮动制度	**36.0**	**34.7**	**34.7**	**34.0**	**34.0**	**35.1**	**37.0**	**39.5**	**34.4**
浮动制度	20.1	18.4	18.4	18.3	18.8	19.4	20.8	19.8	18.2
自由浮动制度	15.9	16.3	16.3	15.7	15.2	15.7	16.1	16.1	16.1
其他有管理安排制度	11.1	12.6	12.6	9.9	9.4	5.2	10.4	9.4	6.8

注：①2010 年数据统计不包括分别于 2010 年 6 月 24 日和 2012 年 4 月 18 日成为国际货币基金组织成员的图瓦卢和南苏丹。②2011 年与 2012 年数据统计不包括 2012 年 4 月 18 日成为国际货币基金组织成员的南苏丹。③2016 年数据统计包括瑙鲁，瑙鲁于 2016 年 4 月 12 日成为国际货币基金组织成员。④从汇率的完全固定到自由浮动顺序分别是：无独立法定货币汇率安排、货币局安排、水平波幅内的钉住制度、稳定化安排、爬行钉住、类似爬行安排、其他管理安排、浮动、自由浮动。

资料来源：IMF. Annual Report on Exchange Arrangements and Exchange Restrictions 2018.

二、中国的汇率制度

（一）人民币汇率制度

人民币汇率制度是我国经济政策体系中的重要组成部分，它规范了人民币汇率的运动方式。从 1953 年我国建立统一的外汇体系开始，人民币汇率制度几经演变；特别是改革开放之后，人民币汇率经历了从固定汇率到双重汇率再到有管理的浮动汇率制度。

1. 1994 年的人民币汇率制度改革

我国人民币汇率制度由国家外汇管理局制定、调整并公布，一切外汇买卖和对外结算，除另有规定外，都必须按国家外汇管理总局公布的汇率折算。1994 年 1 月 1 日起，人民币实现官方汇率与外汇调剂市场汇率并轨。并轨后的汇率向市场汇率靠拢，是以市场供求为基础的、单一的、有管理的浮动汇率制。1996 年 11 月，时任中国人民银行行长戴相龙宣布中国自 12 月 1 日实行人民币经常项目下的可兑换。亚洲金融危机后，鉴于国内外政治经济形势的变化，人民币成为实际上的"钉住美元汇率制"。

2. 2005 年人民币汇率制度改革

2005 年 7 月人民币汇率形成机制改革。为建立和完善我国社会主义市场经济体制，充分发挥市场在资源配置中的基础性作用，自 2005 年 7 月 21 日起，我国开始实行以市场供求为基础、参考一篮子货币进行调节、有管理的浮动汇率制度。人民币汇率不再钉住单一美元，而是按照我国对外经济发展的实际情况，选择若干种主要货币，赋予相应的权重，组成一个货币篮子。同时，根据国内外经济金融形势，以市场供求为基础，参考一篮子货币计算人民币多边汇率指数的变化，对人民币汇率进行管理和调节，维护人民币汇率在合理均衡水平上的基本稳定。参考一篮子表明外币之间的汇率变化会影响人民币汇率，但参考一篮子货币不等于钉住一篮子货币，它还需要将市场供求关系作为另一重要依据，据此形成有管理的浮动汇率[①]。

3. 2015 年进一步推进人民币汇率形成机制改革

为增强人民币兑美元汇率中间价的市场化程度和基准性，中国人民银行决定完善人民币兑美元汇率中间价报价。自 2015 年 8 月 11 日起，做市商在每日银行间外汇市场开盘前，参考上日银行间外汇市场收盘汇率，综合考虑外汇供求情况以及国际主要货币汇率变化向中国外汇交易中心提供中间价报价。"8·11"汇改迈出人民币汇率制度改革的重要一步，不仅让人民币汇率形成机制在不断的实践过程中得以调整与完善，也推出一系列防范汇率风险的制度安排，并让持续贬值的人民币汇率得以逆转。这一新制度深化了浮动汇率制度改革，为汇率市场化开辟了新的发展道路。

（二）香港的联系汇率制度

香港是小型开放经济，这一经济特点决定了香港比较适合采用联系汇率制度。该汇率制度是香港货币制度的基石。自 1983 年正式实施以来，其金融制度本身也在逐步调整之中。

1. 联系汇率的背景

香港自 1935 年放弃银本位制以来，先后实行过英镑汇兑本位制和纸币本位制、与美元挂钩的管理浮动汇率制和港币完全自由浮动的浮动汇率制。从 1978 年开始，香港经济环境不断恶化，贸易赤字增加，通货膨胀高企，加之实行以港币存款支持港币发行的、保障不足的港币自由发钞制度，为港币信用危机埋下祸根。1982 年 7 月 1 日至 1983 年 6 月 30 日的一年间，港币兑美元的汇率由 1 美元兑 5.913 港元跌至 1 美元兑 7.2 港元，港币贬值 18%。这一港币危机在 1983 年 9 月达到高峰，9 月 1 日的港币汇率为 1 美元兑 7.580 港元，至 9 月 26 日已急泻到 1 美元兑 9.600 港元，引起居民的挤兑和抢购风潮。在此背景下，为化解港币危机，恢复港币信用，港英当局决定改变浮动汇率制，转而实行联系汇率制。

2. 联系汇率制的主要内容

1983 年 10 月 15 日，香港政府在取消港元利息税的同时，对港币发行和汇率制度作出新的安排：要求发钞银行在增发港元纸币时，必须按 1 美元兑 7.8 港元的固定汇率水平向外汇基金缴纳等值美元，以换取港元的债务证明书，作为发钞的法定准备金。以上新安排宣告港币联系汇率制的诞生。这是一种货币发行局制度。根据货币发行局制度的规定，货币基础的流量和存量都必须得到外汇储备的十足支持。

在货币发行局制度下，港元汇率透过自动的利率调节机制维持稳定。当港元资产的需求减少，港元汇率减弱至兑换保证汇率时，金管局便会向银行买入港元，货币基

---

① 国家外汇管理局 <http://www.safe.gov.cn/> "政策法规"中的"外汇管理"（2020 年 7 月 10 日进入）。

础随之收缩，利率因而上升，吸引资金流入，以维持汇率稳定。相反，若港元资产的需求增加，使汇率转强，银行可向金管局买入港元，货币基础因而扩大，对利率造成下调压力，遏止资金继续流入。

3. 香港联系汇率制的运作机制

在联系汇率制下，香港存在着两个平行的外汇市场，即由外汇基金与发钞银行因发钞关系而形成的同业现钞外汇市场，相应地，存在着官方固定汇率和市场汇率两种平行的汇率。而联系汇率制度的运作，正是利用银行在上述平行市场上的竞争和套利活动进行的，也即政府通过对发钞银行的汇率控制，维持整个港元体系对美元的联系汇率；通过银行之间的套利活动，市场汇率围绕联系汇率波动并向后者趋近。具体而言，当市场汇率低于联系汇率时，银行会以联系汇价将多余的港币现钞交还发钞银行，然后用换得的美元以市场汇价在市场上抛出，赚取差价；发钞银行也会将债务证明书交还外汇基金，以联系汇价换回美元并在市场上抛售获利。上述银行套汇活动还引起港币供应量的收缩，并通过由此而导致的港币的供求关系得到调整，促使港币的市场汇率上浮。同样，当市场汇率高于联系汇率时，银行的套利活动将按相反方向进行，从而使市场汇率趋于下浮。无论是哪种情况，结果都是市场汇率向联系汇率趋近。

4. 联系汇率制的利弊

联系汇率制的最大优点是有利于香港金融的稳定，而市场汇率围绕联系汇率窄幅波动的运行也有助于香港国际金融中心、国际贸易中心和国际航运中心地位的巩固与加强，增强市场信心。联系汇率制减少了因投机而引起的汇率波动，减少经济活动中的不确定性，使个人、企业、政府都有稳定的预期，从而有利于降低交易成本。此外，它还可以束缚政府，使其理财小心谨慎。香港自 1983 年实行联系汇率制度以来，香港的汇率一直保持在 1USD = 7.8HKD 左右的水平上，并且经受了 1987 年股市狂潮和 1994 年墨西哥金融危机。1997 年下半年，东南亚金融危机爆发，致使泰国、菲律宾被迫放弃与美元挂钩的汇率政策，实行有管理的浮动。东南亚各国和地区的货币纷纷贬值，并进而波及新加坡元和港币。港币经受住了如此巨大的考验，不能不说是香港联系汇率制度的成功。港币汇率稳定，除了联系汇率本身的稳定机制之外，管理当局保守的理财哲学、香港巨额外汇储备和内地强有力的后盾都起了很大的作用。

联系汇率也有其自身的弱点，处理不好就会发生巨大危机：它使香港的经济行为及利率、货币供应量指标过分依赖和受制于美国，从而严重削弱了运用利率和货币供应量杠杆调节本地区经济的能力。同时，联系汇率制也使通过汇率调节国际收支的功能无从发挥。此外，联系汇率还被认为促成了香港高通货膨胀与实际负利率并存的局面。

5. 香港联系汇率制度的改革与发展

香港是一个高度外向型的经济体，这一经济特点决定了香港比较适合采用联系汇率制度。在开放的条件下，因为空间狭小，缺乏足够的回旋余地来应付各种国际冲击，也就不一定要求有独立的货币政策。同时，鉴于美元在香港对外贸易和清算中无可比拟的首要位置，香港实行港币与美元挂钩的联系汇率制度。20世纪70年代到80年代初的经验表明，香港不适合采用浮动汇率制，而联系汇率制度则非常适合香港的经济特点。事实上，正是由于浮动汇率制行不通，香港才转向联系汇率制的；而联系汇率制也很好地完成了其历史使命，拯救香港于危难之间。所以，应该在肯定联系汇率制的前提下，对其某些环节进行不断的改进。

专栏5-1：一国汇率制度的选择

香港联系汇率制度经过不断完善，形成了以金融管理局为中心，以汇丰银行、渣打银行和中银集团为两翼的特有的金融体制模式。

 参考资料与网站

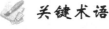 **关键术语**

外汇　汇率　直接标价法　间接标价法　即期汇率　远期汇率　浮动汇率制度
黄金输送点

复习思考题

一、简答题

1. 简述外汇的主要特征。

2. 纸币制度下，汇率由什么因素决定？

3. 汇率变动会对资本流动产生什么影响？

二、论述题

论述汇率和价格水平之间的联系。

附录5-1 金融报刊导读

附录 5-2 "8·11"汇改三周年：人民币汇率形成机制市场化，改革稳健前行

 即测即练题

第六章

跨国经营中的货币交易

商业环境越来越全球化，需要企业管理人员掌握有关外汇市场、外汇交易工具的基本知识，以适应海外竞争。本章遵循清晰与实用的原则，对基本概念、专业术语做详细解释；对外汇业务的基本原理，辅以充分的案例说明。

第一节　外汇市场简介

外汇市场（foreign exchange market）是指经营外汇业务的银行、各种金融机构以及个人进行外汇买卖和调剂外汇余缺的交易场所，是专门从事外汇买卖的市场，包括金融机构之间相互进行的同业外汇买卖市场（或称批发市场，通常是无形市场）和金融机构与顾客之间进行的外汇零售市场。由于各国的货币制度不同，使用的货币不一样，在履行国家间债权债务的结算时，就必须解决各国货币之间的兑换问题，也就是进行外汇交易。

外汇市场的存在具有重要作用：第一，使货币支付和资本转移得以实现。国家间的政治、经济和文化往来等都会产生国家间的支付行为，借助外汇市场可以进行资金调拨，清偿由此产生的债权债务关系，这是进行国际交往的前提。第二，减少汇率变动风险，有利于国际贸易的发展。浮动汇率制度下，汇率经常性的剧烈波动直接影响国际贸易和国际资本流动。外汇市场通过各种外汇交易活动（如远期外汇交易、期货或期权交易等），可以减少或消除汇率风险，促进国际贸易与投资的发展。

一、外汇市场参与者

（一）初级报价者

初级报价者（primary price maker）即市场创造者（market maker），是指专业的外汇交易商，包括大型银行、大型投资交易商、大型跨国公司。它们提供外汇的双向报价。当客户询价时，它们将提供买进与卖出的报价，并愿意根据报价买进或卖出任何数量的外汇。

银行是传统上的初级报价机构，外汇交易属于银行提供的服务之一，在外汇市场中扮演着重要角色。通常把专营或兼营外汇业务的商业银行或金融机构称为外汇银行。

投资交易商通常仅就特定的客户群提供专业服务，将外汇交易视为附加服务，并将这方面的相关交易逐笔与银行往来。但金融市场国际化的发展，以及银行在外汇市场获得的巨大利润，都促使投资交易商成为初级报价者。

某些大型跨国公司的触角也延伸到初级报价者的领域是因为：①它们常常需要以积极的态度管理资金流量、外汇风险、利率风险，有时这种管理活动所需的资金来源于公司内部，所以涉及外汇报价活动。②它们拥有的财力往往优于银行，能以较低的成本购买最新的交易设备，而且银行还必须受保持最低资本比率的限制，所以企业界在某些市场中有相对的竞争优势。

（二）次级报价者

次级报价者不提供双向报价，如旅店通常接受客户的外汇结算；某些公司专精于零售市场的外汇买入或卖出，这些公司之间或同一公司在不同的时间提供的买入或卖出报价之间往往有较大的差价。在必要时，次级报价者向初级报价者买进或卖出外汇。期货市场的交易者也属于次级报价者。

（三）价格接受者

价格接受者接受初级或次级报价者的报价，以供自己使用。价格接受者包括企业、个人、政府机构、小型银行等。有时大型银行也可能是价格接受者，如交易某些冷门的外汇时。

（四）外汇经纪商

外汇经纪商的功能是散播当时的价格信息，希望撮合买卖双方以赚取佣金。他们买进或卖出的外汇不属于自己的头寸。一般讲，经纪商只是为银行间市场提供服务，并未介入实际的交易。大型经纪商通常属于全球性机构，为银行间市场提供全天 24小时的服务，以满足初级报价者为其客户全天候的服务。

（五）外汇交易商

外汇交易商的特点是为自己的账户买卖外汇，进行套利和投机。据国际外汇交易商协会 2012 年统计，目前全球前五名的外汇交易商分别是瑞士银行、花旗银行、苏格兰皇家银行、巴克莱银行、美洲银行。

（六）投机商

外汇市场的投机商由许多不同的参与者构成。如下行为，均可视为投机行为：①主要报价者主动在市场中建立头寸；②企业对贸易活动造成的外汇风险头寸，故意推迟抵补，或听任该头寸持续到实际的现金流动；③政府对借入或投资外币而造成的外汇风险头寸，故意推迟抵补，或听任该头寸持续到实际的现金流动；④个人买进外币计价的股票、债券或其他资产，但未抵补相关的外汇风险。这些头寸均会因汇率的变动而盈亏。

区分投机性行为与谨慎的商业决策不容易。一种观点认为，未立即抵补风险的属于投机性行为；另一种观点认为，纯粹为了外汇交易而建立的头寸才称为投机性行为。在外汇市场中，投机性交易占相当大的比重。市场确实需要这些投机性活动，因为它们可以提供市场的流动性，以处理"非投机性"的交易，否则市场的买卖报价的汇率差会扩大，交易的撮合会延迟，大额交易很难成交。

（七）中央银行

中央银行参与外汇市场的目的是稳定市场，也是为了扭转汇率的走势。在某些情况下，中央银行可能只是试盘，观察市场对于大量干预的可能反应；也可能试图操纵汇率的上浮或下跌。中央银行除了直接干预外，也可通过货币政策或道德劝说进行间接干预。

二、外汇市场报价

所谓银行外汇报价，是在一定标价方式下，外汇银行对其他银行或客户报出的愿意买入外汇和愿意卖出外汇的价格。在一个竞争的国际金融市场，国际惯例要求从事外汇交易的报价银行必须报出外汇交易的双向价格，既报买价也报卖价，买卖价差是银行外汇交易的主要利润来源。外汇兑换可以分为两类：一类是本国货币对另一国货币的交易，各国银行与其国内的客户之间的外汇兑换多数属于这类交易；另一类是一种外币对另一种外币的外汇兑换，国际金融市场上的外汇交易多数属于这类交易。这两类货币兑换的报价方法不同。

（一）各国外汇市场的报价方式

各国外汇市场上，银行与工商企业、个人等顾客进行本币与外币交易时，采用双向报价法（two-way price），同时报出买入汇率和卖出汇率。这是从银行买卖外汇的角度考虑的。买入汇率又称买（入）价，是指银行从客户或同业那里买入外汇时所使用的汇率。由于这一汇率多用于出口商与银行间的外汇交易，也常称出口汇率。卖出汇率又称卖（出）价，是指银行向同业或客户卖出外汇时使用的汇率。由于这一汇率多用于进口商与银行间的外汇交易，也常称进口汇率。

这里强调两点：其一，买入或卖出是从银行报价的立场来说的，切不可混淆为从进口商或询价方的角度；其二，买卖的是"外汇"，而不是本币。银行从事外汇的买卖活动分别以不同汇率进行，当其买入外汇时以较低的价格买入，卖出外汇时以较高的价格卖出。低价买进、高价卖出之间的差价即为银行的经营费用和利润，一般约为0.1%。各国的差幅不尽相同，储备货币与非储备货币相差幅度也不相同。

如前所述，在外汇市场上，银行报价通常都采用双向报价，即同时报出买入和卖出汇率。按照惯例，不论是直接标价法，还是间接标价法，在所报的两个汇率中，都是前一数值较小，后一数值较大。在直接标价法下，前一数值表示银行的买入汇率，后一数值表示卖出汇率；而在间接标价法下，前一数值表示银行的卖出汇率，后一数值表示买入汇率。例如，某日纽约外汇市场上，银行所挂出的加拿大元和英镑的牌价是：

$$USD/CAD \ 1.057 \ 1/1.059 \ 1$$
$$GBP/USD \ 1.587 \ 0/1.588 \ 0$$

由于美国采用间接标价法，但对英镑等货币采用直接标价法。故在加拿大元的牌价中，前一数字为加拿大元的卖出汇率，即银行卖出 1.057 1 加拿大元收进 1 美元，后一数字为加拿大元的买入汇率，即银行买入 1.059 1 加拿大元付出 1 美元。而在英镑的牌价中，前一数字为英镑的买入汇率，即银行买入 1 英镑付出 1.587 0 美元，后一数字为卖出汇率，即银行卖出 1 英镑收进 1.588 0 美元，其间的买卖差价为每英镑 0.001 0 美元，通常称为卖出价高于买入价 10 个点。

（二）银行同业报价的国际惯例

外汇市场上银行同业间报价也采用双向报价方式，即银行在外汇交易中作为报价方向外报价时，总是同时报出买入价和卖出价。当银行报一种货币兑另一种货币的买入价和卖出价时，按国际惯例，买入价和卖出价是指银行买入和卖出基础货币的价格，即银行报买入价是指银行买入基准货币愿意支付若干标价货币的价格；银行报卖出价是指银行卖出基准货币将收取若干标价货币的价格。

例如，银行某日报出汇率：USD/CAD 1.057 1/1.059 1。在这个报价中，美元是基础货币，加拿大元是标价货币。1.057 1 是银行买入美元的价，即银行买入 1 美元愿意支付 1.057 1 加拿大元。1.059 1 是银行卖出美元的价，银行愿意收进 1.059 1 加拿大元卖出 1 美元。

外汇交易中，一种货币的买入价与卖出价相差不大。如果所报汇率的买入价与卖出价 5 位有效数字中，前三位数一样，通常卖出价只报后两位数字。如 USD/EUR 0.821 0/0.823 0，对外报价，只报 USD/EUR 0.821 0/30。这至今已成惯例，被普遍接受。

询价方一定要熟悉银行的报价方法。对于银行的报价，都是从银行的角度说的。从报价方（银行）买卖基准货币角度看，买入基准货币价格肯定小于卖出基准货币价格，它们的差价是银行的利润。无论采用什么标价方式，包括直接标价法和间接标价法，只要明确了汇率报价中的基准货币，以上规则是普遍适用的。

三、外汇市场有效性

效率市场假说是现代金融市场理论中的重要内容之一。现代对效率市场的研究始于萨缪尔森（1965），后经法玛（1970）、马其埃尔（1992）等人的进一步发展和深化，逐渐系统化，并建立起一系列用于验证市场效率的模型。

效率市场假说首先出现在资产、证券市场。在有效市场中，资产价格必须包含有关该项资产的所有信息，并有效地向供求双方传达。外汇市场有效性理论是效率市场假说理论在外汇市场中的应用。市场有效性一般分为三类：一是弱势有效（weak efficiency），即市场当前的价格包含了过去价格中包含的所有信息。二是半强势有效（semi-strong efficiency），即市场当前的价格包含了所有公开已知的信息，也包括过去价格中包含的信息。三是强势有效（strong efficiency），即市场当前的价格包含了所有可能知道的信息，在此市场上任何人的盈利都不能持续超过平均回报率。

在外汇市场上，由于汇率报价的垄断性、中央银行的干预、机构的大额交易等多方面的影响，市场参与者对信息的拥有不对等，因而强势有效难以达到。

国外有学者利用历史数据对外汇市场的有效性进行检验，分析远期汇率是否包含关于预期的未来即期汇率的所有重要信息，结果是外汇市场有效性非常不明显，即预期的投机回报率远远超过零，远期汇率难以等于预期的即期汇率。正因为如此，外汇市场存在尚未开发的利润机会，外汇风险无处不在。

第二节　传统外汇业务

传统的外汇业务包括即期外汇交易（spot exchange transaction）、远期外汇交易（forward exchange transaction）、掉期（swap）外汇交易、套汇交易（exchange arbitrage transaction）、套利交易。下面逐一介绍。

一、即期外汇交易

即期外汇交易，又称现汇交易。它有广义和狭义之分。广义的即期外汇交易指外汇买卖成交后，在两个营业日内办理收付的外汇业务，这种办理实际收付的行为称为交割（delivery），交割的日期也称为起息日（value date）。广义的即期交易包括当日交割、翌日交割和狭义的即期交易。狭义的即期外汇交易仅指成交日后第二个营业日进行交割的外汇交易。"第二个营业日"是指在这两个国家都营业的日子。另外，假如即期外汇交易是在周末成交的，其交割日一般也应顺延。通常我们所说的即期外汇交易是指广义的即期外汇交易。交易滞后的原因有两个：①全球外汇市场之间存在着时差。②通过电话达成的交易需要书面证实，而且交易结算本身也需要时间。

即期外汇交易是外汇市场上最常见、最普遍的交易形式，约占全部外汇市场交易量的 2/3。外汇银行是从事即期外汇交易的主体，其原因是：①向进出口商和其他客户提供国际汇兑业务；②满足自身资金调整和头寸平衡的需要；③从事外汇投机。

（一）即期外汇交易的报价

报价者一般是同时报出买价与卖价，如 USD/JPY120.10/20，第一个数字（120.10）表示报价者愿意买入被报价货币（即美元）的价格，这就是所谓的买入汇率；第二个数字（120.20）表示报价者愿意卖出被报价货币的价格，这就是卖出汇率。在国际外汇市场上，外汇交易通常只会报出 10/20，一旦成交后，再确认全部的汇率是 120.10。依外汇市场上的惯例，汇率的价格共有 5 个位数（含小数位数），如 USD/JPY120.10，GBP/USD1.4550。一般而言，汇率价格的最后 1 位数，称之为基本点（point），也有人称之为 pips 或 ticks。这些皆是汇率变动的最小基本单位。外汇交易员在报价时，未曾报出的数字（如 USD/JPY120.10/20 中的 120），我们称之为大数（big figure）。交易员未报出的原因是：在短短数秒的询价、报价及成交的过程中，汇率通常不会如此快速地变动，于是大数便可省略不说。

银行报价的依据主要有以下几个：①市场行情。市场行情是银行报价时的决定性依据。如现行的市场价格，一般是指市场上一笔交易的成交价或是指市场中核心成员的买价或卖价。②市场情绪，即报价银行对外报价时，市场是处于上升还是下降的压力之下，这种依据具有很大的主观性。③报价银行现时的某种外汇头寸情况。若询价方需要买入银行持有较多的某种外汇，银行一般会报较低价格，以便于抛出该货币，减少风险。④国际经济、政治及军事最新动态。报价银行所在国家及西方主要国家的经济繁荣或萎缩、财政盈余或赤字、国际收支顺差或逆差、政治军事动荡与稳定等，都会引起有关货币汇率的变化。⑤询价者的交易意图。有经验的交易员在报价时，能够推测出问价方的交易目的（买入或卖出），借此调整报价。如问价方意欲卖出某种货币，报价则稍稍压低一点；反之则抬高一点。⑥收益率与市场竞争力。有时为增加市场竞争力，报价员有意缩小买卖价差（spread），减少利润。

（二）即期外汇交易程序

即期外汇市场大都是无形的市场，交易各方普遍通过电话、电传或其他外汇交易工具进行各类外汇交易。在交易过程中，不论是采用电话形式，还是电传或其他形式，交易各方都要严格地按交易程序进行，以保证"快而不乱、简而不漏"。从我国外汇指定银行的角度出发，在西方外汇市场进行外汇交易一般可按以下程序进行操作。

（1）选择交易对手。在进行外汇交易业务时，正确地选择交易对手对于交易取得成功有着重要的作用。因此，银行在对外联系之前，应根据本身的实际需要和以往经验，并结合当前西方外汇市场的动态，正确选择那些资信良好、作风正派、与本行关系较好的国外银行作为交易对手。在具体业务上，应选择那些报价买卖差价较小（一般以 3~5 个基本点为宜）、报价及还价速度快、服务水平高且全面的银行作为交易对手，以保证交易取得成功。

（2）自报家门。选择好交易对手以后，就可以通过电话、电传或外汇交易机与对方联系。在联系过程中，为节省时间，并让对方知道交易对手是谁，外汇指定银行不论是打电话或电传等，首先要说明自己的银行名称，如 "Bank of China Liao-Ning"，以方便对方马上作出交易对策。

（3）询价（asking）与对方报价（quotation）。双方联系并确定以后，我方银行即可向对方询价，询价内容一般包括币种、金额、具体的交割日期。对方银行根据我方银行的询价，报出欲交易的汇率（对方报价时一般只报汇率的最后两位数，并同时报出买价和卖价）。

（4）报出具体的交易金额。我方银行根据对方的报价，如认为对方报价合理并且愿意按对方报价成交，即可确定并再次报出具体金额。

（5）正式成交。对方根据我方报出的交易金额，承诺同意我方所报金额进行交易，并将其开户行及账号报给我方，我方银行也相应将我方的开户行及其账号报给对方，双方均按对方要求将有关款项划拨到指定账户，交易即告成功。为了保证不出差错，最后双方一般要互相证实买或卖的汇率、金额、起息日期及资金结算方法。

案例 6-1：即期外汇交易对话

（三）即期外汇交易的种类

根据买卖外汇的汇兑方式不同，即期外汇交易可分为电汇（telegraphic transfer，T/T）、信汇（mail transfer，M/T）和票汇（demand draft，D/D）三类。

1. 电汇

电汇是指经营外汇业务的汇款银行应汇款人的约请，直接用电讯方式（电报、电传等）通知国外的汇入银行，委托其支付一定金额给收款人的一种汇款业务。电汇的凭证是加注密押的电讯付款委托书。由于电汇方式付款交付的时间最短，银行不能占用客户的资金，加之电讯资费比较昂贵，所以电汇汇率最高。其他汇兑方式的汇率均以电汇汇率为基础进行核算。

2. 信汇

信汇是指汇款银行应汇款人的申请，直接用信函通知国外的汇入银行，委托其支付一定金额给收款人的一种汇款业务。信汇的凭证是通过邮局邮寄的具有负责人签字的信汇付款委托书。由于信函邮寄需要的时间比电讯长，银行可以利用客户的资金，加之信函邮寄费用比电讯便宜，所以信汇汇率低于电汇汇率。由于现在国际邮件多用航邮或快件，邮程时间大大缩短，所以信汇、票汇汇率和电汇汇率的差额已缩小。

3. 票汇

票汇是指汇出行应汇款人的申请，开立以汇入行为付款人的汇票，列明收款人姓名、汇款金额等，交由汇款人自行寄送给收款人或亲自携带出国，以凭票取款的一种汇款方式。票汇的凭证即银行汇票。与电汇和信汇相比，票汇具有以下特点：一是汇入行无须通知收款人取款，而由收款人上门自取；二是若为远期汇票，收款人通过背书可以转让汇票，在汇票到期日到银行领取汇款的，很可能不是汇票上列明的收款人本人，而是其他人。

二、远期外汇交易

远期外汇交易，又称期汇交易，是指买卖双方预先签订合同，即远期外汇合约，规定外汇买卖的数额、汇率和将来交割的时间，到规定的交割日期再按合同规定进行交割清算的外汇交易。远期交易的期限一般以月计算，有 1 个月、2 个月、3 个月、6 个月、9 个月、12 个月不等，有的长达 3 年、5 年，甚至出现了 10 年期的远期外汇合约[①]，但通常为 3 个月。只要交易双方同意，远期交易可以延期，也可以在规定的期限内提前交割，因此比较灵活，合同的具体内容完全可以由买卖双方自行商定。

（一）远期外汇交易的目的

（1）进出口商为防范收付外汇货款时汇率变动的风险。进出口商一般是在签订买卖合同的同时，向外汇银行买入或卖出远期外汇，到支付或收到货款时，按约定的汇率来办理交割。

（2）期汇投资者或定期债务投资者预约买卖期汇以避免外汇风险。根据凯恩斯的利率平价说，没有外汇管制条件下，一国的利率低于他国，该国的资金就会外逃到他国谋求高息。在汇率相对稳定的条件下，本国利率低于另一国时，投资者为谋求高息，就会用本币购买另一国现汇，存到另一国获取高息，同时出售期汇（期汇期间与存期一致）。

（3）外汇银行为平衡期汇头寸。进出口商为避免外汇风险而进行期汇交易的实质是，把那些汇率变动的风险转嫁给外汇银行。同即期交易一样，外汇银行很难保证某种货币的期汇的买入数量与卖出数量相一致，会出现期汇的多头与空头。为避免风险，外汇银行就需要在同业之间进行期汇买卖，以轧平各种货币、各种期限的期汇头寸。

（4）外汇投机者为获取投机利润。同即期市场上的投机不同，期汇交易不需要自身持有大量资金就可以进行交易，只需交纳少量的保证金，凭一张合同就可以办理。因

案例 6-2：远期外汇交易

---

① 起息日在一年以后的远期外汇买卖称为超远期外汇买卖。

此，它是一种较方便、数额大、风险高的交易行为。

（二）远期外汇交易的报价方法

根据国际惯例，通常有完整远期汇率报价法和远期差价报价法。完整汇率报价法是直接将各种不同交割期限的远期买入价和卖出价完整地表示出来，这类似即期汇率报价的方法。日本、瑞士等国常采用这种报价法。如苏黎世外汇市场：

某日	USD/CHF
即期汇率	1.877 0/1.878 0
1 个月远期汇率	1.855 6/1.857 8
2 个月远期汇率	1.841 8/1.843 4
3 个月远期汇率	1.827 8/1.829 3
6 个月远期汇率	1.791 0/1.793 0
12 个月远期汇率	1.726 0/1.731 0

例中 USD/CHF 的 3 个月远期汇率为 1.827 8/1.829 3，分别表示银行买入与卖出 3 个月美元的远期汇率，即银行买入 1 美元支付 1.827 8 瑞士法郎，银行卖出 1 美元客户需要支付银行 1.829 3 瑞士法郎。直接报出远期汇率的方法，通常适用于银行对一般顾客的报价。

远期差价报价法不直接报出远期汇率，而是只报出即期汇率和远期汇率的差价，需根据即期汇率和远期汇率差价来计算远期汇率。远期汇率和即期汇率的汇率差称为远期汇水（forward margin）或远期差价，表现为升水、贴水、平价。目前，这种标价方式已成为包括英、德、美、法等在内的世界各地的主要外汇市场所采用。升水表示远期外汇比即期外汇贵；贴水表示远期外汇比即期外汇贱；平价表示两者相等。在直接标价法下，远期汇率升水，则远期汇率＝即期汇率＋升水数字；远期汇率贴水，则远期汇率＝即期汇率－贴水数字。在间接标价法下，远期汇率升水，则远期汇率＝即期汇率－升水数字；远期汇率贴水，则远期汇率＝即期汇率＋贴水数字。

进行远期外汇交易时，银行通常只报出远期汇率的升水或贴水"点数"（points），并不表明是升水还是贴水。所谓点数，就是表明货币比价数字中的小数点以后的第四位数[1]。在一般情况下，汇率在一天内也就是在小数点后的第三位数变动，也即变动几十个点，不到 100 个点。表明远期汇水的点数有两栏数字，分左小右大与左大右小两种情况。在银行使用直接标价法的情况下，左小右大表示远期外汇升水，左大右小表示远期外汇贴水；在银行使用间接标价法下，左小右大表示远期外汇贴水，左大右小

---

[1] 有些币值较小的货币，如日元，点数指小数点以后的第二位数。可以将"点数"统一定义为汇率的第五位有效数字。

表示远期外汇升水。但不论直接标价法还是间接标价法，由即期汇率及远期汇水"点数"计算实际远期汇率时，都是"左小右大往上加，左大右小往下减"。这与上面给出即期汇率与升水或贴水的计算方法是一样的。

案例 6-3：由点数计算远期汇率

（三）远期外汇交易的种类

远期外汇交易可分为固定远期外汇交易和择期远期外汇交易。固定交割日期的远期外汇交易是指外汇买卖双方按照成交时商定的具体交割日期进行实际交割的外汇交易。双方确定的该交割日在交割时，既不能提前，也不能推后。若一方提前交割，另一方既不需要提前交割，也不需要因对方提前交割而支付利息。

择期远期交易（option date forward transaction）是远期外汇交易的发展。远期外汇交易的交割日期是固定的，而择期远期交易的交割日期是不固定的，由客户在择期期间自己选择。具体讲，择期远期交易是客户和外汇银行签订合约，根据合约客户可以在今后一定期间内未确定的日期以事先确定的价格买进或卖出一定数量外汇的交易行为。

（四）择期远期外汇交易的报价

由于择期交易的交割日期确定方式对客户有利，对银行不利，所以，银行会选择从择期开始到择期结束期间最不利于客户的汇率作为双方实际交割时使用的汇率。

择期远期外汇交易报价的过程是：第一步，确定择期外汇交易交割期限内的第一个和最后一个工作日；第二步，计算出第一个和最后一个工作日的远期汇率；第三步，比较这两个工作日的远期汇率，选择一个对银行最有利的报价。

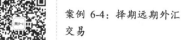
案例 6-4：择期远期外汇交易

三、掉期外汇交易

一笔掉期外汇交易可以看成是由两笔交易金额相同、货币种类相同、起息日不同、交易方向相反的外汇买卖组成的。因此一笔掉期外汇买卖具有一前一后两个起息日和两项约定的汇率水平。在掉期外汇交易中，客户和银行按约定的汇率水平将一种货币转换为另一种货币，在第一个起息日进行资金的交割，并按另一项约定的汇率将上述两种货币进行方向相反的转换，在第二个起息日进行资金的交割。

例如，某客户今日以 USD1＝JPY123.23 的即期汇率卖出 10 万美元，同时又以 USD1＝JPY123.10 的远期汇率买入 10 万美元时，他所进行的就是一笔掉期外汇交易。在这一过程中，客户买卖的数额始终不变（如 10 万美元），改变的只是客户所持货币的期限。

掉期外汇交易大部分是针对同一对手进行的。如客户甲既向银行乙出售即期美元，又向银行乙买进远期美元。这种掉期称为纯粹的掉期（pure swap）。但有时掉期交易中同种货币的买卖可以和不同的对手进行。如客户甲向银行乙出售即期美元的同时从其他银行买进远期美元。这种掉期称为分散掉期（engineered swap）。

掉期期限分为三种形式：一是即期对远期（spot against forward）。即买进或卖出一笔现汇的同时，卖出或买进一笔期汇。二是即期对即期（spot against spot）。这是指买进或卖出一笔即期外汇的同时，卖出或买进另一种同种货币的即期。这两笔即期交易的区别在于它们的交割日期不同，可以用来调整短期头寸和资金缺口。常见的几种交易是：①今日对明日掉期（today-tomorrow swap），指将一个交割日安排在成交的当天（即"今天"），后一个交割日安排在成交后的第一天（即"明天"）的掉期，又称隔夜交易（over-night，O/N）。②明日对后日掉期（tomorrow-next swap），指将第一个交割日安排在成交后的第一个工作日（即"明日"），后一个交割日安排在成交后的第二个工作日（即"后日"）的掉期，又称为隔日交易（tom-next，T/N）。这两种即期对即期的掉期交易的时间跨度都是一个交易日。三是远期对远期（forward to forward）。即对不同交割期限的远期双方做货币、金额相同而方向相反的两笔交易。

案例 6-5：掉期外汇交易

专栏 6-1：美元掉期成本的影响因素

四、套汇交易

套汇交易是指为获取汇率差价而从事的外汇交易，即套汇者在同一时间利用两个或两个以上外汇市场某些货币在汇率上的差异进行外汇买卖，在汇率低的市场买进，同时在汇率高的市场卖出，从中套取差价利润。

在一般情况下，各国外汇市场某种货币的汇率是非常接近的，但有时也会出现较大的差异。当经过计算的汇率差额足以抵补资金调动成本时，就会引起异地套汇。显然，套汇的结果，造成汇率低的市场求大于供，被套汇的货币汇率上涨；汇率高的市场供大于求，被套汇的货币汇率下跌，从而使不同外汇市场的货币汇率差异趋于消失。

套汇交易包括以下两种类型。

（1）直接套汇（direct arbitrage），也叫两地套汇或两角套汇，指套汇者直接利用两国或两地（外汇市场）之间某种货币汇率的差异，以低价买进、高价卖出的方法同时在两个市场进行的外汇买卖交易。直接套汇可进一步分为积极型套汇和非积极型套汇。前者指非因资金国际移动所必需而完全以赚取汇率差额利润为目的的直接套汇活动；后者指由于本身资金国际转移需要或以此为主要目的，利用两地市场汇率不平衡，套汇获利，降低汇兑成本。

（2）间接套汇（indirect arbitrage），又称三角套汇（three-point arbitrage），指套汇者利用三个不同外汇市场之间的货币汇率差异，同时在这三个外汇市场上进行贱买贵卖，从中赚取汇率差额，获取利润。[1]间接套汇是以不同外汇市场上三种货币之间的交叉汇率或套算汇率与实际汇率出现差距为必要条件，因此间接套汇交易也称作交叉套汇交易。间接套汇也可按套汇本意或主要目的大致分为积极型和非积极型两类。前者指套汇者原无资金调度意图，纯粹以套取不同市场汇率差额为盈利目的；后者指利用三地市场的汇率差异，以最有利的套汇汇率，达到资金国际转移的目的。

间接套汇要比直接套汇错综复杂，判断是否有套汇机会不如直接套汇直观，但仍有规律可循。可利用下述简单的计算方法进行判断：①将三个外汇市场报出的买入与卖出汇率变为中间汇率[2]。②将三地外汇市场不同标价方法的汇率均转换成同一种标价法（直接标价法或间接标价法均可）来表示，并将基准货币统一为 1。③将三个市场标价货币的数值相乘，如果乘积等于 1 或几乎等于 1，说明三个市场汇率平衡，没有汇率差，或即使有微小差异，但不足以抵补资金调度成本，套汇得不偿失；如果乘积与 1 偏差较大，说明有套汇机会，当然需同时考虑套汇成本和投放资金量大小。④套算不同市场的汇率，确定套汇路线。

从事积极型套汇交易应注意把握以下要点。

（1）套汇交易只有在没有外汇管制、没有政府插手干预的条件下，才能顺利进行。具备这一条件的欧洲货币市场是套汇交易的理想市场。

（2）由于现代通信技术发达，不同外汇市场之间的汇率差异日趋缩小，因而成功的套汇须有大额交易资金和传递迅速的外汇信息系统及分支代理机构，才能及时捕捉和把握瞬息即逝的套汇时机，并在抵补成本基础上获利。

（3）套汇过程必须遵循从低汇率市场买入，到高汇率市场卖出的原理，为便于比较营运资金能否增值，套汇过程应在货币资金初始投放点结束。

五、套利交易

案例 6-6：套汇交易

（一）单纯套利

单纯套利（interest arbitrage）又称利息套汇，指在既定的汇率预期基础上，投资者利用两个金融市场存款利率的差异进行谋利性质的转移资金所派生出来的外汇交易，简单地说，就是利用两地间的利率差异而获利的行为。此时，投资者要承担汇率变动的风险。

---

① 一个定理：如果三点套汇不再有利可图，则四点、五点以至 n 点的套汇也无利可图。

② 由于不同外汇市场同一货币对的买入与卖出汇率差价基本相同，同一货币对在不同外汇市场的中间汇率可以反映不同外汇市场该货币对的汇率水平，所以，在此使用中间汇率，以便使下面的计算简便。

（二）抵补套利

抵补套利（covered interest arbitrage）指投资者将套利交易与掉期远期交易结合起来，避免外汇风险的以谋利为动机的外汇交易。例如，投资者在买进或卖出即期外汇的同时，卖出或买进同样数额的远期外汇。掉期交易合同同时将投资者买进即期外汇和卖出远期外汇的汇率（二者之差称为掉期率）固定下来，使投资的外汇收益不受市场即期汇率变动的影响，从而起到避免外汇风险的作用。它要求掉期期限和投资期限保持一致。投资者对抵补套利进行可行性分析时，所采纳的一般原则如下。

（1）如果利率差大于利率较高货币的贴水幅度，那么，应将资金由利率低的国家调往利率高的国家。其利差所得会大于高利率货币贴水给投资者带来的损失。

（2）如果利率差小于利率较高货币的贴水幅度，则应将资金由利率高的国家调往利率低的国家。货币升水所得将会大于投资于低利率货币的利息损失。

（3）如果利率差等于较高利率货币的贴水幅度，则人们不会进行抵补套利交易。因为它意味着利差所得和贴水损失相等，或者是升水所得与利差损失相等。无论投资者如何调动资金，都将无利可图。

（4）如果具有较高利率的货币升水，那么，将资金由低利率国家调往高利率国家，可以获得利差所得和升水所得双重收益。但是，这种情况一般不会出现。这是因为它所诱发的抵补套利交易会影响各国货币的利率和汇率。如果不考虑投机因素的影响，抵补套利的最终结果是使利率差与较高利率货币的贴水幅度趋于一致。举例如下：

设 A 国货币利率高于 B 国货币，且远期 A 币对 B 币升水。由于抵补套利交易可以给投资者带来双重收益，资金会大量地由 B 国调往 A 国。它首先会影响两国的利率。A 国资金供给增加，利率将会下降；B 国资金供给减少，利率将会上升。其次，它会影响外汇市场上的即期汇率和远期汇率。人们利用即期 B 币换取即期 A 币时，会引起即期 A 币汇率上升和即期 B 币汇率下降。同时，人们出售远期 A 币购买远期 B 币又导致远期 A 币汇率下降和远期 B 币汇率上升。只有当远期 A 币的贴水幅度与利率差相等时，人们才会停止抵补套利行为。换言之，利率平价关系是由人们的抵补套利行为促成的。

案例 6-7：套利交易

第三节　新型外汇业务

随着国际金融业的竞争发展与金融工具的创新，外汇市场上出现了许多新的外汇业务。本节将介绍以下几种新型外汇业务：货币互换、外汇期货和外汇期权。

一、货币互换

货币互换①是将一种货币的本金和利息与另一种货币的等值本金和利息进行互换。互换步骤一般是，双方在期初交换两种不同货币的本金，然后按预先规定的日期进行利息的互换，最后到期末进行本金再次互换。

案例 6-8：货币互换

二、外汇期货

（一）外汇期货交易概述

专栏 6-2：期货市场的概念

1. 期货交易简介

期货交易是在专门的交易所买卖期货合约的交易②。期货合约是交易所为进行期货交易制定的标准化合同。凡是成交的期货合约，交易双方必须在约定的未来某个日期履行交割。但这个买卖合同并不表明买卖双方在签约时保证必须以商品、货币、有价证券履行未来交割。买卖双方可以在合同到期日履行实际交付货款，解除合同；也可以在到期日前买入或卖出一个相反的合同来抵消原合同，而无须对方同意。事实上，在期货交易中绝大多数是合同的多次转手冲抵，实物交割为数很少。期货合约的最大特点是标准化。除了价格可以由买卖双方协商决定外，合约的其他组成要素，买卖商品的等级、期货的数量、交货期、交货地点、价位（最低的价格波动幅度）都是标准化的。

现代期货交易产生于美国。最先经营期货交易的是 1848 年成立的芝加哥交易所（CBT）。直到 20 世纪 70 年代以前，期货交易仅限于农矿产品。在这 100 多年中，期货交易从提供延期付款以避免价格波动风险的机制发展成了主要以套期保值避免价格波动风险并进行投机的场所。

农矿产品的期货交易可以使交易者避免价格波动风险的作用给了人们深刻的启发。20 世纪 70 年代以来，由于世界经济不稳定，利率、汇率大幅度波动，人们开始尝试着把农矿产品期货交易的机制移植到外汇交易和金融凭证的交易上并取得了成

---

① 互换（swap）是交易双方同意在预先约定的时间内，直接或通过一个中间机构来交换一连串付款义务的金融交易。互换和掉期在英语中都译为"swap"，但却有着很大的不同。表现在：①性质不同。掉期是外汇买卖的一种方法，本身无实质的合约，不是衍生金融工具。而互换有实质的合约，是一种衍生金融工具。②市场不同。掉期在外汇市场上进行，本身没有形成独立的市场。而互换则在单独的互换市场上交易。③期限不同。掉期以短期交易为主，期限很少超过一年。而互换主要是一年以上的中长期交易。④形式不同。掉期不包括一系列的利息支付和本金互换，而互换则包含。⑤汇率不同。掉期的前后两笔交易涉及不同的汇率。而互换中的货币互换前后两笔交易的汇率是一样的。金融互换主要有货币互换和利率互换两种类型。

② 与期货交易相对的是现货交易。现货交易指买卖双方在合同规定的时间和地点，履行各国的货、款实际收付义务，未经对方同意，一方不能单方面取消或改变履约义务和方式。

功。目前期货交易有以下几种：农矿产品期货交易（一般称作商品期货交易）、外汇期货交易、利率期货交易以及股票指数期货交易。

2. 外汇期货①交易概况

外汇期货交易是在有形的交易市场，通过结算所（clearing house）的下属成员清算公司（clearing firm）或经纪人，根据成交单位、交割时间标准化的原则，按固定价格购买与出卖远期外汇的一种业务。

外汇期货交易首先出现在芝加哥商人交易所（Chicago Mercantile Exchange，CME）的一个部门——国际货币市场（International Monetary Market，IMM）。国际货币市场成立于 1972 年 5 月 16 日，其主要目的就是将商品期货交易的经验运用于外汇交易，使得从事和外汇交易有关的国际经济交易者能够避免外汇风险。在其成立之初，该市场共经营 7 种外币的期货合约，即英镑、加拿大元、西德马克、日元、墨西哥比索、瑞士法郎、意大利里拉。以后增加了荷兰盾、法国法郎，撤销了意大利里拉。现在交易比较活跃的有五种货币：英镑、加拿大元、欧元、瑞士法郎、日元。10 年以后，在芝加哥商人交易所的帮助下，英国的伦敦国际金融期货交易所（London International Financial Future Exchange，LIFFE）于 1982 年 9 月开业，经营英镑、西德马克、瑞士法郎、日元四种货币的期货。此后，澳大利亚等一些国家也仿效他们，建立了外汇期货市场。目前全球外汇期货业务主要是在 IMM 与 LIFFE 进行的。交易比较活跃的货币有美元、英镑、加拿大元、欧元、瑞士法郎、日元等。

3. 外汇期货合约的主要内容

这里以 IMM2003 年提供的货币的期货合约规定为例。

（1）合约标准金额。每份外汇期货合约的标准金额分别为：加拿大元 10 万，日元 1 250 万，瑞士法郎 12.5 万，欧元 12.5 万，英镑 6.25 万等。不过，以美元折算的价格随行就市变动。

（2）最小价格波动。合约中的点数为小数点右侧第四位数，一个点数为万分之一货币单位，期货交易所规定不同交易间最小价格波动②额，每英镑为 2 个点数的美元波动额，一个期货合约为 62 500GBP，故最小价格波动额为 12.5USD = 0.000 2 × 62 500USD。同理，可计算出每欧元、瑞士法郎最小价格波动额为一个点数美元的合同最小价格波动额为 12.5USD，每加拿大元最小价格波动额为一个点数美元的合同最小价格波动额为 10USD，每百日元最小价格波动额是一个点数，一个期货合同的最小价格波动额也为 12.5USD。

（3）到期月份。一般情况下，到期月份为 3、6、9、12 月。也有选择其他月份到

---

① 也称货币期货，刘舒年. 国际金融[M]. 3 版. 北京：对外经济贸易大学出版社，2005：256.

② "最小价格波动"是指外汇期货合约在买卖时，由于供求关系使合约价格产生变化的最低升降单位。

期的，但交易数量较少。

（4）交割日期。交割日期指进行期货交割的日期，为到期月份的第三个星期三，如为非营业日，则顺延到下一个营业日。

（5）交易终结日。交易终结日指期货合约停业买卖的最后截止时间。为交割日前的第二个交易日。

（6）保证金。保证金是期货契约的买方或卖方存放的现金存款，以此作为履约保证。其目的是保证期货契约的买方或卖方不发生履约行为。交易者初始缴纳的保证金叫初始保证金。初始保证金通常是合约价值的 1%~5%[①]。如果逐日结算的结果，保证金账户金额低于交易所规定的维持保证金水平，经纪公司就会通知交易者限期把保证金水平补足到初始保证金水平，否则就会被强制平仓。维持保证金通常是初始保证金水平的 75%[②]。

上述外汇期货合约规定，LIFFE 与 IMM 基本相符，一个微小的区别是，LIFFE 每英镑最小波动额按一个点数的美元额计算，这样面额 25 000GBP 的单个期货合同价格最小波动额为 2.50USD，而不是 IMM 的 12.5USD，每日价格波动额限额也不相同。

（二）外汇期货交易的特点

外汇期货交易有以下三个特点。

（1）期货交易的双方，一般都在契约交割日前的有利时机，各自在期货市场做反向交易。保留期货契约至交割日的市场参与者通常不到 5%。

（2）期货价格与现货价格变动的平行性（price parallelism）。货币期货的均衡价格应等于预期的现货市场价格。在本质上，投机者期望期货价格会朝向预期的现货价格移动，因此，在投机者的参与下，"基差"（basis，现货价格与期货价格的差）将等于在期货契约期间，现货即期价格的预期改变，亦即期货价格必与现货价格朝同一方向变动，而且两者的变动幅度亦大致相同。如果两者的变动幅度完全相同，则避险者得以完全规避价格变动的风险。但实务上由于预期因素以及持有期货契约成本的变化，两者的幅度必定略有差异。因此，想通过期货交易规避价格变动的避险者，只能除去部分风险而已。

（3）期货价格收敛于现货价格，即价格的合二为一性（price convergence）。当货币期货契约越接近到期日，则"基差"将随交割日的临近而越趋缩小，乃至交割日，卖方可从现货市场购入即期外汇，交给买方以履行交割的义务。因此在期货契约的最后交易日（last trading date）收盘时，现货与期货间"基差"必等于零，若不等于零，则投机者可套取期间的利益，亦即由于投机者的套利活动，而使期货契约最后交易日

---

① 申觅. 外汇期货投资[M]. 广州：暨南大学出版社，2004：56.

② 张亦春. 金融市场学[M]. 北京：高等教育出版社，1999：94.

的收盘价格等于现货价格。所以就理论上来说，契约期货最后交易日收盘时，买卖双方须以现货价格买卖契约，乃至交割日，卖方恰可从现货市场购入即期外汇，交给买方以履行交割的义务。

（三）外汇期货市场的组成

（1）交易所（exchange）。外汇期货交易一般是在政府指定的交易所内，以公开竞争的方式进行的。交易所是非营利性机构，它主要提供交易场所与设施，制定交易规则，监督和管理交易活动及发布有关信息等，其目的是维持期货市场的正常运转。为了弥补支出费用，每个交易所都向会员收取一定费用，包括交易会费（席位费）和合同交易费。

交易所的董事会监督日常事务，并服从官方监督。交易所本身从事如下工作：①建立交易所会员共同遵守的交易方式、交易程序与记账标准；②定期检查与评价会员的财务实力；③设立稽核部定期审查会员的交易行为及经营记录；④调解会员纠纷，仲裁会员的违规行为；⑤收集与传播市场信息；⑥为会员提供交易担保。

（2）清算所（clearing house）。每个交易所都指定一个清算所负责期货合同的交易与登记工作。清算所可以是独立组织，也可以是交易所的附属公司；既可以为交易所的全部会员所拥有，也可以为交易所的部分会员所拥有。交易所的会员要想成为清算会员必须单独申请，若非清算会员的交易所会员必须与清算会员有账户关系，通过清算会员清算，并交纳一定佣金。

如果买卖双方的委托单中有交易数量与金额不相符之处，清算所有权拒绝清算，并责成场内经纪人调查和纠正，如果场内经纪人不能解决，则由仲裁机构裁决。当一天营业结束时，清算所给每个清算会员提供交易状况表，清算会员在规定的时间内核对交易记录，不实之处，立即告知清算所。从总体上看，每个清算所登记的合同必然包括买卖双向行为，所以，一些清算会员未平仓的卖出头寸必等于另一些清算会员的未平仓买进头寸，清算所的账户余额必须平衡。

一旦期货合同交易在清算所登记后，市场参与者就不再考虑交割信用问题。清算所作为期货合同买卖的中介，它既是期货合同买方的卖方，同时又是卖方的买方，即信用风险由清算所承担。

（3）期货佣金商（future commission merchant）。期货佣金商是代表企业、金融机构或一般公众进行期货和期权交易的经纪型公司。它既可以专营期货或期权业务，也可以兼营其他各种类型的金融服务与投资业务。它在代理客户做期货交易中，既可以专做套期保值业务或专做投机业务，也可以两者兼而做之。为便于管理期货交易，期货佣金商必须是经注册登记的期货交易所会员。期货佣金商，不管规模大小、经营范围如何，其基本职能是代表那些不拥有交易所会员资格的客户利益，代表客户下达指令，征收客户履约保证金，提供交易记录，传递市场信息和市场研究报告，并对客户交易进行咨询。佣金公司做这些工作时，一般都要收取数目不大的佣金。

（4）市场参与者（market participant）。参加外汇期货交易的人，主要是一般工商客户、金融机构或个人。根据他们参加外汇期货交易的目的，可将他们归类为套期保值者（hedger）和投机者（speculator）。套期保值者主要是为了对手中现存的外汇或将要收、付的外汇债权债务进行保值；而投机者则主要是为了从外汇期货交易中获利，若外汇期货价格与投机者的预测一致，则有盈利，反之，就要亏损。按投机方式的不同投机可分为三类：①基差交易（basic trading），目的是谋取现货与期货间价差变动的收益；②价差交易（spread trading），以谋取两个期货间价差变动的收益为目的；③头寸交易（position trading），是谋取一种期货价格变动的买卖差额收益的活动。这种期货投机按其持有头寸的时间长短，又可分为：①抢帽子者（scalpers），即根据自己对短期期货价格变动趋势的预测（几分钟或几天），频繁地改变自己所持有的未平仓合约的头寸，以谋取短期期货价格差额收益为动机的投机者。这类投机者在交易者中比重较大，为市场提供了流动性。②日交易者（day trader），指短线投机者，从日价格变动中获利，持有头寸一般不过夜。③头寸交易者（position trader），指长线投机者，资金实力较雄厚，持有头寸通常为数日、数周，甚至为数月。

套期保值者和投机者都是期货市场不可或缺的组成部分，没有套期保值者，则期货市场不会产生；没有众多的投机者，套期保值者也无法有效地实现保值目的。这是因为市场上若只有想转移价格风险的人而没有愿意承担价格风险的人，则当套期保值者为避免价格下跌（上涨）而卖出（买进）期货时，就会无人购买（卖出）。因此，一个完善而发达的期货市场，要想获得较高的保值率，需要有大量的投机者参与。据统计，现代西方国家发达的期货市场中，期货交易者中至少有80%是投机者，只有达到这个比例才能使期货市场有较高的流动性，使套期保值者能够顺利地进出市场，获得满意的保值效果。①

（四）外汇期货与远期外汇交易的比较

1. 与远期外汇交易的区别

（1）外汇期货市场是一个具体的市场，交易场所明确固定，交易基本上在交易所内进行，交易所定有较为严格的规章条例。远期外汇市场则是一个抽象的无形的市场，它实质上是各金融中心之间、各银行之间的电信网络，因而是场外交易。

（2）外汇期货交易须委托交易所经纪人，以公开喊价的方式进行。交易双方互不见面，也不熟悉。远期外汇交易虽有部分通过经纪人牵线而成，但最终是由交易各方

---

① 著名的"弗里德曼命题"即投机不会使价格波动，曾从积极的意义上来证明投机对期货市场的影响。该命题认为，投机者都是具有很高预测能力的人，愚蠢的投机者会被市场淘汰，因而他们的行为是低价买进、高价卖出，而绝不是相反。

通过电话、电传和电脑直接商谈成交的。

（3）外汇期货交易双方无须了解对方资信情况，只要交足保证金，信用风险概由清算所承担；远期外汇交易双方（尤其是银行对一般客户），在开始交易前须做资信调查，自行承担信用风险。

（4）所有期货交易者都须交存保证金，清算所实行每日无债结算制，按收市结算价对每笔交易的多头方和空头方盈亏结算，保证金多退少补，形成现金流，增加或减少保证金。远期外汇交易在合同到期交割前无现金流，双方仅负履约责任。

（5）外汇期货交易中空头或多头地位调整容易，随时可用一个相反合同对冲原合同，以此了结债务。据统计，到期实际交割率约为 3%~5%。[1]远期外汇交易除对资信较差的非金融机构外，银行同业很少有收存保证金规定。由于不存在二级市场，一般很难找到相反的交易对冲原交易。即使有相反合同，如不是针对同一家银行，也无法冲销，反而使交易者面临两个合同的信用风险，远期外汇实际交割率通常在 90% 以上。

（6）外汇期货交易合同对交易的货币、合同面额和交割日期都有统一的标准，只需确定买卖合同数量以及合同货币的美元价格，因而交易过程简化紧凑。远期外汇交易者对货币交易量和到期交割日都可议定，金额可从 100 万美元到 1 000 万美元不等，期限可以从一星期到长达 5 年期，有关条款须具体订明。相比之下，期货交易者很少是实际需要买进或卖出某种货币的。

（7）外汇期货交易既有最低价格波动点数的规定，又有每日价格差最高金额的限制（IMM 已取消）。每日期货行市变动均与交易者利益相关，决定其空头或多头地位及保证金余缺。远期外汇交易既无每日价格变动额限制，也不受其影响，合同到期按预定的汇率一次交割结算清楚。

此外，外汇期货交易的标价与即期和远期外汇交易不同，除澳大利亚元以外，交易货币均以每单位货币值多少美元来标价。

（8）外汇期货交易订单按客户委托指示可分成限价订单和市场订单，前者为指定价格或优于指定价格买卖一定数量外汇期货合同的指令，后者为按当时最优市场价格立即买卖一定数量外汇期货合同的指令。前者提供市场流动性，而为后者吸收，这与期货市场公开喊价自由竞价的特殊交易方式有关。远期外汇交易委托指示一般无此区分，基本上为市场指令方式。

（9）外汇期货交易是在高度竞价条件下进行的，同一地点同一时间形成单一市场价格，存在汇率差机会极少。期货市场也有"市场经营者"，按出价和要价差额进行报价与交易，但差价很小，并且交易限于场内交易圈。由于同一时点，一般只可能有一

---

① 王政霞，张卫. 国际金融实务[M]. 北京：科学出版社，2006：137；申觅. 外汇期货投资[M]. 广州：暨南大学出版社，2004：35。但是，也有教材说到期实际交付的合约不到 2%（张亦春. 金融市场学[M]. 北京：高等教育出版社，1999：93）。

种交易价，市场经营者在竞价条件下必须不断缩小报价差额（提高出价，降低要价），才能赢得业务，因而实际成交差价比报价差额更小。远期外汇市场上，外汇银行可以在同一时点按买入汇率和卖出汇率同时分别成交（尤其对一般客户），因而报价差额较大，实际成交差价对报价差额变形度较小。

（10）外汇期货市场上，交易参与者类型广泛，有大银行、大公司、其他金融机构，也有中小银行和工商企业，还有个人投资保值者和投机者，资信可由保证金替补并且行市不断公布；而远期外汇市场基本上是银行同业市场，虽无法规限制，但中小企业和金融机构由于资金、信息传递等因素而涉足较少。相形之下，外汇期货市场价格更具竞争性，因而在很大程度上对银行同业市场的即期和远期外汇报价起着协调稳定的作用。

2. 与远期外汇交易的联系

（1）交易目的相同。从事外汇期货交易与远期外汇交易的目的都是防范外汇风险或外汇投机。

（2）都是一定时期以后交割，而不是即期交割。

（3）都是通过合同形式把购买或出卖外汇的汇率固定下来。

（4）交易市场互相依赖。外汇期货市场与远期外汇市场虽然分别为两个独立的市场，但由于市场交易的标的物相同，一旦两个市场出现较大差距，就会出现套利行为，因此，两个市场的价格互相影响、互相依赖。

（五）外汇期货交易运用

1. 以投机为目的的外汇期货交易

未握有外汇现货头寸，但相信本身有能力预测汇率走势的个人或厂商，亦可以利用货币期货达到投资的目的。根据投机者所建立头寸的不同，投机可分为多头投机与空头投机。所谓多头投机，是指投机者预期某种货币期货的市场价格将上涨，从而买进该期货，以期在市场价格上涨后通过对冲而获利的交易策略；所谓空头投机，是指投机者预测某种货币期货的市场价格将下跌，从而卖出该期货，以期在市场价格下跌后通过对冲而获利的交易策略。

若汇率走势与其所预期的方向相同，则获取利润；若走势与其所预期的方向相反，则遭受损失。因此，从事货币期货投资获利的关键在于对汇率走势预期的正确与否。至于如何掌握汇率的走势，则是件相当困难的事情。这是因为影响汇率的因素非常复杂，从事货币期货的投资者必须充分了解各国的国际收支状况、利率走势、货币政策、财政政策，甚至于黄金与石油价格的涨跌以及国际政治经济形势的变化，而这些因素彼此之间又会相互影响，从而使得预测工作显得更加困难。投资者做了上述基本因素的分析后，尚需利用各种图形做技术分析，然后再就本身所握有的资金，根据本身能容忍损失的最大程度进行期货投资。

2. 以避险为目的的外汇期货交易

在汇率大幅度波动的情况下，想事先固定外汇成本的借款人以及想事先固定收益额的投资人，可通过签订外汇期货契约，将未来可能发生的风险减至最低程度。外汇避险方法分为买入对冲（long hedge or buying hedge）与卖出对冲（short hedge or selling hedge）两种，下面就外汇期货举一例加以说明。但为简化问题，保证金的利息成本和其他费用等，均略而不计。

（1）买入对冲。所谓买入对冲，是指预期未来将在现货市场购入某种外汇，乃先在期货市场购入与该种外汇期货合约，到时在现货市场购入该种外汇的同时，再将原先已购入的期货契约在期货市场结清。

（2）卖出对冲。所谓卖出对冲，是指预期未来将在现货市场售出某种外汇，而先在期货市场售出该种外汇期货契约，到时在现货市场售出该种外汇的同时，再将原先已售出的期货契约在期货市场结清。因此，卖出对冲实际上是买入对冲的相反模式，其原理相同。

从以上关于对冲交易的说明，我们可知避险者利用期货市场的目的，是想创造一个与设想中的现货头寸约略相等，但方向相反的期货头寸，来抵消汇率在过渡时期的任何变动所造成的成本或收益方面的影响。所以外汇期货头寸对避险者而言，是现货市场的一种临时替代品。若所购入或售出的期货合约，无论是在外汇种类、交割日期还是成交数量等方面，均与现货市场的交易需要相互吻合，则称"完全对冲"。但在现实交易中，由于外汇期货是一种数量标准化、交割日期固定化的契约，欲进行完全对冲殊为不易，因此在实务上所进行的不完全对冲无法将风险完全转移。

案例 6-9：外汇期货交易——进口商利用货币期货交易达到避险目的

专栏 6-3：期权的概念

三、外汇期权

外汇期权（又称为货币期权）交易是继外汇期货以后在 20 世纪 80 年代所开展起来的一项新业务。远期外汇的买方（或卖方）与对方签订购买（或出卖）远期外汇合约，并支付一定金额的保险费（premium）后，在合约的有效期内，或在规定的合约到期日，有权按合约规定的协定汇价（striking price）履行合约，行使自己购买（或出卖）远期外汇的权利，并进行实际的外汇交割；但是，远期外汇的买方（或卖方）即合约的购买者，在合约的有效期内，或在规定的合约到期日也有权根据市场情况决定不再履行合约，放弃购买（或出卖）远期外汇。这种拥有履行或不履行购买（或出卖）远期外汇合约选择权的外汇业务，就是外汇期权交易。

当然，为取得上述买或卖的权利，期权（权利）的买方必须向期权（权利）的卖方支付一定的费用，称作保险费。因为期权（权利）的买方获得了今后是否执行买卖的决定权，期权（权利）的卖方则承担了今后汇率波动可能带来的风险，而保险费就是为了补偿汇率风险可能造成的损失。这笔保险费实际上就是期权（权利）的价格。保险费的收取可用协定价格的百分比表示。

决定期权价格的主要因素有三个：期权期限的长短；市场即期汇率与期权合同中约定的汇率之间的差别；汇率预期波动的程度。

（一）外汇期权交易的特点

（1）期权业务下的保险费不能收回。无论是履行合约还是放弃合约的履行，外汇期权交易的买方所交付的保险费均不能收回。

（2）期权交易的保险费费率不固定。期权交易所交付的保险费反映同期远期外汇升水、贴水的水平，所收费率的高低，受下列因素的制约：①利率波动（interest rate movement）。货币利率的变动和两种货币的利率差也是影响保险费大小的因素。标价货币的利率越高，保险费也高；反之，则低。②预期波幅。一般说来，汇率较为稳定的货币收取的期权费比汇率波动大的货币低，这是因为前者的风险性相对后者较小。③期权的时间值（time value）或有效期（time remaining until expiration of option）。期权合同的时间越长，保险费越高；反之则低。这是因为时间越长，汇率波动的可能性就越大，期权卖方遭受损失的可能性也就越大。④期权供求关系。期权的买方多卖方少，收费自然就会多一些；而如果期权的卖方多买方少，收费就会便宜一些。这是基本供求规律的作用。

（3）具有执行合约与不执行合约的选择权，灵活性强。远期外汇合约、外汇期货合约一经签订，远期外汇或外汇期货的购买者（或出卖者）必须按合约规定的条款，按期执行；而期权合约则不同，期权合约的购买者既可执行也可不执行，具有较大的灵活性。

（二）外汇期权交易的种类

1. 根据期权买进和卖出的性质区分

根据期权买进和卖出的性质，外汇期权可分为看涨期权（call option）、看跌期权（put option）和双向期权（double option）。

（1）看涨期权，又称买入期权，即期权买方预测未来某种外汇价格上涨，购买该种期权可获得在未来一定期限内以合同价格和数量购买该种外汇的权利。购买看涨期权既可以使在外汇价格上涨期间所负有的外汇债务得以保值，又有权在外汇价格上涨期间以较低价格（协定价格）买进该种外汇，同时以较高的价格（市场价格）抛出，从而获得利润。

（2）看跌期权，又称卖出期权。即期权买方预测未来某种外汇价格下跌，购买该种期权可获得在未来一定期限内以合同价格和数量卖出该种外汇的权利。购买看跌期权一方面可使在外汇价格下跌期间所持有的外汇债权得以保值；另一方面又可以在外汇价格下跌期间，以较低的市场价格买入外汇，以较高的价格（协定价格）卖出外汇而获得利润。

（3）双向期权，购买这种期权可以使买方获得在未来一定期限内根据合同所确定的价格买进或卖出某种外汇的权利。即买方同时买进了看涨期权和看跌期权。买方之所以购买双向期权，是因为他预测该种外汇未来市场价格将有较大波动，但波动的方向是涨是跌难以断定，所以只有既买看涨期权又买看跌期权，以保证无论是涨是跌都有盈利的机会。卖者之所以会出售双向期权是因为他预测未来市场价格变动的幅度不会太大，而双向期权的保险费高于前者中的任何一种，故期权卖方愿意承担外汇波动的风险。

2. 根据行使期权的有效日划分

根据行使期权的有效日，外汇期权又可分为欧式期权（European style）和美式期权（American style）。

（1）欧式期权。一般情况下，期权的买方只能在期权到期日当天的纽约时间 9 时 30 分以前，向对方宣布，决定执行或不执行购买（或出卖）期权合约。

（2）美式期权。期权的买方可在期权到期日前的任何一个工作日的纽约时间 9 时 30 分以前，向对方宣布，决定执行或不执行购买（或出卖）期权合约。美式期权较欧式期权更为灵活，故其保险费高。

3. 根据外汇交易和期权交易的特点划分

根据外汇交易和期权交易的特点可以把外汇期权交易分为即期外汇期权（options on spot exchange）、外汇期货期权（options on foreign currency future）和期货式期权（future-style options）三种。

（1）即期外汇期权，指期权买方有权在到期日或以前，以协定价格买入或卖出一定数量的某种外汇现货。

（2）外汇期货期权，指期权买方有权在到期日或之前，以协定的汇价购入或售出一定数量的某种外汇期货。

（3）期货式期权，指交易双方以期货交易的方式，根据期权价格的涨跌买进或卖出该种期权的交易。

后两者期权交易都是利用期货市场进行期权交易，双方都要提交一定数额的保证金，在交易发生后，盈利的一方可提取保证金中超额的部分，而亏损的一方则要追加保证金，否则，期货交易所会强制斩仓（斩仓是在开盘后所持头寸与汇率走势相反时，为防止亏损过多而采取的平盘止损措施）。

（三）外汇期权的好处与用途

1. 买进期权的购买者获得的好处

买进期权的购买者（包括买进期权与卖出期权）可以获得两个好处。

第一，在期权的有效期内，当汇率上升到一定程度时，购买者行使期权可以获利。即使外汇汇率上升幅度不大，甚至不上升，其损失仅限于保险费。总之对买进期权的购买者而言，其损失有限，可能获利的量却无限。例如，某人购买了英镑买进期权 100 英镑，协议价格 GBP/USD＝1.400 0，保险费每英镑 0.02 美元。在期权有效期内可能出现以下几种情况。

（1）现行汇率等于协议价格。此时购买者行使或不行使期权无差别。行使该期权，以 GBP/USD＝1.40 的协议价，购买 100 英镑需支付 140 美元，在现汇市场上购买 100 英镑同样需支付 140 美元，无利可图。考虑到购买期权时支付的保险费，行使期权的损失为 100×0.02＝2 美元。不行使该期权，放弃购买英镑的权利，损失也是 2 美元。

（2）现汇汇率大于协议价格，小于协议价格与保险费之和。假若现汇汇率为 GBP/USD＝1.410 0。行使期权可以 GBP/USD＝1.400 的协议价格购买 100 英镑，和在现汇市场上购买相比，每英镑可获利 0.01 美元，100 英镑共获利 1 美元。不行使期权，损失为保险费总额 2 美元。所以在这种情况下，行使期权有损失，但损失小于保险费总额。比较利弊以行使期权较为有利。

（3）现汇汇率等于协议价格与保险费之和。行使期权不盈不亏，不行使期权损失为保险费总额 2 美元。购买者选择行使期权。现汇汇率等于协议价格与保险费之和的这一点为期权交易的盈亏临界点。

（4）现汇汇率大于协议价格与保险费之和。购买者行使期权可以取得净盈利，大得越多，盈利越多。

（5）现汇汇率小于协议价格。行使期权损失大于保险费总额，购买者将放弃其权利，不行使期权。设现汇汇率为 GBP/USD＝1.39，行使期权须以 GBP/USD＝1.40 的协议价格购买英镑，和在现汇市场上购买相比，每购买 1 英镑损失 0.01 美元，购买 100 英镑损失 1 美元，再考虑到保险费，每购买 1 英镑共损失 0.03 美元，购买 100 英镑共损失 3 美元。不行使期权，损失仅为 2 美元。

将以上论述概括起来，可以画出买进期权购买者的盈亏图或称 P/L 图（图 6-1）。图中 *A* 点的汇率为 GBP/USD＝1.40，*B* 点的汇率为 GBP/ USD＝1.42。*AC* 为保险费，也是买进期权购买者的最大损失额。现汇汇率小于或等于 GBP/USD＝1.40 时，购买者的单位损失为 0.02 美元，总损失为 100×0.02＝2 美元。现汇汇率在

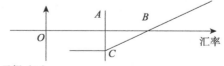

图 6-1 买进期权购买者的 P/L 图

A、B 之间时行使期权可以减少损失。现汇汇率大于 B，行使期权可以盈利，现汇汇率越高，盈利越多。

第二，在期权有效期内，如果期权保险费上升，购买者可以转让期权。这样做不仅可以获利而且可以避免可能出现的损失。

2. 卖出期权的购买者获得的好处

卖出期权的购买者同样可以获得两方面的好处。

第一，在期权有效期内，现汇汇率下跌到一定程度时，购买者行使期权可以获利。即使汇率不下跌或下跌幅度不大，其损失也仅限于支付的保险费。总之卖出期权的购买者可能遭受的损失有限，可能获利的量无限。具体可分以下几种情况：①现行汇率等于协议价格时，行使与不行使期权，购买者的损失均为已支付的保险费。②现汇汇率小于协议价格，大于协议价格与保险费之差时，不行使期权，损失等于保险费。行使期权损失小于保险费。购买者将选择行使期权。③现汇汇率等于协议价格与保险费之差，行使期权的结果是不盈不亏，此点为盈亏临界点。④现汇汇率小于协议价格与保险费之差，购买者行使期权可以取得净盈利，低得越多，盈利越多。⑤现汇汇率大于协议价格，行使期权的损失大于不行使期权的损失。购买者放弃其权利，损失限于保险费。

根据以上论述可以做出卖出期权购买者的盈亏图或 P/L 图（图 6-2），在 A' 现汇汇率等于协议价格，在 B' 现汇汇率等于协议价格与保险费之差，$A'C'$ 为保险费即卖出期权购买者的最大损失额。

第二，在卖出期权的有效期内，如果保险费上升，购买者转让其期权不仅可以获利，还可以避免可能出现的损失。

3. 外汇期权的出售者获得的好处

一种交易总有买卖双方，期权交易的产生和发展表明，这种交易不仅有利于购买者，也有利于出售者。期权的出售者可以收取保险费。外汇期权出售者的利益、亏损和购买者的利益、亏损是相互对应的（图 6-3、图 6-4）。外汇期权出售者可以获得的最大利益为保险费收入。

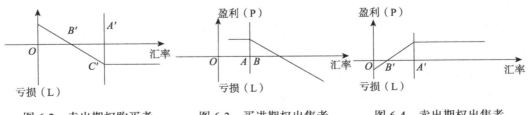

图 6-2　卖出期权购买者　　图 6-3　买进期权出售者　　图 6-4　卖出期权出售者
　　　　 的 P/L 图　　　　　　　　　 的 P/L 图　　　　　　　　 的 P/L 图

4. 外汇期权交易的用途

（1）对于已确定的外汇金额，利用期权交易可以避免外汇风险。在这方面和远期外汇交易相比，外汇期权交易是一个更有利的手段。

（2）对于不确定的外汇金额，可以利用外汇期权交易避免外汇风险。这方面最典型的例子是国际投标。企业参加国际投标时，往往需要许诺以固定的外币价格提供货物或服务。如果中标，企业在将来可以取得一笔外汇收入。如果没有中标则不会取得外汇收入。在参加投标时以远期交易来避免如果中标其外汇收入可能承担的风险是不合适的，采用外汇期权交易较为有利。

5. 外汇期权的不足之处

外币期权虽然灵活性较大，但存在一定的不足之处，表现在以下几方面。

（1）经营机构少。发达国家除少数大银行、大财务公司经营外，一般中小银行尚未开展此项业务，普及面不够广泛。期权市场有待于进一步充实扩大。

（2）期权买卖的币种及金额有时存在一定限制。有些国家的外汇市场，买卖期权的币种只限于美元、英镑、日元、欧元、瑞士法郎和加元等；每笔期权交易的总额限于 500 万美元。

（3）期限较短。一般期权合约的有效期以半年居多，期限较短。

案例 6-10：外汇期权交易

 参考资料与网站

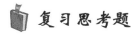 复习思考题

一、计算题

1. 假设同一时间，香港外汇市场报价$1＝HKD7.734 6－7.736 8

纽约外汇市场报价$1＝HKD7.752 8－7.757 8

问：如果以 100 万美元进行套汇交易可以获利多少？

2. 设 6 个月远期汇率 USD/JPY＝102.00/10。某美国商人预期半年后即期汇率为 USD/JPY＝99.00/10。若该预期十分准确，在不考虑其他费用的前提下，该商人买入 6 月远期 1 亿日元，可以获多少投机利润？

二、简答题

1. 外汇市场的作用是什么？
2. 外汇期货交易与远期外汇交易有什么区别？
3. 简述中央银行在外汇市场中的作用。
4. 理解各种外汇业务开展的条件和目的。

 附录 6-1　人民币外汇市场发展演变

 附录 6-2　外汇投机的形态

 即测即练题

第七章

国际贸易融资

国际贸易融资是为国际货物交易提供信用和风险管理的服务。它涉及私人企业、商业银行、国有企业、政府机构、保险公司和资本市场的投资者。国际贸易融资既是出口商获得流动资金的来源，又是确保出口商及时收取货款的手段。此外，国际贸易融资还可以向进口商提供资金，便利其及时向出口商支付货款。

国际贸易融资涉及的内容较多，本章仅限于国际货物贸易筹资、收付及出口信用风险的论述，而将利用资本市场进行外汇风险管理的内容放在第九章"跨国经营中的企业外汇风险管理"，国际贸易融资中的银团贷款放在第八章"国际商业银行贷款与证券融资"，与贸易融资相结合的金融衍生工具放在第六章"跨国经营中的货币交易"。根据出口商在国际贸易融资中承担风险的不同，国际贸易融资可分为出口商承担风险（包括承担一切风险和部分风险）的国际贸易融资、将风险转嫁给第三方的国际贸易融资两类。

第一节 出口商承担风险的国际贸易融资

出口商承担的风险包括承担部分风险和一切风险两类。出口商承担部分风险的国际贸易融资方法主要有出口信用保险，这部分内容在第二章第一节已论述。现在开始介绍出口商承担一切风险的国际贸易融资方法，主要包括寄售（consignment）、赊销（open account，O/A）和托收（collection）。[①]出口商之所以愿意承担贸易融资中的一切风险，是因为它们能为进口商提供融资便利，降低成本，从而增加出口商出口产品的竞争力。

一、寄售

寄售是指寄售人（consigner，也就是出口人、委托人或货主）先将准备销售的货物运往国外寄售地，委托当地代销商（consignee）按照寄售协议规定的条件和办法代

---

① 约菲，戈梅斯-卡斯. 国际贸易与竞争——战略与管理案例及要点[M]. 宫桓刚，孙宁，译. 大连：东北财经大学出版社，2000：242-243.

为销售后，再由代销商与出口人结算货款。

（一）寄售的特点

寄售是一种委托代售的贸易方式，也是国际贸易中为开拓商品销路、扩大出口而采用的一种做法。它有如下特点：①寄售人与代销商是委托代销关系。代销商只能根据寄售人的指示代为处置货物，在寄售人授权范围内以自己的名义出售货物、收取货款，并履行与买主订立的合同，但货物的所有权在售出前属于寄售人。②寄售是寄售人先将货物运至寄售地，然后再找买主，是凭实物进行的现货交易。③货物售出前的一切风险和费用均由寄售人承担。

（二）寄售方式对出口商的利益与风险

对于出口人来说，寄售方式下，有利于调动有推销能力、经营作风好但资金不足的客户的积极性，因为代销商不需垫付资金，也不承担风险；有利于了解市场需求，不断改进产品品质和包装，从而开拓市场和扩大销路；有利于促成交易，因为寄售是凭实物进行的现货买卖，为买主减少了交易时间、风险和费用，从而提供了便利。但是，采用寄售方式，出口人要承担较大的风险，包括运输途中和到达目的地后的货物损失与灭失的风险，货物价格下跌和不能售出的风险，代销商选择不当或资信不佳而造成损失的风险；承担货物售出之前的一切费用开支，资金周转期延长，而且，一旦代销商违反协议，难保收汇安全。

（三）寄售协议

寄售方式下，出口人和代销商要就双方的权利、义务及寄售业务中的有关事项签订法律文件即寄售协议。寄售协议主要涉及寄售商品的作价方法、佣金支付的时间和方法、货款的收付等问题。

二、赊销

赊销是出口商在装运货物后直接将运输单据寄交进口商，从而在未获得付款或付款承诺之前就失去了对货物所有权的控制，相应地，进口商尚未付款或作出付款承诺就可以提取货物。出口商不能控制货物的原因可能是由于运输单据的性质所致，如航空运单的收货人通常是买方，买方可以凭航空公司的到货通知提取货物，而不是凭出口商寄交的正本单据提货；也可能是卖方在收到货款以前直接将作为物权凭证的装运单据如正本提单释放给买方，使其凭单提货。

与寄售不同，买方对收到的货物满意后立即将货物款项结清，或者是在预定的未来时间结清，如按照销售合同在交货月的月末结清。显然，在赊销业务中，卖方在装运货物、失去对货物的控制后没有任何具体的措施可以迫使进口商在预定的时间内支付货款，仅仅是依赖于进口商的信用，所以面临着信用风险。在该种支付方式下，出口商既失去了对货物的控制，也失去了对货物的法律权利，而进口商则能够在未付款的情况下得到货物，并按照自己的意愿处置货物。

由于赊销对出口商存在的信用风险，出口商必须认真考虑进口商的资信。一种谨慎可行的办法是，在日常了解进口商资信的基础上，掌握其最新资信状况，或者通过审查其年度报告以弄清进口商一以贯之的资信状况。如果业务需要，只能以赊销的支付方式出口，出口商减少这种信用风险的可考虑方法有三个：一是出口信用保险，二是福费廷，三是国际保付代理。福费廷和国际保付代理将在本章第二节详述。

三、托收

依据《托收统一规则》（URC 522），托收是指由接到托收指示的银行根据所收到的指示处理金融单据和/或商业单据以便取得付款/承兑，或凭付款/承兑交出商业单据，或凭其他条款或条件交出单据。其中，金融单据主要是指汇票，商业单据主要是指商业发票、运输单据、物权单据等。简言之，托收是债权人（出口商）出具金融单据和/或商业单据委托银行，通过它的分行或代理行向债务人（进口商）收取货款的一种支付方式。

（一）托收的主要当事人

托收一般通过银行办理，故又称银行托收。在银行托收业务中，提出托收申请的一方是委托人（principal）；接受申请的银行称为托收银行（remitting bank）；接受托收银行的委托向付款人（通常为进口商，即债务人）收取货款的进口地银行是代收银行（collecting bank）；向付款人提示汇票和单据的银行是提示行（presenting bank），它可以是代收行委托的与付款人有往来账户关系的银行，也可以是代收银行自己兼任；有时，委托人为了应付拒付，要指定付款地的代理人代为料理货物存仓、转售或运回等事宜，这个代理人叫作"需要时的代理"（customer's representative in case-of-need）。委托人如指定需要时的代理人，必须在托收指示书上写明此代理人的权限。

（二）银行托收的一般做法

出口人（委托人）根据国际货物买卖合同先行发运货物，然后开立汇票（或不开汇票）连同商业单据，向出口地银行提出托收申请，委托托收行通过其在进口地的代理行或往来银行（代收行）向进口人（付款人）收取货款。一般地，出口人在委托银行办理托收时，须附具一份托收指示书，在指示书中对办理托收的有关事项作出明确指示，包括要注明按照 URC 522 办理，这些是银行办理托收的依据。

（三）银行托收的种类

银行托收时可以不附有商业单据，也可以附有商业单据，前者称为光票托收（clean collection），后者称为跟单托收（documentary collection）。光票托收是指出口人提交金融单据（不附有商业单据）委托银行代为收款。若以汇票作为收款凭证，则使用光票。在国际贸易中，光票托收主要用于小额交易、预付货款、分期付款以及收取贸易的从属费用等。跟单托收是指提交附有或不附有金融单据的商业单据的托收。国际贸易中货款的收付大多采用跟单托收。

在托收业务中，出口人可以在进口人付款后交单（称为付款交单，documents against payment，D/P），也可以在进口人承兑后交单（称为承兑交单，documents against acceptance，D/A）。在付款交单条件下，出口人发货后可以开具即期汇票连同商业单据，通过银行向进口人提示，进口人见票后立即付款，付清货款后向银行领取商业单据，等货到后凭商业单据领取货物，这叫即期付款交单（D/P at sight）；出口人发货后也可以开具远期汇票连同商业单据，通过银行向进口人提示，进口人审核无误后，即在远期汇票上进行承兑，于汇票到期日付清货款后再向银行领取商业单据，等货到后凭商业单据领取货物，这叫远期付款交单（D/P after sight）。若付款日期晚于到货日期，进口人为了抓住有利时机转售货物，可以采用以下某一种办法。

（1）提前付款赎单。在付款到期日前付款，扣除提前付款日至原付款到期日之间的利息，作为进口人享受的一种提前付款的现金折扣。

（2）请代收行提供信用便利。对于资信较好的进口人，可请代收行允许其凭信托收据（trust receipt）借取货运单据，先行提货，于汇票到期时再付清货款。所谓信托收据，就是进口人借单时提供的一种书面信用担保文件，用来表示愿意以代收行的委托人身份代为提货、报关、存仓或出售，并承认货物所有权仍属银行。货物售出后所得的货款应于汇票到期时交银行。由于是代收行自己向进口人提供的信用便利，与出口人无关，所以，代收银行承担借出单据后到期不能收回货款的风险。代收行减少风险的措施是进口人除了提供信托收据，还要提供一定的担保或抵押。

（3）请出口人指示代收行借单。由出口人主动授权银行凭信托收据借单给进口人，即所谓远期付款交单凭信托收据借单（D/P·T/R）方式。在这种方式下，进口人承兑汇票后凭信托收据先行借单提货，在汇票到期后再付货款。由于是出口人自己指示代收行凭信托收据借单，日后进口人到期拒付货款的风险由出口人承担。显然，这种做法的风险与承兑交单相当。

在承兑交单条件下，出口人在装运货物后开具远期汇票，连同商业单据，通过银行向进口人提示，进口人承兑汇票后，代收行即将商业单据交给进口人，从而进口人先获得物权凭证，之后在汇票到期时再履行付款义务。

显然，托收虽然是通过银行办理，但银行只是按照出口人的指示办事，不承担付款的责任，不过问单据的真伪，如无特殊约定，对已运到目的地的货物不负提货和看管责任。因此，卖方发运货物后，能否收回货款，完全取决于买方的信誉。所以，托收属于商业信用。

（四）采用托收方式应注意的事项

由于托收对出口人存在的巨大风险，对于一个出口企业来说，采用托收支付方式，需要注意以下事项：①认真调查进口人的资信情况和经营作风，妥善把握成交额，不宜超过其信用额度。②对于贸易和外汇管制较严的进口国家和地区不宜使用托收方式，以免货到目的地后由于不准进口或禁止外汇汇出而造成损失。③在远期付款交单条件下要了解进口国家的商业惯例，如有些拉美国家将 D/P 远期按 D/A 处理，增加了出口人的风险。④出口合同应争取按 CIF 或 CIP 条件成交，由出口人办理货运保险，也可投保出口信用保险；在不采用 CIF 或 CIP 条件时，应投卖方利益险。⑤要及时催收清理，发现问题应迅速采取措施，避免或减少可能发生的损失。

第二节　出口商将风险转嫁给第三方的国际贸易融资

一、信用证

信用证（letter of credit，L/C）在国际贸易中居于中心地位。它是在进口商的请求下由银行开立的。信用证规定，在出口商提交特定的符合条件的单据后，不管进口商主观态度和客观实际情况如何，银行都将向信用证的受益人（通常是出口商）支付一定金额的货款。①

（一）在缺乏信任的交易双方之间建立桥梁

为了达成交易，从事国际贸易的企业必须信任一些居住在不同的国家、说着不同的语言、遵守（或不遵守）不同的法律制度的（潜在）贸易伙伴。当然，如果他们违约了，也很难去追查他们。所以，出口商（如中国）担心收到货款前装运货物到进口商（如美国）所在国，美国进口商可能会领取货物却不支付货款。相反，美国进口商可能担心，如果在货物装运前向中国出口商支付货款，中国出口商可能会收取货款但不及时装运合乎质量要求的足量货物。交易双方在空间、语言及文化方面存在的差异，加之使用不完善的国际法制度履行合同义务也存在一些问题，使得相互间的不信任进一步加剧，每一方都有自己的交易偏好。为了保证得到货款，中国出口商希望美国进口商在货物装运前向他支付货款（图 7-1）。同理，为了保证得到所期望的货物，美国进口商希望货物到时支付货款（图 7-2）。所以，若没有一种建立信任的机制，国际贸易就会很困难。

---

① 关于信用证的国际公约与惯例有：《联合国独立保函和备用信用证公约》，ICC《跟单信用证统一规则》（UCP600），ICC《1998 年国际备用信用证惯例》（ISP98）。UCP600 关于信用证（letter of credit, L/C）的定义是，信用证是指一项不可撤销的安排，无论其名称或描述如何，该项安排构成开证行对相符交单予以承付的确定承诺。

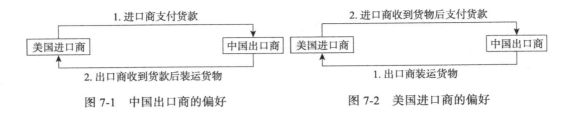

图 7-1　中国出口商的偏好　　　　　图 7-2　美国进口商的偏好

这一问题可以通过进出口双方都信任的第三方（通常是信誉卓著的银行）作为中介来解决。解决信任问题的过程概括如下（图 7-3）。

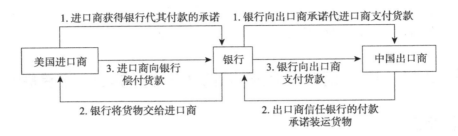

图 7-3　利用第三方

（1）美国进口商根据国际货物买卖合同向银行申请，获得银行在一定条件下代他支付的书面承诺（他知道中国出口商信任银行）。这种承诺就是信用证。

（2）中国出口商见到信用证审核无误后，按规定条件向美国装运货物，并将符合信用证要求的具有物权凭证（及收据和运输合同）作用的货运提单交给银行。作为回报，出口商要求开证银行或其他指定的付款银行支付货款。要求这种支付的单据是汇票。

（3）银行支付货款、获得提单后，通知美国进口商付款赎单。开证银行审查单据，确认无误后支付货款、获得提单后，通知开证申请人（美国进口商）付款赎单。

下文"信用证的使用"将对这一过程进行详细阐述。

（二）信用证的含义及特点

根据 UCP 600 第 2 条，信用证意指一项约定，无论其如何命名或描述[①]，该约定不可撤销并因此构成开证行对于相符提示予以兑付的确定承诺。

其中，"相符提示"意指与信用证中的条款及条件、本惯例中所适用的规定及国际标准银行实务相一致的提示；"兑付"意指：①对于即期付款信用证即期付款；②对于延期付款信用证发出延期付款承诺并到期付款；③对于承兑信用证承兑由受益人出具的汇票并到期付款。

信用证支付方式具有以下特点。

---

① "不论其如何命名或描述"，意指判断一项约定是否为信用证，要看它的内容是否具备定义所述要素，而不是根据叫它什么名字、用什么词句来描述它。

（1）信用证付款是一种银行信用。由于信用证是开证行对受益人的一种保证，即只要受益人提交了符合信用证所规定的各种单据，开证行就保证付款。所以，在信用证支付方式下，开证行成为首先付款人，属于银行信用，开证行对受益人的责任是一种独立的责任。

（2）信用证是独立于合同之外的一种自足的文件。虽然信用证的开立以买卖合同作为依据，但信用证一经开立，就成为独立于买卖合同之外的另一种契约，不受买卖合同的约束。一家银行作出付款、承兑并支付汇票或议付及/或履行信用证项下其他义务的承诺，不受申请人与开证行或申请人与受益人之间在已有关系下产生索偿或抗辩的制约。受益人在任何情况下，不得利用银行之间或申请人与开证行之间的契约关系。

（3）信用证项下付款是一种单据的买卖。上述单据必须与信用证的规定"严格符合"，不仅要做到"单证一致"，即受益人提交的单据在表面上与信用证规定的条款一致，还要做到"单单一致"，即受益人提交的各种单据之间表面上一致。

（三）信用证的使用

现在以中国出口商和美国进口商之间的交易为例介绍信用证支付方式的使用。美国进口商向其当地银行（假设是纽约银行）申请开立信用证，纽约银行对其展开资信调查。纽约银行将根据资信状况调查结果，要求进口商交付一定比例的押金或者其他形式的担保品。一般来说，资信状况越好，这个比例越低，相反就很高。另外，纽约银行还会向美国进口商收取一定金额的服务费用即开证费。这笔费用要依据进口商的资信状况和交易规模而定（一般是交易金额越大，百分比越低）。

纽约银行收取了押金和开证费后，依据进口商要求开出以中国出口商为受益人的信用证（纽约银行成为开证行）。信用证规定，只要中国出口商提交信用证规定的符合"单证一致"和"单单一致"的单据，纽约银行将向中国出口商支付货款。因此，信用证成为中国出口商和纽约银行之间的财务合同。然后，纽约银行将信用证寄给其在中国的往来银行（假设是中国银行）。中国银行审核信用证的印鉴。表面真实性审核无误后，中国银行通知出口商，它已收到经审核表面真实的信用证并转交受益人。中国出口商对照买卖合同审核信用证条款。假定合同条款与信用证条款（基本）一致（否则要求进口商修改信用证相应条款），则中国出口商按照信用证条款装运货物。装运货物后，将缮制并取得信用证所规定的单据，连同开立的以纽约银行为付款人的汇票一并交给中国银行议付（也许是别的银行，由信用证规定）。中国银行进行单证审核，若单据与信用证、单据之间表面一致，则中国银行议付（negotiation），即由议付行向受益人购进由出口商开立的汇票及所附单据。[①]之后，中国银行将有关单据和汇票寄给纽约银行，要求付款，即索偿。纽约银行核验单据是否"单单一致"和"单证一致"。假

---

① 议付行议付时要扣除一个来回邮程的利息，而且遭遇开证行拒付时，有追索权。

定单据不存在"不符点"（即满足双一致要求），则纽约银行向议付行中国银行偿付（否则拒付）。开证行偿付后，通知进口商付款赎单。最后，进口商付款获得单据，提取货物。

以上是信用证使用最简单的情形，实际上可能复杂得多。其使用程序可简化为如图 7-4 所示。

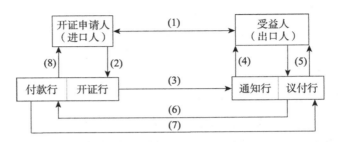

图 7-4　信用证支付的一般程序

说明：

（1）订立合同。进出口双方签订交易合同，约定以信用证方式支付货款。

（2）申请开证。进口商向银行提出开立信用证申请（递交开证申请书），开证行审核其资信，收取押金和开证费。

（3）开证。开证行开立以出口商为受益人的信用证，寄交其在进口商所在地的代理银行（通知行）转递或通知受益人即出口商。

（4）通知。通知行核对签字（电开信用证是密押），核验表面真实性无误后，转交出口商。

（5）审证、交单、议付。出口商对照交易合同认真审核信用证；审核无误后，发运货物，缮制并取得信用证规定的全部单据，开立汇票连同信用证正本，递交银行议付；若该银行审核认为"单单一致""单证一致"，则办理议付。

（6）索偿。议付行根据信用证规定，凭单向开证行或其指定的银行（付款行或偿付行）请求偿付。

（7）偿付。开证行核对单据无误（即单据与单据、单据与信用证表面一致①）后，付款给议付行。

（8）付款赎单。开证行偿付后，通知进口人付款，获得全套单据。

使用信用证支付方式能够解决中国出口商和美国进口商之间互不信任的问题，因为他们都信任信誉卓著的银行。若开证行信誉不够好，还可以请另一个信誉更好的银行担保，则这一银行成为保兑行，要向进口商收取一定的费用。中国出口商一旦看到与买卖合同（基本）一致的信用证，他就相信他的货款有了保证，于是开始装运货物。而且，通过信用证，中国出口商能比较容易地获得出口前的融资。例如，中国银行见到信用证后可能愿意贷款给出口商，用于着手处理和准备装运到美国的货物。这笔贷款可以到出口商收回出口货款后再还贷。对于美国进口商而言，只有当信用证规定的所有单据都满足信用证所列条款时，他才必须支付货款。但是，进口商申请开立信用证时，他必须交付一定比例的押金或其他抵押品和一定数额的开证费（若修改信用证要交付改证费）。而且，信用证对进口商来说是一项金融负债，这会削弱他为其他目的

---

① 即不审核单据的真伪以及运输单据和保险单据上固有的条款，而仅仅审核单据上印就的文字。

借款的能力。这种支付方式由于成本比较高，会导致进口商压价或出口产品竞争力降低。

（四）缮制单据

既然信用证支付方式是单据的买卖，即其议付是以单据为条件，对买卖双方而言，明确对单据的要求至关重要。信用证要求的单据可能很多，我们在此介绍汇票、提单等几种重要单据。

1. 汇票

汇票是常用于国际商务的一种支付工具。在国际商务中，它是出口商签发的要求进口商或其代理人在某一规定时间内无条件支付一定金额的命令。[①]在中国出口商和美国进口商的例子中，中国出口商签发汇票要求纽约银行（美国进口商的代理行）支付装运到美国货物的款项。签发汇票的企业或个人称作出票人（此例中是中国出口商），汇票所提示的一方（即汇票所要送达的那一方）称为受票人（此例中是纽约银行）。

按照付款时间的不同，汇票可分为即期汇票和远期汇票。若是即期汇票，则持票人向受票人（付款人）提示时，受票人就必须付款。若是远期汇票，则允许延迟一段时间支付——通常是 30 天、60 天、90 天或 120 天。远期汇票提示包括承兑提示和付款提示。承兑提示即持票人向付款人提交远期汇票，付款人见票后办理承兑手续，承诺到期付款。远期汇票一旦承兑就成了承兑方的付款承诺。[②]付款提示即持票人向付款人提交汇票、要求付款的行为。

远期汇票经承兑可以流通，即持票人可以从票面价值中以一定的贴现率将汇票卖给投资者。假定中国出口商和美国进口商之间的合同要求出口商向纽约银行（通过中国银行）出示一份提示后 120 天付款的远期汇票。再假定纽约银行已经承兑（成为银行承兑汇票），且汇票金额是 10 万美元。此时，出口商有两种选择：要么持有经承兑的汇票，120 天后得到 10 万美元的货款；要么他按汇票面额以一定的贴现率将汇票卖给投资者，如中国银行。若贴现率为 10.5%，出口商将远期汇票立即贴现可得 96 500 美元（$=100\,000-100\,000\times\dfrac{120}{360}\times10.5\%=100\,000-3\,500=96\,500$）。120 天后，中国银行将从纽约银行获得整整 10 万美元。如果出口商急需给运输中的货物提供资金或解

[①] 《中华人民共和国票据法》规定：汇票是出票人签发的，委托付款人在见票时或者在指定日期无条件支付确定的金额给收款人或持票人的票据。《英国票据法》规定：A bill of exchange is an unconditional order in writing, addressed by one person to another, signed by the person giving it, requiring the person to whom it is addressed to pay on demand or at a fixed or determinable future time a sum certain in money to or to the order of a specified person or to bearer。

[②] 承兑（acceptance）是指付款人对远期汇票表示承担到期付款责任的行为。付款人在汇票上写明"承兑"字样，注明承兑日期，并由付款人签字，交还持票人。付款人对汇票作出承兑，即成为承兑人。承兑人有在远期汇票到期时承担付款的责任。

决资金短缺问题，他可以立即将已经承兑的远期汇票卖掉。

汇票除了按照付款时间的不同分类外，还可按照出票人的不同分为银行汇票和商业汇票，银行汇票是指出票人和受票人都是银行的汇票，商业汇票是指出票人是商号或个人，付款人是商号、个人或银行的汇票；按照有无随附商业单据，分为光票和跟单汇票，光票是指不附带商业单据的汇票，跟单汇票是指附带有商业单据的汇票。银行汇票一般是光票，而商业汇票一般是跟单汇票。

2. 提单

提单是国际贸易融资中又一个重要的票据[①]。提单是运输公司签发给出口商的。它有三个性质，即货物收据、运输契约和物权凭证。作为收据，提单表明运输公司已按提单所列内容收到货物；作为契约，提单规定了承运人在收取一定费用后有义务提供运输方面的服务，即规定了承运人和托运人之间的权利、义务关系；作为物权凭证，提单合法持有者有权支配货物。在装运后、进口商付款前，出口商也可将提单作为附属担保品，要求当地银行垫付货款。提单从不同角度可以分为很多种。

（1）根据货物是否已装船可分为"已装船"提单和"货到待运"提单。前者证明承运人已收到货物并已经装上指定船只，后者只证明承运人已收到等待装船的货物，而不是货物已经装船，所以这种提单也就不是货物已经装船并运往买方的保证。

（2）根据提单上对货物外表状况有无不良批注，可分为"清洁提单"和"不清洁提单"。前者说明承运人收到的货物表面状况良好。如果承运人收到的货物表面状况不好，则承运人在签发的提单上会带有宣称货物及/或包装有缺陷状况的条款或批注。信用证项下的议付一般只接受清洁提单。

（3）根据提单收货人的不同可分为记名提单、不记名提单和指示提单。由于提单是物权凭证，所以提单收货人的确定至关重要。记名提单是指提单收货人栏内指明特定收货人名称（一般就是进口商），只能由该特定收货人提货，故这种提单不能通过背书方式转让给第三方（例如买主是中间商，他不想实际占有货物）。因此，记名提单不能作为一种良好的融资手段到银行进行抵押。与记名提单相反，不记名提单是指提单收货人栏内没有指明任何收货人，只注明提单持有人字样，承运人应将货物交给提单持有人。谁持有提单，谁就可以提货。因为承运人交货凭单不凭人，流通性极强，风险很大，在国际贸易中很少使用。大部分跟单信用证使用指示提单。这种提单项下的货物发给"凭某人指示"的收货人，"某人"通常就是出口商本人。用这种方法，出口商便始终保留货物的所有权，直到他通过背书[②]转让给第三方为止。

---

① 这里讲的是海运提单（ocean bill of lading，B/L），简称提单。在国际货物运输中，海洋运输是最主要的运输方式，其运量在国际货物运输总量中占 80% 以上。

② 背书是在提单背面写上提单持有人的名字，或再加上受让人（被背书人）的名字，并交给受让人的行为。

信用证一般要求托运人（出口商）在议付信用证时提供背书提单，从而议付行可以将提单转交开证行，后者则拥有商品的所有权。接下来，开证行将提单转给进口商（即付款赎单）凭以向承运人提取货物。如果进口商资信比较好，不立即偿付信用证金额，而是用一笔短期贷款支付货款，他可以凭银行的信托收据出售货物后，再用销售货物所得款项偿付银行。

3. 其他单据

信用证还经常要求出口商在议付信用证时提供其他单据，最常见的是商业发票。出口商在商业发票中详细列明商品名称、单价以及进口商应付的总金额，包括可能的装运费用和货运保险（见附录 7-1 中的 CFR、CPT、CIF、CIP 等）。

大宗商品通常还需要商检证书。商检证书是由独立的检验机构对装运货物抽样检查后出具的证明，用来证明产品的实际品质与信用证的品质条款规定一致（如大豆的蛋白成分或铁矿的矿质结构）。如果抽样检验的产品品质低于信用证规定的标准，除非进口商同意改变要求（此时出口商通常要给予进口商价格折扣），否则出口商会遭到拒付。

对供人和动物消费与使用的食品、药品、化妆品以及其他一些产品，进口商或进口国政府还要求出口商提供健康或卫生证书，用以证明出口产品质量的安全性。这些检验证书通常由出口国的卫生部门出具。对于进入美国的产品来说，这些检验证书非常重要，因为美国食品药品管理局（Food and Drug Administration，FDA）禁止那些它认为有潜在危害的产品进口，并且拒绝接受不符合健康质量标准的货物。

二、银行保函

银行保函也能有助于解决进、出口双方之间的信任问题。银行保函作为一种融资工具，指在主债务人需要向受益人支付预付款或进行中间付款时，银行保函可以作为替代品，起到暂缓付款的作用，从而等于向主债务人提供了融资便利。[①]

（一）保函的概念与性质

保函（letter of guarantee，L/G），又称保证书，是指银行、保险公司、担保公司或个人应申请人的请求，向第三人开立的一种书面信用担保凭证。

依据保函与基础业务合同（如商务合同）的关系，保函可分为从属性保函和独立性保函两种。从属性保函，是商务合同的一个附属性契约，其法律效力随商务合同的

[①] 关于保函的国际公约与惯例有：《联合国独立保函和备用信用证公约》（United Nations Convention on Independent Guarantees and Stand-by Letters of Credit），ICC《合同保函统一规则》（Uniform Rules for Contract Guarantees，URCG 325），ICC《见索即付保函统一规则》（Uniform Rules for Demand Guarantees，URDG 458），ICC《合同保函统一规则》（Uniform Rules for Contract Bonds，URCB 524）。

存在而存在，随商务合同的变化、灭失而变化、灭失。在从属性保函项下，银行承担第二性的付款责任，即当受益人索赔时，担保人要对基础合同履行的事实进行调查，确实存在申请人违约时，担保银行才负责赔偿。由于以下原因，在国际经济贸易实践中发展出了独立性保函：①担保银行收费不多，却容易被卷入贸易纠纷，影响自己的声誉；②当债权人以主债务人不履行其债务为理由要求担保人承担其担保义务时，担保人往往以各种抗辩权对抗债权人，使债权人的要求得不到满足，或者不得不进行耗资、费时的、复杂的诉讼程序，对债权人不利。

独立性保函是根据商务合同开出，但又不依附于商务合同而存在，是具有独立法律效力的法律文件。独立保函项下银行承担第一性的付款责任，即当受益人在独立保函项下提交了书面索赔要求及保函规定的单据时，担保行就必须付款，而不管申请人是否同意付款，银行也无须调查合同履行的事实。与从属性保函相比较，独立性保函使得受益人的利益更有保障，银行也可以避免陷入商务纠纷之中。因此，现代国际经济贸易中使用的保函以独立性保函为主。

（二）见索即付保函

独立性保函在 URDG 458 里称为见索即付保函。根据 URDG 458 第 2 条规定，见索即付保函是"指任何保证、担保或其他付款承诺，这些保证、担保或付款承诺是由银行、保险公司或其他组织或个人出具的，以书面形式表示在交来符合保函条款的索赔书或保函中规定的其他文件（诸如工艺师或工程师出具的证明书、法院判决书或仲裁裁决书）时，承担付款责任的承诺文件"。简单地说，见索即付保函是担保人凭在保函有效期内提交的符合保函条件的索赔书（书面）及保函规定的任何其他单据支付固定金额的付款承诺。其性质如下：①见索即付保函是一种与基础合同相脱离的独立性担保文件；②担保人承担第一性的、直接的付款责任；③见索即付保函是不可撤销文件；④见索即付保函必须是书面的，包括有效的电讯信息或加密押的电子数据交换（EDI）信息。

（三）银行保函的当事人

由银行开立的由其承担付款责任的保函称为银行保函（banker's L/G）。银行保函一般为见索即付保函。在银行保函的使用中，向银行提出申请，要求银行开立保函的一方称为申请人；收到保函并有权按保函规定的条款凭以向银行提出索赔的一方称为受益人；开立保函的银行称为担保人。

以上三方为银行保函的主要当事人。除此之外，根据具体情况银行保函还可能涉及以下几个当事人。

（1）通知行（advising bank），又称转递行（transmitting bank），即根据开立保函的银行的要求和委托，将保函通知或转递给受益人的银行。通知行通常为受益人所在地银行。

（2）保兑行（confirming bank），又称第二担保人，即根据担保人的要求在保函上加以保兑的银行。保兑行通常为受益人所在地信誉良好的银行，对这样的银行，受益人比较熟悉和信任。

（3）转开行（reissuing bank），即根据担保人的要求，凭担保人的反担保向受益人开出保函的银行。转开行通常是受益人所在地的银行。

（4）反担保人（counter guarantor），即为申请人向担保银行开出书面反担保函（counter guarantee）的人。反担保人通常为申请人的上级主管单位、出口信贷保险公司或其他银行/金融机构等。

（四）银行保函的使用程序

银行保函的使用程序如图 7-5（该图也反映了各当事人之间的关系）所示。

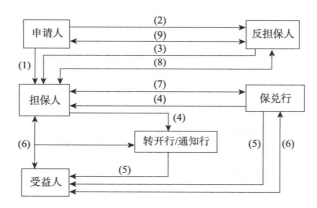

图 7-5　银行保函的使用程序

说明：

（1）申请人因业务需要向担保人提出开立保函的申请。

（2）申请人寻找反担保人，提供银行可以接受的反担保。

（3）反担保人向担保人出具不可撤销的反担保函。

（4）担保人将其保函寄给通知行，请其通知受益人；有时，担保人根据受益人的要求，须找一家国际公认的大银行对其出具的保函加具保兑；或担保人将其保函寄给转开行，请其重新开立以受益人为抬头的保函。

（5）通知行、保兑行或转开行将保函通知或转开给受益人（转开行转开保函后成为担保人）。

（6）受益人在发现保函申请人违约时，向担保人或转开行（担保人）或保兑行索偿，担保人/保兑行赔付。

（7）保兑行赔付后向担保人索赔，担保人赔付。

（8）担保人赔付后向反担保人索赔，反担保人赔付。

（9）反担保人赔付后向申请人索赔，申请人赔付。

图 7-5 包括了担保业务中各种可能的当事人，但除了主要当事人，其他当事人一般不会同时存在。因为，有些当事人的作用在一定程度上是重复的，如对受益人来说，转开行是其信任的本国银行，因而没有必要再要求保兑，也不需本国其他银行通知，

因而就不会有"保兑行"，也不会有"通知行"；而且，银行转开、保兑、通知都要收取手续费，有些国家还要征收印花税等。

案例 7-1：履约保函

三、国际保付代理

国际保付代理（international factoring）简称国际保理，是应用于国际的保付代理[①]，指出口商以商业信用形式出口商品，在货物装船后立即将发票、汇票、提单等有关单据卖断给承购应收账款的财务公司或专门组织，收进全部或一部分货款，从而取得资金融通的业务。它是一项新兴的国际贸易融资业务，该业务在有的国家（如美国）由银行办理，在有些国家（如日本）由专门经营该业务的财务公司办理。通过保理业务，出口商可将出口信用风险转嫁给保理组织，获得保理组织关于对进口商资信调查、托收、催收账款甚至会计处理等服务。在典型的保理业务中，出口商在出卖单据后，可立即得到现款，获得资金融通。

（一）国际保理业务的类型

从出口商出卖单据是否可以立即得到现金的角度来划分，国际保理业务可分为到期国际保理业务和预支或标准国际保理业务两种。到期保理业务是最原始的保付代理业务，即出口商将出口有关单据出卖给保付代理组织，该组织确认并同意票据到期时无追索权地向出口商支付票据金额，而不是在出卖单据的当时向出口商立即支付现金；预支或标准国际保理业务即出口商装运货物取得单据后，立即将单据卖给保付代理组织，取得现金。

从是否公开保付代理组织的名称来划分，国际保理业务可分为公开保付代理组织名称的保理业务和不公开保付代理组织名称的保理业务两种。前者在票据上写明货款付给某一保理组织，后者按一般托收程序收款，不一定在票据上特别写明该票据是在保付代理业务下承办的。

根据国际保理业务中涉及的保理组织，国际保理业务可分为以下三种：一是双保付代理业务，即出口商所在地的保理组织与进口商所在地的保理组织有合同关系，出口商所在地的保理组织通过进口商所在地的保理组织调查进口商的资信状况；二是直接进口保理业务，即进口商所在地保理组织直接与出口商联系，并对其汇款，一般不通过出口商所在地的保理组织转递单据（美国这种情况较多）；三是直接出口保理业务，即出口商所在地的保理组织直接与进口商联系，并对出口商融资，一般不通过进口商所在地的保理组织转递单据。后两者合称单保理业务。

[①] factoring，有的译为"承购应收账款业务""应收账款收买业务""出口销售保管""应收账款管理服务"等，目前译名趋向于译为保付代理，简称保理。

（二）国际保理业务的程序

（1）出口商在以商业信用（如承兑交单，D/A；或赊销，O/A）出卖商品的交易磋商过程中，将进口商的名称及有关贸易状况报告给本国保付代理组织。

（2）出口方的保付代理组织将上列资料整理后通知进口方的保付代理组织。

（3）进口方的保付代理组织对进口商的资信进行调查，并将调查结果及可以向进口商提供赊销金额的具体建议通知出口方的保付代理组织。

（4）如进口商资信可靠，向其提供赊销金额建议的数字也积极可靠，出口方的保付代理组织即将调查结果告知出口商，并对出口商与进口商的交易加以确认。

（5）出口商装运货物后，把有关单据售予出口方的保付代理组织，并在单据上注明应收账款转让给出口方的保付代理组织，要求后者支付货款（有时出口商缮制两份单据，一份直接寄送进口商，一份交出口方保付代理组织），后者将有关单据寄送进口方的保付代理组织。

（6）出口商将有关单据售予出口方保付代理组织时，后者按汇票（或发票）金额扣除利息和承购费用后，立即或在双方商定的日期将货款支付给出口商。

（7）进口方的保付代理组织负责向进口商催收货款，并向出口方保付代理组织进行划付。

（三）国际保理业务费用

保理组织不仅向出口商提供了资金，而且还提供了一定的劳务，所以他们要向出口商索取一定的费用，该费用由承购手续费和利息两部分内容构成。手续费的费率一般应为应收账款总额的 1.75%～2%。利息是保理组织从收买单据向出口商支付现金至票据到期从海外收到货款期间产生的利息，利率通常比优惠利率高 2%~2.5%。出口商若利用承购应收账款形式出卖商品，则把上述费用转移到出口货价中。

（四）国际保理作为出口贸易融资的特点

在供应商将应收账款转让给出口保理组织时，可以要求出口保理组织提供无追索权的贸易融资。但是，如果债务人不能付款是由于贸易纠纷，则进口保理组织不负责任，出口保理组织可向出口人索回预付的融资款项。保理组织提供的融资通常在发票金额（已核准的信用额度内）的 80%左右。这种融资的特点是出口商可以将得到的无追索权的融资作为正常销售处理，从而改善企业资产负债结构，提高企业的信用等级和清偿能力；而且融资手续简单易行，既不需要办理复杂的审批手续，也不需要像抵押贷款那样办理抵押品的移交和过户手续；出口商融资总额与发票金额成正比，二者保持同步增长，保证了资金供应和商品销售同步增长，自动调整出口商的资金需求，促使出口商的生产经营进入良性循环。

案例 7-2：利用国际保理
开展进出口业务

四、福费廷

"福费廷"（forfaiting）是音译，又称为"包买票据"或"中长期票据收买业务"。所谓"福费廷"，就是在延期付款的大型设备贸易中，出口商把经进口商承兑并由一流银行担保的、期限在半年以上到五六年的远期汇票（或本票），无追索权地售予出口商所在地的银行（或大金融公司），提前取得现款的一种贸易融资形式。在这一业务中，出口商将进口商将来违约的风险转嫁给了银行，银行为保护自己，要求进口商的信誉良好，进口商承兑的汇票要有一流的大银行做担保。

（一）"福费廷"业务的主要内容和程序

（1）出口商与进口商在洽谈贸易时，若使用"福费廷"，应事先与其所在地银行约定，以便做好各项信贷安排。

（2）出口商与进口商签订贸易合同，言明使用"福费廷"，出口商为向进口商索取货款而签发的远期汇票要取得进口商往来银行的担保。进口商往来银行对远期汇票的担保方式有两种：一种是银行在汇票上签章，保证到期付款；另一种是由银行出具保函，保证对汇票付款。

（3）进口商延期支付货款的票据有两种方式：一是由出口商向其签发远期汇票，经进口商承兑后退还出口商以便贴现；二是由进口商开具本票寄交出口商，以便贴现。

（4）担保银行要经出口商所在地银行认可，如后者认为前者资信不高，进口商要另行更换担保行。担保行确定后，进出口双方方可签订贸易合同。

（5）出口商发运货物后，将全套货运单据通过银行寄送进口商，以换取进口商承兑的附有银行担保的承兑汇票或本票。

（6）出口商取得经进口商承兑并经有关银行担保的远期汇票或本票后，按照与买进这项票据的银行的约定卖断票据，取得现款。

（二）"福费廷"业务的作用

对出口商来说，办理福费廷业务除了能及时获得现金外，还能获得以下利益：在其资产负债表中，可以减少其国外的负债金额，提高企业的资信，有利于其证券的发行和上市；立即获得现金，改善流动资金状况，加速资金周转，促进出口的发展；通过把票据卖断给银行，把信贷管理、票据托收的费用与风险转嫁给银行；不受汇率变化与债务人情况变化的风险影响。在该业务中，银行虽然要向出口商收取各项费用，但这些费用都可以转移到货价上由进口商承担。

对进口商来说，办理"福费廷"业务手续比较简单。但也有不利之处，就是"福费廷"业务的利息和所有费用要计算在货价之中，因此，货价比较高。

五、国际租赁

如果出口商预测进口商所在国的货币将要贬值，便可将原计划直接出售给进口商的商品先出售给本国的租赁公司，再由租赁公司将商品租赁给进口商。由于出口商在把商品出售给租赁公司时，就取得了货款，所以免受交易风险的威胁。

六、买方信贷

买方信贷也是一种银行承担风险的国际贸易融资方式，其内容见第二章第一节"出口信贷"。

 **参考资料**

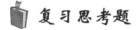 **关键术语**

寄售　赊销　托收　信用证　汇票　提单　银行保函　国际保理　福费廷

复习思考题

一、简答题

1. 采用托收方式应注意哪些事项？
2. 信用证支付方式的特点有哪些？

二、论述题

论述信用证的使用程序。

 **附录 7-1　贸易术语**

附录7-2　出口保函

即测即练题

第八章

国际商业银行贷款与证券融资

　　企业跨国经营的一项重要业务是国际融资。本章重点介绍国际商业银行贷款（主要是银团贷款）和国际证券融资。国际证券融资包括国际债券融资和国际股票融资，主要满足企业中长期生产资金需要。对于债务人而言，债券融资成本通常要低于股票融资成本，从而成为企业加速资本积累、提高盈利能力的重要杠杆。在资本市场上，债券与股票同属直接融资范畴，其"直接"性表现为资金供求双方的成本、风险、收益关系互为耦合。就其本质而言，股票类似于永久债券；长期债券与股票，特别是与优先股有许多相似之处。可见，股票与债券之间并非具有不可跨越的鸿沟。国际证券融资场所主要分布在经济发达国家和地区。

第一节　国际商业银行贷款

一、国际商业银行贷款的含义与现状[①]

　　国际商业银行贷款是指借款人为了本国经济建设的需要，为某一个建设项目或其他一般用途而在国际金融市场[②]上向外国银行筹借的贷款。国际商业银行贷款的方式大致可分为三种：第一种是双边的，即由两国银行（或信托投资公司）之间签订协议；第二是联合贷款，即由 3～5 家银行联合向一个借款人提供的一种贷款；第三种是由许多家银行组成的银团贷款。

　　国际商业银行贷款有以下特点。

　　（1）贷款用途比较自由。国际商业银行贷款的用途由借款人自己决定，贷款银行一般不加以限制。这是国际商业银行贷款区别于其他国际信贷形式，如国际金融

---

　　① 刘园. 国际金融实务[M]. 北京：高等教育出版社，2006：205-206.

　　② 金融即资金的融通，金融市场即资金融通双方集中交易的场所，可分为国内金融市场和国际金融市场。前者指本国居民之间发生金融关系的场所，后者为涉及其他国家在国际范围内进行金融活动的场所。广义的国际金融市场包括国际资金市场、外汇市场、国际保险市场和国际黄金市场；狭义的国际金融市场特指国际资金市场，即国际资金借贷市场（陈雨露. 国际金融[M]. 北京：中国人民大学出版社，2000：82）。欧洲货币市场属于新型的国际金融市场。

机构①贷款、政府贷款、出口信贷和项目融资等的一个最为显著的特征。

（2）借款人较易进行大额融资。国际商业银行贷款资金供应，特别是欧洲货币市场商业银行信贷资金供应较为充裕，所以借款人筹集大额长期资金较为有利。如独家商业银行贷款中的中长期贷款每笔的额度可达数千万美元，银团贷款中每笔数额可达5 亿～10 亿美元。

（3）贷款条件较为苛刻。在具有以上两点优势的同时，国际商业银行贷款的贷款条件由市场决定，借款人的筹资负担较重。这是因为，贷款的利率水平、偿还方式、实际期限和利率风险等是决定借款人筹资成本高低的较为重要的因素，而与其他国际信贷形式相比，国际商业银行贷款在这些方面均没有优势。

然而，国际商业银行贷款仍然一直是全球金融市场的重要组成部分。每逢金融风暴来临，资本市场就会动荡收缩，有时甚至不再成为一种融资的有效渠道，这使得借款人只能纷纷转向银行寻求融资。许多资信良好的企业借款人甚至在其资金状况最好的时期也保留着数目可观的银行信用额度，这样做的目的是在一定程度上确保在急需时可以随时得到这些银行的支持。有一些特殊的融资，如为金融兼并、收购和杠杆收购所提供的短期贷款，以及为项目融资提供的长期贷款，这些传统的银行贷款都是无法为其他形式所替代的。这也许是因为借款人无法精确地预计何时需要资金，或是何时能够利用出售存货、发行债券、出售资产的收入来安排还款，或是因为企业的业务在规定期限内可能发生重大的无法预料的变化，因而对借款人来说获取贷款的灵活性要比企业将为此额外付出的成本更加重要。银行贷款提供了一种可以密切借款人与贷款人之间的联系并且便于操作的方法。像这样的方法并不多，同时该方法在安排文本合同和获取相关信息的成本控制方面保持着显著优势。

目前中资企业对国际商业贷款需求强烈，其原因主要有：一是满足企业生产经营的需要。企业为维持正常的投资生产经营，特别是在扩大规模、改造技术、产品更新等前提下，会遇到资金困难，国内融资难以满足需求。在此情况下，企业往往会把举借外债作为筹措资金的有效途径。二是降低企业融资成本的需要。国际市场融资成本相对较低，也进一步激发了中资企业境外融资的欲望。三是受金融危机的影响，外向型企业对周转性资金的融资需求大。

---

① 主要有：国际货币基金组织（International Monetary Fund，IMF，官方网址为 http://www.imf.org/external）；世界银行集团（World Bank Group，WBG，官方网址为 http://www.worldbank.org，中文网址为 http://www.worldbank. org.cn/Chinese），包括国际复兴开发银行（International Bank for Reconstruction and Development，IBRD），国际开发协会（International Development Association，IDA），国际金融公司（International Finance Corporation，IFC），多边投资担保机构（Multilateral Investment Guarantee Agency，MIGA），国际投资争端解决中心（International Center for Settlement of Investment Disputes，ICSID）；国际清算银行（Bank for International Settlements，BIS，官方网址为 http://www.bis.org）；亚洲开发银行（Asian Development Bank，ADB，官方网址为 http://www.adb.org/）等。

二、国际银团贷款

国际银团贷款市场是全球资本市场的重要组成部分。2019 年全年，全球银团贷款总金额达到 4.4 万亿美元，共 8 164 笔；主要涉及的行业包括金融、非必需消费品、工业、能源及科技等。主要大型商业银行在国际银团贷款市场上扮演重要角色。

银团贷款是从双边贷款发展而来的融资方式，由一家或几家国际商业银行牵头，组织多家银行参加，在同一贷款协议中按商定的条件向同一外国借款人发放贷款，又称辛迪加贷款（Syndicated loan）。这种贷款形式出现于 1930 年，直到现在还在使用。

与传统的双边贷款相比，银团贷款对于解决双边贷款的缺陷具有重要的意义。通过银团方式组织贷款，各家银行分别评审借款人的风险并相互沟通信息，通过相互协调的多边审查、多边制衡、多边监督机制，可以有效克服信息不对称问题，识别并分散贷款风险；参加银团的各家银行就贷款条件形成一致意见，可以有效防止各行竞相降低贷款条件进行不正当竞争；银团贷款可以比较全面地反映客户资金需求与银行资金供给的整体情况，有利于形成市场化的贷款利率形成机制；对于客户来说，采用银团贷款方式不必与各家银行反复谈判，从而缩短筹资时间，降低筹资成本。

从地域看，美国市场是全球银团贷款的主力，其次为欧非及中东市场（EMEA）和亚太市场。2019 年美国、欧非及中东、亚太（除日本）三大市场银团贷款总额分别为 2.4 万亿美元、9 371 亿欧元和 5 771 亿美元，笔数分别为 3 762 笔、1 821 笔和 1 794 笔。按贷款客户信用等级，可将银团贷款分为投资级贷款和杠杆银团贷款。按种类分，除公司银团贷款、并购银团贷款、过桥银团贷款等外，还有机构银团贷款、绿色银团贷款、LBO 银团贷款及伊斯兰融资（Islamic financing）等。

（一）国际银团贷款市场的规则制定

国际银团贷款市场在发展过程中，受二级市场交易需要的重要驱动，逐步形成了四大区域性的银团市场自律组织：北美银团贷款与交易协会（LSTA）、欧洲贷款市场协会（LMA）、亚太区贷款市场公会（APLMA），以及成立于 2001 年的日本银团贷款及交易协会（JSLA）。

经过多年的发展与积累，全球四大银团贷款协会为银团贷款的一级市场及二级市场制定了银团贷款业务行业准则，其中包括一级市场银团贷款筹组流程、法律合同文本范本，以及银团贷款二级市场交易标准流程等。以银团贷款合同范本为例，LMA 提供的合同范本种类不但适用于投资级、杠杆级、房地产类、大宗商品类、私募产品发行类、重组类等各种贷款的合同文本，还根据业务所在国不同，在英国法之外，还提供法国法、德国法、西班牙法、南非法等各种不同法律环境下的合同范本。国际银团贷款的参与各方均可直接使用协会提供的范本合同，或可以此为基础缮制针对个案的具体法律文件。

除制定规则之外，为推动市场接受、理解和遵守相关规则，上述规则制定者还高度重视对参与者的教育、辅导和培训工作；同时，规则制定者也和银行实务界、法律界以及监管方保持紧密的沟通，不断修订规则，并不时发布《使用手册》及提供业务指导培训。

（二）银团贷款工具及特点

目前，在银团贷款市场上，由于政府或跨国公司需要大量定期信贷，银团贷款迅速发展。许多欧洲美元贷款是银行直接按客户关系或正式信贷额度安排的信用。达到一定信用等级的借款人可进入短期欧洲信用市场筹资。初次借款的客户同他的往来银行谈判可接受的信贷额度，信贷额度按年度安排，可以按 90 日和 180 日展期。

银团贷款程序是银行在国际贷款中分散单一主权风险的手段。对于借款较少的借款人，常常安排俱乐部贷款（club loan）。这时，牵头银行和经理银行筹集全部贷款资金，不需要安排分销的备忘录。这种信用在市场不稳定时期最普遍，但只有实力雄厚的跨国银行才愿意做这种业务。还有一种不太常用的贷款工具，是贷款参与证，它是银行参与辛迪加贷款的一种可半转让的凭证，即允许银行在某个时期之后出售贷款参与证，撤出参与贷款。

由于欧洲货币市场①不受国内银行法管制，有自由的交易环境，产生了许多新的金融借贷手段。较成功的有：20 世纪 50 年代末期的货币调换交易（存款用一种货币，贷款货币可灵活选择，但成本较高）；欧洲债券（1958 年）；欧洲美元债券（1959 年）；展期信贷（60 年代初期，贷款者可将资产到期日和债券到期日相对应，把利率风险转移给借款人）；平行贷款（60 年代初期）。20 世纪 60 年代后期以来新出现的金融工具有：福费廷（60 年代后期）、浮息票据（FRN，1970 年）、多种货币贷款（70 年代）、货币期货市场（1972 年）。之后，又有合成货币债务、灵活偿还期贷款、累进偿还贷款、分享股权贷款，以及多种选择贷款等方式。下面择要介绍几种贷款工具。

（1）多种货币贷款。欧洲银行（经营欧洲货币的银行）拥有多种货币寸头，这正适合跨国公司、政府部门及公共机构对资金用途多样化的需要。多种货币贷款允许借款人通过协议的规定，要求贷款银行按自己选择的一种或几种货币支付贷款。借款人也必须用相同的货币种类还本付息。多种货币贷款，对借、贷双方都有巧妙利用汇率与利率差别及汇率和利率变动的好处，减轻由此造成的损失。例如，某跨国公司需要一笔长期流动资本，但不能预先确定未来收入哪种货币、什么时候到期。该公司可以

---

① 欧洲货币是指在货币发行国境外流通的货币，最初仅指欧洲美元，目前是一切境外货币的统称。欧洲货币市场是指在一国境外进行该国货币借贷业务的市场。1981 年，美国联邦储备银行批准在纽约设立国际银行业务设施（International Banking Facility，IBF），它们能接受外国客户的美元或外币的定期存款，而且可以免除储备金的规定及利率的限制，亦可对外国人提供信贷。显然，IBF 具有可以经营非居民业务，不受货币发行国的国内法令管制等特征，属于广义的欧洲货币市场（姜波克. 国际金融学[M]. 北京：高等教育出版社，1999：43）。

通过谈判借一笔一定期限同美元等值的多种货币贷款。到期时，可以转换成其他几种货币的等值贷款。这种办法可灵活地中和货币的汇率风险，确保资金的可得性。

　　欧洲贷款有短期的贸易融资，也有长达 10 年期限的中期欧洲信贷。欧洲货币贷款也有循环式信贷，承诺期超过 6 个月，利率计算通常在循环的基础上，每 3 个月或 6 个月按当时市场情况重新确定。在贷款协议中，只规定一个最高贷款限额，借款人在贷款期限内按情势可以多次提用和偿还款项，即循环使用，直至贷款期终了。这对借款人有利，但费用较高。

　　（2）平行贷款。平行贷款是指不同国家的两个公司在规定的时间内互借对方的货币。在协议终止日，归还所借货币。这种互换能抵补汇率风险损失，因为每个公司在自己账户中，初始的互借由到期日的归还所对冲。但是，按照参与人的需要搭配借款要支付较高的成本，而且受到信用限制和外汇管制的约束。

　　（3）合成货币债务。合成货币债务是欧洲市场上另一种筹资工具，用合成货币标价的贷款，如用特别提款权等，它可以抵消各种货币头寸的风险，保障贷款价值的稳定。

　　（4）灵活偿还期贷款。贷款有变动的偿还期，以代替变动的利率。债务人按协议规定条件还本付息，当利率上升时，债务偿付的摊提部分下降，而贷款的偿还期相应延长。如果利率大幅度上升，会出现负的摊提数，贷款人实际上要对借款人提供新的资金。这样，借款人能确定他们的债务还本付息额，贷款人能安排他们的贷款计划，可较少担心贷款的重新调整或可能的贷款注销。

　　（5）累进偿还贷款。债务本息的偿还数开始时较低，以后逐步增加。在贷款的初期几年，摊提数甚至可能是负的。这种手段特别适用于项目筹资。因为项目的收益和债务清偿能力随着项目的建成而上升。通过将债务还本付息的系列安排与项目预计的外汇收益相匹配，借款人就可能避免将外汇资金用于偿还债务。

　　（6）分享股权贷款。在项目贷款中，贷款者愿意接受低于市场的利率，以分享贷款项目的股权作为回报。这对借款人来说，可与贷款人分担项目牵涉的风险。由于项目的收益同产品定价有关，贷款协定中要包括一些定价规定，对该项目的管理施加影响。贷款人可能还要提出一些补偿规定或保险，以防止政治风险。

　　（7）多种选择贷款。它是一种灵活的辛迪加贷款，包括多种集资选择，按借款人意愿使用，如商业票据发行、银行承兑、短期现金预支、承诺贷款。实际的贷款协议可以根据借款人的需要，包含其中几种融资方式。商业银行和投资银行都参与多种选择贷款的安排。这种贷款代替或补充传统的信贷额度。许多借款人利用多种选择贷款融资，支持短期商业票据计划，或替换成本高的普通银行贷款。在 1987 年全球股市危机后，多种选择贷款显现出吸引力，推动银团贷款的复兴。

　　银团贷款与普通国际商业银行贷款形式相比，其特点是：①贷款数额更大，期限更长，短则 3 年，长则 10 年。从市场方面看，借款数额大到一家银行无法承担的时候，银团贷款便会出现。从政府和法律角度看，各国银行法很少允许一家商业银行对同一借款人的贷款数额超过一定比例。例如中国银行法第 39 条规定的限制比例为银行注册资本的 10%。所以，银团贷款既可以使借款人获得巨额资金，又使银行不至于承担太大的风险和违反法律。与发行国际债券相比，如果数额不是过大，银团贷款操作的时间更节省，手续更简单，费用比较合理。②贷款合同有标准格式。③涉及银团贷款的法律问题比较明确和固定，通常有专业国际金融律师提供高效服务。④分散贷款风险。现有专门从事美元或日元以及欧洲货币的银团贷款的国际大银行，多家银行共同承担一笔贷款比一家银行单独承担要稳妥得多，各个贷款行只需按各自贷款的比例分别承担贷款风险，而且还可以加速各贷款行的资金周转。⑤可以避免同业竞争，把利率维持在一定的水平上；可以提高银行特别是牵头行和安排行的影响与知名度，同时增强各款贷款银行间的业务合作。

（三）银团贷款运作过程

（1）一国的借款人联系经常从事这种业务的大型国际银行，委托它作为牵头银行（也称管理银行）组织银团。联系的方式有多种：邀约邀请书方式、公开招标方式、私下商谈方式等。

（2）确定牵头银行后，它便开始组织银团。牵头银行通过各种"招募"方式组成一定规模的银团。它们类似发行证券过程中的主承销商和承销团成员之间的关系。

（3）牵头银行同借款人谈判贷款的具体条件后，再将贷款数额按比例分配或由银团成员认购，然后牵头银行同借款人签订银团贷款协议。

（4）上述过程也可以是另一种方式，即牵头银行先同借款人签订协议，然后再将贷款数额分配给银团成员。

（5）银团贷款协议签订后，牵头银行的工作即结束，它可以转变为银团的代理人角色，或银团再选出其他银行作为代理人，代表银团同借款人联系贷款的划拨、使用和监督管理以及还款。

（四）国际银团贷款主要当事人及其职责

（1）牵头行与安排行（leading bank and arranger）。牵头行是受客户委托发起组织银团贷款的银行，安排行是具体负责组织安排银团的银行，协助代理行做一些事务性工作。通常牵头行与安排行为同一家银行。对金额较大的银团贷款，牵头行或安排行则联合若干副牵头行或副安排行共同牵头组织或安排。其主要职责是：为客户物色贷款银行、组织银团，认定贷款总额及种类，协助客户编制贷款项目信息备忘录，聘请律师起草贷款文件及有关法律文件，负责贷款项目的广告宣传，安排贷款合同正式签署，并协助代理行督促客户和其他有关方落实使用贷款的先决条件。

就风险而言，银团贷款与传统的工商贷款的风险接近，即在经济形势有利时，贷款的回报率较高；经济形势恶化时，贷款的回报率较低。这意味着除牵头银行之外，参与银行的回报应该不会高于发放相同信贷风险的普通工商贷款。

一般来说，牵头银行在组织银团贷款的过程中不会利用其在资讯占有上的优势，如资讯的不对称性，对贷款规模、借款者所处的行业、贷款季节、贷款结构等变数的了解优势等，而保留较多的质量较高的贷款、少保留质量较低的贷款，或不对参与银行透露较重要的非公开的信息。其主要原因是牵头银行不愿靠信誉的贬损来换取暂时的经济利益，即信誉风险比经济损失的意义更大。事实上，尽管牵头银行在建构、推销和管理银团贷款上享有经验及技术上的优势，但并不能代替参与银行自身对贷款的独立评估。美国银行监管当局明文规定，参与银行必须对其要参加的银团贷款进行独立的评价，这种评价在经济增长较快、银团贷款需求较高时尤其重要。目前在市场上最常见的投资级别的银团贷款的成熟期为 364 天，银行监管当局的资料显示，贷款恶化的时间通常较其发放的时间滞后 1～2 年。

（2）副牵头行与副安排行（co-leading bank and co-arranger）。在金额较大的银团贷款中，除牵头行或安排行外，还需一个或若干个副牵头行与副安排行协助工作，从而吸引更多的银行参加。

（3）经理行（manager bank）。负责在银团贷款安排过程中与牵头行和安排行联系，组织内部评审贷款项目，决定是否参加银团并与安排行讨论贷款文件，直至贷款合同签署。有时经理行也负责推销一部分贷款额度。

（4）代理行（agent bank）。代理行是银团与客户之间的联系人，是受银团的委托担任贷款管理人的一家银行，负责具体落实使用贷款的先决条件及贷款的管理工作，对贷款使用情况进行检查和监督，核实经济效益和还款能力等情况，定期向贷款人通报。有时代理行由牵头行或副牵头行担任。

代理行在银团中担任极为重要的角色，即负责在贷款协议签字后，全权代表银团按照贷款协议的条款，向借款人发放和收回贷款，并负责全部贷款的管理工作。负责沟通银团各成员之间的信息，接受各个贷款人的咨询与核查，代表银团与借款人的谈判，出面处理违约事件，协调银团与借款人之间的关系等。在担保结构比较复杂的银团贷款，特别是项目贷款中，往往设一家担保代理行（security agent），负责协调落实贷款中的各项担保，包括各项权益转让事宜。

（5）参加行（participants bank）。参加行是参加银团的银行亦即贷款人（lender），它们按照各自承担的份额提供贷款。参加行一般是接受牵头行或安排行与客户商定的贷款条件，独立参加银团的成员行。各参加行对应的权益和风险，按其贷款比例分摊，按贷款合同履行其职责和义务。

（6）顾问行（advisor）。在国际银团贷款中，面对许多银行的报价和贷款条件，为了正确作出借款决策，借款人可以指定一家银行担任自己的顾问行。顾问行向借款人提供有偿的财务顾问咨询服务，以保证全部借款工作的顺利进行。

目前，国际市场上参与银团贷款的银行群体形成了一定的梯级，一批重视国际银团贷款的知名国际银行已组成国际银团贷款的第一梯队，他们往往能作为银团贷款客户的"委托牵头行"，充分发挥大银行的专业优势，对银团贷款进行架构设计、合同拟定，完成银团贷款实际筹组中的大量工作；而相对小一些的大批中小银行，在国际银团贷款业务的参与过程中，主要作为"参加行"，参与一定的贷款份额，而不直接承担谈判、合同制定等工作，因能充分利用第一梯队银行所负责的基础工作，所以也能相对便捷、安全地参与到银团贷款之中。牵头的大银行及大批中小参加行，这两个层级的银行群，在银团贷款的筹组过程中各司其职、各得其所。

（五）国际银团贷款相关法律文件

（1）借款人给牵头银行的委托书。一般的委托书可以是具有法律责任（即没有完成委托书的义务可能会导致法律责任）的文件。但是，银团贷款中给牵头银行的委托书却不是这样，它更多的是具有商业市场的意义，而非法律义务的意义。

（2）借款情况备忘录。这个文件所涉及的法律问题是：对借款人有业务保密的义务；对银团成员行提供准确、完整和真实情况的义务；牵头银行本身与银团贷款的利益冲突披露的义务。

（3）银团贷款招募说明书。该文件与证券招股说明书相似，如果给过多数量的人发行，或非专业机构人士，就会引起市场证券监管机关要求注册的法律义务。

（4）借款人与牵头银行的银团贷款协议书。同定期贷款合同一样，区别在于贷款人不是牵头银行一家，而是多家银行参与贷款。或者表面上看只有牵头银行一家签字，但是条款中允许将债权转让分配给其他银行。

（5）牵头银行与银团成员之间的协议书。该协议书是分配贷款数额和风险的文件，要求牵头银行不能与银团贷款有利益冲突；或者披露这种利益冲突后银团成员认为可以接受。

（6）银团成员与代理人之间的协议书。该文件的主要法律问题是代理人的授权范围，代理人不能有与银团有利害关系的利益冲突，保障代理人的利益。

（六）国际银团中成员间的关系

（1）银团的法律地位是由合同确定的，它们不是组成一家公司，也不是合伙，也不是联合企业。银团本身没有法人地位。银团成员之间的关系是由合同确定的。例如，成员行之间不承担连带责任，它们各自的地位和责任都是独立的，它们的权利也是独立和平等的。但是，考虑到银团成员的各自利益具有相关性，它们常采取一致行动的特点，在成员行行使权利时，要协商一致或经过民主程序后，依大多数银行的选择行动。

（2）民主程序可以采用在一般问题上，但是对于银团利益的重大问题，如调整贷款数额和利息、调整贷款银行的义务、减少借款人的义务、改变借款还款货币种类、延长还款期限、调整借款费用、银团成员增加或退出等，往往采用合同约定的方式，提前作出强制性约定。目的是保护"少数银团"的利益不受"多数银团"成员的影响。

（七）参加银团的方式

（1）直接参加。前面所讲的银团贷款，成员银行都是直接参加银团。牵头银行与成员银行协商一致后，才同借款人签订贷款协议。

（2）从属贷款方式。成员银行先向牵头银行提供贷款，牵头银行再向借款人提供贷款。当借款人向牵头银行还款后，牵头银行立即向成员银行还款。这种间接参加银团的方法，限制成员银行要求牵头银行用借款人还贷以外的资源偿还他们的贷款。这种参加形式从表面上看是两份独立的合同。因此，成员银行的收益要更高一些，因为他们的风险比直接参与更大。直接参加时，成员行只需承担借款人破产的风险，间接参加时还要承担牵头银行破产的风险。

（3）隐名代理方式。牵头银行虽然与成员银行之间有代理关系，但是在同借款人的合同中并不表明它就是成员银行的代理人的身份，从表面上看它就是唯一的贷款人。如果不进入司法程序，隐名代理不必揭开明示。进入司法程序后，这些代理文件可以向司法部门和借款人明示。为了保护被代理的成员银行的利益，代理人应该为成员银行开设信托账户，以免代理人自己破产时牵连成员银行的利益。

（4）债权让与方式。这种间接参与方式是牵头银行将生效的贷款协议的债权收益等权益让与其他成员银行。债权的让与是外来应收利益，所以，成员银行实际得到收益要等到借款人偿还牵头银行贷款之后。由于债权让与协议可能在实际贷款发放给借款人之前签订，所以，让与的既可以是已存的债权，也可以是未来的债权。

（5）转让债权方式。牵头银行与借款人贷款的操作完成后，经过借款人同意，牵头银行可将债权转让给其他成员银行。从表面上看这是贷款合同的主体变更，实际上是为了节省谈判成本事先商谈好的程序。

（6）贷款证券化方式。国际银行监管规则《巴塞尔协议》对于信贷风险的评价机制，使得商业银行可采用贷款证券化方式，将风险分散转移给其他投资者。牵头银行发行可转换贷款证书或可转换债权证书等证券，将债权分销给更多的银行。这种方式涉及证券法的内容，如果是向非专业机构投资者发行这种证书，事先要在市场地国家证券监管部门注册。

专栏 8-1：国际银团贷款市场实务

第二节　国际债券融资

企业除了在国内市场发行企业债券外，在条件成熟时，还可以充分利用国际资本市场，进行国际债券融资。国际债券融资是指通过发行国际债券来融通资金的一种融资行为。国际债券是一国政府、金融机构、企业或国际金融机构为筹措资金在国际金融市场上发行的以外国货币为面值的债务性工具。国际债券的重要特征，是发行者和投资者属于不同的国家、筹集的资金来源于国外金融市场。

发行国际债券的主要目的有：政府为弥补一国国际收支赤字、弥补财政赤字、为大型建设工程项目筹款；企业用于增加资本或进行经营扩张；国际金融机构为满足开发计划或贷款计划的资金需求等。

一、国际债券的分类

（一）外国债券

外国债券是指非居民在本国市场发行的以本国货币为面值的债券。外国筹资者在美国市场上发行的以美元计值的债券称为扬基债券（yankee bond），在日本发行的以日元计值的债券称为武士债券（samurai bond），在英国市场上发行的以英镑计值的债券称为猛犬债券（bull-dog bond）。外国债券的发行大多受发行所在国法律和其他规定的限制。

2005 年 9 月，国际多边开发机构首次获准在中国境内发行人民币债券，即"熊猫债"。这是在中国境内发行的、约定在一定期限内还本付息的、以人民币计价的债券。据国内金融数据公司万得信息的数据显示，截至 2020 年 6 月 11 日，银行间市场和交易所市场累计发行熊猫债已超过 4 000 亿元，仅 2020 年上半年发行就超过 300 亿元。

2020 年 6 月 11 日，亚洲基础设施投资银行在中国银行间债券市场发行首笔 30 亿元人民币熊猫债。本次发行债券的期限为 3 年，票面利率为 2.40%。本次债券发行的认购总额为发行面值的 2.78 倍；面向境内和境外机构投资者，认购踊跃，获配投资者数量超过 20 家。其中，境内投资占比 35%，境外投资占比 65%。亚洲基础设施投资银行本次发行债券为中国银行间市场交易商协会批准的新冠肺炎疫情防控债。经中国银行保险监督管理委员会批准，此次发行的债券在中国的风险权重为零。

自 2018 年熊猫债新规发布以来，亚洲基础设施投资银行是首个在华发行熊猫债的 AAA 国际信用评级发行人。本次债券募集资金将用于其相关项目融资，包括该行设立的新冠危机恢复基金支持的项目。该基金的初始规模为 100 亿美元，为亚洲基础设施投资银行成员的公共卫生、经济和金融紧急资金需求提供融资，帮助成员迅速从危机中复苏。疫情发生以来，亚洲基础设施投资银行先后向中国、巴基斯坦、印度、印尼、菲律宾、格鲁吉亚、孟加拉国等成员提供疫情防控项目的紧急融资。

专栏 8-2：中资美元债

（二）欧洲债券

欧洲债券是境外货币债券，指筹资者在面值货币发行国以外的市场上发行的债券。

例如在伦敦金融市场上发行的以美元为面值的债券，称为欧洲美元债券。欧洲债券的发行人、发行地以及面值货币分别属于三个不同的国家。自 20 世纪 80 年代以来，特别是 1982 年出现国际债务危机以来，整个欧洲债券市场的发展极为迅速，欧洲债券的发行量一直超过外国债券。自 2012 年底以来，除日本以外的亚洲国家企业所发行的以欧元为面值的债券规模大幅增加。目前在国际债券市场上，欧洲债券所占比重超过了外国债券。

欧洲债券的种类主要有：①固定利率债券。它也称普通债券，其利率在债券发行后不再变更，利息按固定的利率每年支付一次。其主要优点是预先确定投资者的收益。这种债券是传统形式的债券，通常在市场利率稳定期发行。②浮动利率债券。这是一种定期根据市场情况调整利率的债券。通常每 3 个月或 6 个月，按伦敦银行同业拆放利率或其他基准利率进行调整。由于利率适时调整，所以使投资者免受利率波动带来的损失，在利率动荡时期特别有吸引力。③可转换债券。债券持有人可在指定的日期，以约定的价格将债券转换成债券发行公司的普通股票，或其他可转让流通的金融工具，或转换债券面值等。④附认购权证债券。债券持有者可凭该认购证按规定的价格购买发行公司的股票。它与可转换债券的区别是，持有者不能直接用债券兑换股票，而必须另用资金购买。此外，认购权可以与债券分离，在市场上单独出售，其价格按市场利率水平或股票价格行情而定。⑤选择债券。这种债券在欧洲货币市场上很流行，其持有人有权按照自己的意愿，在指定的时期内，以事先约定的汇率将债券的面值货币转换成其他货币，但是仍按照原来货币的利率收取利息。这种债券大大降低了债券持有人的汇率风险。有的选择债券有双重或多重的选择，除了选择转换面值外，还可选择同时兑换成其他货币并转换为普通股票等。⑥零息债券。这是欧洲货币市场 20 世纪 80 年代的创新。这种债券没有票面利率，出售时以折价发行，到期一次归还本金。它属长期债券，对投资者的吸引力在于债券的增值。⑦双重货币债券。这种债券于 1983 年下半年起在瑞士货币市场上推出。其特点是购买债券以及付息时使用的是同一种货币，而在到期日归还本金时使用的又是另一种货币。由于双重货币债券的两种货币折算汇率已事先确定，可以减少汇率变动的风险。

（三）全球债券

全球债券是指在世界多个主要资本市场上同步发行的、条件一致的、可以在这些市场内部和市场之间自由交易的一种国际债券。全球债券的实质是欧洲债券。1989 年 5 月世界银行首次发行该种债券。全球债券的特点主要有三：一是全球发行。外国债券仅仅局限在一个国家发行，欧洲债券的发行范围实际上也很有限，而全球债券则强调全球范围内发行，往往能覆盖全球主要的资本市场。二是全球交易和高度流动性。三是借款人信用级别高而且多为政府机构。

1994 年 1 月 14 日，财政部代表中国政府正式向美国证券交易委员会注册登记发行 10 亿美元全球债券。这是我国发行的第一笔全球债券，也是我国政府第一次进入美国资本市场。此笔债券发行的牵头机构是美国的美林证券公司。债券由包括全世界的主要证券公司和银行在内的包销团承销，同时在美国、欧洲、亚洲分销。

2011 年 1 月 5 日，世界银行在中国香港发行总额 5 亿元（约合 7 600 万美元）的两年期人民币债券。这是世行发行的第一只人民币债券，此举有助于促进人民币在全球市场的使用，进一步深化市场、允许投资者货币持有多元化，并提高人民币的影响力。

二、国际债券融资场所

（一）债券发行市场

债券发行市场即一级市场，是发行新债券的市场。债券的发行和股票的发行相类似，不同之处主要表现在债券发行合同书、债券评级和债券偿还等方面。

债券合同书又称信托契据，是表明公司债券发行人和持有人双方权益的法律文件。发行合同书的内容以为保护债权人利益而设定的各种限制性条款为主，分为否定性条款和肯定性条款。否定性条款是指不允许或限制债券发行公司的股东做某些事情的规定。最常见的规定如利息的支付，只要公司不能按期支付利息，债券持有人就有权要求公司立即偿还全部债务。肯定性条款是指对债券发行公司应该履行某些职责的规定。常见的有营运资金、权益资本要达到一定水平。否定性条款和肯定性条款一旦签订，债券发行公司必须遵守，否则导致公司违约。

由于债券风险的大小直接与投资者的利益密切相关，直接影响着债券发行人的筹资能力和成本，因此需要证券评级机构进行公正的评级。目前全球最著名的评级机构是标准普尔公司和穆迪投资服务公司，尽管其评级标准不尽相同，但主要包括行业分析、财务分析、债券合同分析和国家风险分析四个方面。其具体的信用评级等级见表 8-1。

表 8-1　国际债券的信用评级等级

穆迪投资服务公司	标准普尔公司
Aaa：品质最佳，投资风险极低 Aa：高品质 A：中等以上，可投资	AAA：还本付息能力极强 AA：有能力还本付息 A：虽有能力还本付息，但易受不利经济环境变化影响
Baa：中级品质 Ba：投机性的中下品质 B：缺乏投资意愿的低品质 Caa：品质不好 Ca：高度投机 C：最低等级	BBB：刚好有能力还本付息 BB：还本付息能力不强，甚具投机性 B：还本付息能力不强，甚具投机性 CCC：还本付息能力不强，甚具投机性 CC：还本付息能力不强，甚具投机性 C：无力付息 D：偿还风险最高

在现实世界中，并不是所有信用等级 AAA 的借款人都能得到相同成本的资金，即使是债券发行者具有相似的特点。其部分原因在于饱和（saturation）和稀缺性价值

（scarcity value）。在其他条件相似的情况下，如果一个发行者的债券在市场上没有饱和，他就会享有稀缺性价值的好处，就可以以较低的利率发行债券。

债券的偿还一般分为以下几种：①定期偿还。发行者每半年或一年偿还一定金额的本金，债券期满时全部还清的偿还方式。这种方法适用于发行数额巨大、偿还期限长的债券。②任意偿还。债券发行一段时间后，发行者可以自由决定偿还时间，在债券到期前任意偿还债券的一部分或全部金额。这种偿还方式对发行人有利，他可根据其财务状况随时调整债务结构，如可在市场利率下降时实行任意偿还。③提前售回。投资者有权在债券到期前，于一个特定日期或几个不同日期，按约定价格将持有的债券售回给债券发行人。④买入注销。

（二）债券流通市场

债券流通市场即二级市场，与股票市场相类似，可分为场内交易市场（证券交易所市场）和场外交易市场。证券交易所是债券流通市场的重要组成部分，在其申请上市流通的债券主要是公司债券，国库券一般不需申请即可上市，享有上市豁免权。一般而言，在债券流通总量中，上市债券占少数，绝大部分属非上市债券。因此，场外交易市场是大多数债券流通的场所。

债券流通市场的交易机制与股票流通市场的交易机制无显著差别，只是因债券的风险小于股票，其交易价格的波动幅度也较小。

三、全球主要国际债券市场

（一）美国外国债券市场

美国的外国债券称为扬基债券。它有以下特点：①发行额大，流动性强。20 世纪 90 年代以来，平均每笔扬基债券的发行额大都在 7 500 万～15 000 万美元之间。扬基债券的发行地虽在纽约证券交易所，但实际发行区域遍及美国各地，能够吸引美国各地的资金。同时，又因欧洲货币市场是扬基债券的转手市场，因此，实际上扬基债券的交易遍及世界各地。②期限长。20 世纪 70 年代中期扬基债券的期限一般为 5～7 年。80 年代中期后可以达到 20～25 年。③债券的发行者为以外国政府和国际组织为主。购买者主要是美国的商业银行、储蓄银行和人寿保险公司等。④无担保发行数量比有担保发行数量多。⑤由于评级结果与销售有密切的关系，因此非常重视信用评级。

（二）日本外国债券市场

日本的外国债券叫武士债券。武士债券最初是 1970 年由亚洲开发银行发行的，1981 年后数量激增，1982 年为 33.2 亿美元，1985 年为 63.8 亿美元，超过同期的扬基债券。

日本公募债券缺乏流动性和灵活性，不容易做美元互换业务，发行成本高，不如欧洲日元债券便利。目前，发行武士债券的筹资者多是需要在东京市场融资的国际机构和一些发行期限在 10 年以上的长期筹资者，再就是在欧洲市场上信用不好的发展中国家的企业或机构。发展中国家发行武士债券的数量占总量的 60%以上。

（三）瑞士外国债券市场

瑞士外国债券是指外国机构在瑞士发行的瑞士法郎债券。瑞士是世界上最大的外国债券市场，其主要原因是：①瑞士经济一直保持稳定发展，国民收入持续不断提高，储蓄不断增加，有较多的资金盈余。②苏黎世是世界金融中心之一，是世界上最大的黄金市场之一，金融机构发达，有组织巨额借款的经验。③瑞士外汇完全自由兑换，资本可以自由流进流出。④瑞士法郎一直比较坚挺，投资者购买以瑞士法郎计价的债券，往往可以得到较高的回报。⑤瑞士法郎债券利率低，发行人可以通过互换得到所需的货币。

瑞士法郎外国债券的发行方式分为公募和私募两种。瑞士银行、瑞士信贷银行和瑞士联合银行是发行公募债券的包销者。私募发行没有固定的包销团，而是由牵头银行公开刊登广告推销，并允许在转手市场上转让。但是至今为止，瑞士政府不允许瑞士法郎债券的实体票据流到国外，必须按照瑞士中央银行的规定，由牵头银行将其存入瑞士国家银行保管。

（四）欧洲债券市场

1. 欧洲美元债券市场

欧洲美元债券是指在美国境外发行的以美元为面额的债券。欧洲美元债券在欧洲债券中所占的比例最大。

欧洲美元债券市场不受美国政府的控制和监督，是一个完全自由的市场。欧洲美元债券的发行主要受汇率、利率等经济因素的影响。欧洲美元债券没有发行额和标准限制，只需根据各国交易所上市规定，编制发行说明书等书面资料。和美国的国内债券相比，欧洲美元债券具有发行手续简便、发行数额较大的优点。欧洲美元债券的发行由世界各国知名的公司组成大规模的辛迪加认购团来完成，因而较容易在世界各地筹措资金。

2. 欧洲日元债券市场

欧洲日元债券是指在日本境外发行的以日元为面额的债券。欧洲日元债券的发行不需经过层层机构的审批，但需得到日本大藏省的批准。发行日元欧洲债券不必准备大量的文件，发行费用也较低。

欧洲日元债券的主要特点是：一是债券发行额比较大，一般每笔发行额都在 200亿日元以上。二是欧洲债券大多与互换业务相结合，筹资者首先发行利率较低的日元债券，然后将其调换成美元浮动利率债券，从而以较低的利率获得美元资金。

20 世纪 80 年代以来，欧洲日元债券增长较快，在欧洲债券总额中的比例日益提高。欧洲日元债券不断增长的原因除了日本经济实力强、日元一直比较坚挺、日本国际收支大量顺差、投资欧洲日元债券可获利外，还在于日本政府为了使日元国际化，使日元在国际结算和国际融资方面发挥更大的作用，从 1984 年开始，对非居民发行欧洲日元债券放宽了限制：①扩大发行机构。将发行机构由原来的国际机构、外国政府扩大到外国地方政府和民间机构。②放宽了发行条件。将发行公募债券的信用资格由 AAA 级降到 AA 级。③放宽了数量限制。在发行数量上，取消了对发行笔数和每笔金额的限制。④扩大主办银行的范围。除了日本的证券公司外，其他外国公司可以担任发行债券的主办机构。

3. 以多种货币为面值的欧洲债券

欧洲债券多数以美元、日元、英镑等货币单独表示面值，但也有以多种货币共同表示面值的。由于单一通货的汇率经常变动，风险较大，用多种货币表示面值的欧洲债券呈增加趋势。多种货币表示面值的欧洲债券有以下两种：①以几种货币共同表示欧洲债券的面值。每一种货币占有一定的比例。对于欧洲债券的发行者和购买者来说，这种计价的好处是减少风险。②用特别提款权为记账单位表示欧洲债券的面值。特别提款权是国际货币基金组织创造的由美元、日元、欧元、英镑这四种货币加权平均组成的记账单位。由于它是多种货币的加权平均，各种货币汇率变动可以互相抵消，其价值也较稳定，使发行者和投资者都能减少或避免汇率变动风险。

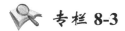 **专栏 8-3**

香港离岸人民币债券市场

2007 年 6 月，中国人民银行和国家发展和改革委员会正式批准境内政策性银行和商业银行在香港发行以人民币计价的债券，自此，香港离岸人民币债券市场形成。香港离岸人民币债券的主要监管政策见表 8-2。

表 8-2　香港离岸人民币债券的主要监管政策

时间	政策
2007.06	中国人民银行和国家发改委联合公布了《境内金融机构赴香港特别行政区发行人民币债券管理暂行办法》，允许内地政策性银行与商业银行赴港发行人民币债券
2008.12	国务院公布了《关于当前金融促进经济发展的若干意见》，允许在内地有较多业务的香港企业或金融机构在港发行人民币债券
2010.02	香港金管局公布了《香港人民币业务的监管原则及操作安排的诠释》，指出人民币流进香港以后，只要不涉及资金回流内地，在港的企业即可按照香港的相关法规开展人民币业务，即国内在港上市企业、海外金融机构、跨国企业和跨国组织均可在港发行离岸人民币债券进行融资
2011.08	在香港举行的"国家'十二五'规划与两地经贸金融合作发展论坛"上，中共中央政治局常委、国务院副总理李克强指出允许境内企业赴港发行人民币债券，扩大境内机构赴港发行人民币债券的规模，促进香港人民币债券市场的发展与完善

注：资料来源于中国人民银行网站与香港金融管理局网站，经整理汇总得到。

随着政策的逐步放开，香港离岸人民币债券发行主体日益多元化（图 8-1），香港人民币债券市场规模逐步扩大（图 8-2）。2011 年 10 月，首家在港发行人民币债券的非金融企业是宝钢集团。

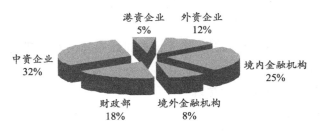

图 8-1　香港离岸人民币发行主体构成（2007—2011 年）

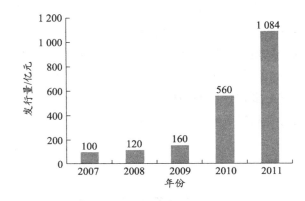

图 8-2　香港离岸人民币债券发行量（2007—2011 年）

近年香港离岸债券又获进一步发展：①2012 年 3 月，香港金管局、马来西亚国家及欧洲清算银行联合推出跨境债券投资。同年 5 月，国家发改委下发了《关于境内非金融机构赴香港特别行政区发行人民币债券有关事项的通知》，以丰富香港债券市场发债主体。②2013 年 6 月，国家发展和改革委员会印发《境内非金融机构赴香港特别行政区发行人民币债券申请报告示范大纲》。6 月 18 日，安硕推出的安硕人民币债券指数交易所交易基金（ETF）在香港债券交易所上市，成为亚洲第一只采用以人民币或港元双币结算的离岸人民币债券 ETF。

截至 2019 年底，香港的人民币资金池规模达 6 580 亿元，人民币即时支付结算系统日均交易额超过 11 000 亿元。香港还是最具份额的离岸人民币支付中心，截至 2020 年 3 月，全球 75.3% 的人民币交易通过香港进行。香港离岸人民币债券市场进一步发展基础稳固。

目前香港离岸人民币债券有 2 年期、3 年期、5 年期、7 年期、10 年期债券；同时也包括政府债券、金融债券、企业债券。不同的发行主体、不同期限的债券使得债券收益率不同，这样的差异满足了不同投资者对收益率的需求，丰富了人民币债券种类。

从信用等级结构来看，香港离岸人民币债券集中在中高信用等级，低信用等级债券较少。香港金管局数据显示，人民币债券级别主要分布在 A-至 AA-，占全部评级的 80%左右。这主要是由于香港人民币债券市场仍处在发展初期，中高信用等级的债券更容易被投资者接受。随着离岸人民币债券市场的进一步成熟，低信用等级的发行者也将逐步参与到该市场。

四、国际债券的发行

（一）国际债券的发行步骤

下面主要介绍美元债券、日元债券和欧洲债券的发行步骤。

1. 美元债券的发行步骤

发行美元债券的主要步骤如下：①发行人首先向美国的资信评定公司提供资料，以便调查和拟定发行人的债券资信级别。同时，发行人还要办妥向美国政府"证券和交易所委员会"呈报注册文件的草稿。②债券发行人完成向美国证券和交易所委员会呈报注册文件工作。同时，资信评定公司也完成信用调查工作，提出债券资信级别的初步意见。如果债券发行人对此无异议，则正式资信级别的等级意见书成立；如果债券发行人不接受，则考虑不定级发行。③美国政府证券和交易所委员会收到债券发行人呈报的注册文件后，要进行审查，审查完毕后发出一封关于文件的评定书。债券发行人应就评定书里提出的问题作出答复。④债券发行人根据证券和交易所委员会在评定书中提出的意见，完成注册文件的修改工作。⑤债券发行人应选择一名管理包销人，管理包销人组织包销集团，负责包销及有关工作。管理包销人提出发行债券的初步方案，广泛征求意见，以期债券发行人和债券投资者双方都能满意。⑥正式在债券市场上发行债券。

2. 日元债券的发行步骤

发行日元债券的主要步骤：①取得临时信用评级，在缴款前签订承购合同后，取得试评级。②选定证券公司。③指定法律顾问。④制定各种发行文件。召集发行者、受托银行及证券公司研究各种合同的准备文本，起草文件。主要有：有价证券呈报书、发行说明书、外汇法规定的呈报书、债券条款、担保条款、承购合同书、承购团合同书、募集委托合同书、本利支付事务代办合同书、登记事务代办合同书、有价证券报告书等。⑤债券发行人取得国内有关部门的批准。⑥向日本大藏省提出有价证券申报书，征得日本政府的批准。⑦组织承购团。⑧发行条件谈判。召开发行者、委托银行及证券公司三方会议，协商发行条件，签订承购合同。⑨有价证券申报书生效后，开始募集，招募时间一般为 7～10 天。⑩债券资金交款。认购人向发行单位支付债券发行款项。⑪提交外汇报告书。⑫债券在东京证券交易所上市。

3. 欧洲债券的发行步骤

欧洲债券的发行是在国际银行组织下进行的。这种国际银行叫作主办银行，主办银行邀请几个合作银行组成发行管理集团，发行量过大时，要由几个主办银行联合进行。这种发行方式叫辛迪加集团发行。主办银行为发行债券做准备，规定一些条件，包销人的推销集团中某一个主办行作为专门的付款代理人和财政代理人。所发行债券的大部分由发行管理集团所认购，有贷款（募集）能力的包销者将参加债券的发行。包销者由世界各地的国际银行和大公司构成，数量在 30～300 家。发行集团和包销者共同保证借款者以确定债券价格募集资金。

推销集团的责任是把债券卖给公众。公众也包括主办行、包销者和有销售基础的银行。主办行、包销者、推销者就是债券市场的参加者，这些参加者要得到一定的佣金。

欧洲债券市场不受政府的管制，能比较容易地在 3 周内募集到资金。发行欧洲债券的具体程序包括：①主办者和借款者一起决定发行债券的条件（数额、期限、固定或浮动利息率、息票），在这个阶段主办行组建发行管理辛迪加，准备各种文件，最主要的文件是说明书，在这个阶段叫作初步说明书。②宣布日。主办行通过电传对债券的发行进行说明，并邀请银行参加包销和推销集团，向可能包销者送交初步说明书。在一两周之内，制定出债券发行的最终条件，辛迪加集团的借款者承担责任。③上市日。发行最终说明书；债券公开上市；公众募集阶段大约是两周。④结束日。认购结束，债券和现金交换，借款者实际卖出债券，取得现金。在各大报纸上登醒目的广告，公开宣传这次债券的发行成功，并列出主办银行和合办银行名单。⑤债券交易日结束后债券就可以上市交易。

（二）国际债券的发行条件

（1）发行额。发行额的多少，除了受信用级别的限制外，还要根据发行人的资金需要和市场销售的可能性确定。

（2）偿还期限。债券的偿还期限的长短，由发行者的需要、债券市场的条件和发行债券的种类所决定，一般短则 5 年，长则 10 年、20 年以上。

（3）票面利率。一般采用固定利率，也有采用浮动利率的。发行债券的种类不同，利率也不同。对发行债券者来说，利率越低越好。银行存款利率和资金市场行情的变化对债券利率影响较大。

（4）发行价格。债券的发行价格以债券的出售价格与票面金额的百分比表示。以100%的票面价格发行的叫等价发行；以低于票面价格发行的叫低价发行；以超过票面价格发行的叫超价发行。

（5）偿还方式。国际债券的偿还方式主要有定期偿还、任意偿还、购回偿还。

（6）认购者收益率。它是指所得的偿还价格和发行价格的差额利润率及票面利息率的总和。

（7）费用。发行债券的费用包括债券印刷费、广告费、律师费、承购费、登记代理费、委托费、支付代理费等。

（三）国际债券发行的主要文件

（1）有价证券申请书。它是发行人向发行地政府递交的发行债券申请书，主要包括以下内容：发行人所属国的政治、经济、地理等情况；发行人自身地位、业务概况和财务状况；发行本次债券的基本事项；发行债券集资的目的与资金用途等。

（2）债券说明书。它是发行人将自己的真实情况公之于众的书面材料，主要内容与有价证券申请书相似。

（3）债券承购协议。它是由债券发行人与承购集团订立的协议，包括以下几个方面的内容：债券发行的基本条件；债券发行的主要条款；债券的发行方式；发行人的保证和允诺；发行人对承购集团支付的费用；承购人的保证和允诺等。

（4）债券受托协议。它是由债券发行人和受托机构订立的协议，主要内容除受托机构的职能和义务外，基本与承购协议一样。

（5）债券登记代理协议。它是债券发行人与登记代理机构订立的协议，主要内容除登记代理机构的职能和义务外，基本与承购协议一样。

（6）债券支付代理协议。它是债券发行人与支付代理机构订立的协议，主要内容除债券还本付息地点、债券的挂失登记和注销外，基本与承购协议一样。

（7）律师意见书。它是债券发行人和承购集团各自的律师就与发行债券有关的法律问题表示的一种书面意见书。

总之，发行国际债券是通过国际资本市场发行债券来融资的一种方式。随着债务证券化的发展，债券筹资将发挥越来越大的作用。国际债券的发行条件、成本、品种、手续、时间、流动性等优于银团贷款，所以发行国际债券能在较短的时间，在更广泛的范围内且更有效地筹集到利率相宜的长期资金。但国际债券发行费用较高，手续复杂，需经过评估才能发行。国际债券一般可在外国债券市场上发行上市。国际债券的募集方式有公募和私募两种。我国首次于 1982 年 1 月 29 日由中国国际信托投资公司在日本东京国际债券市场以私募形式发行了 3 100 亿日元的 12 年期、年利率 8.7%的债券。

此外，有 B 股或 H 股等股票发行的企业还可以发行可转换债券。可转换债券具有筹资成本低、筹资效率高、能改善公司财务价值以及转换股票时的溢价收入等优点。但它也存在风险，债券的市值会收到股价的影响。当转换期临近，股票的市价低于换股价时，会影响债券的转换。可转换债券的发行市场一般在欧洲市场，如瑞士市场。1993 年 11 月中国纺织机械股份有限公司在瑞士成功地以私募方式发行了总额为 3 500 万瑞士法郎的 B 股可转换债券，年息为 1%，转换期为 1994 年 1 月 1 日至 1998 年 12 月 11 日。这是中国在瑞士市场发行可转换债券的第一例。

五、企业利用国际债券融资时应注意的事项

首先是降低融资成本，需要综合考虑的因素有：①有关市场信用质量的高低；②有关投资者的风险承受能力；③主要世界货币的汇率和利息率水平；④市场上相似债券的投资回报率水平等。其次是要熟悉各种国际债券发行程序及要求。最后是不断提高企业自身的信用等级。

专栏 8-4："债券通" 3 周年

第三节　国际股票融资

国际股票是指外国公司在某个国家的股票市场上发行的以本币或以外币交易的股票，它是外国发行人在国际资本市场上筹措长期资金的工具。国际股票融资是指通过发行国际股票来融通资金的一种融资行为。

一、股票的种类

按照股东是否具有剩余索取权和剩余控制权，股票可以分为普通股和优先股。

（一）普通股及其种类

普通股是在优先股要求权得到满足之后，在公司利润和资产分配方面给予持股者无限权利的一种所有权凭证。它是最基本也是最重要的股票种类，是股份公司筹集资本的基本根据。普通股的主要特征有：普通股股东有权参与公司经营决策；有优先认股权；是公司资产的最后分配者；普通股股息上不封顶，下不保底；普通股的价格波动较大。

根据普通股的风险特征不同，可以划分以下几类：第一，蓝筹股，是指一些业绩良好的大公司发行的，并被公认具有较高投资价值的普通股。第二，成长股，是指销售额和利润迅速增长的公司，并且其增长速度快于其所在行业的其他公司发行的普通股。第三，收入股，是指那些当前能够支付较高股息的公司发行的普通股。第四，周期股，是指那些股息随着经济周期变化而波动的公司发行的普通股。第五，防守股，是指在面临不确定因素和经济衰退情况下，股息仍能高于社会平均收益且具有相对稳定性的公司发行的普通股。如公用事业类公司发行的普通股就是典型的防守股。第六，概念股，是指为迎合某一时代潮流的公司发行的、股价波动较大的普通股。

目前在我国，发行的股票均是普通股。按照股票持有人不同可分为国有股（含国家股和国有法人股）、社会法人股、公众股、内部职工股等。按照股票上市和发行地不同可分为人民币普通股（A 股）和人民币特种股票。根据人民币特种股票上市的地点不同，又可分为 B 股（即境内上市外资股）、H 股（即中国境内公司在境外发行并在香港证券联合交易所上市）、N 股（即中国境内公司在境外发行并在纽约证券

交易所上市）等。

中国证监会关于 H 股市场的审核要点见表 8-3。

表 8-3　中国证监会关于 H 股市场的审核要点

外资准入与宏观调控及产业政策	1. 发行人及各下属公司业务范围是否涉及国家禁止或限制外商投资的领域，境外发行上市前后是否持续符合有关外资准入政策
	2. 发行人业务范围是否符合以下情形之一：（1）主营业务为房地产业务，或（2）房地产业务（并表内）占营业收入比重大于或等于 50%，或（3）房地产业务的收入和利润均在所有业务中最高，且均占到公司总收入和总利润的 30%以上（包含本数）；在符合上述情形之一的情况下，是否存在违反《国务院办公厅关于继续做好房地产市场调控工作的通知》（国办发〔2013〕17 号）与《国务院关于坚决遏制部分城市房价过快上涨的通知》（国发〔2010〕10 号）的情形，是否存在被住房和城乡建设部门公示为"违法违规房地产开发企业和中介机构"的情形
	3. 发行人及各下属公司是否存在违反《市场准入负面清单》的情形；是否属于产能过剩行业，是否存在违规和未取得合法手续、不符合重点产业调整和振兴规则及相关产业政策要求、未经批准或违规审批的专案等违反国发〔2013〕41 号、《产业结构调整指导目标》、国办发〔2013〕67 号、银发〔2009〕386 号、国办发〔2016〕34 号等国务院有关文件及有关部门规章的情形
合规经营	4. 发行人及各下属公司近一年是否存在违反《国务院关于进一步加强企业安全生产工作的通知》（国发〔2010〕23 号）的情形；是否存在违反国家和地方环境保护相关要求的情形
	5. 发行人及各下属公司近两年是否存在涉嫌违反《证券法》《证券投资基金法》《期货交易管理条例》《国务院关于股份有限公司境外募集股份及上市的特别规定》（国务院令第 160 号）及《国务院关于进一步加强在境外发行股票和上市管理的通知》（国发〔1997〕21 号）等证券、期货法律法规行为的情形
	6. 发行人及各下属公司、发行人聘请的相关证券服务机构是否存在因涉嫌违法违规被行政机关立案调查，或者被司法机关侦查，尚未结案的情形；是否存在被中国证监会依法采取限制业务活动、责令停业整顿、指定其他机构托管、接管等监管措施，尚未解除的情形
股权结构与公司治理	7. 发行人发起人认购的股份是否缴足，发起人用作出资的财产转移手续是否已办理完毕。发行人是否属于国发〔2016〕33 号文规定的严重失信主体
	8. 发行人是否在公司章程中载明了《到境外上市公司章程必备条款》所要求的内容。发行人现有股东及本次发行对象（如适用）之间是否存在关联关系或一致行动关系。请披露单独或合计持有发行人5%及以上的主要股东、本次发行对象（如适用）的股权控制关系（包括但不限于控股股东及实际控制人）
	9. 发行人及各下属公司是否建立健全了完备、规范的保密和档案规章制度并落实到位，是否符合《关于加强在境外发行证券与上市相关保密和档案管理工作的规定》
本次发行	10. 本次发行并上市是否履行了完备的内部决策程序，是否取得了必要的内部批准和授权；是否取得了行业监管部门出具的监管意见书（如适用）等必要的外部批准程序；发行对象（如适用）及发行币种是否符合《国务院关于股份有限公司境外募集股份及上市的特别规定》（国务院令第 160 号）有关要求
	11. 本次发行募投项目是否取得了必要的审批、核准或备案文件（如适用），是否符合固定资产投资管理有关规定；是否符合国家和地方环境保护相关要求。本次境外发行募集资金是否投向《国务院关于促进节约集约用地的通知》（国发〔2008〕3 号）规定的违法用地项目；是否投向《产业结构调整指导目录》规定的淘汰类及限制类的产业、《市场准入负面清单》规定的禁止准入事项；如涉及境外投资，是否符合国办发〔2017〕74 号文规定的境外投资方向、是否依法履行了境外投资核准或备案程序
特定物件适用事项	1. 本次发行并上市是否符合《境内企业申请到香港创业板上市审批与监管指引》（证监发行字〔1999〕126 号）。（适用于拟在香港创业板上市的境内公司）

特定物件适用事项	2. 本次发行并上市是否存在违反《中国证券监督管理委员会关于规范境内上市公司所属企业到境外上市有关问题的通知》（证监发〔2004〕67 号）的情形。（适用于拟在境外上市的境内上市公司所属企业）
	3. 本次发行并上市是否存在违反《优先股试点管理办法》（证监会令第 97 号）、《关于商业银行发行优先股补充一级资本的指导意见》（银监发〔2014〕12 号）的情形。（适用于拟在境外发行优先股的境内公司）
	4. 请本次首发前已持有发行人股份的股东及持有发行人股份（包括直接持股与间接持股）的董事、监事、高级管理人员作出事项承诺，自发行人股票在境外交易所上市交易之日起 1 年内不转让所持股份。请补充提供上述专项承诺。（适用于未在境内上市的境内公司）
	5. 按照《非上市公众公司监管指引第 4 号——股东人数超过 200 人的未上市股份有限公司申请行政许可有关问题的审核指引》计算，发行人及其控股股东、实际控制人、重要控股子公司的股东人数是否超过 200 人；如超过，请补充提供有关申请文件并履行有关程序。其中，"重要控股子公司"的核查标准为：报告期内，营业收入、净利润或者资产总额达到合并报表数额 50%以上的控股子公司，以及其他目前或未来对集团整体的经营、财务状况有重要影响的控股子公司。（适用于未在境内上市的境内公司）
	6. 发行人是否存在内部职工直接持股、股份代持或间接持股的情形；如存在，是否违反《关于金融企业内部职工持股的通知》（财金〔2010〕97 号）等有关规定；请发行人相关高管和其他持有内部职工股超过 5 万股的个人按照有关规定对股份转让锁定期和出售限额作出专项承诺。（适用于金融企业）
	7. 是否按照《中国证券监督管理委员会关于境外上市公司非境外上市股份集中登记存管有关事宜的通知》（证监国合字〔2007〕10 号）将非境外上市股份在中国证券登记结算有限责任公司集中登记存管。（适用于拟在境外增发的 H 股公司）

资料来源：中国证监会官方网站。

（二）优先股及其种类

优先股是指比普通股具有优先权利的股票，这种优先权主要表现是取得固定的股息和在公司破产清算时对公司剩余财产的要求权。优先股的主要特征是：股息率是固定的，但是一定要支付；通常有固定的面值；股东通常没有表决权；股东不能要求退股，但却可以依照优先股股票上的赎回条款由发行公司予以赎回。

优先股主要有以下几种。

第一，累积优先股和非累积优先股。前者是指当企业在某个时期内所获盈利不足以支付优先股股息时，可累积至次年或以后某一年有盈利时在普通股红利发放前连同本年优先股股息一并发放。它是一种常见的、发行范围非常广泛的优先股。后者的股东则不能要求公司在以后年度补发所欠的股息。

第二，参加优先股和非参加优先股。前者是指股东除了可按固定的股息率优先获得股息外，还可以与普通股股东一起分享公司的剩余收益。后者是指股东只能获取固定的股息，不能参加公司额外的分红。目前大多数优先股都属于非参加优先股。

第三，可转换优先股。它是指股东在规定的时期内，可以按一定的转换比率把优先股转换成普通股。当公司盈利状况不佳时，优先股股东可以仍持有优先股，以保证取得较为固定的股息收入；而当公司大量盈利、普通股价格上涨时，他就可以按事先规定的转换比率把优先股转换成普通股，从中获取丰厚的收益。

第四，可赎回优先股。可赎回优先股是指允许公司按发行价格加上一定比例的补偿收益予以赎回的优先股。它对股东不利。

二、融资场所

（一）股票发行市场

股票发行市场又称为一级市场，是股票初次发行的市场。股票发行有直接发行和间接发行两种方式。直接发行是指发行人自己而不是委托证券承销机构组织股票发售，主要当事人包括发行人、投资者、证券服务机构等。间接发行是指发行人委托证券承销机构代为发售股票，主要当事人包括发行人、投资者、证券投资服务机构、证券承销商，有时甚至证券交易所也介入其间（如股票的网上发行）。投资银行一般是主要的证券承销商。目前全球最大的投资银行是美国的高盛、摩根士丹利、美林证券。在当前的股票市场中，以前多采用直接发行方式的私募，现也多采用间接发行方式。

（二）股票流通市场

股票流通市场又称为交易市场或二级市场。是指已发行股票进行流通买卖交易的市场。根据组织程度的不同，股票流通市场可以分为场内交易市场和场外交易市场。场内交易市场即证券交易所市场，它是依据国家有关法律、经政府证券主管机关批准设立的证券集中流通的市场。其基本职能是为证券经营机构（即会员）提供所需的交易场所、设备、信息和服务人员，同时对证券流通活动进行严格的管理，保护投资者的利益。证券交易所主要有公司制和会员制两种组织形式，前者以盈利为目的，后者则不以盈利为目的。一般而言，能在证券交易所上市的股票通常是信誉好、规模大、收益稳定的公司发行的股票。场外市场也称柜台市场或店头市场，是指投资者、股东和证券交易商在证券交易所之外通过电子计算机和通信网络买卖非上市股票的流通市场。

三、全球主要股票流通市场

（一）美国股票市场

美国股票市场包括证券交易所、纳斯达克市场、场外公告板市场和粉红单市场。下面分别进行简要介绍。

（1）证券交易所。长期以来，美国股票交易量一直位于世界第一。美国证券交易所曾先后有过 100 多家，经过历史变迁，若干交易所先后停止和合并。目前向联邦证券交易委员会正式注册登记的证券交易所有 10 余家，其中最著名的有纽约证券交易所、美国证券交易所。此外较大的、全国性的证券交易所还有辛辛提证券交易所、费城证券交易所、太平洋证券交易所、中西部证券交易所和芝加哥证券交易所。

2005 年 4 月，纽约交易所宣布收购电子交易运营商 Archipelago 控股公司。纽约交易所从非营利法人团体转化为营利性公司，合并后的新公司名为纽约证券交易所集团公司，集团的股票在纽交所上市，2006 年 6 月 1 日，纽约证券交易所宣布与泛欧证券交易所合并组成纽约—泛欧证券交易所。2007 年 4 月 4 日，纽约—泛欧证券交易所正式成立，总部设在纽约，由来自 5 个国家的 6 家货币股权交易所以及 6 家衍生产品交易所共同组成，其上市公司总数约 4 000 家，总市值达 28.5 万亿美元（21.5 万亿欧元），日平均交易量接近 1 020 亿美元（77 亿欧元），根据世界交易所联合会的统计数据，2009 年纽约证券交易所国内市场总价值为 118 378 亿美元，比 2008 年的 92 089 亿美元上涨了 28.5%。

（2）纳斯达克市场。纳斯达克（National Association of Securities Dealers Automated Quotation System，NASDAQ，意译为[美]全国证券交易商协会自动报价系统）是全美证券交易商协会于 1971 年在华盛顿建立并负责其组织和管理的一个电子报价与交易系统，现已发展为全球最大的无形交易市场。1982 年，全美证券交易商协会建立了 NASDAQ 全国市场，将市场上的一部分最活跃和最优质的股票拿出来在新的全国市场上进行报价。全国市场上的上市标准比传统市场要高很多，同时也提供了更透明的交易机制。其他股票继续在被称作 NASDAQ 常规市场上交易。随着越来越多的股票从 NASDAQ 常规市场转向 NASDAQ 全国市场，1993 年 NASDAQ 常规市场被更名为 NASDAQ 小型资本市场。

纳斯达克全国市场（Nasdaq National Market，NNM）作为纳斯达克最大而且交易最活跃的股票市场，现有近 4 400 只股票挂牌。2005 年 2 月，纳斯达克在自己的市场上挂牌交易。2007 年 5 月，纳斯达克以 37 亿美元收购北欧证券市场 OMX 公司，联合组建一个跨大西洋的交易平台。新公司被命名为纳斯达克 OMX 集团，总市值高达 71 亿美元，其中纳斯达克拥有 72% 的股权，OMX 公司股东拥有 28% 的股权。

（3）场外公告板（OTCBB）市场。美国 OTCBB（Over The Counter Bulletin Board，可译为未上市证券交易行情公告榜或电子公告板）是美国最有影响力的小额证券市场之一。这是一个受到监管的报价服务系统，能够提供未上市交易股票的实时报价、最近交易价以及交易额等信息。在 OTCBB 交易的证券包括权益证券、认购权证、基金单位、美国存股凭证以及直接参与项目等。这些证券没有资格在交易所或纳斯达克上市，并且可能在以后一段时间或永远也不会上市。需要指出的是，OTCBB 只是一个报价服务机构，并不是一个证券交易所。因此，它的主要监管对象是做市商而不是证券发行商，监管内容主要是做市商的报价信息和交易活动。

（4）粉红单市场（Pink Sheets）。粉红单市场创建于 1904 年，由国家报价机构（National Quotation Bureau）设立。在没有创立 OTCBB 市场之前，绝大多数场外交易的证券都在粉红单市场进行报价。该市场对订阅用户定期制作刊物，发布场外交易的各种证券的报价信息，在每天交易结束后向所有客户提供证券报价，使证券经纪商能够方便地获取市场报价信息，并由此将分散在全国的做市商联系起来。粉红单市场的创立有效地促进了早期小额股票市场的规范化，提高了市场效率，解决了长期困扰小额股票市场的信息分散问题。

NASDAQ 和 OTCBB 市场都隶属于全美证券交易商协会，由该协会进行监管，而粉红单市场则隶属于一家独立公司。在粉红单市场上交易的股票没有任何财务要求和信息披露要求。粉红单市场是美国唯一一家不需要进行财务信息披露的证券交易机构。

（二）日本股票市场

（1）交易所市场。目前，按规模大小而言，日本有东京、大阪、名古屋、札幌、福冈 5 个证券交易所。广岛及新潟证券交易所于 2000 年 3 月合并到东京证券交易所。2001 年 2 月 28 日，在运营了 117 年之后，京都证券交易所也正式关闭，其业务并入大阪证券交易所。目前运作的这 5 个证交所中，东京证券交易所（东证）、大阪证券交易所（大证）、名古屋证券交易所（名证）合称为"三市场"，这三个交易所的成交量，一般要占全国的 99%以上，而其余的 2 个地方性证券交易所的成交量，只占不到整体的 1%的比例。

（2）柜台交易（over the counter，OTC）市场。早在 1963 年，日本便出现 OTC 市场，目的是使战后股权繁荣的潮流得到顺利发展和有效组织。此后，日本金融市场的重构过程不断作出有利于 OTC 市场成长的规定。OTC 市场目前的定位是：为小企业股票发行者提供资金；为发行的股票提供公众投资的市场。特别是 OTC 市场为小公司发行新股票集资提供了机会，并让它们在日本证券经纪人协会合法注册它们的股票。日本证券经纪人协会是股票市场法规的制定者。

（三）欧洲股票市场

近年来欧洲发达国家的股票交易所出现了合并和联盟的发展趋势，即由原先多个独立市场合并成为一个统一的市场。1998 年 11 月，伦敦、法兰克福、苏黎世、巴黎、米兰、马德里、布鲁塞尔、阿姆斯特丹 8 家交易所在巴黎就组建一个泛欧证券交易单一市场问题达成协议；2000 年 3 月，法国、荷兰、比利时三国股票交易所宣布合并，成立 Eumonex 交易所，成为仅次于伦敦股票交易所的欧洲第二大交易所。股票二级市场的统一，为投资者节省了因市场分割而产生的成本，有利于投资者在一个容量更大的市场中以低成本进行交易；同时结算系统的合并和结算制度的统一，便利了各国金融监管当局进行市场监管方面的协调与合作。

1. 英国股票市场

与美国不同，英国股票交易市场基本上由证券交易所构成，几乎没有场外交易市场。1986 年 10 月，英国证券市场作出了重大改革之后，伦敦证券交易所和原先不属于它的伦敦国际证券业机构达成协议，改组建成了一个新的机构，于 1987 年正式改名为伦敦国际证券交易所。改组后的国际证券交易所由五大市场，即英国股票市场、国际股票市场、金融期货市场、金边证券市场和国际债券市场组成。目前在英国 7 家证券交易所中，只有伦敦国际证券交易所是全国性的证券交易所，其他 6 家都是地方性证券交易所。鉴于中国经济在国际经济舞台上扮演着日益重要的角色，为便于拓展中国业务，伦敦国际证券交易所已在北京开设办事处。

伦敦国际证券交易所包括主板市场、二板市场和科技板市场。建立于 1995 年的二板市场将市场目标定位于中小企业和初创企业，由于上市无须 3 年业绩，无最小市值限制，上市两年后没有不良业绩的企业可以直接升入主板，为中小企业融资提供了极好的机会。现已有 70 多家公司成功地升入主板市场。建立于 1999 年 11 月的科技板市场为企业与投资者的关系带来了新的衡量方式，赋予创新技术企业更大的透明度，促进投资者更轻松地与技术企业融为一体。此外，伦敦国际证券交易所还是英国主要的国际债券市场，常年有 9 000 余个债券挂牌上市交易。[①]

2000 年，伦敦国际证券交易所经股东投票决定转变为一个公众公司，并于 2001 年 7 月在自己的主板上市交易。根据世界交易所联合会的统计数据，到 2009 年底，伦敦国际证券交易所共有上市公司 2 792 家，国内市场资本总价值为 17 318 亿英镑，较 2008 年的 12 881 亿英镑，上涨了 34.4%。伦敦国际证券交易所的交易大厅，内设 16 个六角形平顶交易专柜，按不同种类的证券分为政府统一长期公债市场、美国股票和债券市场、外国公债市场、英国铁路证券市场、矿业证券市场及银行、工商证券市场等，它们各有固定的专业交易柜台。交易所接受英国证券交易委员会的管理，并设置伦敦国际证券交易所理事会为市场管理机构。交易方式有现货、期货和期权交易等。伦敦国际证券交易所的国际化程度也是世界上最高的，目前世界上的国际股票交易约有 2/3 是在伦敦进行的。在其国际股票市场，外国股的交易量甚至大过英国本国股的交易量，其国际证券交易量几乎是国内证券交易量的两倍。从上市公司的构成来看，二板市场、国际证券已经成为伦敦国际证券交易所的重要组成部分，伦敦国际证券交易所对外国公司尤其是新兴市场国家的吸引力日益增强。

2. 法国股票市场

法国股票市场的层级结构为：传统股票市场、第二市场（second-market，主要为中小型传统企业提供融资服务）、新市场（new market，高科技、创新板块）和自由市

---

① 《海外证券市场》，湘财证券有限责任公司投资银行总部。

场。前 3 个市场都设在巴黎交易所内（该交易所已于 2000 年 9 月与里斯本、阿姆斯特丹、布鲁塞尔等证券交易所合并成为欧洲证券交易所），其中专门为创新型企业服务的新市场是在 1996 年设立的。新市场的目标公司大体有四类：一是已有融资计划的新生企业；二是高新技术企业；三是具有高成长潜力的企业；四是意欲跨上新台阶的发展中企业。在新市场中，既有市值超过 5 亿欧元的大企业，也有市值不足 1 000 万欧元的小企业，但以小企业为主。

3. 德国小额股票市场

德国新市场创建于 1997 年 3 月，其设立初衷是为投资者、高新技术企业提供一个更加直接和方便的投融资场所。新市场在创立的最初几年，的确为中小企业提供了新的融资机会，共有 343 家公司成功上市，其中绝大多数是小公司。但是，网络股泡沫的破灭同样给德国新市场带来巨大的负面影响。加上新市场在设立之初并没有对上市企业进行严格的审查，致使许多缺乏发展的公司得以进入，有些公司甚至虚报业绩欺骗投资者，严重打击了投资者的信心。2000 年随着美国新经济泡沫的破灭，德国的新市场全部股票指数从 8 559 点狂跌到 400 点，跌幅高达 95%，两年来再也没有新公司上市，只得宣布于 2003 年底关闭。

现在，德国的证券交易分别在柏林、布来梅、斯图加特、法兰克福、杜塞尔多夫、汉堡、汉诺威和慕尼黑 8 个交易所进行。

四、发展中国家对国际股票市场融资的利用

（一）发达国家对发展中国家进行股权投资的方式

1. 在发展中国家直接购买股票

尽管机构投资者直接购买外国股票不是一条理想的投资活动的途径，但其仍乐此不疲，究其原因是多方面的。首先，在国内购买发展中国家的股票不仅要支付国内的佣金，也要向国外经纪人支付国际监管和清算过程中的成本与佣金。国际监管和清算过程的开发进展较为缓慢，现在只在发达国家之间建立了若干个电子网络和清算体系。这些电子网络和清算体系用于发展中国家还需要一段时间，目前，证券交割/跨国清算及监管等的成本都还较高。其次，在国内购买发展中国家的股票还涉及较高的信息成本。在国内获取有关国家的信息，一是不易获得，二是成本较高。发展中国家证券的即时行情屏幕显示系统正处于开发和完善阶段，而且与发达国家相比仍不十分配套。因为文化和会计标准的差异，报刊披露的信息量和类别也受到限制，而且与投资者所在的发达市场的惯例也有所不同。因此，在对发展中国家进行跨国投资时，对其证券价值的评估通常需要精通这方面的专家并涉及较高的成本。

从目前看，选择在发展中国家直接购买股票方式的主要是机构投资者，个人购买者不多。

2. 在本国直接购买发展中国家的股票

发达国家投资者在国内购买发展中国家股票的主要途径是购买存托凭证（depositary receipts，DR）。存托凭证又称存股证，是一种可以流通转让的、代表投资者对境外证券所有权的证书，它是为方便证券跨国界交易和结算而设立的原证券的替代形式。DR 所代表的基础证券存在于 DR 发行和流通国的境外，通常是公开交易的普通股票，现在已扩展代债券和优先股。DR 可以像其他证券一样在证券交易所或场外市场上进行交易，并且可以同时在几个国家的股票市场上流通。

存股证根据发行地的不同，可以分为美国存股证（ADR）、欧洲存股证（EDR）、香港存股证（HKDR）、全球存股证（GDR）等多种形式，其中以美国存股证出现最早，运作最规范，流通量也最大。按发行方式不同，可以分为私募和公开发售两种方式。按发起形式不同，可分为无担保的存托凭证产品和有担保的存托凭证产品。

ADR 是摩根大通在 1927 年创立的一种金融工具，它通过减少或消除诸如交割延误、高额交易成本以及其他与跨国交易有关的不便之处，来达到方便美国投资者购买非美国证券和让非美国公司的股票可以在美国交易的目的。ADR 作为一种可转让凭证，以等同于普通股的交易方式在美国各证券交易所进行交易，为美国投资者的全球投资组合多元化提供了一个既方便而又经济的途径。ADR 的建立过程是：美国投资者委托美国经纪人以 ADR 的形式购买外国原始证券；美国经纪人与原始证券所在地的经纪人联系购买事宜，并由其将购买的原始证券交给美国的存券银行（即提供与存托凭证相关的所有业务的银行）在当地的保管银行；保管银行收到相应的证券后，通知美国的存券银行，由存券银行将新发行的 ADR 交付给启动这笔交易的美国经纪人；美国经纪人把 ADR 提供给美国投资者。

根据 ADR 的发行方式，可将它分为有担保的 ADR 和无担保的 ADR。前者是由一家以上的存券银行发行，存托银行与原始证券的发行公司之间没有正式的存托协议。后者是由原始证券的发行人委托一家存券银行发行，且发行人、存券银行、保管银行三方签署存券协议，对 ADR 与原始证券的关系、ADR 持有人的权利、ADR 的转让、清偿、股息和红利的支付等作出具体的规定。从目前发行情况看，以有担保的 ADR 居多。

由于 ADR 可以绕过中国与美国的证券交易制度、会计制度、法规、信息披露制度及清算交割制度等方面的差异，顺利实现中国证券在美国市场上的流通，这样企业通过 ADR 既可以吸收美国资金，又可以为以后直接在美国发行股票融资创造条件。另外，通过发行 ADR，企业不仅可以筹集到大量的资金，拓宽资金来源，而且还可以扩大股东范围，起到开拓资金市场、稳定股票价格的作用；在很大程度上还可以提升上市公司的国际知名度，方便企业创立国际名牌形象。1993 年上半年，中国引进存托凭证，同年 8 月上海石化将其 H 股的 50%转化为 ADR 和 GDR，分别在美国和欧洲配售，筹资 2.22 亿美元。同年 10 月，马鞍山钢铁也通过发行 ADR 和 GDR 共筹资 4.5 亿美元。以后，上海氯碱、上海二纺机、深圳特区房地产先后发行了 ADR。

近年已陆续有更多主要经营地在中国的企业在美国发行并上市交易其 ADR，代表性案例包括：中国铝业、东方航空、南方航空、中海油、中国电信、中国移动、中国联通、中国网通、华能国际、中国人寿、中国石油、上海石化、中国石化、兖州煤业、中芯国际、猎豹移动、爱康国宾、聚美优品、途牛旅游、网易、百度、携程网、如家酒店等。

专栏 8-5：中国存托凭证（CDR）

3. 通过各类基金间接投资

对大多数个人投资者和机构投资者来说，投资专注于某一发展中国家证券的共同基金是非常受欢迎的一种投资方式，因为它们对发展中国家股票进行研究与评判会产生较高的成本。更重要的是，这些基金已经建起一座座通往发展中国家市场的桥梁，使发达国家的投资者能够顺利地进入发展中国家。许多全球性的基金既投资于美国的股票市场，也投资于其他国家的股票市场；而另一些专门向外国股票市场投资的基金则只将部分基金投资于发展中国家的股票市场。此外，还有一些基金将其部分资金分散投资于不同的发展中国家股票市场的期货指数，以分散投资风险。

投资于发展中国家的共同基金分为封闭型和开放型两种。封闭型投资基金对发展中国家的投资具有自身的优势，其投资结构适于长期投资，是发展中国家市场重要的资金来源。而开放型投资基金由于随时要按客户要求偿还权益，因而周转率明显高于封闭型投资基金。其结果是，开放型基金集中投资于发展中国家的大公司上，因为这些公司的股票具有很好的流动性。

2003 年 9 月 8 日，第一只境外专门投资于中国沪深 A 股的基金——中国 A 股基金（Martin Currie China A Share Fund）通过已经获得境外机构投资者资格（QFII）的瑞士银行对 A 股市场进行投资。投资组合包括 A 股、可转换债券、债券和 10% 左右的现金。近 2 700 万美元资金中的 82% 都投资了 A 股股票。

据美国新兴市场投资基金研究公司（EPFR）报告显示，2012 年上半年新兴市场股票基金共有 143.26 亿美元资金流入，上年同期有 130.09 亿美元流出。不过，上半年的资金流入主要出现在第一季度，第二季度新兴市场就有 104.93 亿美元的流出。

发达国家股票市场方面，2012 年上半年股票基金方面有 442.37 亿美元的资金流出，但 2011 年同期则有 258.55 亿美元流入。美国、德国和西欧的股票基金在 2011 年上半年均有不同程度的资金流入，而 2012 年却遭受冷遇，分别有 23.67 亿美元至 21.83 亿美元的资金流出。值得注意的是，在发达国家股票基金资金大量流出的同时，日本股票基金却迎来丰厚的资金流入，2012 年上半年流入 54.89 亿美元，是 2011 年同期的 2.8 倍。

4. 购买跨国公司持有的股票

许多跨国公司在发展中国家有很多股份，并获得了良好的回报。发达国家的投资者购买这些跨国公司拥有的发展中国家的证券，是他们进行国际多样化投资的一种间接形式，其效果不错。原因在于：跨国公司在收集和分析发展中国家的投资信息方面有规模经济和竞争优势；有能力在发展中国家市场进行最优的投资，这种投资是其他一些投资者做不到的。表 8-4 是对上述几种投资方式及其特征比较。

表 8-4　各种投资方式及其特征比较

投资途径	成本和风险			潜在益处	
	信息成本	交易成本	汇率风险	风险降低程度	资产选择余地
直接购买股票	高	高	高	大	大
购买存股证	中	低	中	大	中
购买共同基金	低	中	中	中	中
购买跨国公司持有的股票	低	低	低	低	中

（二）我国企业境外上市的现状

（1）香港是内地企业境外上市的主要市场。我国于 20 世纪 90 年代初提出内地企业到香港上市的设想。1993 年中国证券监督管理委员会、上海证券交易所、深圳证券交易所、香港证券及期货事务监察委员会和香港联合交易所在北京签署了《监管合作备忘录》，从而为内地企业到香港上市铺平了道路。

2003 年 11 月 17 日，香港交易所北京代表处正式揭牌。这是落实内地与香港关于建立更加密切的经济和贸易关系安排的具体举措，也是两地证券业和证券市场交流合作的重要实际内容。香港交易所是由香港联合交易所、香港期货交易所及香港中央结算所于 2000 年合组而成，为在香港上市企业提供广泛的服务，并在确保香港股票市场公平有序运作、审慎管理风险方面扮演着重要角色。北京代表处是该所在内地的首家代表机构，将为密切香港股票市场与内地监管部门的联系、便利内地计划在香港上市的企业与香港交易所之间的沟通发挥积极作用。

目前 H 股上市公司已经成为港股市场的重要组成部分。1993 年 6 月，香港联交所《上市规则》准许中国注册企业来港上市。同年 7 月，青岛啤酒（股份代号：00168）成为首家发行 H 股在香港上市的内地企业。2000 年以后，内地大型企业相继来港以 H 股上市，包括国有四大银行、中国联通、中国石油等在内，形成内地企业赴港上市潮。

截至 2019 年 6 月 30 日，共有 1 197 家内地企业在香港上市，包括 274 家 H 股，内地企业市值占香港证券市场约 68%，2019 年 1 月至 6 月的交易额占比约 80%。其中，已上市的 A+H 股数量为 112 家，其中 90 家同时于上海证券交易所挂牌，22 家同时于深圳证券交易所挂牌。所有 274 家 H 股的总首发募集资金为 1.81 万亿港元。主要行业分布于工业（69 家）、金融（66 家）等。香港资本市场服务内地企业的能力不断深化和加强。

此外，自 2014 年"沪港通"、2016 年"深港通"相继开通以来，香港、上海和深圳三地股票市场的互联互通机制进一步促进中国内地与香港资本市场双向开放和健康发展。于 2019 年 6 月底，纳入"沪港通"的 326 只港股中有 118 只为 H 股；纳入"深港通"的 481 只港股中有 114 只为 H 股。

（2）美国仍是内地企业在发达国家上市的主要市场。20 世纪 90 年代以后，我国一些公司开始通过美国存托凭证（ADR）或全球存托凭证（GDR）的方式到美国上市，如上海石化、轮胎橡胶、马鞍钢等公司都以这种方式在美国上市并获成功。2003 年 12 月 17 日，中国人寿保险股份有限公司在美国成功上市，中国人寿存托凭证在纽约证券交易所开始交易。这样，中国人寿保险股份有限公司成为首家在中国香港、美国两地上市的中国内地金融企业。

2003 年 10 月，美国股票市场出现了第一只追踪美国各大股票交易所上市的所有中国业务板块公司的指数——USX 中国指数。这表明中国股票正成为美国市场上投资者关注的热点，也预示着美国资本市场上一个中国时代正在到来。USX 中国指数的选择标准是：必须是主营业务在中国的公司；公司的普通股必须是在美国主要证券交易所挂牌的公司；最少要达到 5 000 万美元市值；必须有足够的流动性；必须有完整的信息披露等。

道·琼斯公司指数公司自 2004 年 1 月 2 日起调整成份股。对道·琼斯中国 88 指数（道中 88 指数）、道·琼斯中国指数（道中指数）、道·琼斯上海指数（道沪指数）及道·琼斯深圳指数（道深指数）的调整也同时生效。追踪整个沪深市场市值最大的及流动性最强的 88 只股票的道中 88 指数剔除了 10 只成份股，同时相应纳入了 10 只新成份股，使该指数包含成份股的市值约占中国整个沪深市场的自由流通市值的 31.92%。调整之后，成份股中的上海市场股票从 57 只增加到 60 只，深圳市场股票从 31 只减少到 28 只。道·琼斯中国指数成份股将从 951 只增加到 986 只，其中，有 928 只 A 股和 58 只 B 股。道·琼斯上海指数成份股将从 577 只增加到 607 只，增加了 30 只股票。道·琼斯深圳指数成份股将从 374 只增加到 379 只，增加了 5 只股票。

道·琼斯指数在股票选取和指数计算中采用了流通股，而排除了国有股和非上市的职工股，以准确代表投资者可实际交易的股票数量。道中指数系列是提供全球商业信息的道·琼斯公司于 1996 年 5 月 27 日在纪念 1896 年推出的道·琼斯工业股票平均指数一百周年之际发布的。这四个指数的基期均为 1993 年 12 月 31 日，基期指数均为 100。

2008 年 3 月 17 日，纽约－道琼斯公司指数部宣布，对道琼斯中国指数系列中部分指数的成份股进行调整。道·琼斯中国 88 指数、道·琼斯中国海外 50 指数、道·琼斯中国指数、道·琼斯上海指数、道·琼斯深圳指数和道琼斯第一财经中国 600 指数（DJ CBN 中国 600）的成份股变动于 2008 年 3 月 24 日起生效。

经过此次调整，追踪整个沪深市场市值最大的及流动性最强的 88 只股票的道中 88 将更换 8 只成份股，调整后该指数所包含成份股的市值约占沪深 A 股市场流通总市值的 44.52%。调整之后，成份股中的上海市场股票从 63 只增加到 67 只，深圳市场股票从 25 只减少到 21 只。就道中 88 成份股的流通市值而言，沪市股票所占的比例为 82.43%，深市股票所占的比例为 17.57%。

专栏 8-6：中国企业如何在美国上市

2020 年 6 月，中国生物科技公司掀起了美国上市潮，传奇生物、燃石医学、泛生子在纳斯达克相继上市，燃石医学上市首日股价暴涨 49%，市值 49 亿美元。当前，总计 173 家中资概念股在纳斯达克上市，合计市值约 4 980 亿美元。

五、我国企业在国际股票市场融资时需注意的问题

一家企业决定进行国际融资时，必须根据本企业的主要融资目标、原则以及内外部条件，设计制定相应的全球融资策略。首先是收集、整理、分析有关融资需要的基本信息，鉴别资本结构的约束条件；然后安排融资，力争资本结构最优化。一般讲，企业必须达到的融资目标有：最小化预期税后融资成本；减少现金流量的经营成本；建立合适的全球融资结构。

针对我国目前实际情况，企业在利用国际证券融通渠道时应注意以下几个具体的问题。

（一）企业在香港上市时应注意的事项

（1）了解香港对内地企业上市的特殊要求。香港较其他许多证券交易市场具有得天独厚的优势，吸引内地企业在此上市。内地企业首先必须了解在香港上市的一些特殊要求，才能顺利地上市。这些要求包括公司必须在内地正式注册；上市后最少 3 年必须聘用保荐人；必须委任两名授权代表作为上市公司与香港联合交易所之间的主要沟通渠道；在香港上市期间必须在会计师报告及年度账目中采用香港或国际会计标准；必须为香港股东设置股东名册等。

（2）了解香港金融发展及监管的新动态。特别是香港二板市场的发展动态，对内地一些想在此股权融资的企业意义重大。

无论公司经营何种业务，如希望申请在香港联合交易所的主板挂牌上市，则一般而言应符合《香港联合交易所有限公司证券上市规则》第 8 章规定的一系列条件。香港联交所对接纳或拒绝具体某家公司的上市申请保留绝对酌情决定权，即使申请人符合有关条件，也不一定保证其适合上市。

香港联交所的上市审核流程概览如图 8-3 所示。

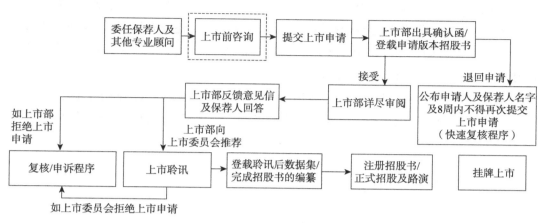

图 8-3　香港联交所的上市审核流程概览

（二）企业在美国上市时应注意的事项

（1）信息披露的充分性和适当性。投资者关心的信息主要包括一国的产业政策、公司的经营方向和政策风险、投资回报率等，这些信息的披露要充分，令人信服。同时，上市公司的信息披露要充分考虑美国的法律环境要求，如美国证券监督委员会不允许在正式的招股书或注册申请中出现溢利预测的数字，以防产生误导。

（2）公司形象的正确定位。公司的形象定位包括两个方面：一方面要求公司管理层的经营策略与能力体现使投资者充满信心；另一方面要求公司在本地区、本行业中有领导地位、主业明确，能保持利润的稳定增长，发展前景良好。公司形象的正确定位有助于塑造其"优质股"的形象，利于公司的上市。

（3）选准投资机构。不同机构投资者的投资组合、投资重点、侧重行业各不相同，公司应精心选择对口的投资机构，并进行重点突破，同时与这类机构投资者保持密切联系和沟通，力促其股票受到投资者的青睐。

（4）密切关注新法规的要求。2002 年 7 月，美国正式通过了《萨班斯 – 奥克斯利法案》，它被誉为美国乃至全球"新的上市公司准则"，是继美国 1933 年《证券法》、1934 年《证券交易法》以来又一部具有里程碑意义的法律，其效力涵盖了注册于美国证监会之下的约 14 000 家公司，其中包括了大量的非美国公司。

总体看，该法案强调了公司内部控制的重要性，严格界定了上市公司管理者的财务责任和义务，强调了公司内部审计的作用与职责，对公司的信息披露做了明确要求，对公司的外部审计作出严格规定。其影响是：不可避免地增加了公司的管理成本，明确了美国的监管机构对外国公司有监管权，并对中国的上市公司监管起到了很大的示范效应。

2020 年 4 月，瑞幸咖啡财务造假事件被公告后，其承认虚假交易 22 亿元人民币，股价即刻暴跌 80%，盘中数次暂停交易。此后银保监会表示将积极配合主管部门依法严厉惩处。美国的股票制度对于造假全部是零容忍行为，还没有等到最终的调查结果，纳斯达克便要求瑞幸咖啡退市，丝毫没有拖泥带水。6 月 27 日，瑞幸咖啡发布声明：将于 6 月 29 日停牌并进行退市备案。

瑞幸咖啡财务造假事件，还导致其他中资概念股受到了较大的冲击，阿里、前程无忧、迅雷、搜狐、搜狗等均出现了不同程度的杀跌走势。所以，遵守美国股票市场的相关制度十分重要。

 参考资料与网站

 复习思考题

1. 比较外国债券和欧洲债券的异同点。
2. 简述国际银团贷款与普通商业银行贷款的区别。
3. 内地企业如何利用香港金融市场融资？
4. 在美国资本市场融资需要注意哪些问题？

 附录 8-1　巨灾债券发展近况

 附录 8-2　2020 年上半年中国概念美股

附录 8-3 新加坡交易所欲吸引中国优质企业上市

 即测即练题

第九章

跨国经营中的企业外汇风险管理

企业跨国经营中面临的外汇风险包括汇率风险和利率风险，它们会严重影响企业的绩效，甚至企业价值。寻求适宜的风险管理策略是无休止的课题。本章阐述汇率风险与利率风险，并通过案例分析方式，介绍主要的风险管理策略。事实上，风险管理策略与企业经营策略紧密相连，任何时刻所谓最佳的策略是指最适合于后续行情发展的策略。

第一节　企业金融风险概述

可以从两个角度分析企业面临的风险：一是企业本身和其管理人员的角度，二是企业投资者的角度。从企业本身来看，风险可以分为经营风险（商业风险）、财务风险和政治风险（国家风险）。从企业投资者来看，他面临的风险是企业可能不还款，或者不支付利息，或者由于资不抵债而付不起贷款本金。因此，企业的债权人或投资者往往要求企业给予较高的投资回报率来补偿其承担的风险。管理好企业自身的风险，自然会降低企业投资人面临的风险。本节将从企业角度分析其面临的外汇风险以及如何管理。

企业外汇风险是指参与跨国经营活动的企业，或者有一部分以外币表示的资产或负债，或者有一定量的以外币表示的未来资金的流进流出，不管哪种情况，当市场上汇率和利率发生变化时，给该企业以外币计值的资产和负债带来损失的可能性。[①]

一、风险的概念

一般来说，风险是指在一定条件下和一定时期内可能发生的各种结果的变动程度；或者说是指未来无法预料的不确定性因素发生的机会及其对经营事项价值的影响大小。如企业的某项行动有多种可能的结果，其将来的财务后果是不确定的，这时企业就面临着风险。风险具有客观性、不确定性、可测性和潜在性的特征。

风险的效应有三：一是诱惑效应，是风险利益作为外部刺激会促使人们作出某种

---

① 王政霞，张卫. 国际金融实务[M]. 北京：科学出版社，2006：344.

风险选择的行为，这里的风险利益不是现实的，仅是一种可能的利益，其大小主要取决于风险利益与风险代价及其组合方式；二是约束效应，风险的约束是风险产生的威慑、抑制和阻碍作用，约束效应是指当人们受到外界某种威胁信号的刺激后，所作出的回避危险的选择及行为；三是平衡效应，它是诱惑效应和约束效应相互冲突、相互抵消、相互作用的最终结果。

风险图像（risk profile）可用于描述企业风险。风险图像就是某一金融价格的变化对于企业价值影响的图像。企业价值系指企业将来可能产生的现金流量的现值。企业价值大致可分为两种：一种是以企业今后继续经营为前提的价值，即"继续营运价值"；另一种是企业解散时的价值，即"清算价值"。通常企业都希望能永远生存下去，因此企业价值应以继续营运价值来计算。

在风险图像中，通常用横坐标表示金融价格的变化，用纵坐标表示企业价值的变化。图 9-1 中，ΔP 表示实际价格与预期价格之差，ΔV 表示企业价值的变化值。如果 ΔP 比较小，它所对应的 ΔV 也比较小。但是，对于许多企业来说，20 世纪 70 年代，特别是80 年代以来，国际金融市场汇率和利率的剧烈变动

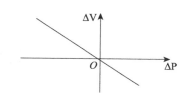

图 9-1　价格变化与企业价值的变动

（ΔP）导致了许多企业价值的波动（ΔV）。如果企业能够准确地预测汇率、利率的变化，ΔP 就会为 0，从而企业价值的变动 $\Delta V = 0$。但是，由于金融市场的有效性，所有市场投资者可以得到并利用公开信息，使企业难以对未来的汇率、利率作出准确的预测。因此，许多企业不得不寻求新的风险管理方法。

目前企业金融风险的管理，一是可以通过表上金融交易（on-balance-sheet transaction）来进行，如企业采取借入竞争对手所在国货币或将工厂转移到国外等方式来避免其面临的汇率风险；二是使用表外金融工具（off-balance-sheet instrument），如远期合约、期货、期权和互换等。但前者的成本较高，并且缺乏应有的灵活性；后者须具备较丰富的金融衍生工具知识。

二、企业风险的类型

（一）经营风险

经营风险是指生产经营的不确定性所带来的风险，它是任何商业活动都有的，也称商业风险。经营风险使企业的利润变得不确定。

经营风险主要来源于以下几个方面：①市场销售。市场需求、市场价格、企业可能生产数量等的不确定，尤其是竞争使供产销不稳定，均可加大风险。②生产成本。原料的供应和价格、工人和机器的生产率、工人的薪金都是不确定因素，因而产生风

险。如电力行业会面临天然气、石油、煤等原料涨价的风险。③生产技术。设备事故、产品发生质量问题、新技术的出现等，不好预见，易产生风险。④其他。外部的环境变化，如天灾、经济不景气、通货膨胀、有协作关系的企业没有履行合同等，企业自己不能左右，产生风险。此外，某些行业的利润还面临政府管制力度加大的风险，如烟草行业。

（二）财务风险

财务风险即由于企业资金运动中（体现了经济关系）不确定的因素给企业带来的风险，或者企业在理财事务中由于各种不确定因素所带来的风险。图 9-2 显示了资金从投资者和金融机构流入企业，再流回投资者和金融机构的过程。

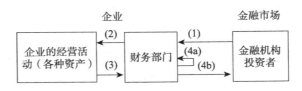

图 9-2　企业资金流动示意图

从图 9-2 可以看出，企业财务活动一般分为筹资活动、投资活动、资金回收和收益分配四个方面。企业为获得资金可以发行有价证券（股票和债券）或向银行借款，筹集来的资金要用于购买企业经营所需的原材料和其他资产，待企业经营成功之后，这些资产将带来资金流向企业，不管收入多少，必须高于初期的投资额。这些资产带来的收益或用于再投资，或用于偿还持有企业股票和债券的投资人。

企业财务风险具体可分为汇率风险、利率风险、信贷风险、负债风险、现金流风险。①汇率风险是指汇率变化使企业的利润和财富蒙受损失的可能性。汇率的变动可能影响着企业的现金流量及会计利润，影响着企业的市场价值和账面价值。②企业借出和借入资金时，面临利率风险。利率变化的结果是企业收入或支出的利息可能偏离预期值，使企业遭受损失。如企业持有长期浮动利率债务，但不同时持有随利率上升而上升的金融资产时，企业便暴露在利率上升的风险中。③信贷风险是指对方不还债或晚还债的风险。造成这方面损失的原因有应收款收不回来（即坏账）和催收账款的管理成本。④负债风险，也称杠杆风险。财务杠杆比是企业资金结构中债务资金与股本资金之比。其计量方式有两种：杠杆比＝产生利息的债务资本÷股本金，或杠杆比＝产生利息的债务资本÷总资本。负债率越高，企业的股东和债权人所承担的财务风险也越大。对股东而言，高负债率的风险在于企业的营业利润上下波动导致股东的股息也上下波动，因此随着企业负债率的增加，普通股股东所要求的回报也就越高。对债权人而言，一个企业的负债越高，其不支付利息或资不抵债被清算的风险就越大，债权人所要求的利率也就会越高。⑤现金流风险，指企业现金流不足以满足重大支出项目的风险。即使一个盈利的企业也可能因为现金流不充足而被迫关闭清算，主要原因是其交易经营活动产生的现金流太少。

（三）政治风险

企业所有的国际贸易和金融交易活动都涉及政治风险，并且投资期限越长，政治风险也越大，这是跨国经营的共同结论。

政治风险是说由于东道国政府与跨国公司的目标冲突，东道国发生的政治事件，或东道国与其他国家的政治关系发生的重大政治事件，或东道国与其他国家的政治关系发生的重大变化，导致跨国公司利益受损的可能性。

政治风险的含义可从两方面理解。一是从政府干预角度看，政治风险是指那些可能导致企业损失的政府或其他政府机构采取的不可预期行动所产生的不确定性。二是从政治事件角度看，政治风险是指引起国际经营潜在利润或资产损失的国内外各种事件发生的可能性，如战争、罢工、征税、货币贬值、外汇管制、没收财产、保护贸易措施等。

政治风险可分为宏观政治风险和微观政治风险两大类。宏观政治风险常发生于东道国的一切外国企业的经营活动中，使所有企业以同一方式受到影响。如东道国国内的政局动荡、武装冲突、暴力事件和社会治安恶化等。微观政治风险是企业特有的风险，仅仅影响到某个行业或企业，甚至某些具体的经营活动。一般而言，企业遭受微观政治风险的程度受到两方面因素影响，即外国企业在东道国某个行业经营现状和东道国本国企业经营能力。

货币管制、歧视性干预或惩罚、改变税法、增加当地市场要求等都是政治风险的表现形式。与外汇风险、通货膨胀风险、税收风险等相比，政治风险可以说是企业跨国经营中所面临的最具威胁的风险。

政治风险的管理单靠企业本身的能力是远远不够的，要依靠国家的力量。如日本经济产业省决定，从 2004 年 4 月起，凡是在亚洲投资的日本企业都可以获得日本当局提供的跨国界贸易保险。该项保险制度将会保证身居海外的日本企业在遭遇到类似"9·11"恐怖事件和投资国政局不稳时，不会血本无归。日本政府准备为这些在亚洲的周边企业承担每年至少 2 000 亿日元的保险费，并将按照日本企业在外投资的多少，以及投资地的需要提高保险费。

自 20 世纪 70 年代以来，世界范围内的经济波动显著地增加，随着汇率、利率和商品价格的波动性增大，许多企业跨国经营时，不仅面临本企业核心业务方面的风险，还在相当大程度上面临着金融价格的风险。汇率风险管理、利率风险管理成为企业跨国经营中金融风险管理的重点内容。这也是本章研究的内容。

案例 9-1

欧 债 危 机

2009 年 10 月，希腊新任首相乔治·帕潘德里欧宣布，其前任隐瞒了大量的财政赤字，随即引发市场恐慌。截至同年 12 月，三大评级机构纷纷下调了希腊的主权债务评级。投资者在抛售希腊国债的同时，爱尔兰、葡萄牙、西班牙等国的主权债券收益率也大幅上升，欧洲债务危机全面爆发。2011 年 6 月，意大利政府债务问题使危机再度升级。这场危机不像美国次贷危机那样一开始就来势汹汹，但在其缓慢的进展过程中，随着产生危机国家的增多与问题的不断浮现，加之评级机构不时的评级下调行为，使其已经成为牵动全球经济神经的重要事件。

政府失职、过度举债、制度缺陷等问题的累积效应最终导致了这场危机的爆发。在欧元区 17 国中，以葡萄牙、爱尔兰、意大利、希腊与西班牙 5 个国家（以下简称"PIIGS 五国"）的债务问题最为严重。

政府部门与私人部门的长期过度负债行为，是造成这场危机的直接原因。如表 9-1～表 9-3 所示，除西班牙与葡萄牙在 20 世纪 90 年代经历了净储蓄盈余外。PIIGS 五国在 1980—2009 年均处于负投资状态。长期的负债投资导致了巨额政府财政赤字。《欧盟稳定与增长公约》规定：政府财政赤字不应超过国内生产总值的 3%，而在危机形成与爆发初期的 2007—2009 年，政府赤字数额急剧增加。

欧元区的制度缺陷在美次危机中也有所显现。首先，根据欧元区的制度设计，各成员国没有货币发行权，也不具备独立的货币政策，欧洲央行负责整个区域的货币发行与货币政策实施。

在欧洲经济一体化进程中，统一的货币使区域内的国家享受了很多好处，在经济景气阶段，这种安排促进了区域内外的贸易发展，降低了宏观交易成本，然而，在风暴来临时，陷入危机的国家无法因地制宜地执行货币政策。进而无法通过本币贬值来缩小债务规模和增加本国出口产品的国际竞争力，只能通过紧缩财政、提高税收等压缩总需求的办法增加偿债资金来源，这使原本就不景气的经济状况雪上加霜。

表 9-1 1980—2009 年 PIIGS 五国投资储蓄差额与 GDP 的比值   %

国家	1980—1989 年	1990—1999 年	2000—2009 年
爱尔兰	3.85	2.55	9.24
西班牙	5.44	−1.75	2.37
葡萄牙	2.09	−0.58	1.53
希腊	4.95	3.84	9.95
意大利	0.88	1.76	6.15

数据来源：IMF。

表 9-2　　**2007—2009 年 PIIGS 五国财政赤字占 GDP 的比重**　　　　　%

国家	2007 年	2008 年	2009 年
爱尔兰	—	7.3	14.3
西班牙	—	4.1	11.2
葡萄牙	2.6	2.8	9.4
希腊	5.1	7.7	13.6
意大利	1.5	2.7	5.3

数据来源：欧盟统计局。

表 9-3　　**2011 年 PIIGS 五国债务负担与本国 GDP 的比值**　　　　　%

国家	政府债务	居民债务	非金融企业债务
爱尔兰	114	129	278
西班牙	64	90	205
葡萄牙	91	103	154
希腊	152	68	71
意大利	120	50	119

数据来源：IMF。

三、企业金融风险的暴露

汇率风险和利率风险是企业跨国经营中面临的主要金融风险，这可以通过分析企业财务报表获得。财务报表中有大量的数据，可以根据需要计算出很多有意义的比率，这些比率涉及企业经营管理的各个方面。

（一）资产负债表

1. 资产负债表及安全性分析

资产负债表是显示企业在结算期末真正财务状况的一种静态报表。它主要用于企业的安全性分析，即分析企业在内外经营环境发生突变情况下，有无应变能力偿还企业的债务。安全性分析一般涉及以下几个比率。

（1）自有资本比率（＝资本/资产）。企业自有资本系指股东所持有的股本总额。总资产中资本所占比率越高，表示企业的稳定程度越大。目前，日本股票上市的企业平均自有资本比率约在总资产的 35%。

（2）流动比率（＝流动资产/流动负债）。流动比率是测定企业在短期（1 年内）支付账款的能力，可作为企业短期资金周转的指标。一般认为，生产企业合理的最低流动比率是 2。

（3）速动比率［＝（流动资产 – 存货）/流动负债］。在评估企业经营安全性上，这一比率较流动比率更为适用，因为只有存款、应收票据、应收账款、有价证券等类似现金的流动资产，才能作为支付流动负债的手段。通常认为正常的速动比率为1，低于1的速动比率被认为是短期偿债能力偏低。但由于行业不同，流动比率和速动比率会有很大差别，没有统一的标准。

（4）固定比率［＝固定资产/（自有资本＋固定负债）］。由于固定资产可长期保有，须由企业利用长期及稳定的资金来支应，不能用短期资金来提供。因此，此比率以保持在100%以下最为稳妥。但事实上，有些国家如日本的产业界，该比率平均大致维持在170%，制造业则为115%。

（5）利息保障倍数比率［＝（营业收益＋金融收益）/利息支出］。这是衡量企业收益支付利息负荷能力的指标。严格来说，这个指标不在高低，应依据企业成长的阶段来做评估。如成长中的企业暂时增加贷款，目的在于扩大事业经营，此时指标有可能呈现偏高现象。

（6）资产负债率（＝负债总额/资产总额）。企业负债总额中不仅包括长期负债，还包括短期负债。这是因为短期负债作为一个整体，企业总是长期占用着，可以视同长期性资本来源的一部分。该指标反映在总资产中有多大比例是通过借债来筹资的，也可用于衡量企业在清算时保护债权人利益的程度。

（7）产权比率（＝负债总额/股东权益）。这是衡量企业长期偿债能力的指标之一。它反映由债权人提供的资本与股东提供的资本的相对关系，反映企业基本财务结构是否稳定；同时也表明债权人投入的资本受到股东权益保障的程度，或者说是企业清算时对债权人利益的保障程度。资产负债率和产权比率具有共同的经济意义，两个指标常常相互补充运用。

2. 安全性分析如何暴露金融风险

（1）关于企业流动性，由流动比率和速动比率测定。企业的流动性反映了企业管理风险的能力。企业保持较大的流动性，表明其具有较大的抵抗价格风险的能力。一般来讲，日本企业较美国企业的流动性大一些。

（2）关于企业借款水平，由资产负债率和利息保障倍数比率综合测定。主要了解企业的借款比例、借款余额、借款的利率结构、支付利息能力。

从债权人的立场看，关心的是贷给企业的款项能否按期收回本金和利息，因此希望企业债务比例越低越好。从股东的立场看，关心的是全部资本利润率是否超过借入款项的利率，即借入资本的代价，因此认为，在全部资本利润率高于借款利率时，负债比例越大越好，否则反之。从经营者的立场看，如果举债额超出债权人心理承受度，则企业难以借到资金；如果企业不举债，或负债比例很小，则说明企业畏缩不前，利用债权人资本进行经营活动的能力很差。从财务管理的立场看，企业在利用资产负债率制定借入资本决策时，必须充分估计预期的利润和增加的风险，在二者之间权衡利害得失，作出正确决策。

（3）关于企业汇率风险。企业面临汇率风险的明显标志就是企业拥有海外子公司或具有海外业务。企业的资产负债表能够反映出在汇率发生变化时，企业的应收账款和应付账款的价值变化情况。当汇率发生变化，企业的货币收入与货币支出不相匹配时，企业就面临着外汇交易风险。一般来说，具有海外业务的企业时常需要将其海外经营的利润以股息、企业间转移支付等形式汇回国内的母公司。如果预计本国货币将要贬值，则企业管理者将这种外币资金从国外流入国内的欲望就十分强烈；反之，这种资金不急于汇回。由于企业对汇率走势的预测难以很准确，或者说对汇率变化的反应不够十分敏锐，因此，企业时时刻刻面临着汇率风险，尤其是在外汇市场动荡不安时。

（4）关于企业利率风险。首先要看企业是否有负债。企业跨国举债时，还将面临国际金融市场利率波动带来的风险。其次要看企业负债的利率形式，即是以固定利率还是浮动利率举债。以浮动利率举债时，短期利率的变化会影响到企业的利息支出，增加利率风险。

（二）损益表

1. 损益表及收益性分析

损益表显示企业在一定期间内的经营结果，属于动态的财务报表。它能够提供企业核心业务经营状况的有关数据，主要用于企业的收益性分析，企业管理者从中可以分析企业面临的金融风险。收益性分析的比率主要有以下几个。

（1）销售净利率（＝净利润/销售收入）。反映每一元销售收入带来净利润的多少，表示销售收入的收益水平。

（2）销售毛利率［＝（销售收入－销售成本）/销售收入］。表示每一元销售收入扣除销售成本后，有多少收益可以用于各项期间费用和形成盈利。销售毛利率是企业销售净利率的最初基础，没有足够大的毛利率便不能盈利。

（3）资产净利率（＝净利润/平均资产总额）。资产净利率也称净值报酬率或权益报酬率，反映企业所有者的投资报酬率，具有很强的综合性。

2. 收益性分析如何暴露金融风险

（1）关于企业资金头寸。首先，判断企业的核心业务是在扩展还是在萎缩。销售毛利率通常在经济景气良好时上升，景气不好时下降。它在不同行业之间有差异，但同一行业内各企业间差异不应太大。销售净利率高表示企业盈利能力强，或产品品质优良。这个指标比率若逐年下降，则可能由于投入品价格上涨或商品竞争力降低所致。企业核心业务发展稳定，前景良好，意味着企业的资金运营正常，为企业保持较理想的资金头寸水平奠定了经济基础。其次，判断企业的收益是源于企业的正常经营活动还是短期急救措施的反映。因为一个濒临破产的企业同样可以制造出很好的财务报表数据。

（2）关于企业汇率风险。企业的损益表会提供有关企业购买和销售外币的种类及金额，据此可分析在有关汇率变化时，企业将面临的汇率风险。

四、企业风险管理的意义

企业是否进行风险管理一般取决于两个条件：必要条件是企业面临的金融风险，充分条件是企业的风险管理策略能够增加企业预期现金流量的净现值。所以，企业风险管理的重要意义在于增加企业价值。

企业一般有两个途径能够增加企业价值：一是增加企业预期的现金流量；二是降低折现率，即企业的融资成本。企业通过风险管理能够增加企业价值的原因有以下几点。

（1）有效的金融风险管理能够降低企业的融资成本。这是因为应用金融期权、期货、远期合约和互换等金融工具的直接结果是减少了企业现金流量的波动性。现金流量波动性的减少就意味着企业金融风险的减少。此外，企业还可以将不同的金融工具组合起来构造出一些新的金融工具。这些新的金融工具不仅能够降低企业的风险，还可以直接降低企业的融资成本。

（2）有效的金融风险管理可以减少企业的税赋。其前提是企业面对的是凸性税收曲线。税收曲线的曲率越大，企业进行套期保值所获得的税赋降低幅度也就越大，企业税前收入的波动性就会降低，进而减少企业价值的变化幅度，降低企业遭遇财务危机的概率。

（3）有效的金融风险管理有利于企业正确的投资决策。由于有效的金融风险管理能够减少企业的违约概率，减少企业债务利息的支付，所以那些潜在的债权人就愿意对企业的有价证券支付较高的价格，结果是增强了企业的负债能力。企业便可以投资于高风险的项目，获得更高利润。

五、企业金融风险管理要点

（一）外贸企业要树立风险中立理念

近年来，人民币汇率弹性加强、双向波动特征显著，特别是 2020 年疫情冲击下，企业经营中面临的汇兑损益波幅加剧。但部分外贸企业避险意识淡薄，仍存在利用外汇交易博取收益的认知错误，表现如下。

（1）趋势行情认知错误。2005 年"汇改"以后，人民币汇率经历了近 10 年的单边升值行情和 3 年的震荡贬值行情，汇率风险管理难度相对较小。但近年来，"黑天鹅"和"灰犀牛"事件频发，人民币汇率双向波动特征显著增强，部分企业管理者尚未完成从单边行情向震荡行情的认知转变，仍试图通过押注汇率升贬值获得汇差收益，给企业经营和财务管理带来较大的市场风险。

（2）套期保值工具认知错误。长期对赌汇率升贬值，风险意识缺乏，导致部分企业管理者对汇率类衍生品存在认知偏差。有的企业管理者将汇率衍生产品当作投机工具，认为衍生合约能盈利才是好的（例如，对于远期购汇，如果到期的人民币即期汇率低于锁定的购汇价格，则企业会认为自己"锁亏"了；对于买入期权，由于期初时需要支付期权费，如果到期未能行权，企业也会认为产生亏损）；有的企业管理者仅在市场向不利方向变动造成较大汇兑损失时，才考虑使用衍生产品"止损"，这时往往已经错过了套保的最佳时机；有的企业管理者则秉持"不做不错"的观念，对企业的汇率风险敞口不闻不问，任由汇率大幅波动产生巨额汇兑亏损。

对此，监管机构已多次强调企业要树立风险中性意识，重视汇率风险管理。人民银行在 2019 年 8 月就人民币汇率问题答记者问时指出，企业不应过多暴露在汇率风险中，支持企业购买汇率避险产品规避汇率风险，建议企业专注于实体业务，不要将精力过多用在判断或投机汇率趋势上；国家外汇管理局在其新闻发布会上也多次强调，支持企业完善汇率风险管理是外汇市场发展的重点，要进一步加强企业风险宣传教育，引导企业树立正确的汇率风险意识；国资委在 2020 年 1 月印发的《关于切实加强金融衍生业务管理有关事项的通知》中指出，中央企业开展金融衍生业务要严守套期保值原则，以降低实货风险敞口为目的，与实货的品种、规模、方向、期限相匹配，与企业资金实力、交易处理能力相适应，不得开展任何形式的投机交易。

（二）尽量采取组合式风险管理策略

对于多元化经营的跨国企业来讲，对风险的管理不是一项一项地单独管理，而是把风险作为一个整体来看待，将风险有机组合，并进行持续和定期的监控。

在企业跨国经营中，部分业务因为风险而造成的损失可能被其他业务产生的利润所抵消。如市场利率的上升给企业筹资业务造成风险，筹资成本增加；但却给企业投资业务带来利润增加的机会。所以，如何将这二者搭配得当，是企业管理层面临的问题。

（三）认清风险管理的动机及风险来源

企业风险管理的动机有税收、财务成本危机、管理机制等多种。只有了解了这些动机，企业才能判定对哪些风险进行套期保值，以及应如何组织企业的避险活动。

企业分清风险来源也很重要。例如，汇率变动可能由本国与外国通货膨胀率的差异引起，也可能由实际汇率变动引起。多数情况下，企业套期保值的动力来源于实际汇率的变动，而非两国通货膨胀率之间的差异。因为在购买力平价（purchasing power parity，PPP）条件成立时，实际汇率是不变的，企业产品的相对价格不变，所以企业的实际收入和成本也是不变的。因此，实际汇率不变时，名义汇率的变化不会影响企业实际资产的市场价值。可见，实际汇率变化是一种非常重要的相对价格变化，它影响着竞争者耗费的所有投入的相对价格，以及客户购买产品的相对价格。实际汇率的变化就是从许多细微的但可能是至关重要的方面影响着跨国经营中的企业。当汇率变动由实际汇率和名义汇率同时变动引发时，企业对长期经济风险进行套期保值也许是不可能的，这时企业会进行经营性套期保值，这将涉及改变企业的经营结构。

如果利率变动主要反映了通货膨胀率的变动，则企业的经营利润通常会随通货膨胀率的上升而上升，因此企业不反感其债务面临利率风险；反之，若利率变动是由实际利率变动引起，并且企业销售产品的能力受实际利率水平的影响较大，则企业就会将其债务对利率变动的风险最小化。

（四）依据企业特点选择风险防范方法

企业在决定采取哪种金融保值工具的过程中，须重点考虑：①外币现金流的频率，是只在一个时期发生，还是在多个时期均须支付或收入固定数额的外汇。②货币种类数，交易只涉及单一货币还是多种货币。③现金流的确定性，即对企业预期的现金流头寸的信心。这些问题确定后，企业才能够进一步确定是否保值、何时保值等问题（表 9-4）。

表 9-4　企业风险特征及适宜的金融保值工具

货币风险暴露的特征		金融保值工具
现金流的频率	单一时期	单个合约（期货、期权）
	多个时期	成套（系列）合约、互换、现值保值
货币种类数	单一货币	单一货币合约
	多种货币	指数合约（美元）、合成保值
现金流的确定性	确定的合约现金流	和风险暴露的合约相匹配的简单保值
	不确定的、估计的现金流	与现金流概率相符的期权保值、动态期货保值

资料来源：莱维奇. 国际金融市场价格与政策[M]. 北京：中国人民大学出版社，2001：621.

此外，使用金融衍生工具进行风险防范，并非对任何企业都适宜。一般讲，大企业比小企业更适宜；有更多增长机会的企业更适宜。

第二节　企业汇率风险管理

企业汇率风险主要产生于经营活动中以外币计价的贸易往来和资金借贷[①]，是指一个经济实体和个人，在涉外经济活动中因外汇汇率波动使其以外币计价的资产或者负债价值涨跌，而蒙受损失的可能性。汇率风险实质上是收益或者成本的一种不确定性，是实际价值对预期价值的一种偏离。

决定汇率风险的要素有：①货币兑换。②时间。③敞口头寸，也称为"受险部分"

---

① 王政霞，张卫. 国际金融实务[J]. 北京：科学出版社，2006：345.

"敞口"（exposure）或"风险头寸"，是指承担汇率风险的那部分外币资金。在外汇买卖中，敞口头寸表现为外汇持有额中"买超"（overbought）或者"卖超"（oversold）的部分；在企业经营中则表现为其外币资产与外币负债不相匹配的部分，如外币资产大于或者小于外币负债，或者外币资产与外币负债在金额上相等，但是在期限上长短不等。

一、企业汇率风险的类型

（一）交易风险

交易风险（transaction risk）是一种最主要、最常见的汇率风险，是指经济主体在运用外币进行收付的交易中，因外汇汇率变动而蒙受损失的可能性。交易风险是一种流量风险，它产生于以下几种情况。[①]

（1）以信用为基础的货物、服务进出口贸易。如果交易是以外币计价，外汇汇率在支付（或收进）外币货款时，比当初签合同时上涨（或下跌）了，进口商（出口商）就会付出（或收进）更多（或更少）的本国货币或其他外币。

（2）以外币计价的国际信贷。如果外汇汇率在外币债权债务清偿时，较债权债务形成时发生下跌（或上涨），债权人（债务人）就只得收回（付出）相对较少（更多）的本币或其他外币。

企业外汇交易风险与某一具体交易事项有关，指在企业以外币进行的各种交易过程中，由于汇率变动使折算为本币数额减少而造成的损失。各种交易包括以信用方式进行的货物或服务交易、外汇借贷交易、远期外汇交易、以外汇进行投资等。交易还可分为已完成交易和未完成交易。已完成交易是已列入资产负债表的项目，如以外币表示的应收账款和应付账款；未完成交易则主要为表外项目，如以外币表示的将来的采购额、销售额、租金以及预期发生的收支等。

企业以外币计价进行国际货物交易及服务交易时产生的风险，也称为"交易结算风险"。

（二）折算风险

折算风险（translation risk），又称会计风险（accounting risk），是指由于汇率变化引起经济主体资产负债表上某些外币记账项目的账面价值发生变动而蒙受损失的可能性。它产生于跨国公司将其国外子公司的报表进行合并的过程中。为了反映企业集团整体的财务状况、经营成果和现金流量，需要在每个给定的会计期间编制整个企业

[①] 外汇银行在中介性外汇买卖中持有外汇头寸的多头或空头，也会因为汇率变动而蒙受损失。当外汇银行持有多头的货币汇率下跌，而持有空头的货币汇率上涨，那么在将来卖出多头买进空头时，外汇银行就会蒙受少收或多支付本国货币或其他外币的损失。

集团的合并财务报表。跨国公司的国外子公司或纳入合并会计报表的分支机构的会计报表，大多按其所在国的货币作为记账货币，但在总公司进行会计报表合并时，需要将其折算成总公司的记账本位币。由于在折算时，对资产、负债、所有者权益、收入、费用所采取的汇率不同，便会产生折算损益，即为汇率的会计风险。

境外子公司财务报表的折算主要涉及当地货币对基准货币的两种不同汇率，即有关财务事项发生时的历史汇率和财务报表折算时的现行汇率。与此相对应，跨国经营的企业对外币折算主要有以下四种折算方法。

1. 流动与非流动法

这种方法是把国外子公司资产负债表中的项目，分为流动性项目和非流动性项目，从而采用不同的汇率进行折算。流动性资产是指可以迅速变现的资产，包括现金、短期应收账款、短期投资和存货；流动性负债主要包括应付账款、应付利息、应付工资等。非流动性资产是指不能迅速变现，持有期在一年以上的资产，如固定资产、长期投资和长期应收款等；非流动性负债是指不需要在一年内偿还的长期负债，如长期债券、长期应付款。根据这样的分类，所有流动性项目均按照现行汇率（即编制资产负债表时的汇率）进行折算，故这些项目面临着会计风险，而非流动性项目则按历史汇率（即取得该资产、负债时的汇率）进行折算，因此，这些项目不会面临会计风险。所有者权益中的收入和费用项目，除了一些与非流动性资产和负债项目有关的项目，如固定资产折旧和无形资产摊销采用历史汇率外，一般采用报告期间的平均汇率折算。

2. 货币与非货币法

这种方法是把国外子公司的资产负债划分为货币项目与非货币项目，分别采用不同汇率折算。所谓货币项目，是指以外国货币表示的，在汇率发生变动时，其以本国货币表示的价值就会发生变动的项目，如现金、各种短期和长期应收应付款。这些项目采用现时汇率折算，其他项目归于非货币项目，采用历史汇率折算。所有者权益中各项目的折算方法与流动、非流动法的做法一样。

3. 时态法

时态法，也称时间度量法，是在货币与非货币法的基础上进一步发展起来的。两者的差别仅仅在于对那些以现实成本计价的非货币项目折算处理。其理论依据是，外币会计报表的折算不应当改变会计报表所反映的经济事实。因此，在选择汇率进行折算时，只能改变计量单位，而不应当改变原有的计量属性。如对存货的处理，在货币与非货币法中，存货都是按历史汇率进行折算的，但在时态法下，所有按市价计价的存货是按现时汇率折算的，而只有那些以成本计价的存货才按历史汇率折算。所有者权益中的收入和费用项目按交易发生时的汇率折算，但在这类交易大量而且经常发生的情况下，也可以采用平均汇率，固定资产的折旧和无形资产的摊销仍采用历史汇率折算。

4. 现时汇率法

现时汇率法也称期末汇率法。这种方法是对资产负债表中除了所有者权益项目以历史汇率折算外，所有项目都按现时汇率折算。在现时汇率法下，收入费用项目也可以采用会计期间的平均汇率折算。用这种方法对外币会计报表进行折算实际上是将外币会计报表的所有项目乘以一个常数，只是改变外币会计报表的表现形式，并没有改变会计报表各项目之间的比例关系。因此，现时汇率法能够保持外币会计报表的内部结构和各项目之间的经济联系。不足之处在于，现时汇率法意味着被折算的外币会计报表的各个项目都面临着外汇风险。但实际上，企业的资产和负债所承受的外汇风险是不一样的，像固定资产和存货等以实物形态存在的资产不一定存在着汇率风险，对这些项目均以现时汇率进行折算并没有体现各项目实际承受的汇率风险。另外，以现时汇率进行折算与目前普遍采用的历史成本原则不相符合。理解现时汇率法的要点在于，现时汇率法是以子公司的净资产为基准来衡量汇率变动影响的。

从以上分析可以看出，跨国企业在境外产生的损益几乎全部存在着折算风险。对于收入项目来说，如果现行汇率与历史汇率相比下跌，则折算出的以基准货币计值的金额将少于按历史汇率的预计数，从而出现收入减少的账面损失；对于费用项目来说，如果现行汇率与历史汇率相比上涨，则折算出的以基准货币计值的金额将多于按历史汇率的预计数，从而出现费用增加的账面损失。总之，在不同的折算方法下，外币资产负债项目的风险性各异，损益状况也不一样，从而使得财务报表合并和经营活动评价更加复杂化。

现将以上四种方法对各个项目采用的汇率进行比较归纳，见表 9-5。

表 9-5　对外币进行折算四种方法比较

项目	流动与非流动法	货币与非货币法	时态法	现时汇率法
现金	现时汇率	现时汇率	现时汇率	现时汇率
应收账款	现时汇率	现时汇率	现时汇率	现时汇率
存货（按成本）	现时汇率	历史汇率	历史汇率	现时汇率
存货（按市价）	现时汇率	历史汇率	现时汇率	现时汇率
投资（按成本）	历史汇率	历史汇率	历史汇率	现时汇率
投资（按市价）	历史汇率	历史汇率	现时汇率	现时汇率
固定资产	历史汇率	历史汇率	历史汇率	现时汇率
无形资产	历史汇率	历史汇率	历史汇率	现时汇率
应付账款	现时汇率	现时汇率	现时汇率	现时汇率
长期负债	历史汇率	现时汇率	现时汇率	现时汇率
实收资本	历史汇率	历史汇率	历史汇率	历史汇率

（三）经济风险

经济风险（economic risk）也称经营风险（operating risk），指由于汇率变动，导致跨国企业经营时其未来现金流量发生变化，从而影响企业上市价值的可能性。经济风险主要起源于名义汇率变动对利率平价或者购买力平价的偏离。

决定经济风险的因素主要有：生产地与销售地的不一致；竞争者所在地状况；投入品价格是由国际市场决定还是由本地市场决定。若一家企业的大部分销售发生在国外，其面临交易风险和经济风险是显而易见的；但即使这家企业只在本国销售，如果它进口原料或有外国竞争者，那么它仍会面临经济风险。

所以，汇率变化对一家企业的总体影响不仅取决于企业对汇率变化如何反应，还取决于企业的竞争对手、顾客、供应商的反应，这些反应构成直接经济风险和间接经济风险（表 9-6）。

表 9-6   直接经济风险和间接经济风险

经济风险	本币呈强势	本币呈弱势
直接经济风险： 国外销售 原材料国外供应商 利润来自国外	不利——以本币计算的收入减少 有利——以本币计算的投入减少 不利——以本币计算的利润减少	有利——以本币计算的收入增加 不利——以本币计算的投入增加 有利——以本币计算的利润增加
间接经济风险： 竞争者原材料由国外供应 供应商原材料由国外供应 客户在国外销售 客户原材料由国外供应	不利——竞争者收益增加 有利——供应商收益增加 不利——客户收益减少 有利——客户收益增加	有利——竞争者收益减少 不利——供应商收益减少 有利——客户收益增加 不利——客户收益减少

资料来源：莱维奇. 国际金融市场价格与政策[M]. 北京：中国人民大学出版社，2001：601.

较之换算风险和交易风险，经济风险对跨国企业长期利益的影响要深远得多。它涉及企业的财务战略、购买战略和营销战略，并要求这些战略协调一致（表 9-7）。

表 9-7   汇率风险的类型及其比较

	交易风险	折算风险	经济风险
含义	与以外币所表示的单个交易相关，如进出口、外国资产、外币汇款	来自为财务报告而进行的将子公司资产负债表和损益表从外币折算成总公司所在国的货币	与因汇率变动而丧失竞争优势相关，重点考虑汇率变动的长期经济后果
例子	一家中国企业从美国进口配件。该中国企业面临美元升值从而使配件的美元价格上涨的风险	一家中国企业有一泰国子公司。该中国企业面临着泰铢贬值，从而使在合并财务报表时以人民币表示的子公司利润减少的风险	一家中国企业和一家日本企业在美国竞争。如人民币对美元贬值而日元对美元汇率不变，则中国企业可在美国降价而不损失人民币收入，从而相对于日本企业具有竞争优势
特点	反映的是汇率变动对过去的、已经发生了的以外币计价交易的影响。涉及现金流量的实际变动	虽然反映的也是汇率变动对过去的、已经发生了的以外币计价交易的影响，但仅涉及会计账面上的价值变动。而且这种变动是不真实的	反映的是汇率变动对未来纯收益的影响。也涉及现金流量的实际变动

二、交易风险管理策略

由于交易风险造成的损失非常复杂，作为企业的一项重要管理任务，汇率风险防范要当作一个整体来进行通盘考虑。不仅要分别研究各种风险管理工具，而且要研究如何对这些工具实行优化组合，以较少的费用支出实现汇率风险管理的总体目标。在多数情况下，对所有交易风险都进行防范是不可能的，而且对某些风险的防范要付出很大代价。因此，在防范风险之前，企业必须根据自身的实际情况确定风险管理目标，然后再采取具体防范措施。

企业汇率交易风险防范的基本原则是：在一定管理成本情况下，使汇率变动对本币造成的经济损失最小化。只有从减少汇率风险损失中得到的收益大于为减少风险所采取措施的成本费用时，防范风险的措施才是有意义的、可行的。

（一）交易风险的内部管理策略

（1）资产债务调整法。以外币表示的资产及债务容易受到汇率波动的影响，币值的变化可能会造成利润减少或者折算成本币后债务增加。资产和债务调整法是将这些账户进行重新安排或者转换成最有可能维持自身价值甚至增值的货币。其核心是：尽量持有硬币资产或软币债务。硬币的价值相对于本币或另一种基础货币而言趋于不变或上升，软币则恰恰相反，它们的价值趋于下降。作为正常业务的一部分，实施资产债务调整策略有利于企业对交易风险进行自然防范。如借贷法，当企业拥有以外币表示的应收账款时，可借入一笔与应收账款等额的外币资金，以达到防范交易风险的目的。

（2）选择有利的计价货币。汇率风险的大小与外币币种有着密切的联系，交易中收付货币币种的不同，所承受的汇率风险会有所不同。在外汇收支中，原则上应争取用硬币收汇，用软币付汇。例如，在进出口贸易中，进口商争取用软币付汇，出口商争取用硬币收汇；在借用外资时，争取以软币表示。

企业在经营中，尽量避免产生应收账款和应付账款的风险。如果企业处于强势地位，最简单的方法是以本国货币计价交易，这可将汇率变化风险转移到交易对手方。如果企业缺乏议价的能力，则上述风险转移可能不会有很大的实际意义。

（3）在合同中订立货币保值条款。货币保值条款的种类很多，主要有黄金保值、硬货币保值、"一篮子"货币保值。目前合同中采用的一般是硬货币保值条款。订立这种保值条款时，需注意三点：首先，要明确规定货款到期时应支付的货币；其次，选定另一种硬货币保值；最后，在合同中标明结算货币与保值货币在签订合同时的即期汇率。收付货款时，如果结算货币贬值超过合同规定幅度，则按结算货币与保值货币的新汇率将货款加以调整，使其仍等于合同中原折算的保值货币金额。

（4）适当调整商品的价格。在进出口贸易中，一般应坚持出口收硬币、进口付软币的原则，但有时由于某些原因使出口不得不用软币成交，进口不得不用硬币成交，这样双方就存在汇率风险。为了防范风险，可采取调整价格法，如加价保值法和压价保值法。

（5）进行风险分摊。交易双方按签订的协议分摊因汇率变化造成的风险。其主要过程是：确定产品的基价和基本汇率；确定调整基本汇率的方法和时间；确定以基本汇率为基数的汇率变化幅度；确定交易双方分摊汇率变化风险的比率；根据情况协商调整产品的基价。

（6）灵活掌握收付时间。企业应根据实际情况，提前或推迟收款、付款时间，会收到意想不到的结果。企业作为出口商，若计价货币坚挺，即汇率呈上升趋势，企业应在合同规定的履约期限内尽可能推迟出运货物，收取货款，因为收款日期越向后推，就越能得到汇率上升带来的好处；若汇率呈下跌趋势，则应争取提前结汇。反之，企业作为进口商时，则要作出相反调整。当然，这要在双方协商同意的基础上才能进行。

（7）对冲与重开发票中心。通过相关联的货币冲销个别交易风险。如企业可将金额与期限相同（近）的美元的应收账款与美元应付账款对冲。对某些大跨国企业来说，对冲的程序可以进一步延伸为重开发票中心。其优点是集中管理交易风险，并由企业的整体角度来冲销。例如，在此中心，由各个营运单位买进产品，再供给其他营运单位或最终消费者，A 单位做多头英镑，B 单位做空头英镑，重开发票中心了解到 A 与 B 的英镑头寸已经相互对冲，不需再做避险的处理。这比 A 与 B 分别做避险处理要节省成本。

（二）交易风险的外部管理策略

1. 利用远期外汇交易[①]

在进行远期外汇交易时，企业与银行签订合同，在合同中规定买入卖出货币的名称、金额、远期汇率、交割日期等。从签订合同到交割这段时间内使用的汇率不变，可防范日后汇率变动的风险。远期外汇交易的一个变种是具有日期选择权的远期合约，

案例 9-2：企业应用远期结售汇业务规避汇率风险

它允许企业在一个预先规定的时间范围内的任何一天执行外汇交易，即择期交易（见第六章）。当然，远期外汇交易本身是存在风险的，企业能否避免损失和获得好处，关键在于汇率预测是否正确。同时，远期外汇交易在避免了汇率不利变动风险的同时，也丧失了汇率有利变动而带来的获利机会。

2. 利用外汇期权交易

外汇期权买卖实际上是一种权利的买卖。买权是指期权（权利）的买方有权在未来的一定时间内按约定的汇率向银行买进或卖出约定数额的某种外汇；卖权是指期权（权利）的卖方有义务在未来一定时间内按约定的汇率向买权方卖出或买进约定数额

---

① 远期外汇交易、外汇期权交易、互换交易的详细内容见本书第六章"跨国经营中的货币交易"内容。外汇期货交易也是交易风险的外部管理策略之一。有关内容见本章第三节"企业利率风险管理"和本书第六章。

的某种外汇。可见，外汇期权合约给期权买方的是选择是否按执行价格履约的权利，给卖方的是接受买方选择的义务。当然，为取得上述买或卖的权利，期权（权利）的买方必须向期权（权利）的卖方支付一定的费用，称作保险费（或权利金）。保险金是期权合约中惟一的变量，其大小取决于期权合约的性质、到期月份、执行价格等因素。因为期权（权利）的买方获得了今后是否执行买卖的决定权，期权（权利）的卖方则承担了今后汇率波动可能带来的风险，而保险费就是为了补偿汇率风险可能造成的损失。这笔保险费实际上就是期权（权利）的价格。决定期权价格的主要因素有三个：期权期限的长短；市场即期汇率与期权合同中约定的汇率之间的差别；汇率预期波动的程度。

外汇期权买卖是近年来兴起的一种交易方式，它是原有的几种外汇保值方式的发展和补充，有三个其他保值方法无法相比的优点。其一，它为客户提供了外汇保值的方法，将汇率风险局限于期权保险费；其二，为客户提供了从汇率变动中获利的机会；其三，增强了风险管理的灵活性（请参考第六章）。

3. 利用互换交易

互换是指交易双方（通常称交易对方）达成现金流交换的协议，在协议中，交易双方承诺在互换合同到期前，在规定的期间内相互交换按照一定公式计算出来的资金数量。互换可以视为一系列远期合约的合成，这些远期合约规定在未来特定的时间里进行资金交换。与远期合约相似，互换也可以用来投机、防范风险，以增加投资收益或者降低借款成本。

（1）货币互换。货币互换又称"货币掉期"，是交易一方为降低借款成本或避免远期汇率风险，将一种货币的债务转换成另一种货币的债务的交易。货币互换是常用的债务保值工具，主要用来控制中长期汇率风险。在货币互换交易下，借款者实际交换的是债务本金与利息的资金流量，交换本金所适用的汇率是交易初始的即期汇率；利息的支付是以付款当时的利率乘以未清偿的余额，但涉及的两种货币的筹资利率却不同。早期的"平行贷款""背对背贷款"就具有类似的功能，但由于寻找交易对手非常费时间，且这些业务属于贷款行为，仍会在资产负债表上产生新的资产和负债。而货币互换作为一项资产负债表的表外业务，能够在不对资产负债表造成影响的情况下，达到同样的目的。

普通的货币互换是指两种货币按照当前的汇率进行互换，但双方同意在未来的某一天以同样的汇率进行反向交换。其中的一方要向另一方支付利息，这种利息支付通常是在利息平价关系的基础上签订的。即如果以货币 A 标价的资产利率高于以货币 B 标价的资产利率，那么接受货币 A 付出货币 B 的一方就要向另一方支付利息差价。

案例 9-3：货币互换的实际应用

（2）信贷互换。当跨国经营的企业需要为其海外分公司筹措的外汇资金存在外汇管制问题时，可以通过银行体系进行信贷互换交易。一般讲，跨国企业筹措这类资金时，通常不愿意以硬币来兑换。在这种情况下，总公司以本国货币存入银行，并由该银行的海外分行以当地的货币贷款给总公司在此地的分公司。总公司放弃存款利息，贷款到期时，由海外分公司清偿，总公司再收回完整的本国货币。

4. BSI 法

BSI法即借款—即期合同—投资法。这是一种对现存的外汇头寸，通过在金融市场借款，以期限相同的外币债权或债务与之相对应，以消除外汇风险的方法。以出口商为例：第一，在签订出口贸易合同后，即在金融市场上借入所需的外币；第二，卖出即期外汇，取得本币资金；第三，将取得的本币资金有效地投资于金融市场，赚取收益；第四，出口商执行贸易合同后，以货款归还借款。

5. 福费廷和国际租赁

具体内容见第七章"国际贸易融资"。

三、折算风险管理策略

折算风险管理的重要性在于：①与汇率变动相关的价值变动常常反映影响企业未来经营能力的实际经济变动；②只要企业有合同依赖于企业的账面价值，即使经过通货膨胀调整的现金流量不受汇率波动的影响，折算风险也是一个需考虑的因素。如企业的贷款合同常规定企业的债务与账面价值比率保持在一定水平上，当汇率变动引起的外国子公司账面价值下降时，就会造成对贷款合同的违反。由于违反合同会引发实际成本增加，因此企业此时会对折算风险进行套期保值。

（一）套期保值法

这是被广泛采用的市场策略。所谓套期保值，即通过构筑一项头寸，来临时性地替代未来的另一项资产或负债的头寸。最基本的套期保值工具主要有外汇远期交易、外汇期货交易、外汇期权交易和外汇互换交易。但值得注意的是，对折算风险本身采取的保值措施可能会增加企业的交易风险，因此保值策略更多地被用于管理交易风险，而折算风险则主要通过操作性策略来加以管理。

（二）操作性策略

这是指跨国公司根据对子公司所在国货币或计价货币的汇率预期来采取行动，即在计价货币预期升值时，增加以其计价的资产，减少以其计价的负债；相反，在计价货币预期贬值时，减少以其计价的资产，增加以其计价的负债。

（三）资产负债表的中性化

如果在考虑折算风险前，子公司的营业处于理想状态，则从营运的观点看，最好不要有资产或负债在管理上的变动。此时常用的风险管理方式有以当地货币借款、提前或延期应收账款与应付账款、改变销货与购货的计价货币。

（四）将折算损益纳入延迟性科目

这样，有关的折算损益不需反映在当期的所得中。就某一层面来说，这可降低折算风险的严重性。因为规避折算风险的目的就是抵消汇率变动对股东权益在账面上所可能产生的影响。

值得注意的是，以上各种方法实质上都是调整企业的现金流量，但在管理风险的同时，也存在着管理成本问题。这主要表现在：利润与利息收入下降；货币利息成本（机会成本）上升；对企业形象有负面影响等。例如，出口以硬币计价，则以该币表示的销售价格就会低些；进口以硬币计价，则以该币表示的购入价格就会低些；延迟收回货币应收款、提前支付货币应付款将会损失利息收入；收紧货币信用将会减少销售量导致利润损失；增加货币借款，货币利息成本通常会高些；延迟支付货币应付款，有损于企业信用；等等。因而企业需要根据成本效益原则并结合自身实际情况正确地选择使用，以有效地管理折算风险。

四、经济风险管理策略

经济风险管理的目的在于预测和减少汇率的意外波动对企业未来现金流量的影响。为此，企业管理者不仅要能迅速判断汇率变动与所涉及国家的通货膨胀率以及利率之间的有效均衡关系是否存在，而且还要在汇率波动发生前准备好最佳对策。

一般来说，大多数企业很少对长期经济风险进行套期保值，对汇率变动的长期经济后果进行套期保值要比对交易风险和折算风险进行套期保值复杂得多。其主要困难在于需要估计汇率变动对企业现金流量的当期及长期的影响。例如，一家日本企业将其生产的产品销往美国，该企业关注的是日元对美元汇率的变动会对该日本企业的长期盈利能力带来什么影响。如果日元对美元汇率的变动是属于价格水平的一般变动，从而使经过通货膨胀调整的或实际的汇率保持不变，那么名义汇率的变动只会对日本企业的现金流量产生很小的影响。相反，实际汇率发生变动却能对日本企业的现金流量产生较大的影响。可见，评价汇率变动对企业现金流量的影响，主要问题之一是预测汇率变动的原因。

除考虑实际汇率变动影响外，企业管理人员对经济风险管理的策略还包括以下几种。

（一）根据对汇率的预测主动建立头寸

这需通过金融市场来进行，如外汇远期和外汇期货合约。通常，影响股东权益的现金流量是以本地或母公司货币计价，这些现金流量的某些波动来自汇率变动，它可通过金融市场的操作来冲销。这类避险可以直接降低现金流量受到汇率变动的影响程度，对经济风险管理有很大帮助。但其困难在于很难精确预测汇率变动发生的时间、方向和幅度。

（二）在营销方面改变定价或促销策略

新的定价策略必须考虑需求弹性，并以股东的计价货币为准，追求利润最大化。弹性是以销售数量变动的百分比除以价格变动的百分比。如果弹性大于 1，则降价可以增加收益，因为销售数量的增加超过单位价格的下降。

此外还需考虑汇率变动的持久性。如果汇率变动是暂时的，可以继续维持当地货币的定价结构，牺牲短期的获利，提高市场占有率，促进企业与客户之间的关系；如果汇率变动属长期的，则需要采取应对措施，根据产品的需求弹性调整价格，甚至放弃当地市场。

（三）在生产方面寻求新的供给来源

将整个或部分生产作业转移到具有比较生产竞争优势的地区，可以提高生产力。但这样做，涉及的成本与风险十分可观，而且还会耗费许多管理上的时间，须周详计划。一般讲，这类选择应该视为一种持续性的应对计划，应对的对象是汇率发生重大变化的可能性或概率。

（四）财务部门加强监督企业的净头寸

这需要在持续性的基础上，评估企业现金流量对汇率变动的敏感度，分别预测目前营运的现金流量与修改营运策略后可能产生的现金流量，并估计汇率变动对这两种现金流量的影响。目的是为决策部门提供汇率风险管理的可行性方案。

可以说，有效防范和控制经济风险的最好方法，就是在全球范围内将企业的经营和融资多元化。经营和融资的多元化可以使得经济风险因相互抵消而趋于中和。

第三节　企业利率风险管理

这里的利率风险是指利率变动对企业以外币计值的资产和负债带来的潜在影响[1]。利率风险分为投资风险和收入风险。投资风险也称价格风险，是指由于利率变动引起以固定利率计息的以外币计值的资产与负债的市场价值（价格）发生变化的风险。收入风险是指借款利率或放款利率发生不完全对称的变动，引起以外币计值的投资收入发生损失的风险。

利率风险构成因素包括：一定期间；国际货币资本借贷利率发生始料未及的变动；国际经济主体的实际收益与预期收益或者实际成本与预期成本发生背离。

---

① 王政霞，张卫. 国际金融实务[M]. 北京：科学出版社，2006：347.

一、企业利率风险的影响

当企业拥有产生利息的资产、拥有需要支付利息的借款时就会面临利率风险。企业面临的利率风险不同于银行，因为银行既是债务人，又是债权人。对一家企业而言，拥有产生利息的资产较少，需要支付利息的负债较高。这些负债导致了利率风险。所以，企业在资金借贷中主要是资金借入者，是债务人，是贷款价格的接受者。市场利率上升意味着企业的借款成本上升；而市场利率下降则能使企业的借款成本下降。可见，企业面临的利率风险主要是资金筹措时的利率风险。利率风险对企业的影响可分为以下两种。

（一）直接影响

当市场利率变动，导致企业实际支付的利息可能高于其需要支付的利息时，如果企业的竞争对手能够以降低的成本获得债务融资，则企业就处于一个很不利的竞争地位；当企业在负债到期，可能无法偿还债务的利息和本金时，则会影响企业的信用，更有可能导致资不抵债甚至清算。

（二）间接影响

如在市场利率上升时，汽车、家用电器等大件消费品的生产商可能会遇到需求减少的情况，因为许多客户是通过融资来购买这些"大件"商品的。势必导致企业销售减少，库存增加，利润下降。

二、企业规避利率风险的方法

与管理汇率风险相比，企业对利率风险的管理要简单得多。一方面，利率的波动性小于汇率的波动性；另一方面，利率风险对企业经营活动的影响也没有汇率风险那么复杂。一般来说，企业财务部门从以下两个层面考虑规避利率风险的方案：一是企业借款和贷款的规模大小及它与企业整体经营活动的关系；二是企业有关部门对市场利率走势的风险和预测。具体包括以下几个方面。

（一）重点加强对债务组合的管理

对高负债的企业来说，可以把它所有需要支付利息的债务组合在一起，形成债务组合，并加强对其综合管理。管理时可考虑以下几点：①对冲利率风险。使利息成本尽可能保持在最低水平，同时对利息成本可能超过预期或最高给定水平的风险进行控制。对冲的方法之一是在借款前就锁定利率。②期限混合。企业必须防止自己在短期内同时到期的债务过多。假设企业有 4 笔贷款，每笔贷款金额均为 100 万美元，如果它们同时到期，企业必须同时筹措到 400 万美元偿还债务，这易使企业面临现金流的困难。所以，企业要尽可能地错开还款期限。③防范再融资风险。这种风险是指企业借款的期限短于企业资金实际需求的期限。例如，企业需要 400 万美元的资金，期限6 年，但企业开始时借入的资金期限只有 3 年，那么企业需在第 3 年年末时，一方面偿还借款，另一方面寻求新的借款，以满足后续资金需要。这时，企业面临着再融资风险，风险的大小取决于当时市场利率水平。④固定利率借款与浮动利率借款的搭配。一个企业的债务组合中，固定利率借款和浮动利率借款要搭配得当。太多的固定利率借款在市场利率下跌时，会给企业造成不必要的成本；太多的浮动利率借款在市场利率上涨时，会导致企业支付较高的成本。

（二）明确管理要点

（1）利息支付风险防范。企业利用债券筹资，要承担还本付息的义务。化解债券筹资风险的一个重要方面就是企业要有充足的盈利能力保证到期还本付息。这是企业债券筹资风险得到有效防范的根本。此外，企业还应合理安排债券的发行期限，使其还本付息期限与企业的生产经营周期相匹配。对于企业来说，在一个会计年度中，总会存在一定期间内资金比较紧张，而另一期间内资金比较充裕的现象。将债券的还本付息期与企业资金的充裕期安排一致，则可降低企业债券筹资风险。

（2）财务风险防范。企业长期借款，必须定期还本付息，在经营不利的情况下，可能会产生不能偿付的风险，甚至会导致破产。因此，企业应制订合理的还款规划，保证资金不出现过分紧张的情况。①当利率较低时，企业最好按固定利率借入更多的资金，增加企业的负债率；选择长期借款，而非短期借款；优先偿还利率较高的借款，然后借入利率降低的资金。当利率较高并且还会更高时，企业最好减少借入资金，或按固定利率借入资金，用新股本金（如留存利润）替代借款；把多余的现金和流动资金从短期股本投资中抽出，用于购买产生利息的债券。②当利率上涨时，企业的管理者应当考虑把对资产的投资，特别是不需要或效率低的固定资产、库存、应收款和应付款的投资，降到最低限度，以此减少企业借款的需求。

（3）提高企业信用。企业的信用等级越高，发行债券筹集资金就越容易；反之，企业通过发行债券来筹集资金就比较困难。因此，企业信誉对企业的生存、发展极为重要。企业只有积极参加信用等级评估，提高信用等级，才能增强投资者的投资信心，及时有效地筹集到所需资金。

（4）债券利率决策。利率水平的高低意味着企业筹资时所费成本的多少。企业在确定债券票面利率时，要考虑以下几个因素：①企业的产品销售状况和盈利能力。当企业的未来利润率低于债券利率时，企业则无法保证能按期还本付息。②有关国家的通货膨胀程度。当经济处于高通货膨胀水平时，企业发行的债券利率就会相应较高，但如果债券发行后，通货膨胀水平出现下降，企业就必须负担较高的利率而蒙受损失；

相反，若此后通货膨胀水平上升得更高，企业会因支付较低的利率而获益。③资金市场的供求状况。市场资金供给大于需求，市场利率下降，有利于企业低利率筹集资金；反之，企业将付出较高的利息成本。因此，企业在确定债券利率水平时，必须考虑诸多因素，合理确定债券的利率，使债券利率处于最低状态。

（三）选择合适的利率形式

当采用浮动利率时，企业的利息支出会随着市场利率的波动而波动，使企业不能确定其应付利息的多少；而采用固定利率时，若在向银行借款后，出现市场利率总水平下降，则企业也会蒙受损失。因此，企业在向银行借款时应选择有利的利率标准。当企业预计市场利率水平会上升时，应选择采用固定利率来筹集资金；而当企业预计市场利率水平会下降或市场利率水平波动不定时，则应采用浮动利率来筹集资金。

（四）灵活运用金融工具

1. 利率互换

利率互换是一种常见的债务保值工具，用于中长期利率风险管理。利率互换又称利率掉期，是指债务人根据国际资本市场利率走势，将其自身的浮动利率债务转换成固定利率债务，或将其自身的固定利率债务转换成浮动利率债务的操作。它被用来降低借款成本，或避免利率波动带来的风险，同时还可以固定自己的边际成本。这类互换交易所涉及的两笔债务，通常都是以相同货币计价。利率互换交易一般不涉及本金的交换，这是与货币互换的一个区别。

企业通过利率互换交易可以将一种利率形式的资产或负债转换为另一种利率形式的资产或负债。一般地说，当利率看涨时，将浮动利率债务转换成固定利率债务；而当利率看跌时，将固定利率转债务换为浮动利率债务，从而达到规避利率风险、降低债务成本的目的。

利率可以有多种形式，任何两种不同的形式都可以通过利率互换进行相互转换，其中最常用的利率互换是在固定利率与浮动利率之间进行转换。

例如，有 C 与 D 两家企业。C 企业希望根据浮动利率借得美元，D 企业希望根据固定利率借得美元。它们的融资成本如表 9-8 所示。

表 9-8　C 企业与 D 企业的融资成本

利率	C 企业	D 企业	比较优势（差额）
固定利率	11%	13%	2%
浮动利率	LIBOR＋0.5%	LIBOR＋1%	0.5%

C 企业在固定利率借款市场中拥有 2%的比较优势，D 企业在浮动利率借款市场中

拥有 0.5%的比较优势。于是，C 企业以 11%的利率发行债务，并以 12%的利率转借给 D 企业；同时，D 企业以 LIBOR＋1%利率发行债务，并以 LIBOR＋0.5%转借给 C 企业。与货币互换交易相似，通过利率互换，C 企业的实际融资成本是：11%－12%＋（LIBOR＋0.5%）＝LIBOR－0.5%；D 企业的实际融资成本是：（LIBOR＋1%）－（LIBOR＋0.5%）＋12%＝12.5%。进行利率互换交易之后，C 与 D 两家企业都降低了融资成本。C 企业的固定利率债务转换为浮动利率债务；D 企业的浮动利率债务转换为固定利率债务。

专栏 9-1：去 LIBOR 化改革进展及应对

在利率互换交易市场中，提供固定利率融资工具的借款人，通常能够以相对低廉的成本筹集长期资金；而将浮动利率转换为固定利率的借款人，常常无法通过长期债务工具筹措资金，或其成本相对较高。

2. 利率期货

利率期货是指以债券类证券为标的物的期货合约，它可以规避银行利率波动所引起的证券价格变动的风险。它是企业进行债券投资时，规避利率风险的方法之一。

利率期货合约最早于 1975 年 10 月由芝加哥期货交易所推出，在此之后利率期货交易得到迅速发展。虽然利率期货的产生较之外汇期货晚了 3 年多，但其发展速度却比外汇期货快得多，其应用范围也远比外汇期货广泛。目前，在期货交易比较发达的国家和地区，利率期货都早已超过农产品期货而成为成交量最大的一个类别。在美国，利率期货的成交量甚至已占到整个期货交易总量的一半以上。

利率期货的种类繁多，分类方法也有多种。通常，按照合约标的期限划分，利率期货可分为短期利率期货和长期利率期货两大类。

短期利率期货是指期货合约标的的期限在一年以内的各种利率期货，即以货币市场的各类债务凭证为标的的利率期货均属短期利率期货，包括各种期限的商业票据期货、国库券期货及欧洲美元定期存款期货等。短期国库券是由美国财政部发行的一种短期债券，由于其流动性高，加之由美国政府担保，所以很快就成为颇受欢迎的投资工具。短期国库券的期限分为 3 个月（13 周或 91 天）、6 个月（26 周或 182 天）或 1 年不等。与其他政府债券每半年付息一次不同，短期国库券按其面值折价发行，投资收益为折扣价与面值之差。

长期利率期货则是指期货合约标的的期限在一年以上的各种利率期货，即以资本市场的各类债务凭证为标的的利率期货均属长期利率期货，包括各种期限的中长期国库券期货和市政公债指数期货等。美国财政部的中期国库券偿还期限在 1～10 年，通常以 5 年期和 10 年期较为常见。中期国库券的付息方式是在债券期满之前，每半年付息一次，最后一笔利息在期满之日与本金一起偿付。长期国库券的期限为 10～30 年，以其富有竞争力的利率、保证及时还本付息、市场流动性高等特点吸引了众多外国政府和公司的巨额投资，国内购买者主要是美国政府机构、联邦储备系统、商业银行、储蓄贷款协会、保险公司等。在各种国库券中，长期国库券价格对利率的变动最为敏感，正是 20 世纪 70 年代以来利率的频繁波动才促成了长期国库券二级市场的迅速扩张。

利率期货有以下特点：①利率期货价格与实际利率呈反方向变动，即利率越高，债券期货价格越低；利率越低，债券期货价格越高。②利率期货的交割方法特殊。利率期货主要采取现金交割方式，有时也有现券交割。现金交割以银行现有利率为转换系数来确定期货合约的交割价格。

目前以美国为例，几乎所有重要的、交易活跃的利率期货都集中在两个交易所：芝加哥期货交易所和芝加哥商业交易所（国际货币市场分部）。这两个交易所分别以长期利率期货和短期利率期货为主。

1981 年 12 月，国际货币市场（IMM）推出了 3 个月期的欧洲美元定期存款期货合约。这一品种发展很快，其交易量现已超过短期国库券期货合约，成为短期利率期货中交易最活跃的一个品种。欧洲美元定期存款期货之所以能够取代短期国库券期货的地位，其直接原因在于后者自身的局限性。短期国库券的发行量受到期债券数量、当时的利率水平、财政部短期资金需求和政府法定债务等多种因素影响，在整个短期利率工具中，所占总量的比例较小。许多持有者只是将短期国库券视为现金的安全替代品，对通过期货交易进行套期保值的需求并不大。同时，由于在利率变动时，短期国库券价格的变动幅度要大于信用等级较低的其他短期债务工具，不利于投资者对其债市投资组合实现高效的套期保值。于是人们又不断创新出新的短期利率期货。其中相对重要的有 1981 年 7 月由国际货币市场、芝加哥期货交易所及纽约期货交易所同时推出的美国国内可转让定期存单期货交易，但由于实际交割的定期存单往往由信用等级最低的银行所发行，给投资者带来了诸多不便。欧洲美元定期存款期货的产生，则有效地解决了这一问题。由于欧洲美元定期存款不可转让，因此，该品种的期货交易实行现金结算的方式。所谓现金结算，是指期货合约到期时不进行实物交割，而是根据最后交易日的结算价格计算交易双方的盈亏，并直接划转双方的保证金以结清头寸的一种结算方式。现金结算方式的成功，在整个金融期货的发展史上具有划时代的意义。

国际金融市场上主要的利率期货品种见表 9-9。

表 9-9　国际金融市场上主要的利率期货品种

商品种类	交易所	最小变动价位	合约规模	交易月份
美国政府长期国债（US）	CBOT	1/32 点（每张合约最小变动值为 31.25 美元）	10 万美元	3、6、9、12
10 年美国国债期货（TY）	CBOT	0.5/32 点（15.625 美元）	10 万美元	3、6、9、12
5 年美国中期债券（FV）	CBOT	0.5/32 点（15.625 美元）	10 万美元	3、6、9、12

续表

商品种类	交易所	最小变动价位	合约规模	交易月份
2 年美国中期国债（TU）	CBOT	0.25/32 点（7.813 美元）	20 万美元	3、6、9、12
30 日联邦基金利率期货（FF）	CBOT	0.005 点（20.835 美元）	500 万美元	最近的 24 个月份
美国 3 个月国库券（TB）	CME	0.005 点（12.5 美元）	100 万美元	3、6、9、12 加上两个日历月
3 个月欧洲美元（ED）	CME	0.01 点（25 美元）	100 万美元	40 个以 3 月份为循环的季度月以及最近 4 个连续月
1 个月美元 LIBOR（EM）	CME	0.0025 点（6.25 美元）	300 万美元	连续 12 个月

3. 利率期权

期权买方支付一定金额的期权费后，就可以获得这样一种权利：在到期日，可按照或不按照预先约定的利率及一定的期限，借入或贷出一定金额的货币。当市场利率向着不利于期权买方方向变化时，买方可按预先约定的利率固定其利率水平；当市场利率向着有利于期权买方方向变化时，买方可选择按市场利率借入或贷出一定金额的货币。同外汇期权交易一样，利率期权的卖方向买方收取期权费，同时承担相应的责任。

利率期权是一项规避短期利率风险的有效工具。借款人通过买入一项利率期权，可以在利率水平向不利方向变化时得到保护，而在利率水平向有利方向变化时获益。

利率期权有多种形式，常见的主要有利率上限（interest rate cap）、利率下限（interest rate floor）、利率上下限（interest rate collar）。

（1）利率上限。客户与银行达成一项协议，双方确定一个利率上限水平，在此基础上，利率上限的卖方向买方承诺：在规定的期限内，如果市场参考利率高于协定的利率上限，则卖方向买方支付市场利率高于协定利率上限的差额部分；如果市场利率低于或等于协定的利率上限，卖方无任何支付义务，同时，买方由于获得了上述权利，必须向卖方支付一定数额的期权手续费。

（2）利率下限。客户与银行达成一个协议，双方规定一个利率下限水平，卖方向买方承诺：在规定的有效期内，如果市场参考利率低于协定的利率下限，则卖方向买方支付市场参考利率低于协定利率下限的差额部分，若市场参考利率大于或等于协定的利率下限，则卖方没有任何支付义务。作为补偿，卖方向买方收取一定数额的手续费。

（3）利率上下限。利率上下限是指将利率上限和利率下限两种金融工具结合使用。具体地说，购买一个利率上下限，是指在买进一个利率上限的同时，卖出一个利率下限，以收入的手续费来部分抵消需要支出的手续费，从而达到既防范利率风险又降低费用成本的目的。而卖出一个利率上下限，则是指在卖出一个利率上限的同时，买入一个利率下限。

专栏 9-2：国际上常见的利率期权品种

参考资料与网站

 复习思考题

1. 说明各种外汇风险产生的原因。
2. 评述利用远期外汇交易避免外汇风险的优缺点。
3. 分别说明出口企业和进口企业防范经营风险的措施。
4. 查阅资料了解目前外汇市场情况，你认为我国外贸企业面临怎样的风险？

 附录9-1　　多元化的汇率套保产品助力企业汇率风险管理

 附录9-2　　利用金融市场管理交易风险

 即测即练题

第十章

国 际 收 支

国际收支能够比较全面地反映一国与世界其他国家的各项经济交往的状况。一国的国际收支状况反映在该国的国际收支平衡表上。本章在介绍国际收支的概念和国际收支平衡表编制及其分析的基础上，结合中国的国际收支平衡表讲解如何阅读报表，并对国际收支不平衡的影响、国际收支的调节进行阐述。

案例 10-1：泰国金融危机中的国际收支调节

第一节　国际收支概述

一、国际收支的概念

国际收支（balance of payment，BOP）概念的萌芽出现于重商主义时期。当时的葡萄牙、法国、英国等一些国家的经济学家在提倡"贸易差额论"即通过扩大出口限制进口的方式来积累金银货币的同时，就提出了国际收支的概念，并把它作为分析国家财富的积累、制定贸易政策的重要依据。国际收支的概念有狭义和广义之分。

（一）狭义的国际收支概念

国际收支的概念在国际金本位制度崩溃之后，逐渐被扩展并用来反映一国的外汇收支。凡是涉及一国外汇收支的各种国际经济交易都属于国际收支的范畴，并把外汇收支作为国际收支的全部内容。这时的国际收支就是人们通常所称的狭义国际收支概念。由此可见，这一定义是以现金收付为基础的，即只有现金支付的国际经济交易才能计入国际收支，对未到期的债权债务则不能计入当年的国际收支。

狭义的国际收支有两大特点：①以支付为基础，即只有现金支付的国际经济贸易才能计入国际收支；②外汇的收支必须是立即结清的。

（二）广义的国际收支概念

第二次世界大战之后发展起来的易货贸易、补偿贸易等国际经济贸易不能表现为外汇的收支，因此不能计入国际收支，也即狭义的国际收支无法包含全部的国际经济交易。为此，国际收支概念又逐渐发展为广义的国际收支，即国际货币基金组织在2009年《国际收支和国际投资头寸手册》第六版中规定：国际收支是一国某个时期内居民与非居民之间的经济交易汇总统计表。

对于这一概念，需要从以下几个方面进行理解和把握。

（1）国际收支是一个流量指标。根据统计学的定义，流量指标又称即期指标。[1]它是指在一定时期内由生产的产品和劳务（服务）取得的收入或支出的总量。国际收支记载的是流量数据，即一段时期内一国的对外交易活动情况。因此，在提及一国国际收支时需要指明所记录的国际收支属于哪一阶段。

这与"国际投资头寸"不同。"国际投资头寸"是在一定时点上一个经济体对其他国家或地区的资产和负债的综合，因此它是一个存量指标。该存量的变化主要是由国际收支中的各种经济交易引起的。但是流量与存量之间存在着必然的联系，如我国长期大量的净外资流入必然形成对外负债的累积。在分析一国的对外经济交往活动时，应将国际收支和国际投资头寸二者结合起来考虑。

（2）国际收支反映的内容是经济交易。与国际收支的字面含义不同，它不是以支付为基础，而是以经济交易为基础。所谓经济交易，是指经济价值从一个经济实体向另一个经济实体的转移。根据转移的内容和方向不同，经济交易可以分为以下五类：①金融资产与商品和服务之间的交换，如商品服务的买卖（进出口贸易）等；②商品和服务与商品和服务之间的交换，即物物交换，如易货贸易、补偿贸易等；③金融资产与金融资产之间的交换，如货币资本借贷、对外直接投资、有价证券以及无形资产（如专利权、版权）的转让买卖等；④无偿的、单向的商品和劳务转移，如债权国对债务国给予债务注销、富有国对低收入国家的投资捐赠等。

（3）国际收支记录的是在一国居民与非居民之间的交易。判断一项交易是否应该计入国际收支中，所依据的标准不是交易双方的国籍，而是依据交易双方中是否有其中一方是该国的居民，只有居民与非居民之间的经济交易才能计入国际收支中。因此，在国际收支的统计中，我们还要区分居民和非居民的概念。居民与非居民的界定：①所谓居民，是指在一国（或地区）居住或营业的自然人或法人，如在一国（或地区）以外居住或营业的自然人或法人即为非居民；②身在国外而不代表政府的任何个人，依据经济利益中心或长期居住地确定其居民身份；③法人组织是其注册国（或地区）的居民；④一国外交使节、驻外军事人员，不论在国外时间长短都属派出国的居民；⑤国际机构，如联合国、IMF、世界银行集团等不是任何国家的居民，而是所有国家的非居民。

二、国际收支与国际借贷

国际借贷，亦称国际投资状况，是指一个国家或地区在一定日期对外资产和对外负债的汇总记录。它反映的是某一时点上一国居民对外债权债务的综合状况。国际借

---

[1] 流量指标与存量指标（又称时点指标）相对应。流量是指一定时期内测算出来的量值，存量是指一定时点上测算出来的量值。如储蓄（S）是一个流量概念，而由历年的储蓄所形成的财富（W）则是一个存量概念。它们的关系是：$W=W_{-1}+S$，所以 $W-W_{-1}=S$，即存量的变化量等于流量。

贷是因，国际收支是果，它们之间是一对因果关系。一般来说，国际上债权债务关系发生后，必然会在其国际收支平衡表上有所反映。但有时，国际收支又会反作用于国际借贷，即国际收支的某些变化会引起国际借贷活动的展开，因此，两者之间相辅相成、互为因果。其区别表现在：①国际收支反映的是货币收支的综合状况，国际借贷反映的是债权债务的综合状况；②国际收支反映的是一定时期的流量，是个动态的概念；国际借贷反映的是一定日期的存量，是个静态的概念；③国际收支的范围比国际借贷的范围大。如对外捐赠属国际收支范畴，但并未体现国际借贷关系。

第二节　国际收支平衡表

国际收支平衡表（balance of payment statements）是按特定账户分类，系统记载在一定时期内，一个经济实体与世界其他地方（作为一个整体）所进行的各项经济交易项目及金额的一种统计报表，它集中体现了该国国际收支的具体构成和总貌。

为了反映一国对外经济状况，各国每年都会编制国际收支平衡表，以便政府据此采取措施，使对外经济朝着更健康的方向发展。由于各国国际经济交易的内容与范围不尽相同，经济分析的需要也不完全一样，因而编制的国际收支平衡表也不尽相同。为使各国定期向国际货币基金组织提交的国际收支平衡表具有可比性，IMF 在 1948 年出版的《国际收支和国际投资头寸手册》（简称《国际收支手册》）（第一版）中，对国际收支的概念、定义、分类和标准组成部分做了规定和说明。伴随着世界经济的发展和变化，《国际收支手册》又做了几次更改，现在采用的为 2009 年修改编写的第六版。第六版国际收支平衡表设计与第五版相比在结构上做了新的调整，引入"初次收入"和"二次收入"，确保了国际账户与国民账户之间的一致性，并澄清初次收入、财产收入和投资收益的含义与关系。

目前国际收支平衡表是在世界统一规范原则基础上编制的一国涉外经济活动报表。由于各成员国都是在同一规则下，使用相同的记录原则和分类标准编制国际收支平衡表来反映一国的对外经济状况，因而各国在同一时期的国际收支可以相互比较，政府部门、经济学家、工商业者等可以用它作为制定经济政策、进行统计分析和业务决策的依据。

一、国际收支平衡表的结构

国际货币基金组织 2009 年颁布的《国际收支手册》（第六版），对国际收支平衡表的标准构成部分做了统一的规定，国际收支是某个时期内居民与非居民之间的交易汇总统计表，组成部分有：经常账户，具体又分为货物和服务账户、初次收入账户、二次收入账户（经常转移）；资本和金融账户，以及净误差与遗漏账户，这是人为设立的一个平衡账户。概括起来，国际收支平衡表中有三大账户，即经常账户，资本与金融账户，净误差与遗漏账户。具体构成如图 10-1 所示。

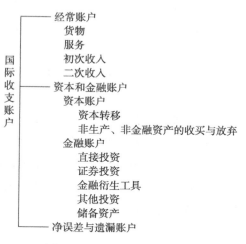

图 10-1　国际收支账户构成

（一）经常账户

经常账户（current account）是指本国与外国①进行经济交易而经常发生的项目，是国际收支平衡表中最基本和最重要的项目，在整个国际收支总额中占据很大的份额。经常账户包括货物（goods）和服务（services）、初次收入（primary income）以及二次收入（secondary income）三项。

1. 货物和服务

（1）货物，主要用于记录货物的进口与出口。出口计入贷方，进口计入借方，它是经常项目交易中最重要的一个内容。根据国际收支的一般原则，所有权的变更决定国际货物交易的范围和记载时间，即货物的出口和进口应在货物的所有权从一个居民转移到一个非居民时记录。按照这一原则，某货物所有权已经转移，但货物尚未出入国境，也应列入国际收支平衡表的经常项目下的货物中。某商品虽已出入国境，但所有权并未改变，则不列入货物账户中。通常出口货物所有权的变更时间是出口商停止在其账上把出口货物作为自己的实际资产并在金融账户上记入相应的一笔账；进口货物所有权变更的时间是进口商把货物在自己账上列为实际资产并相应地记入金融账户内。国际货币基金组织规定：各国在编制国际收支平衡表时，进出口商品的数量都以海关统计为准，进出口的价格一般都按照 FOB（离岸价）价格统计。

（2）服务，是指各国之间相互提供服务而发生的收入和支出，记录无形贸易收支。服务输出计入贷方，服务输入计入借方，它是经常账户中的第二大内容。近些年来，

---

① 若不特别注明，本章所提到的"国家"，均包括"单独关税区"意义上的"地区"等经济体。

随着国际经济服务贸易的不断发展，服务贸易在国际交易中越来越占据重要的位置。服务项目所包含：①加工服务，指不拥有相关货物的企业承担的加工、装配、贴标签和包装等服务；②维护和维修服务，居民为非居民（反之亦然）所拥有的货物提供的维护和维修工作；③运输，指将人和物体从一地点运送至另一地点，包括相关辅助和附属服务，以及邮政和邮递服务；④旅行，指非居民在访问某经济体期间从该经济体处购买自用或馈赠的货物和服务；⑤建设，指以建筑物、工程性土地改良和其他此类工程建设为形式的固定资产的建立、翻修、维修或扩建，还包括场地准备、一般建筑以及油漆、测量和爆破等特殊服务；⑥保险和养老金服务，指人寿保险和年金、非人寿保险、再保险、货运险、养老金、标准化担保服务，以及保险、养老金计划和标准化担保计划的辅助服务；⑦金融服务，指除保险和养老基金服务之外的金融中介和辅助服务；⑧知识产权使用费；⑨电信、计算机和信息服务；⑩其他商业服务；⑪个人、文化和娱乐服务；⑫别处未提及的政府服务[①]。

2. 初次收入

初次收入账户显示的是居民与非居民机构单位之间的初次收入流量，反映的是机构单位因其对生产过程所做的贡献或向其他机构单位提供金融资产和出租自然资源而获得的回报。初次收入包括：雇员报酬，股息，再投资收益，利息，归属于保险、标准化担保和养老基金保单持有人的投资收益，租金，以及对产品和生产的税收与补贴。其概括地分为两大类收入。

（1）与生产过程相关的收入。雇员报酬是向生产过程投入劳务的收入。对产品和生产的税收与补贴也是有关生产的收入。

（2）与金融资产和其他非生产资产所有权相关的收入。财产收入是提供金融资产和出租自然资源所得的回报。投资收益是提供金融资产所得的回报，包括股息和准公司收益提取、再投资收益和利息。但是，对金融衍生产品和雇员认股权的所有权不产生投资收益。

3. 二次收入

二次收入账户表示居民与非居民之间的经常转移。各种不同类型的经常转移计入本账户，表明其在经济体间收入分配过程中的作用。转移可以为现金或实物。初次收入为提供劳务、金融资产和出租自然资源而获得的回报。二次收入则是通过政府或慈善组织等的经常转移对收入重新分配。主要包括：①各级政府的无偿转移，如战争赔款，政府间的经援、军援和捐赠，政府向国际组织定期缴纳的费用，以及国际组织作为一项政策向各级政府定期提供的转移。②私人的无偿转移，包括居民住户向非居民住户提供的或从其获取的所有现金或实物的经常转移，如侨汇、捐赠、继承、赡养费、

---

① 《国际收支和国际投资头寸手册》（第六版）。

资助性汇款、退休金等。

在《国际收支手册》（第六版）中，将单方面转移区分为经常转移与资本转移。经常转移计入经常账户中，而资本转移则计入资本与金融账户中。这样使得国际收支统计口径与国民经济核算体系一致。无费用的实物转移且包含下列要素时应属于资本转移：①非金融资产（非存货，即固定资产、贵重物品或非生产资产）所有权的转移；②债权人不获得相应价值回报而减免债务。但是，直接投资者向其直接投资企业提供资本设备不属于资本转移，而是直接投资股权交易。与交易一方或双方获得或处置固定资产相关或以其为条件的现金转移也是资本转移（例如，投资捐赠）。

（二）资本和金融账户

1. 资本账户

国际账户中的资本账户（capital account）表述为居民与非居民之间的应收和应付资本转移，和居民与非居民之间非生产非金融资产的取得和处置，具体包括非生产非金融资产①的取得和处置以及资本转移两个项目。

资本账户记录居民与非居民之间的资本转移和非生产、非金融资产的收买或出售。资本转移的含义在经常转移部分已进行了说明。非生产、非金融资产的收买或放弃，包括不是由生产创造出来的有形资产（土地和地下资产）和无形资产（如专利、版权、商标、经销权等）的收买或出售。②

2. 金融账户

金融账户（financial account）记录居民与非居民之间的对外资产和负债所有权变更的交易。一个经济体的对外资产包括持有的货币化黄金、在国际货币基金组织的特别提款权以及对非居民的债权。金融账户根据金融工具和性能类别，可分为直接投资（direct investment）、证券投资（portfolio investment）、金融衍生工具（financial derivatives）、其他投资（other investment）、储备资产（reserve assets）五大类。

（1）直接投资。直接投资是跨境投资的一种，其特点是，一经济体的居民对另一经济体的居民企业实施了管理上的控制或重要影响。由于存在控制或重要影响，直接投资的动机和行为方式往往不同于其他形式的投资。除股权外（这与表决权有关），直接投资者还可以提供其他类型的融资和技术诀窍。直接投资通常涉及持久的关系，当然在某些情形下也可能是短期的关系。直接投资的另一个特征是，企业的决策可能是为整个集团作出的。直接投资可分为两种。

①直接的直接投资关系，指直接投资者直接拥有股权，并且这种股权使其在直接投资企业中享有10%或以上的表决权。

---

① 非生产非金融资产包括：①自然资源；②契约、租约和许可；③营销资产（和商誉）。

② 关于无形资产，经常账户的服务项下记录的是无形资产的运用所引起的收支（即使用费），而资本账户的资本转移项下记录的是无形资产所有权的买卖引起的收支。

②间接的直接投资关系，指在一个直接投资企业中拥有表决权，而该直接投资企业又在另外一个（或一些）企业中拥有表决权，即一个实体能够通过直接投资关系链施加间接控制或影响。例如，一企业可能与第二个企业之间具有直接的直接投资关系，而第二个企业又与第三个企业之间具有直接的直接投资关系。尽管第一个企业在第三个企业中没有股权，但却有可能对其施加间接控制或影响。

（2）证券投资。证券投资是居民与非居民之间没有被列入直接投资或储备资产的，有关债务或股本证券的跨境交易和头寸。其中，债务证券主要包括三方面的内容：一是长期债券、中期债券、无抵押品的公司债券等；二是货币市场工具，或称可转让的债务工具，如短期国库券、商业票据、银行承兑汇票、可转让的大额存单等；三是派生金融工具，又可称为衍生金融工具，如金融期权、金融期货等。股本证券包括股票、参股或其他类似文件，如美国存股证（ADRS）、欧洲存股证（EDRS）、香港存股证（HKDRS）、全球存股证（GDRS）。值得注意的是，与直接投资者不同的是，证券投资者对企业的经营没有发言权。

（3）金融衍生工具。《国际收支手册》（第六版）新将金融衍生工具作为一个独立账户单列出来，目的是便于风险的识别和防范，因为随着金融市场的不断扩大，此项目下的交易也逐渐增多带来了更大的风险。

（4）其他投资。其他投资为剩余类别，包括没有列入直接投资、证券投资、金融衍生产品和雇员认股权以及储备资产的头寸和交易。如果金融资产和负债没有列入直接投资或储备资产，则被包括在其他投资中，这些金融资产和负债包括：①其他股权；②货币和存款；③贷款（包括基金组织信贷的使用，以及来自基金组织的贷款）；④非人寿保险技术准备金、人寿保险和年金权益、养老金权益、启动标准化担保的准备金；⑤贸易信贷和预付款；⑥其他应收/应付款；⑦特别提款权分配（特别提款权持有列入储备资产）。

（5）储备资产。储备资产是由货币当局控制，并随时可供货币当局用来满足国际收支资金需求，用以干预汇兑市场影响货币汇率，以及用于其他相关目的（例如，维护人们对货币和经济的信心，作为向外国借款的基础）的对外资产。储备资产必须是外币资产和实际存在的资产，不包括潜在的资产。由货币当局"控制"和"可供使用"是储备资产的基本概念[①]。储备资产包括货币黄金、特别提款权持有、在基金组织的储备头寸、货币和存款、证券（包括债务和股本证券）、金融衍生产品和其他债权（贷款和其他金融工具）。它是调节国际收支的一个很重要的项目。当一国出现国际收支顺差或逆差时，通常都会通过增减储备资产来获得平衡。储备资产（国际储备）的详细内容将在本节下面的内容详细介绍。

---

① 有时，货币当局可能聘用基金经理来管理储备资产。在这种安排下，基金经理以代理人的身份行事，按其服务收取费用。

（三）净误差与遗漏账户

尽管国际收支账户总体上是平衡的，但在实践中，由于源数据和编制的不理想，一国国际收支不可避免地会出现借方余额或者贷方余额，这种不平衡是国际收支数据的一个常见特点，被称为误差与遗漏净额。因此，这就需要人为设立这样一个净误差与遗漏账户（errors and omissions），数目上与上述余额相等，符号相反，使国际收支平衡表的借贷方平衡。在公布的数据中应单独列出，而不应毫无区别地将其纳入其他项目。一切统计上的误差均归入净误差与遗漏账户。中国 2010—2019 年的净误差与遗漏见表 10-1。

表 10-1　中国 2010—2019 年的净误差与遗漏 亿美元

年份	2010	2011	2012	2013	2014
净误差与遗漏	−529	−138	−871	−629	−669
年份	2015	2016	2017	2018	2019
净误差与遗漏	−2 310	−2 295	−2 130	−1 787	−981

资料来源：国家外汇管理局<http://www.safe.gov.cn/>中国 2010~2019 年国际收支平衡表。

当一国国际收支账户持续出现同方向、较大规模的净误差与遗漏时，常常是人为因素造成的。对该账户进行分析，往往可以发现实际经济中存在的一些问题。例如，一国实行资本与金融账户管制时，为躲避管制而形成的资本外逃也会假借合法交易名义逃到国外。这会反映在净误差与遗漏账户中的借方余额。

专栏 10-1：中国的资本外逃

二、国际收支平衡表的记账原则

（一）编制原理

国际收支平衡表是按照现代会计学的复式簿记原理（借贷记账法）进行记载的，即以借贷作为符号，本着"有借必有贷，借贷必相等"的原则对每笔国际经济交易都要用相等的金额，在两个或两个以上的有关账户中做相互联系的登记。因此，从理论上说，国际收支平衡表的借方总额和贷方总额是相等的。国际收支平衡表也是由此而得名。

之所以采用这样的原理编制国际收支平衡表，是因为绝大多数交易为货物、服务或金融资产的双向转移，即以提供或取得一种经济价值的资产换取另一种经济价值的资产的交易。但是在国际经济交易中，有些交易不是用于交换，而是基于其他的原因而发生的单方面转移，如甲国向乙国捐赠粮食和药品的无偿转移交易，这种交易所记账目只有一方，不能自动成双。按照复式簿记原理，需要在另一方进行抵消性记录以达到平衡，为此，设置转移账户（如经常转移）来反映另一方。这样，每一笔国际经济交易都会产生金额相同的一项借方记录和一项贷方记录。

（二）记账原则

在编制国际收支平衡表时，所有项目可归结为资金占用类科目（借方科目）和资金来源类科目（贷方科目）两类，借方记录用负号表示，记录本国实际资源（货物和服务）的进口以及本国对外资产增加或负债减少的金融项目；贷方记录用正号表示，记录实际资源的出口以及对外资产减少或负债增加的金融项目。

对这一记账原则，有便于记忆的两个经验法则。

（1）凡是引起本国从国外获得货币收入的交易记入贷方，凡是引起本国对国外货币支出的交易记入借方，而这笔货币收入或支出本身则相应记入借方和贷方。例如，英国向美国出口一批价值为 300 万美元的货物，这笔交易对美国和英国来说，都是居民与非居民之间的交易，在各自国家的国际收支平衡表中都应做相应的记录。对英国来说，这是出口交易，有一笔货币收入，在英国的国际收支平衡表的经常项目下的货物项目中贷记 300 万美元，同时，这项出口交易引起的货币收入，在资本与金融项目账户下的金融项目中的其他投资借记 300 万美元。对美国来说，这是进口交易，由此产生美国对英国的一笔货币支付，在美国的国际收支平衡表的经常项目下的货物项目中借记 300 万美元，同时，这项出口交易引起的货币支付，在资本与金融项目账户下的金融项目中的其他投资贷记 300 万美元。

经常账户的各项目按借贷方的总额记录，金融账户的各项目按净额相应地计入借方或贷方。

（2）凡是引起外汇供给的经济交易都记入贷方，凡引起外汇需求的经济交易则记入借方。货物、服务的出口会产生外汇供给，记入贷方；货物、服务的进口会产生外汇需求，记入借方。同样，外债的偿还产生外汇的需求，记入借方，而外国偿还贷款本息给本国将产生外汇的供给，记入贷方。

值得注意的是，上述记账原则对发生在居民与非居民之间的类似一国政府提供的无偿的实物转移不适用，因为无偿的实物转移并不会导致外汇的供给和需求。[1]

三、国际收支平衡表中的国际储备

（一）国际储备的概念和特征

国际储备（international reserves）是国际收支平衡表中的一项十分重要的内容。国际储备是指一国货币当局为弥补国际收支逆差、维持本国货币汇率的稳定，以及为进行国际支付而持有的、为世界各国所普遍接受的资产。

根据上述定义，能够作为国际储备，必须具有以下三个基本特征：①国际性。作

---

[1] 从本国向外国的无偿转移记入借方，从外国向本国的无偿转移记入贷方。

为国际储备的资产在国际上必须能够得到各国事实上的普遍接受和认同，否则不能作为国际支付手段弥补国际收支逆差。②流动性。作为国际储备必须具有充分流动性，当一国国际收支出现逆差或汇率波动较大时，可以迅速动用以弥补国际收支差额，或者干预外汇市场，维持汇率的稳定。③无偿占有性。国际储备必须是由一国货币当局无偿占有，非官方金融机构、企业和私人的资产都不能够视为国际储备。

与国际储备相联系的另一个概念是国际清偿能力。在把握国际储备的概念时，我们需要把二者区分开来。国际清偿能力是指一国在不影响本国经济正常运行的情况下，平衡国际收支逆差及维持汇率稳定的总体能力。国际清偿能力不仅包括一国货币当局持有的各种国际储备，还包括该国政府在国外筹借资金的能力。因此在实际中，国际储备只是国际清偿能力的一部分，它只是一国具有的现实的对外清偿能力，而不包括潜在的对外清偿能力。

（二）国际储备的构成

国际货币基金组织规定，一国国际储备主要包括黄金储备（gold reserves）、外汇储备（foreign exchange reserves）、在国际货币基金组织中的储备头寸（reserve position in the fund）（又称普通提款权（general drawing right））和特别提款权（special drawing right）四部分。

1. 黄金储备

黄金储备是指一国货币当局所持有的货币性黄金。[①]黄金作为国际储备的历史非常久远。在人类历史上，黄金曾经作为"天然"的国际货币，被视为财富的象征。从金本位货币制度开始，黄金便开始作为国际货币制度的基础，各国货币同黄金挂钩。但是在 1976 年，国际货币基金在《牙买加协议》中规定：黄金同各国货币和国际货币制度脱钩，不再作为货币制度的基础，也不再用于政府之间的国际收支差额清算。虽然现在黄金已不再作为支付手段，但是各国还是把黄金作为国际储备的一部分。这是因为黄金是一种很好的保值手段，作为贵金属很容易被人们所接受，而且目前世界上存在比较发达的黄金市场，各国货币当局可以方便地通过在此市场上出售黄金来获得所需的外汇。

2. 外汇储备

外汇储备又叫储备货币，是指一国货币当局持有的可自由兑换的货币。第二次世界大战以后，外汇储备逐渐成为国际储备的主要组成部分。目前大部分国际货币基金组织成员国的外汇储备在国际储备中都占到了一半以上。

第二次世界大战以后，美元取代英镑成为最重要的国际货币。到了 20 世纪 70 年

---

① 非货币性黄金不在此列。

代，日元、前德国马克、法国法郎、瑞士法郎等货币也逐渐成为各国的储备货币，美元和英镑的地位逐渐下降，因此形成了储备多元化的局面。一国货币能够充当国际储备货币，必须要具备以下三个条件：①必须是可兑换货币，即能够自由地随时兑换成其他货币，并被世界各国普遍接受作为国际计价手段和支付手段；②在国际货币体系中占据十分重要的地位；③内在价值相对稳定。中国 2005—2019 年的外汇储备见表 10-2。

表 10-2　中国 2005—2019 年的外汇储备　　　　　　　　亿美元

年份	数量	年份	数量	年份	数量
2005	8 188.72	2010	28 473.38	2015	33 303.62
2006	10 663.44	2011	31 811.48	2016	30 105.17
2007	15 282.49	2012	33 115.89	2017	31 399.49
2008	19 460.30	2013	38 213.15	2018	30 727.12
2009	23 991.52	2014	38 430.18	2019	31 079.24

资料来源：http://www.safe.gov.cn/中国历年外汇储备（2020 年 7 月 14 日进入）。

3. 在国际货币基金组织中的储备头寸

在国际货币基金组织中的储备头寸又称普通提款权，是指成员在国际货币基金组织中存放并可调用的头寸。一国在国际货币基金组织中的储备头寸包括以下三部分。

（1）成员向国际货币基金组织认缴份额中 25%的黄金或可兑换货币。国际货币基金组织犹如一个股份制性质的储蓄互助会。一个国家加入基金组织时，须按一定的份额向该组织缴纳一笔资金，称之为份额。按该组织的规定，认缴份额的 25%须以黄金或可兑换货币缴纳，其余 75%用本国货币缴纳。当成员发生国际收支困难时，有权以本国货币抵押的形式向该组织申请提用可兑换货币。提用的数额分五档，每档占其认缴份额的 25%，条件逐档严格。由于第一档提款额就等于该成员认缴的可兑换货币额，因此，条件最为宽松。在实践中，只要提出申请，便可提用这一档。该档提款权为储备部分提款权，其余四档为信用提款权。"储备档"贷款，在使用时不需要 IMF 批准，会员随时可用本币购买，故是一种国际储备资产，构成成员在国际货币基金组织中的储备头寸的一部分。

（2）国际货币基金组织为满足成员借款需要而使用的本国货币。前面已述，一国在加入国际货币基金组织时缴纳份额中的 75%可用本国货币缴纳。假设国际货币基金组织向会员乙提供甲国货币的贷款，这样将会产生甲国对国际货币基金组织的债权。甲国对国际货币基金组织的债权，该国可以无条件地提取并可用于支付国际收支逆差。因此，国际货币基金组织为满足成员借款需要而使用的本国货币构成该成员在国际货币基金组织中的储备头寸的另一部分。

（3）国际货币基金组织在该国借款的净额。目前各成员在国际货币基金组织中的储备头寸在国际储备中只占有很小的比重，几乎不到 5%，因此它对国际储备的影响几乎可以忽略。

4. 特别提款权

特别提款权又称"纸黄金"，是国际货币基金组织于 1969 年 9 月正式决定创造的无形货币，作为成员的账面资产，是成员原有的普通提款权以外的提款权利。特别提款权本身并不具有价值，它只是由国际货币基金组织创立并按照份额比例分给各成员，而且它只能在各成员政府之间发挥作用，不能被私人用来直接媒介国际商品的买卖，因此被称为"纸黄金"。

专栏 10-2：人民币纳入特别提款权货币篮子

（三）国际储备的作用

国际储备在一定程度上标志着一个国家的经济实力，能够反映一国在国际金融领域中的地位，因此世界各国都会持有一定数量的国际储备，以用于本国之需。国际储备在许多方面能够发挥作用。

1. 国际储备能够弥补国际收支差额，调节国际收支不平衡状况

当一国国际收支不平衡时，政府动用国际储备可以起到缓冲作用，使得国内经济在一定程度上免受国际收支变化的冲击，同时还能为一国赢得一部分时间调整国际收支。但是，国际储备只能调节暂时性的国际收支不平衡，对于长期巨额的国际收支逆差，国际储备只能起到暂时的缓冲作用，无法从根本上解决。

2. 国际储备能够维持本国汇率的稳定

如果一国拥有足够的国际储备，当一国汇率波动较大时，该国货币当局便可以利用持有的国际储备对外汇市场进行干预，以维持汇率的稳定。例如，当一国货币汇率大幅下降时，该国便可以在外汇市场上出售外汇储备购买本币，这样就可以使本币汇率上浮，以保持汇率稳定。但是国际储备只能在较短的时间内对汇率稳定起到有限的作用。

3. 国际储备不仅能够增强一国的资信，还可以提高该国对外举债和偿债的能力

在国际上，国际金融机构在安排贷款时会把国际储备作为一项重要的指标衡量一国的借款风险。当一国拥有充足的国际储备时，该国对外借款就会十分容易。由于国外对该国看好，也会吸引外资的流入。

（四）国际储备的管理

1. 国际储备规模管理

一国拥有太多或者太少的国际储备都不利于本国经济的发展，各国的国际储备要维持在适度的规模上。但是这个"适度规模"如何确定却是各国都必须面临的一个问题。进口比率法是目前各国确定国际储备规模的基本方法。该方法是美国耶鲁大学经济学教授罗伯特·特里芬提出的。特里芬在 1960 年出版的《黄金和美元危机》一书中，总结了第一次世界大战和第二次世界大战之间，以及第二次世界大战后初期（1950—1957 年）世界上几十个国家的储备状况，得出了以下结论：一国国际储备的合理数量，大约为一国当年进口额的 20%～50%。实施外汇管制的国家，因为政府能有效地控制进口，国际储备可以少一些，但最低不少于 20%；外汇管制较松的国家，国际储备可以多一些，但一般不超过 50%。一般认为，一国持有的国际储备应能满足其 3 个月的进口需要。照此计算，国际储备额对进口的比率为 25%左右。但是，各国在确定国际储备的规模时还会考虑到该国的对外贸易规模、国际融资能力、国际收支自动调节机制和调节政策的效率等因素。

2. 国际储备结构管理

国际储备的管理除了上述的规模管理之外，还需要进行结构管理。这是因为一国国际储备主要由黄金储备、外汇储备、在国际货币基金组织中的储备头寸和特别提款权四部分构成，这四部分之间还存在一个相对适当的比例问题。其中，在国际货币基金组织中的储备头寸和特别提款权，各国都无法通过自己的努力增加，只有黄金储备和外汇储备两部分各国才可以自主增加。黄金储备可以通过购买黄金增加，外汇储备可以通过国际收支顺差和国外借款等途径来增加。随着国际经济的发展，黄金储备在国际储备中所占的比例越来越少。因此，通常所说的国际储备的结构管理主要是对外汇储备的管理，包括币种、形式等的选择。

世界各国经济发展状况不同，对国际储备的规模管理及结构管理的目的和形式也会不尽相同，但是管理的原则归纳起来主要有流动性、安全性和营利性三个原则。其中流动性是指国际储备能够保证一国货币当局的随时调用；安全性是指国际储备内在价值的稳定性；营利性是指国际储备的不断增值。

四、国际收支平衡表的交易项目

在国际收支的理论研究中，为有效判断一国国际收支是否平衡[①]，按照交易发生的动机或目的不同，将国际收支平衡表中所记录的国际经济交易分为自主性交易（autonomous transactions）和补偿性交易（compensatory transactions）。

（一）自主性交易

自主性交易又称事前交易，是指经济实体或个人完全出于经济动机和目的而独立自主进行的交易，如为追逐利润而进行的货物和服务的输出入，为赡养亲友而产生的

---

① 判断国际收支平衡标准详见本章第三节。

侨民汇款等。自主性交易体现的是各经济主体或居民个人的意志，具有自发性和分散性，因而交易的结果必然是不平衡的，即借方大于贷方或者贷方大于借方，由此可能会导致对外汇的超额需求或超额供给，影响一国经济的发展。在这种情况下，一国往往都会为弥补自主性交易出现的差额而进行另一种交易即补偿性交易。

（二）补偿性交易

补偿性交易也称调节性交易或事后交易，是一国为弥补或调节自主性交易出现的差额而进行的经济交易。如一国向外国政府或国际金融机构借款、动用黄金、外汇储备应付逆差等。补偿性交易是一种融通性交易，它体现了一国政府的意志，具有集中性和被动性的特点。

在国际收支平衡表中，经常账户、资本和金融账户（储备资产除外）的各个项目都属于自主性交易，而储备资产则属于补偿性交易。对于净误差与遗漏账户，由于它反映了自主性交易项目经常账户、资本和金融账户统计中的误差与遗漏，故仍属于自主性交易项目。

第三节 国际收支分析与调节

一、国际收支平衡表分析

国际收支平衡表既是编表国家也是非编表国家重要的经济分析工具。国际收支平衡表的分析方法，包括静态分析法、动态分析法和比较分析法。

（一）国际收支的静态分析法

静态分析是指对一国在某一特定时期（一年或一个季度）的国际收支平衡表进行的分析。静态分析法往往要计算和分析平衡表中的各个项目中的数据，用几个重要的差额来相互补充分析一国的国际收支状况。这些差额主要包括贸易收支差额、经常项目差额、资本和金融账户差额和综合账户差额。不同的国家往往根据自身情况选用其中一种或若干种差额，来判断自己在国际交往中的地位和状况，并采取相应的对策。

1. 贸易收支差额

贸易收支差额是指货物和服务进出口收支之间的差额。通常，贸易收支在一国国际收支中占有很大的比重，尤其是货物的进出口情况综合反映了一国的产业结构、产品质量和劳动生产率状况，所以，即使在资本与金融账户交易比重相当大的国家，也非常重视这一差额。同时，贸易收支的数字尤其是货物贸易收支的数字易于通过海关收集，因此一国对外贸易差额能够较快地反映该国对外经济交往情况。所以，在实际分析中，考察贸易收支差额是分析国际收支平衡表使用比较多的一种方法。

2. 经常账户差额

经常账户差额包括货物、服务、初次收入和二次收入的差额。它反映了实际资源在一国与另一国之间的转让净额。国际货币基金组织一直特别重视各成员国经常账户的收支情况，这是因为经常账户涉及的交易具有只要发生就不可撤销的特点，因此可以通过经常账户差额来衡量和预测经济发展与政策变化。它是制定国际收支政策和产业政策的重要依据。货物和服务是经常账户的主体，对经常账户差额具有决定性的影响。近年来，资本的跨国流动不断加大，使得收益，特别是投资收益在经常账户中的比重不断增加。

3. 资本与金融账户差额

（1）资本账户差额。资本账户差额包括资本转移和非生产、非金融资产的收买与放弃部分的差额。通过资本与金融账户差额可以很好地了解一国资本市场的开放程度和金融市场的发达程度。通常资本市场开放的国家，资本与金融账户的流量总额较大。

（2）金融账户差额。金融账户差额包括五部分：直接投资、证券投资、金融衍生工具、其他投资和储备资产。在不考虑误差与遗漏因素时，经常账户余额及资本与金融账户余额之和等于零。因为当经常账户出现赤字或盈余时，必然对应着资本与金融账户的相应盈余或赤字。即若一国经常账户出现赤字，则意味着该国利用金融资产的净流入或动用储备资产为经常账户赤字融资；相反，若一国经常账户出现盈余，则意味着该国金融资产的净流出或储备资产增加。因此，经常账户差额与资本账户差额之和为经济体与世界其他地方之间的净贷款（顺差）和净借款（逆差）。从概念上说，它等于金融账户的净差额。

一国可以通过外国资本的流入，即资本与金融账户中的直接投资、证券投资、金融衍生工具和其他投资的流入为经常账户融资。这种方式存在以下两个问题。

（1）稳定性问题。流入的资本中有相当一部分是以短期投资为目的，具有很大的投机性，可能会由于该国的经济环境变化、国际资本市场上的供求变动和一些突发事件等大规模地撤出。如果一国主要依靠这类资本来为经常账户融资将很难长期维持下去，因此稳定性很差。

（2）偿还性问题。利用资本流入的方式进行融资，如果因各种因素导致对借入的资金使用不当，将会出现偿还问题。特别是当吸引资本流入的高利率并非自然形成，而是存在人为扭曲的因素时，更容易发生偿还困难。采用资本流入为经常账户赤字融资，意味着资本的所有权与使用权分离，从而蕴含了发生债务危机的可能性。因此，为了规避金融风险、维持经济稳定，政府需要限制资本和金融账户对经常账户的融资作用。

此外，一国也可以通过本国政府持有的储备资产为经常账户进行融资，储备资产也是资本和金融账户中的子项目。特别是由季节变化引起的外汇支出超过收入水平，如农业歉收，可以起到很好的缓冲作用。由于一国储备资产存量有限，使用这种办法为经常账户融资具有一定的局限性。

国际资本流动曾经长期依附于贸易活动，流量有限，对各国经济的影响很小。但是，随着国际经济一体化的发展，国际金融也不断朝着自由化发展。国际资本流动逐渐从依附于贸易活动中独立出来，并有了突破性进展，具有了独立的运动规律。国际资本流量也已经远远超过国际贸易流量，资本和金融账户不再是被动地由经常账户决定，而是为经常账户提供融资服务。

4. 综合账户差额

综合账户差额又称总差额，是指经常账户差额和资本与金融账户差额之和剔除储备资产账户之后的差额。综合账户差额的应用非常广泛，通常人们所讲的国际收支顺差或逆差就是指综合账户的顺差或逆差。综合账户差额可以衡量一国通过动用或获取储备来弥补收支不平衡的能力。

综合账户差额是从一国黄金、外汇储备和对外官方的债权、债务的变化这一角度来分析国际收支的一种方法。它反映的是在一定时期内一国国际收支对其自有储备及其对外债务的影响，而这又关系到一国在国际金融领域的地位。如果综合账户差额为正，则表明储备资产增加，否则储备资产减少。由于负的综合差额会导致储备资产的逐渐减少，甚至耗尽，因此通常认为负的综合账户差额是不可取的。但是长期巨额的综合账户顺差对一国经济也并不有利。这是因为：储备资产的增加需要中央银行增加投放基础货币，货币供给量的增加会引起通货膨胀；储备资产的收益率低于长期投资的收益率；在浮动汇率制度下，储备资产将可能由于汇率波动蒙受损失。

通过对国际收支平衡表的交易项目和差额进行分析，我们可以判定一国国际收支是否处于平衡状态，若处于不平衡即失衡状态，需要进一步判定属于哪一类型，从而分析原因进行调节。虽然从各国国际收支平衡表表面看来，各交易项目的借方和贷方金额总和是相等的，即其净差额为零，但实际上，国际收支平衡表中的每一具体项目的借方和贷方通常是不相等的，收支相抵后总会有差额，从而出现上述介绍的贸易收支差额、经常项目差额、资本与金融项目差额等。因此，我们有必要进一步了解国际收支不平衡的含义、类型及其原因、影响及调节对策。

（二）国际收支的动态分析法

国际收支的动态分析是对某一个国家若干连续时期的国际收支平衡表进行的分析。它是一种纵向分析方法。通过对一国的国际收支进行动态分析可以看出该国的国际收支是否达到动态平衡。动态平衡是一国宏观调控的目标之一，它是指在较长的计划期内，经过努力，实现期末国际收支的大体平衡。一国某一时期的国际收支往往同以前的发展过程密切相关，因此在分析一国的国际收支时，需要将动态分析与静态分析结合起来。动态平衡模式较好地体现了按经济规律办事的原则，越来越备受关注。

（三）国际收支的比较分析法

比较分析分为两类：一类是对一国若干连续时期的国际收支平衡表进行的动态分析，另一类是对不同国家在相同时期的国际收支平衡表进行的比较分析。后一种比较分析较为困难，由于不同的国家编制的国际收支平衡表在项目分类和局部差额的统计上不尽相同，可比性较差。国际货币基金组织公布的主要指标是通过重新整理后编制的，统计口径一致，具有一定的可比性，可以应用该组织公布的主要指标进行分析。

二、国际收支状况

（一）国际收支的盈余、赤字和平衡

国际收支差额与国际收支平衡表的差额是两个截然不同的概念。国际收支平衡表的复式簿记原理决定国际收支平衡表的最终差额恒等于零。实际国际收支总是不平衡的，存在一定差额，不是盈余便是赤字。这里的盈余和赤字是针对国际收支平衡表上的特定账户上出现的余额而言的。特定账户上的借方数和贷方数经常是不相等的，会产生一定差额。当特定账户的贷方数大于借方数，称其为盈余，或顺差；反之称其为亏损，或逆差。如经常项目下的贷方数大于借方数，我们就说经常项目顺差。以此类推，还会出现贸易顺差、逆差，资本与金融项目顺差、逆差，以及国际收支顺差、逆差。特殊情况下，特定账户上的借方数和贷方数相等时，称国际收支平衡。

（二）国际收支均衡

国际收支均衡有别于国际收支平衡。国际收支均衡是将国际收支平衡与国内经济的均衡联系起来产生的一个概念。它是指一国在一定时期内的国际收支在数量上和实质内容两方面促进本国经济与社会的正常发展，促进本国货币均衡汇率的实现和稳定，使本国的国际储备接近、达到或维持充足与最佳水平。国际收支均衡的概念为判断一国国际收支状况的好坏提出了更高的标准和更深层的要求。国际收支均衡不仅涉及国际收支的数量，还涉及国际收支与国民经济其他方面的相互联系与相互影响。国际收支均衡是一国达到福利最大化的综合政策目标。一国政府的宏观调控不仅要关心国际收支的平衡，还要关注国际收支均衡。

国际收支平衡更加关注国际收支平衡表上特定账户的借贷方数量是否相等，而国际收支均衡在数量方面的要求则比较含糊，很难为国际收支均衡的概念划定统一的、明确的数量指标界限。

（三）国际收支不平衡

国际收支平衡表的复式记账原则使每一笔国际经济交易都会产生金额相同的借方记录和贷方记录，因此平衡表的借方总额和贷方总额最终必然相等。但这种平衡只是会计意义上的平衡，是人为形成的、账面上的平衡，而在经济意义上往往存在着不平衡，即国际收支平衡表本身永远是平衡的，但反映的国际收支状况通常是不平衡的。所以说，国际收支不平衡是一个规律。

从理论上说，国际收支不平衡指自主性交易的不平衡。即如果一国国际收支的自主性交易所产生的借方金额等于贷方金额，则说该国的国际收支平衡；相反，如果自主性交易产生的借方金额不等于贷方金额，则表明国际收支不平衡。纵观世界各国的国际收支平衡表，没有哪一个国家的自主性交易总是平衡的，要么表现为顺差（出口大于进口），要么表现为逆差（进口大于出口）。当自主性交易的借贷之差为零时，我们称国际收支平衡。当其借方金额大于贷方金额时，我们称国际收支出现了逆差，而当贷方金额大于借方金额时，我们称国际收支出现了顺差。逆差和顺差统称为国际收支不平衡。国际收支不平衡代表的是一国对外经济活动的不平衡，所以，又简称"对外不平衡"或"外部不平衡"。

按照自主性交易判断国际收支是否平衡的方法，在理论上十分有益，但在统计上却难加以区别。例如一国为弥补自主性交易赤字，采取紧缩货币政策，提高利率，吸引了短期资本的流入。从货币当局的角度来看，这些交易是有意识的政策作用结果，应属于补偿性交易，但从私人交易主体的角度来看，这些交易的动机是为了追逐更大的利息收入，不能将其与原本出于安全、投机等目的的自主性短期资本交易完全分开。所以，这种识别国际收支是否平衡的方法仅仅提供了一种思维方式，还无法将这一思维付诸实践。实践中判断国际收支是否平衡，是基于贸易收支差额、经常账户差额或综合账户差额等特定账户差额判断的。

专栏 10-3：2020 年第一季度中国的国际收支

三、国际收支的失衡与影响

（一）国际收支失衡的类型及其原因

导致一国国际收支不平衡的原因很多，有经济的也有非经济的，有来自内部的也有来自外部的，有主观的也有客观的。根据导致国际收支不平衡的原因，可将国际收支不平衡分为以下几种类型。

1. 周期性失衡

周期性失衡（cyclical disequilibrium）是指由于经济周期的交替而引起的国际收支不平衡。一方面，国内经济周期的变化，会对本国国际收支造成影响。如果一国经济处于繁荣阶段，国内经济活跃，投资与消费需求旺盛，使得进口需求相应扩大，往往会造成国际收支逆差；当一国处于经济衰退期时，居民收入减少，投资萎缩，社会总需求下降，进口也相应下降，往往有利于国际收支的改善。另一方面，一国经济周期阶段的更替还会影响其他国家的经济，对他国的国际收支产生影响。表现尤为明显的是工业国家对发展中国家国际收支的影响。当工业国家处于衰退期时，对发展中国家出口产品的需求下降，造成发展中国家出口的减少。

2. 结构性失衡

结构性失衡（structural disequilibrium）是指由于国内经济结构、产业结构不能适应世界市场的变化而产生的国际收支不平衡。结构性失衡包括两方面的内容：一方面是一国国内经济和产业结构的调节滞后与困难导致的国际收支失衡，在发展中国家和发达国家经常都会出现这种状况；另一方面是一国的产业结构单一、生产的产品出口需求的收入弹性较低或者出口商品的价格弹性高而进口弹性较低所导致的国际收支失衡，这种情况通常发生在发展中国家。由于一国经济、产业结构的调整不是一朝一夕就能实现的，所以结构性失衡具有长期性。

3. 货币性失衡

货币性失衡（monetary disequilibrium）是指由于一国的价格水平、汇率、利率等货币性因素的变动而产生的国际收支不平衡。当一国的汇率不变，而货币成本和物价水平变化时，进出口商品的价格也会相应地发生变化，使原有的国际收支平衡遭到破坏。例如当一国的货币成本和物价水平普遍上升时，出口商品的价格相对高昂，进口商品的价格相对便宜，则该国的商品输出受到抑制，而商品输入则受到鼓励，从而导致国际收支恶化。

4. 收入性失衡

收入性失衡（income disequilibrium）是指由于一国各项经济条件的变化引起国民收入的变化，从而引起的该国国际收支的不平衡。一般而言，国民收入的快速增加，会引起贸易和非贸易货币支出的增加大于贸易和非贸易货币收入的增加；同样，当国民收入减少时，会出现相反的结果。这些都会引起国际收支失衡。一国国民收入的变化可能是由于经济周期性的交替，也可能是由于经济增长率的变化所致。假如一国的经济增长率高于其他国家，在其国民收入增长的同时，其货物、服务的输入及其旅游等非贸易收支也可能会随之增加，从而可能会导致国际收支逆差。但是，一国的经济增长率相对较高又可能吸引外资的流入，如果资本项目盈余弥补了经常项目的赤字，则国际收支就会趋于平衡。

5. 偶发性失衡

偶发性失衡（accidental disequilibrium）是指由于非确定性的偶发因素引起的国际

收支不平衡。例如，2003 年"非典"疫情引起一些国家医疗药品的出口减少、进口增加。它还包括季节性失衡。季节性失衡主要表现在农业贸易部门，受季节性影响较为明显。通常偶发性失衡一般持续时间不长，并且一旦这些影响因素消失，国际收支又会恢复正常状态，不需要政策调节。

就上述五种国际收支失衡的类型来看，结构性失衡和经济增长率变化所引起的收入性失衡一般具有长期、持久的性质，被称为持久性失衡或者根本性失衡，而周期性失衡、货币性失衡、经济周期引起的收入性失衡和偶发性失衡一般持续时间较短，被统称为暂时性失衡。

（二）国际收支失衡的影响

国际收支失衡表现为国际收支逆差和国际收支顺差两个方面。对于任何国家而言，国际收支失衡是无法避免的。在某种意义上说，一定限度内的国际收支逆差或者顺差也许无害，如一定的顺差可以使该国的外汇储备得到适度增长，增强对外支付能力。但是巨额、持续的国际收支逆差或顺差如得不到改善，不仅会影响一国对外经济的发展，而且会通过各种传递机制对国内经济的稳定和发展产生影响。

1. 国际收支逆差的影响

一国长期出现巨额的国际收支逆差，一般会造成外汇短缺、引起外币升值的压力。其不利影响主要表现在以下三个方面。

（1）阻碍经济的发展。为了扭转长期巨额的国际收支逆差，一国将会动用其国际储备进行弥补，这样做的结果将是外汇储备减少，生产资料的进口受到限制，进而影响生产，最终将会阻碍本国经济的发展。

（2）损害国际声誉。国际收支逆差造成国际储备减少，对外负债增加，而偿债能力减弱，有可能还会陷入债务危机之中。这样会削弱该国的经济和金融实力，使其在国际上的信誉大减。

（3）影响对外经济交往。一国长期巨额的国际收支逆差会促使本国对外汇的需求增加，导致外汇汇率上升，本币对外贬值，从而使本币的国际地位逐渐下降，最终对该国的对外经济交往产生消极影响。此外，国际收支逆差造成的本币贬值，也会引起进口商品价格和国内物价的相对上涨，加剧国内的通货膨胀。较为严重的通货膨胀还将会引起国内资本的大量外逃，影响一国金融市场的稳定。

2. 国际收支顺差的影响

国际收支顺差虽然可以使一国的国际储备增加，增强对外支付能力，但是长期、巨额的国际收支顺差也会对一国经济产生不利影响。其主要表现在以下几个方面。

（1）加速通货膨胀。长期、巨额的国际收支顺差会增加一国的外汇供给和对本币的需求，这样该国货币当局就需要在外汇市场上购进大量外币，投放本币。本币供应量的增长，会引起本国的通货膨胀。

（2）加重国内失业。长期、巨额的国际收支顺差引起的外汇供过于求，会给本国货币带来很大的升值压力，使得本国出口处于较为不利的竞争地位，进而影响出口贸易的发展，加重国内的失业问题。

（3）加剧国际摩擦。一国国际收支的顺差意味着其他国家国际收支的逆差，这样必然会不利于其他国家的经济发展，导致、加剧国际摩擦。20 世纪 80 年代以来，美国和日本日益加剧的贸易摩擦就是一个例证。

（4）减少国内资源。国际收支顺差如果是由于过多的货物出口所造成，那么本国在此期间可供使用的生产资源则会相应减少，影响本国经济发展。

虽然一国国际收支顺差和逆差都会给该国带来不利影响，但是相比之下，逆差的影响更大，因此各国对此更重视。无论是国际收支顺差还是逆差，其数额越大，持续的时间越长，对一国经济的不利影响也越大，需采取措施进行调节。

四、国际收支失衡的调节

虽然国际收支的逆差和顺差是不可避免的，但是长期巨额的国际收支逆差或顺差都会对一国产生十分不利的影响，因此各国政府就有必要采取措施对国际收支进行调节，使本国国际收支的几种重要的差额保持在一个合理的限度内，在长期内使国际收支趋于平衡，这样才有利于一国的经济发展。国际收支不平衡的调节包括市场机制本身的自动调节和一国政府的政策调节两个方面。

（一）自动调节

国际收支不平衡的自动调节是指不考虑政府干预的情况下，市场经济系统本身内部变量与国际收支相互制约、相互作用的调节过程。国际收支的不平衡必然会直接或间接引起某些经济变量的变动，这些变动反过来又会影响国际收支。因此，国际收支的不平衡，有时并不需要政府当局立即采取措施来加以消除，通过市场机制的自发作用就可以进行调节，使得国际收支不平衡在某种程度上得到缓和。根据起作用的变量不同，国际收支不平衡的自动调节机制可分为收入调节机制和汇率调节机制。例如，当一国的国际收支出现逆差时，对外支付增加，国民收入下降，引起社会总需求下降，对外国货物、服务和金融的需求不同程度的下降，进而改善经常项目和资本与金融项目收支，最终改善整体国际收支状况。这种由国际收支不平衡引起的国民收入自发性变化对国际收支的调节作用称为收入调节机制。类似地，汇率调节机制是指由国际收支不平衡引起的汇率自发性变化对国际收支的调节作用。

国际收支不平衡的自动调节只有在纯粹的自由经济中，才可以产生理论上描述的那样理想的调节。但是市场并不是万能的，许多因素作用的结果，使得国际收支不能向有利于本国经济发展的方向调节。首先，由于现实生活中的市场体系存在不健全性，如市场结构的不完全、资源缺乏完全流动性、信息的不对称性、垄断势力促成的价格刚性，都会影响市场机制对国际收支的调节。其次，市场调节机制见效较慢，因为各种因素相互作用的每一个环节，都需要一定时间来接收市场信号，进行决策、谈判、履约等。由于相互作用的环节很多，市场机制充分发挥作用需要很长的时间。最后，市场调节机制无力解决社会制度、生产力国际差异等因素造成的国际收支失衡。因此，当一国国际收支出现严重不平衡时，各国政府都会考虑到本国的经济利益而采取相应的宏观经济政策，对市场进行干预，以达到调节国际收支的目的。

（二）政策调节

鉴于市场机制自动调节的局限性，在一国国际收支出现严重的不平衡时，一国政府将会采取一定的政策措施来调节国际收支，各国采取的调节政策主要有以下几种。

1. 支出变更政策

支出变更政策包括财政政策与货币政策。

（1）财政政策。财政政策是指一国通过扩大或者缩小政府的财政支出、提高或降低税率的办法来平衡国际收支，包括支出政策、税收政策和公债政策。其原理是：当一国国际收支持续出现逆差时，政府可以采取紧缩性财政政策，削减政府支出或提高税率，抑制公共支出和私人支出，从而抑制总需求的增加，促进出口，抑制进口，以改善贸易收支和国际收支。相反，当一国国际收支持续顺差时，政府则实行扩张性财政政策，增加政府支出或降低税率，刺激投资和消费，扩大总需求和对外需求，从而使物价上升，减少出口，增加进口，缩小国际收支顺差。需要注意，财政政策是一种间接调节手段，主要用于调节内部平衡（物价、就业、经济增长）。

（2）货币政策。货币政策又称金融政策，是市场经济国家最普遍、最频繁地采用的间接调节国际收支的政策举措之一。调节国际收支的货币政策包括贴现政策、调整法定存款准备金比率政策和公开市场业务政策。

①贴现政策。贴现政策是指中央银行通过改变其对商业银行等金融机构的再贴现比率来调节国际收支的政策。改变贴现率会直接影响金融市场利率，进而影响资本流出和流入规模、国内投资、消费需求和贸易收支，最终有助于国际收支恢复平衡。例如，当一国出现国际收支逆差时，该国中央银行就提高再贴现率，一方面可以紧缩信用，抑制消费，使进口相应减少，有利于贸易收支的改善；另一方面使市场利率提高，促进外国短期资本为获得较多利息收益而流入，减少本国资本外流，使资本与金融项目收支得以改善。

②调整法定存款准备金比率政策。商业银行吸收的存款，必须按一定比率向中央银行缴纳存款准备金，这一比率就是法定存款准备金率。法定存款准备金率的大小决

定着商业银行等金融机构可用于贷款资金的规模和成本。因此，中央银行通过调整法定存款准备金率，可以影响所有金融机构可用于贷款的资金规模，调节全社会信用规模与货币总量，从而影响总需求和物价，再影响进出口和调节国际收支。例如，当出现国际收支逆差时，中央银行可以提高法定存款准备金比率，收缩信用规模，减少货币流通量，抑制总需求和物价，促进出口抑制进口，从而可以改善国际收支逆差。

③公开市场业务政策。公开市场业务是指中央银行通过在证券市场上购买或出售各种政府债券和外汇等以控制货币供给量，影响利率和汇率水平，进而达到调节国际收支的目的。例如，当一国国际收支发生逆差时，中央银行可以在公开市场上抛出政府债券，回笼货币。这样一方面可以使货币流通量减少、信用收缩，达到抑制总需求、降低物价的效果，进而促进出口限制进口，改善贸易收支状况；另一方面可以提高利率，引起资本流入，改善资本与金融项目收支状况。

总而言之，财政与货币政策是通过改变社会总需求或总支出水平，来改变对外国货物、劳务及其金融资产的需求以达到调节国际收支的目的。因此财政与货币政策又被称为支出变更政策或支出调整政策。当紧缩性的财政政策和货币政策使社会总需求与总支出下降时，对外国货物、服务和金融资产的需求也会相应地下降，从而使国际收支逆差减少，顺差加大。相反，当扩张性的财政货币政策使社会总需求和总支出增加时，对外国货物、服务和金融资产的需求也相应增加，从而使国际收支逆差加大，顺差减少。

用财政与货币政策调节国际收支的局限性在于国际收支的改善是以牺牲国内经济发展为代价的，往往与国内有关经济目标发生冲突。如果国内经济很不景气，国际收支又出现巨额逆差，这时候只关注国际收支的调节，采用紧缩性的财政与货币政策，对国内经济而言更是雪上加霜，会使国内经济进一步恶化。因为，采用紧缩性的财政与货币政策，希望在减少进口支出调节国际收支的同时也抑制了本国居民对本国产品的需求，由此会导致失业增加和生产能力过剩。如果造成的负担主要落在投资上，还会影响长期的经济增长。因此，若出现国际收支出现逆差、国内经济很不景气、失业问题严重等情况，会使一国当局在制定宏观经济政策时左右为难。只有当一国的国际收支逆差是由于总需求大于充分就业条件下的总供给引起时，政府采取紧缩性财政与货币政策才不至牺牲国内经济发展目标。

2. 支出转换政策

支出转换政策包括汇率政策和直接管制。

（1）汇率政策。汇率政策是指一国货币当局通过本币的升、贬值来影响进出口，从而影响外汇收支，调节国际收支的失衡。在固定汇率制度下，一国政府可以通过货币的法定贬值来扭转国际收支逆差，通过货币法定升值来减缓国际收支的顺差。在浮动汇率制度下，各个国家都是通过对外汇市场的干预来改变汇率，从而达到调节国际收支的目的。例如，当一国国际收支出现逆差，政府收购外汇，抛出本币，促使本币对外贬值，本币汇率下降。在国内价格基本不变的条件下，以外币表示的出口商品价格下降，出口商品的竞争力增强，出口收汇增加。同时以本币表示的进口商品的价格上升，进口减少可以节约用汇，这样有助于减少逆差，逐渐达到国际收支的平衡，甚至形成顺差。相反，当一国国际收支出现顺差时，用汇率政策调节，会使本币升值，本币汇率上升，扩大进口，抑制出口，使顺差数额有所缩小。

（2）直接管制。直接管制是指一国政府通过发布行政命令，对国际经济贸易进行行政干预，以达到国际收支平衡的目的。直接管制包括：①财政性管制，如关税、出口补贴、出口退税等；②商业性管制，如进口配额、进口许可证等；③货币性管制，如外汇管制、外汇留成等措施。一般而言，直接管制能够迅速地改善国际收支。但是直接管制无法真正解决一国国际收支的不平衡问题，它只能将显性国际收支不平衡转变为隐性国际收支不平衡，一旦取消管制，国际收支赤字依然会重新出现。此外，直接管制还非常容易引起贸易伙伴的报复，导致国与国之间的贸易战，因此国际经济组织和大多数国家都反对直接管制。

采用汇率政策和直接管制没有改变社会总需求与总支出，而只是改变了需求和支出方向。如本币汇率下降，这样会使进口货物和服务的价格相对上升，从而使居民将一部分支出转移到购买进口替代品上来。因此，这两种调节措施被归为"支出转换政策"。

3. 资金融通政策

资金融通政策包括外汇缓冲政策和信用手段。

（1）外汇缓冲政策。外汇缓冲政策是指一国政府为调节国际收支不平衡，将持有的黄金、外汇储备作为缓冲体，通过中央银行在外汇市场上买卖外汇，来消除国际收支不平衡所形成的外汇供求缺口，从而使收支不平衡所产生的影响仅限于外汇储备的增减，而不导致汇率的急剧变动和进一步影响本国的经济。通过黄金、外汇储备的增减来平衡临时性或者季节性的国际收支逆差固然是一种简单易行的方法，然而一国的黄金、外汇储备有限，大量甚至是长期的国际收支不平衡不能完全依靠这种政策来调节。

（2）信用手段。信用手段主要是指利用国家信贷来调节国际收支的失衡。这是调节国际收支的一种直接手段。一方面可以通过向国际金融市场借款来平衡国际收支；另一方面也可以将国际金融机构提供的信贷作为平衡国际收支的手段，如 IMF 为成员提供的短期信贷支持等。

外汇缓冲政策和信用手段统称为"资金融通政策"，一般适用于一国国际收支出现暂时性的不平衡的调节。

案例 10-2：国际货币基金组织与冰岛经济的复苏

4. 产业政策和科技政策

产业政策和科技政策是指通过改善一国的经济结构和产业结构、增加出口货物和服务的生产、提高产品质量、降低生产成本，以达到增加社会产品的供给、改善国际收支的目的。如果一国的国际收支不平衡是结构性不平衡，政府应该实施产业政策和科技政策进行调节，使本国产业结构的变动能适应世界市场的情况。虽然产业政策和科技政策的特点是长期性，在短期内难以有显著的效果，但是它可以从根本上提高一国的经济实力与科技水平，为国内经济的不断发展和国际收支的平衡创造条件。

5. 国际经济合作政策

各国在采用上述国际收支不平衡的调节措施时，都是从本国的自身利益出发的。但是一国的国际收支逆差往往是另一国的国际收支顺差，出现逆差的国家采取各种政策进行调整时，出现顺差的国家为了保护自身的利益也将采取相应的政策，这样很容易引起各国之间的摩擦和冲突，进而爆发贸易战、汇率战等，其最终结果是国际经济秩序遭到破坏，并且各国的利益也会受到损害。因此，要在世界范围内解决各国的国际收支不平衡，必须加强国际经济合作。例如，发挥国际货币基金组织等国际金融组织的作用，帮助各成员改善国际收支不平衡状况。

当一国国际收支出现不平衡时，针对形成的原因可以采取相应的政策措施。例如，如果国际收支不平衡是由季节性变化等暂时性原因形成的，可运用外汇缓冲政策、信用手段；如果国际收支不平衡是由国内通货膨胀加重而形成的，可运用货币贬值的汇率政策；如果国际收支不平衡是由国内总需求大于总供给所致，可运用财政和货币政策，实行紧缩性财政、货币政策；如果国际收支不平衡是由经济结构性原因引起的，可进行经济结构调整并采取直接管制措施。但是上述各种措施都有其局限性，都不能从根本上消除一国的国际收支不平衡。因此，当一国国际收支不平衡时，一国政府既可以采取某种政策进行调节，又可以采取几种政策搭配进行调节，尽量以最小的经济和社会代价，减少失衡甚至达到国际收支平衡。

专栏 10-4：国际收支调节理论——弹性分析理论

 参考资料与网站

 **关键术语**

国际收支　经常项目　初次收入　二次收入　自主性交易　补偿性交易　国际储备　特别提款权

复习思考题

一、简答题

1. 国际收支平衡表为什么能够自动实现平衡？
2. 简述国际储备和国际清偿两个概念之间的区别。
3. 一国政府为什么要保持一定规模的国际储备？

二、论述题

论述哪些因素可能引起国际收支不平衡。

附录 10-1 《国际收支和国际投资头寸手册》（第六版）标准下的国际收支统计变化

附录 10-2 中国国际收支平衡表——2014 年（BPM5）

附录 10-3 中国国际收支平衡表——2019 年（BPM6）

附录 10-4　中国 2010—2019 年外债

 附录 10-5　中美贸易冲突升级对中国国际收支的影响

 即测即练题

第十一章

国际金融机构

国际金融组织是超国家的金融机构，它为促进各国的经济交流和合作，维护世界金融体系稳定发挥着巨大的作用。本章详细介绍了国际金融机构体系形成与发展，国际货币基金组织及世界银行集团的相关内容。

第一节　国际金融机构体系的形成与发展

一、国际金融机构的概念及构成

国际金融机构，又称国际金融组织，是指为处理国际金融活动往来，由多国共同建立的金融组织。这类金融机构多以银行的形式出现，有时也采取基金、协会等名称。

国际金融机构的类型大致有以下划分方式：①按地区划分，可分为全球性国际金融机构（如世界银行、国际货币基金组织等）和区域性国际金融机构（如亚洲开发银行等）（图 11-1）；②按职能划分，可分为主要从事国际金融事务协调和监督的国际金融机构、主要从事各种期限信贷的国际金融机构和主要从事国际清算的国际金融机构。

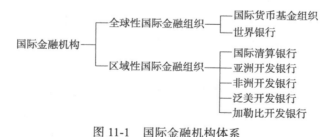

图 11-1　国际金融机构体系

二、国际金融体系发展历程

为适应国际经济发展的需要，曾先后出现各种进行国际金融业务的政府间国际金融机构。其发端可以追溯到 1930 年 5 月在瑞士巴塞尔成立的国际清算银行（Bank of International Settlement，BIS）。它是由英国、法国、意大利、德国、比利时、日本的中央银行和代表美国银行界的摩根保证信托投资公司、纽约花旗银行和芝加哥花旗银行共同组成。其目的是处理第一次世界大战后德国赔款的支付和解决德国国际清算问题。此后，其宗旨改为促进各国中央银行间的合作，为国际金融往来提供额外便利，以及接受委托或作为代理人办理国际清算业务等。该行建立时只有 7 个会员，现已发展到 45 个国家和地区。

第二次世界大战后建立了布雷顿森林国际货币体系，并相应地建立了几个全球性国际金融机构，作为实施这一国际货币体系的组织机构，它们也是目前最重要的全球性国际金融机构，即国际货币基金组织。

1957 年到 20 世纪 70 年代，欧洲、亚洲、非洲、拉丁美洲、中东地区的国家为发展本地区经济的需要，通过互助合作方式，先后建立起区域性的国际金融机构，如泛美开发银行、亚洲开发银行、非洲开发银行等。这些国际金融机构在重大的国际经济金融事件中协调各国的行动；提供短期资金缓解国际收支逆差稳定汇率；提供长期资金促进各国经济发展。

三、国际金融机构的特点

1. 国际金融机构是政府间的金融组织

国际金融机构是以国家为参与单位，由各国共同组成的世界性或区域性的联合组织。国际金融机构在会员国派驻代办处，会员参加国际金融机构活动的形式包括：派出代表参加该机构的年会，临时性的磋商会议。国际金融机构在协调国际经济矛盾和加强金融合作方面起着重要的作用。

2. 国际金融机构是股份公司式的企业组织形式

国际金融机构组织是由会员共同出资、共同管理，按照股份制形式经营的经济实体，在组织机构、入股方式和资金来源等方面与股份制企业极为相似。国际金融机构的决定权同出资呈正比例关系，出资最多的国家委派代表组成的执行董事会管理日常经营业务。

3. 国际金融机构有很强的政治色彩，活动受经济大国控制

国际金融机构是成员与政府间进行政治经济合作交往的渠道和论坛，但它们在该组织内的发言权是以其在世界经济中的经济实力为基础的。因此，国际金融机构的领导权掌握在西方发达国家手里，发展中国家的建议和意见往往得不到反映，甚至很少付诸实施。例如，国际货币基金组织和世界银行就一直处于以美国为首的西方发达工业国家控制之下。

四、国际金融机构的作用

国际金融机构建立的时间和背景虽然不同，但都是为了加强各国的经济合作，处

理国际经济、金融领域的问题，并形成了一些共同的法规和规则，为国与国之间的对话和协商提供渠道，以此促进世界经济贸易的发展，其作用主要体现在以下几方面。

（1）加强世界或区域性经济、金融合作关系，推动经济一体化发展进程，促进各国政府间的联合协作。

（2）制定并维护共同的货币金融制度，稳定汇率，保证国际货币体系的运转，促进国际贸易增长。

（3）组织各会员商讨国际金融领域中的重大事件，并进行协商解决。

（4）为会员提供长短期的金融信贷，向出现金融危机或债务危机的国家提供短期资金，缓解其国际收支危机，为发展中国家的经济发展和改革计划提供长期发展资金援助。

（5）提供普通提款权和分配特别提款权，提高国际货币基金组织成员的清偿能力。

第二节　国际货币基金组织

一、国际货币基金组织的成立与宗旨

国际货币基金组织，是全球性政府间国际金融机构。它是根据 1944 年 7 月在美国布雷顿森林召开的联合国和联盟国家国际货币金融会议上通过的《国际货币基金协定》而建立的。它于 1945 年 12 月 27 日正式建立，1947 年 3 月 1 日开始工作，同年 11 月 15 日成为联合国的一个专门机构，总部设在华盛顿。国际货币基金组织、世界银行集团和关税与贸易总协定共同构成战后国际经济秩序的三大支柱。国际货币基金组织负责货币金融事务，世界银行集团负责财政援助与经济开发事务，关税与贸易总协定负责国际贸易事务。

《国际货币基金协定》第一条载明的国际货币基金组织的宗旨如下。

（1）设立一个常设机构就国际货币问题进行研究和协商，促进国际货币合作。

（2）促进国际贸易扩大和发展、各会员方的就业和收入水平的提高与生产资源的有效开发利用。

（3）稳定货币汇率，保持会员之间有秩序的汇兑安排，避免竞争性的货币贬值。

（4）协助各会员建立经常性贸易的多边支付体系，消除妨碍国际贸易增长的外汇管制。

（5）在有充分保障的前提下，向会员提供临时性的资金援助，以增强其信心，使其能在不采取危害本国和世界经济的情况下，纠正国际收支失衡。

（6）根据上述宗旨，缩短会员国际收支失衡的时间，减轻失衡的程度。

上述宗旨中，主要有两点：一是向会员提供短期贷款，以平衡其国际收支的暂时性不平衡；二是促进各国汇率稳定，消除外汇管制。总的来说，国际货币基金组织对世界经济的发展和国际金融秩序的稳定起到了积极的作用。它帮助国际收支严重失衡的国家和地区缓解经济困难，促进世界贸易的正常进行和顺利发展；它对汇率制度的规定和管理，促进了世界金融秩序的相对稳定；它能随着世界经济状况的演变，适时进行重大的金融改革，以维持国际货币体系的正常运转；它还通过提供资料、交流信息、培训人员、技术援助等形式，促进国际金融研究和实践活动的广泛发展。

二、国际货币基金组织的组织机构

国际货币基金组织的会员分两种：参加1944年布雷顿森林会议，并在1945年12月前正式加入的国家称为创始会员，共有39个；在此之后参加该组织的国家，称为其他会员。目前，国际货币基金组织的会员已达189[①]个国家和地区。只有先成为国际货币基金组织的会员，才有资格成为世界银行集团的成员。中国是国际货币基金组织的创始国之一，我国的合法席位是1980年4月17日恢复的。

国际货币基金组织的组织机构包括理事会、执行董事会、总裁、临时委员会、发展委员会及各业务机构。

1. 理事会

理事会是国际货币基金组织的最高权力机构，由各会员各委派一名理事和副理事组成，任期5年，其任免由会员决定。理事通常由该会员的财政部长或中央银行行长担任，有投票表决权。副理事在理事缺席时才有投票权。

理事会的主要职权是：批准接纳新的成员；批准IMF的份额规模与特别提款权的分配，批准成员货币平价的普遍调查；决定成员退出IMF；讨论有关国际货币制度的重大问题。理事会通常每年开一次年会，一般同世界银行理事会年会联合举行，必要时可以举行特别会议。

2. 执行董事会

执行董事会是IMF负责处理日常业务工作的常设机构，初期由12人组成，目前由24名执行董事组成，任期2年。执行董事包括指定与选派两种。指定董事由持有基金份额最多的5个会员即美、英、德、法、日各派一名，中国、俄国与沙特阿拉伯各派一名。选派董事由其他成员按选区轮流选派。

执行董事会的职权主要有：接受理事会委托定期处理各种政策和行政事务，向理事会提交年度报告，并随时对成员经济方面的重大问题，特别是有关国际金融方面的问题进行全面研究。执行董事会每星期至少召开三次正式会议，履行基金协定指定的和理事会赋予它的职权。当董事会需要就有关问题进行投票表决时，执行董事按其所

---

① 资料来源：世界银行集团网站<www.worldbank.org>（2020年8月1日进入）。

代表的国家或选区的投票权进行投票。

3. 总裁

总裁是 IMF 的最高行政长官，其下设副总裁协助工作。总裁负责管理 IMF 的日常事务，由执行董事会推选，并兼任执行董事会主席，任期 5 年。总裁可以出席理事会和执行董事会，但平时没有投票权，只有在执行董事会表决双方票数相等时，才可以投决定性的一票。虽然 IMF 和世界银行都是全球性机构，但二者仍处于西方国家的控制之下。通常，IMF 总裁由西欧人士担任，而世界银行集团总裁则由美国人担任，这是权力分配中的一种默契。

自根据 1944 年签订的《国际货币基金协定》于 1945 年 12 月成立后，迄今共有 13 位欧洲人出任 IMF 总裁，其中包括 5 位法国人。2011 年 7 月 5 日，国际货币基金组织宣布克里斯蒂娜·拉加德被选为该组织下一任总裁，拉加德成为 IMF 自 1944 年以来首位女总裁。现任总裁是克里斯塔利娜·格奥尔基耶娃，于 2019 年 10 月 1 日出任，任期 5 年。

4. 常设部门

IMF 设有 16 个职能部门，负责经营业务活动。此外，IMF 还有 2 个永久性的海外业务机构，即欧洲办事处（设在巴黎）和日内瓦办事处，并在纽约联合总部驻派一位特别代表。

三、国际货币基金组织的资金来源

国际货币基金组织主要的日常业务活动是向出现国际收支逆差的会员提供贷款，它必须有资金，其资金主要来自会员缴纳的份额、借款和信托资金三个方面。

1. 会员缴纳的份额

份额是指会员加入国际货币基金组织时必须认缴的款项。会员缴纳的份额是国际货币基金组织的主要资金来源。各会员在国际货币基金组织份额的大小也决定了其在国际货币基金组织的投票权、借款的数额以及分配的特别提款权的多少。会员的国民收入、黄金和外汇储备、平均进出口额等多方面的因素是决定会员份额的重要因素。会员份额的大小由理事会决定，每隔 5 年对各会员的份额重新审定一次，并对部分会员的份额进行调整。

1975 年以前，会员份额的 25% 要以黄金缴纳，其余部分以本国货币缴纳，存放于本国中央银行，但国际货币基金组织可以随时动用。在 1976 年牙买加会议以后，国际货币基金组织废除了份额的 25% 由黄金缴纳的条款，改以用特别提款权或该组织指定的货币缴纳。国际货币基金组织刚成立时，会员缴纳的份额为 76 亿美元。随着新会员的加入及份额的不断调整，份额总数在不断增加。2015 年 11 月 30 日，IMF 将篮子货币的权重调整为：美元占 41.73%，欧元占 30.93%，人民币占 10.92%，日元占 8.33%，英镑占 8.09%，中国一跃成为 IMF 第三大份额国，这也可谓是人民币进入 IMF 特别提款权（SDR）货币篮子后的又一大利好。

会员在国际货币基金组织中投票权的多少与其缴纳的份额成正比。每个会员都有 250 票的基本投票权。在此基础上，按照会员在国际货币基金组织中认缴的份额，每 10 万美元增加一个投票权。如果一国的份额是 1 亿美元，那么该国的投票权应该是 1 250 票（250+1 000），到投票日，投票权根据上述两项计算出的票数，还要做以下调整：国际货币基金组织贷出会员的货币，每达 40 万美元，则给该货币发行国增加一票；会员从国际货币基金借款，每借 40 万美元，则将该会员的投票权减少一票。因此会员投票权的多少由该国所认缴的份额和借款的数目共同决定。国际货币基金组织协议规定，重大问题须经全体会员总投票权的 85% 通过才能生效。美国在国际货币基金组织的各项活动中起着重要的作用，美国在国际货币基金组织的表决权近 20%，因此任何重大问题不经美国同意都无法予以实施。针对美国的这种否决权，西欧工业国家曾以建立"十国集团"予以抗衡，而发展中国家则以建立"24 国集团"来抗衡。目前，"十国集团"（除美国之外）和"24 国集团"的投票权均已超过 15%，它们的集体行动也构成对重大提案的否决权。

会员在国际货币基金组织的借款限额与其份额是密切相关的。首先，会员认缴的份额决定了其向 IMF 提供资金的最高限额。会员在加入 IMF 时必须全额缴纳份额：25% 必须以 SDR 或广泛接受的货币，其余以会员本币缴付。其次，份额基本上决定了会员在 IMF 决策中的投票权。IMF 每个会员的投票权由基本票加上每 10 万 SDR 的份额增加的一票构成。最后，会员可从 IMF 获得的融资数额（贷款限额）以其份额为基础。例如，在备用和中期安排下，会员每年可以借入份额 200% 以内的资金，累计最多为份额的 600%。然而，特殊情况下的贷款限额可能更高。

由此可见，份额是十分重要的东西，它决定了国际货币基金组织的融资能力，决定了各会员在国际货币基金组织的义务、权利和地位。这也是发展中国家在国际货币改革过程中一再要求国际货币基金组织改革份额的确定办法、增加发展中国家的份额比例和扩大基金的总份额的原因之所在。

专栏 11-1：2010 年国际货币基金份额和治理改革

2. 借款

借款是国际货币基金组织向会员借入的资金。目前，IMF 有两个借款安排：一是借款总安排（the general arrangements to borrow，GAB），设立于 1962 年，有 11 个参加国。该协议规定国际货币基金组织在国际短期资金发生巨额流动、可能引发货币危机时，可从十国集团成员借入总额为 60 亿美元以内的资金，贷给发生危机的成员，以帮助其稳定货币汇率。这笔资金由十国分摊，其中美国分担 20 亿美元，英国和联邦德国各为 10 亿美元，其余各国从 1 亿到 5.5 亿美元不等。二是借款新安排（the new arrangements to borrow，NAB），设立于 1997 年，有 25 个成员参与。借款新安排规定，当 IMF 没有足够的美元基金向成员提供金融援助的时候，或者为了排除危害国际金融体系稳定的潜在危险而急需大量现金时，25 个成员同意向 IMF 贷款。在启动借款总安排之前，IMF 会先启动借款新安排。

国际货币基金组织有权以借款方式来扩大其资金来源。但是，为了保证份额是国际货币基金组织的基本资金来源，执行董事会规定了总借款的限度，未偿还额和未动用的借款额一般不得超出份额的 60%，若该比例超过 50%，执行董事会要加以控制。国际货币基金组织可以根据需要选择借款币种和借款来源。对国际货币基金组织的借款限制是：如果它想借入某一成员的货币，但不是从该货币发行国，而是从其他国家借入，则必须征得该货币发行国的同意。

3. 信托基金

IMF 信托基金是国际货币基金组织设立于 1976 年 1 月，IMF 废除黄金条款以后，国际货币基金组织决定将其持有的黄金的 1/6（即 2 500 盎司）分 4 年以市价卖出，用所获利润的一部分建立一笔信托基金，按优惠条件向低收入发展中国家提供贷款。

四、国际货币基金组织与中国

我国是国际货币基金组织的创始国之一。国际货币基金组织创立时我国在其中的份额为 5.5 亿美元，1980 年 4 月 17 日我国席位恢复后，增加到 12 亿特别提款权，同年 11 月，中国份额又随同 IMF 的普遍增资而进一步增加到 18 亿特别提款权。随着我国经济的发展，我国与国际货币基金组织的关系一直在发展。2015 年 11 月 30 日，国际货币基金组织执董会批准人民币加入特别提款权（SDR）货币篮子，新的货币篮子于 2016 年 10 月 1 日正式生效。人民币成为 SDR 五大货币之一，这一变化在 2017 年 3 月底公布的 2016 年第四季度 COFER 调查中得到体现。2015 年 12 月 19 日美国国会通过了 2016 财年的拨款法案，也宣告国际货币基金组织延宕 5 年的份额改革终于完成。IMF 总裁拉加德通过声明表示欢迎，中国也将跃升为 IMF 的第三大会员，仅次于美国和日本。

中国与国际货币基金组织的关系是双向、平等互利的。我国曾于 1981 年和 1986 年从国际货币基金组织借入 8.8 亿美元和 7.3 亿美元的贷款，用于弥补国际收支逆差。这两笔贷款我国都已提前偿还。目前我国在国际货币基金组织是净债权国。国际货币基金组织为我国提供一系列的技术援助，帮助我国建立符合国际标准的货币银行统计体系和国际收支统计体系，建立了外债检测体系。在完善银行、会计、审计等法规制度，加强金融监管等方面，国际货币基金组织也提供了宝贵的技术支持。

我国同样为国际货币基金组织的发展作出了巨大的贡献。我国于 1994 年和 1999 年两次向国际货币基金组织提供 1 亿特别提款权和 1 313 万特别提款权贷款，用以帮助重债国家的债务调整。1997 年亚洲金融危机爆发后，我国积极参与国际货币基金组织向泰国提供的一揽子援助，向泰国提供 10 亿美元。更为重要的是，我国在金融危机爆发后，坚持人民币不贬值，为维护亚太地区的形势稳定做出了重大贡献。同时作为发展中国家，我国始终致力于维护发展中国家的利益，在国际货币基金组织中凡是有利于发展中国家的正当要求和主张，我国均给予支持。我国还积极参与有关国际货币体制改革的讨论，为改革国际货币体系而努力。

第三节　世界银行集团

一、世界银行

（一）世界银行的建立与宗旨

世界银行是国际复兴开发银行的简称，它是根据布雷顿森林会议上通过的《国际复兴开发银行协定》于 1945 年 12 月成立的国际金融公司，1946 年 6 月开始营业，1947 年 11 月成为联合国下属的一个专门机构。只有国际货币基金组织的成员才有权申请加入世界银行。世界银行是世界银行集团中成立最早、提供贷款最多的金融机构，总部设在华盛顿。凡参加布雷顿森林会议并于 1945 年 12 月 31 日前在《国际复兴开发银行协定》上签字的国家为世界银行的创始会员。此后，任何国家都可以按规定程序提出申请，由理事会审查批准后加入世界银行。按照世界银行的协定规定，参加世界银行的成员必须是国际货币基金组织的成员，而国际货币基金组织的成员不一定都要加入世界银行。目前，世界银行集团由国际复兴开发银行与国际开发协会、国际金融公司、多边投资担保机构、国际投资争端解决中心五部分共同组成，其中，前三个机构为世界银行的主要机构。

按照《国际复兴开发银行协定》的规定，世界银行的宗旨如下。

（1）通过对生产事业的投资，协助成员经济的复兴与建设，鼓励不发达国家对资源的开发。

（2）通过担保或参加私人贷款及其他私人投资的方式，促进私人对外投资。当成员不能在合理条件下获得私人资本时，可运用该行自有资本或筹集的资金来补充私人投资的不足。

（3）鼓励国际投资，协助成员提高生产能力，促进成员国际贸易的平衡发展和国际收支状况的改善。

（4）在提供贷款保证时，应与其他方面的国际贷款配合。

（二）世界银行的组织机构

世界银行在联合国总部以及世界各大金融中心，如纽约、东京、巴黎都设有办事处，还在 40 多个国家和地区派有常驻代表。世界银行由理事会、执行董事会、行长和业务机构组成。

1. 理事会

理事会由每个成员任命的一名理事和副理事组成。该职位通常由该国财政部长、中央银行行长或级别相当的一名高级官员担任。理事和副理事任期 5 年，可以连任。如果一个国家同时是世行、国际金融公司（IFC）或国际开发协会（IDA）成员，其任命的理事和副理事同时也担任 IFC 和 IDA 理事会的理事与副理事。除非另行说明，则他们也在国际投资争端解决中心（ICSID）行政理事会中担任本国的代表。多边投资担保机构（MIGA）的理事和副理事单独任命。理事会在每年 9 月召开一次会议，必要时可召开临时会议。副理事没有投票权，只有在理事缺席时，副理事才有投票权。

理事会的主要职责是：接受成员和中止成员资格；增加或减少核定股本；决定世行净收入的分配；决定执行董事根据协议条款中的诠释提出的申诉；作出同其他国际组织合作的正式和全面安排；终止世行业务；增加当选执行董事人数；审批协议条款修正案。

2. 执行董事会

执行董事会由理事会授权，负责处理世界银行的日常事务。按照《国际复兴开发银行协议》第五条第 4（b）款的规定，首任执董会由 12 名执行董事构成。要增加当选执行董事人数，需经理事会投票决定，赞成票需达到总票数的 80%。1992 年 11 月 1 日之前，执行董事人数为 22 名，其中 17 名是通过选举产生的。1992 年，鉴于有多个新成员加入世行，当选执行董事人数增加到 20 名。俄罗斯和瑞士等国的两个新增席位使执行董事总数达到 24 名。在 2010 年开始的任期内，执行董事增加 1 名，总数达到 25 名[①]。执行董事会选举产生执行董事会主席，兼任世界银行行长。

3. 行长

行长是世界银行的最高行政长官，由执行董事会选出。行长下设副行长若干人，协助行长工作。行长可以任免银行的高级职员和工作人员。世界银行规定，理事、副董事、执行理事、副执行理事不得兼任行长，行长无投票权，只有在执行董事会表决双方票数一样时，可以投决定性 1 票。行长是世界银行最高长官，一般由美国人担任。

---

① 资料来源：世界银行网站<www.shihang.org>（2020 年 8 月 1 日进入）。

（三）世界银行的资金来源

世界银行的贷款约占世界银行集团年贷款的 3/4，其资金主要来自成员缴纳的股金、在国际金融市场发行债券、出让银行债权、净收益。

1. 成员缴纳的股金

与国际货币基金组织相似，世界银行的成员在加入时也需缴纳一定数额的股金，每个成员认缴数额的多少取决于该国的经济实力。成立初期，世界银行法定资本 100 亿美元，全部资本为 10 万股，每股 10 万美元。各成员均要认购银行的股份，认购额由申请国与世行协商并经世行董事会批准。一般来说，一国认购股份的多少根据该国的经济实力，同时参照该国在国际货币基金组织缴纳的份额大小而定。成员认购股份的缴纳有两种方法：一是成员认购的股份先缴 20%，其中 2%要用黄金或美元缴纳，18%用成员本国的货币缴纳。二是其余 80%的股份，当世界银行催交时，用黄金、美元或世界银行需要的货币缴付。

世界银行和国际货币基金组织采用加权投票制。世界银行的重大问题都要由成员投票决定，而各成员的投票权则由其持有的股份决定。《国际复兴开发银行协议》规定，世行成员资格面向 IMF 的所有成员开放。每个成员都享有基本投票权 250 票。此外，每缴纳股金 10 万美元增加 1 票。而一国缴纳股金的多少是根据该国的经济实力并参照其在国际货币基金组织中缴纳的份额决定的。这和国际货币基金组织是类似的。第二阶段世行投票权改革完成后，IBRD 前六大股东国分别为美国（15.85%）、日本（6.84%）、中国（4.42%）、德国（4.00%）、法国（3.75%）和英国（3.75%）。

世界银行为了满足老成员增加认缴股份和新成员认缴股份的需要进行了多次增资。现在的银行资金中只有不到 6%是成员在加入世界银行时认缴的股金。

2. 借款

世界银行实有资本有限，且不能像商业银行那样吸收存款，因此它主要通过借款的方式筹集资金，这也是世界银行资金的主要来源。

世界银行通过两种发行债券的方式筹集资金：一是直接向会员政府、政府机构或中央银行出售债券；二是通过投资银行、商业银行等包销商向私人投资市场出售债券。后一种方式的比重不断提高。世界银行贷款中约有 70%依靠发行债券作为资金来源。债券发行的对象为养老基金、保险机构、公司、个人投资者等，一般发行时间为 2～25 年，发行利率在 3%～12%。随着贷款业务的不断发展，通过发行债券筹措的资金也在不断增加。

3. 债权转让

世界银行通过将贷出款项的债权转让给私人投资者，获得部分资金，以扩大贷款资金的周转能力。世界银行向政府或公共企业贷款，不过一个政府（或"主权"）必须保证贷款的偿还。贷款的基金主要来自发行世界银行债券。这些债券的信用被列为

AAA（最高），因为成员的分享资本支持它们，而且借款人有一个主权的保证。由于世界银行的信用非常高，它可以以非常低的利率贷款。由于大多数发展中国家的信用比这个贷款的信用低得多，即使世界银行向受贷人提取约1%的管理费，世界银行向这些国家的贷款对这些国家来说也是非常有吸引力的。

4. 净收益

世界银行从1946年开始营业以来，除第1年有小额亏损外，每年都有盈余，且逐年增长。这些收益大部分留作世界银行的贷款资金。

二、国际开发协会

（一）国际开发协会的建立和宗旨

国际开发协会成立于1960年9月24日，是世界银行的一个附属机构，总部设在华盛顿，是专门向贫穷的发展中国家提供长期优惠贷款的国际金融组织。世界银行虽然在20世纪40年代后期注重将贷款转向发展中国家，但是许多欠发达国家由于不能满足世界银行的借款要求，因此无法获得所急需的大量外来资金以摆脱贫困和发展经济。在美国的提议下，世界银行的成员决定建立一个向贫穷国家提供特别贷款的机构，即国际开发协会。

国际开发协会成立的宗旨是专门向发展中国家提供比世界银行的贷款条件更为宽松的长期信贷，消除贫困，以促进其经济发展和国内居民生活水平的提高，作为世界银行贷款的补充，推动世界银行目标的实现。

（二）国际开发协会的组织机构

国际开发协会的组织机构与世界银行相似，最高权力机构是理事会，下设执行董事会，负责日常业务活动。它和世界银行是两块牌子一班人马，从经理到内部机构人员均由世界银行相应的机构人员担任。世界银行的行长和副行长兼任国际开发协会的经理、副经理。两个机构在法律上和财务上相互独立，两者的股本、资产和负债相互分开，同时业务也分开进行。国际开发协会也是按股份公司方式组织起来的，投票权的分配与成员认缴的股本成正比。

（三）国际开发协会的资金来源

1. 成员认缴的股本

成员认缴股份的10%必须以自由外汇支付，其余的90%以本国货币支付。成员认缴股本总额，按其在世界银行认购股份的比例确定。

2. 成员提供补充资金

由于成员缴纳的股本有限，远远不能满足成员不断增长的信贷需要。同时协会有规定，该协会不得依靠各国际金融市场发行债券来筹集资金。因此，协会要求各成员政府不断地提供补充资金，以维持其业务活动。

3. 世界银行的拨款

世界银行从 1964 年起，每年从企业净收益中拨出一部分款项赠给国际开发协会。

4. 国际开发协会本身业务经营的净收入

协会本身业务经营的净收入，是指协会经营业务所获得的净收益，但这部分款项为数甚少。

三、国际金融公司

（一）国际金融公司的建立和宗旨

根据协定，世界银行只能向成员政府提供贷款，如果向企业等机构进行贷款，须有政府担保，这在一定程度上限制了世界银行业务的发展。为了促进对成员方私人企业的国际贷款，在美国国际开发咨询局的提议下，经世界银行成员协商，于 1956 年正式成立了国际金融公司。它是世界银行的一个附属机构，1957 年又成为联合国的附属机构，总部设在华盛顿。其成立的目的是扩大对成员方私人企业的国际贷款或代替世界银行参与股份投资。只有世界银行成员才有资格成为国际金融公司的会员。

国际金融公司的宗旨主要是：配合世界银行的业务活动，向成员特别是其中的发展中国家的重点私人企业提供无须政府担保的贷款或投资，鼓励国际私人资本流向发展中国家，以推动这些国家的私人企业的成长，促进其经济发展。

（二）国际金融公司的组织机构

国际金融公司作为世界银行的附属机构，在管理方法和组织机构上与世界银行相同。国际金融公司的总经理由世界银行的行长兼任，国际金融公司的内部机构和人员也由世界银行相应的机构和人员兼任。

（三）国际金融公司的资金来源

1. 会员认缴的股金

国际金融公司在成立时法定资本为 1 亿美元，分为 10 万股。会员认缴股金必须是黄金可兑换货币。会员认缴股金的份额决定其投票权的多少。

2. 借入资金

在国际金融公司的资金负债表上，主要有从世界银行借款和通过发行国际债券在国际资本市场借款。这是国际金融公司的最大资金来源。

3. 国际金融公司的投资收益和转让股本所获资金

国际金融公司在提供各项业务的时候，注重项目的收益，是资金的重要来源之一，并且公司也通过转让投资股本取得周转资金。

四、多边担保机构

多边担保机构（MIGA）创立于 1984 年 4 月，是世界银行集团中的最新成员。它的宗旨是减少商业性投资障碍，通过提供担保以及技术支持等服务，来促进会员之间相互以生产为目的的投资，特别是对不发达国家的投资。多边担保机构的主要业务：①为外国投资者担保由于非商业性风险所造成的损失；②为发展中国家建立和改善投资环境提供咨询服务，以引导更多的外资流入。多边担保机构主要对以下三类风险提供担保：①由于投资所在国的资本管制造成的货币汇兑和转移风险；②由于投资所在国的法律变动而使投资者失去投资所有权的风险；③由于成员国内武装冲突或动乱而造成的风险。

五、国际投资争端解决中心

国际投资争端解决中心（ICSID）是世界银行集团的一个投资促进机构、仲裁投资争端的国际性机构，成立于 1966 年 10 月，总部设在华盛顿。

国际投资争端解决中心的宗旨和任务是：制定调解或仲裁投资争端规则，受理调解或仲裁投资纠纷方的请求，处理投资争端等问题，为解决会员和外国投资者之间争端提供便利，促进投资者与东道国之间的互相信任，从而鼓励国际私人资本向发展中国家流动。该中心解决争端的程序分为调停和仲裁两种。

国际投资争端解决中心组织机构有：①理事会，为最高权力机构，由各成员派 1 名代表组成，每年举行一次会议，世界银行行长为理事会当然主席；②秘书处，由秘书长负责，处理日常事务。其成员包括世界银行成员和其他被邀请国。

第四节　区域性国际金融组织

一、国际清算银行

（一）国际清算银行的建立和宗旨

国际清算银行是由英国、法国、德国、比利时、意大利、日本的中央银行同美国摩根保证信托投资公司、纽约花旗银行、芝加哥花旗银行于 1930 年 2 月在荷兰海牙签订协议，共同出资组建的，总部设在瑞士巴塞尔。中国人民银行于 1996 年 11 月正式加入国际清算银行，中国人民银行是该行亚洲顾问委员会的成员，周小川行长担任该委员会主席。中国认缴了 3 000 股的股本，实缴金额为 3 879 万美元。2005 年 6 月 1 日，经追加购买，中国共有该行 4 285 股的股本。2006 年 7 月，中国人民银行周小川行长出任国际清算银行董事。

国际清算银行成立的宗旨是：促进中央银行间的合作，为国际金融业务提供便利，在国际金融清算业务中充当受托人或代理人。国际清算银行通过中央银行向国际金融体系提供一系列的专业化服务，是一家办理中央银行业务的金融机构，被称为"中央银行的银行"。

（二）国际清算银行的组织机构

国际清算银行是以股份公司的形式建立的，主要决策和管理机构包括股东大会、董事会、管理委员会。

1. 股东大会

股东大会是最高权力机关，股东大会每年 6 月在巴塞尔召开一次，只有各成员方中央银行的代表参加表决。选票按有关银行认购的股份比例分配，而不管在选举的当时掌握多少股票。每年的股东大会通过年度决算、资产负债表和损益计算书、利润分配办法和接纳新成员等重大事项的决议。在决定个性银行章程、增加或减少银行资本、解散银行等事项时，应召开特别股东大会。除各成员方中央银行行长或代表作为有表决权的股东参加股东大会，所有与该行建立业务关系的中央银行代表均被邀请列席。

2. 董事会

董事会是经营管理机构，由 13 名董事组成。比利时、德国、法国、英国、意大利和美国的中央银行行长是董事会的担任董事，这 6 个国家可以各自任命 1 名本国工商界或金融界的代表作为董事，此外董事会可以 2/3 的多数通过选举出其他董事，但最多不超过 9 人。董事会设主席 1 名，副主席若干名，每月召开一次例会，审议银行日常业务工作，决议以简单多数票作出，票数相等时由主持会议的主席投决定票。董事会主席和银行行长由 1 人担任。董事会根据主席建议任命 1 名总经理和 1 名副总经理，就银行的业务经营向银行负责。

3. 管理委员会

管理委员会由总经理、副总经理、货币经济部主任、银行部主任、首席法律顾问等成员组成。

（三）国际清算银行的资金来源

1. 会员缴纳的股金

国际清算银行的股份资本不仅可以由各个国家的中央银行认购，而且私人机构或个人也可以认购。但认购股份的私人机构或个人没有投票权。

2. 各中央银行存款

目前全世界约有 80 家的中央银行将其 10% 的外汇储备和 3 000 多吨黄金存于该行。

3. 向成员方中央银行的借款

国际清算银行向各国的中央银行借款以补充资金的不足。

二、亚洲开发银行

（一）亚洲开发银行的建立和宗旨

亚洲开发银行（Asian Development Bank，ADB），简称亚行，是由联合国亚洲及太平洋经济合作委员会资助成立的，是亚洲、太平洋地区的区域性政府间金融机构，也是仅次于世界银行的第二大开发性国际金融机构。它于 1966 年 11 月正式建立，同年 12 月正式开始营业，总部设在菲律宾首都马尼拉。

亚行的成员不仅包括联合国亚太经济合作委员会的成员或准成员，联合国及联合国专门机构的非本地区的经济发达国家也可加入。台湾地区在亚行成立时以中国的名义加入，我国于 1986 年 3 月正式被亚洲开发银行接纳为会员，台湾地区以"中国台北"的名义继续留在行内。经过 50 多年的发展，亚洲开发银行从当初的 31 个会员扩展到包括美国、英国、德国、加拿大等非本地区国家在内的 67 个会员，其中有 48 个来自亚洲地区。

亚洲开发银行的宗旨是，向会员国或地区提供贷款、投资和技术支持，协调会员国和地区在经济、贸易方面的政策，并同联合国及其专门机构进行合作，以促进亚太地区的经济发展。其具体任务是：①为亚太地区发展中会员国或地区成员的经济发展筹集与提供资金；②促进公、私资本对亚太地区各会员国或地区成员的投资；③帮助亚太地区各会员国或地区成员协调经济发展政策，以便更好地利用自己的资源在经济上取长补短，并促进其对外贸易的发展；④对会员国或地区成员拟定和执行发展项目与规划提供技术援助；⑤以亚洲开发银行认为合适的方式，同联合国及其附属机构、向亚太地区发展基金投资的国际公益组织，以及其他国际机构、各国公营和私营实体进行合作，并向其展示投资与援助的机会；⑥发展符合亚洲开发银行宗旨的其他活动与服务。

（二）亚洲开发银行的组织机构

亚洲开发银行设有理事会、董事会、行长及办事机构。

1. 理事会

理事会是亚行的最高权力机构，负责接纳新成员、变动股本、选举董事长和行长、修改章程等，由各会员方任命的 1 名理事和 1 名副理事组成，任期由各会员决定。理事会每年举行一次会议。

2. 董事会

董事会是亚行的执行机构，由理事会按照不同地区选举产生，共由 12 名董事组成，其中8名来自亚太地区，4名来自其他地区，任期2年，可以连任。我国自1986年加入亚行后，成为单独地区指派董事和副董事。董事会根据理事会的授权，负责亚行的日常业务。

3. 行长

行长是亚行的法定代表和最高行政长官，必须是本区域会员国和地区公民，由理事会选举产生，任期5年，可以连任。行长无投票权，但在董事会表决有关两方票数相等时，可以投决定性的一票。亚行自成立以来，行长一直由日本人担任。

4. 办事机构

除总部外，亚行还在借款多的国家和地区设有常驻代表处。

亚洲开发银行的年会一般在5月召开。它的主要议题是探讨亚太地区的经济金融形势、发展趋势和面临的挑战，推动亚行作为地区性开发机构在促进本地区社会经济发展方面发挥作用。会议同时对亚行的年度业务进行审议，并通过亚行年度报告、财务报告、外部审计报告、净收入分配报告、预算报告等。

（三）亚洲开发银行的资金来源

亚洲开发银行的资金来源主要为四部分：①普通资金，用于亚行的硬贷款业务；②亚洲开发基金，用于亚洲开发银行的软贷款业务；③技术援助特别基金，用于亚行的技术援助；④日本特别基金，用于赠款性质的技术援助业务。

1. 普通资金

这是亚洲开发银行进行业务活动最主要的资金来源。普通资金来源于亚行的股本、借款、普通储备金、特别储备金、净收益和预缴股本等。

（1）股本。亚洲开发银行建立时法定股本为10亿美元，分为10万股，每股面值1万美元。亚洲开发银行首批认缴股本分为实缴股本和待缴股本，两者各占一半。实缴部分股本分5次交纳，每次交20%。其中，每次交纳金额的50%用黄金或可兑换货币支付，另外50%以本国货币支付。亚洲开发银行每5年对法定股本进行审查，并根据业务需要考虑是否增资和认缴股本。经过多次增资，到2001年亚行的法定资本为438.25亿美元，其中432.1亿美元被各会员认缴。日本和美国是亚洲开发银行最大的出资者，认缴股本均占亚洲开发银行总股本的16.054%，我国占第三位，占总股本的7.1%。

（2）借款。从1969年开始，亚洲开发银行开始从国际金融市场借款。主要方式有：亚洲开发银行以发行债券的方式从国际资本市场上借款；与有关国家的政府、中央银行及其他金融机构直接安排债券销售；直接从商业银行贷款。

（3）普通储备金。按照亚洲开发银行的有关规定，亚洲开发银行理事会每年把业务净收益的一部分作为普通储备金。

（4）特别储备金。对 1984 年以前发放的贷款，亚行除收取利息和承诺费以外，还收取一定数量的佣金以留作特别储备金。

（5）净收益和预缴股本。亚洲开发银行对其经营业务所得的净收益不做分红；会员在法定认缴日期之前认缴的股本即是预交股本，都可以作为亚行的资金来源。

2. 开发基金

（1）亚洲开发基金。亚洲开发银行基金创建于 1974 年 6 月，基金主要来自亚洲开发银行发达会员国或地区成员的捐赠，用于向亚太地区贫困国家或地区发放优惠贷款，并经常得到补充。除捐赠外，理事会还根据亚行章程的规定，从各会员国或地区成员缴纳的未核销实缴股本中拨出 10%作为基金的一部分来源。

（2）技术援助特别基金。亚洲开发银行于 1967 年成立了技术援助特别基金，用于资助发展中会员购置设备、培训人员、聘请咨询专家、从事部门研究并制订有关国家或部门的发展计划。资金的来源为亚洲会员国的捐款、亚洲开发基金拨款、亚行经营业务的净收益、日本特别基金捐款等。

（3）日本特别基金捐款。在 1987 年举行的亚洲开发银行第 20 届年会上，日本政府表示，愿出资建立一个特别基金，用于加速亚行内发展中会员国或地区的经济增长。亚洲开发银行理事会于 1988 年 3 月 10 日决定成立日本特别基金。日本特别基金的主要目的是帮助发展中会员国或地区的经济结构调整，以适应世界经济环境的变化，开拓新的投资机会，促进富裕会员对发展中会员的资本投资。

（4）日本扶贫基金。2000 年 5 月，亚洲开发银行决定建立"日本扶贫基金"，用以资助亚洲开发银行的扶贫项目。日本计划向亚洲开发银行捐款 100 亿日元，重点支持向发展中会员国或地区贫困人口提供经济和社会服务项目，帮助亚行的贫困会员国脱贫计划持续进行。

3. 联合融资

亚洲开发银行的联合融资是指一个或一个以上的外部经济实体与亚洲开发银行为某一项目融资。亚行的最大融资伙伴多是一些官方机构和多边组织，如出口信贷机构和商业银行。

三、泛美开发银行

（一）泛美银行的建立和宗旨

泛美开发银行（Inter-American Development Bank，IDB）成立于 1959 年 12 月 30 日，是世界上成立最早和最大的区域性、多边开发银行，是以南美洲、北美洲及加勒比海国家为主，联合一些西方国家合办的区域性政府间国际金融组织，其总行设在华盛顿。该行是美洲国家组织的专门机构，其他地区的国家也可加入，但非拉美国家不能利用该行资金，只可参加该行组织的项目投标。从 1976 年开始，泛美开发银行决定按纳西半球以外的其他国家作为成员。日本、德国、西班牙、法国、意大利和英国等都是它的成员。2009 年 1 月 12 日，中国正式加入泛美开发银行集团，是该集团第 48 个成员。

泛美开发银行的宗旨是：集中各成员的力量，对拉丁美洲国家的经济、社会发展计划提供经济和社会发展项目贷款资金与技术援助，以促进该地区经济的发展和"泛美体制"的实现。

（二）泛美开发银行的组织机构

1. 董事会

董事会是最高权力机构。由各成员委派 1 名董事组成，每年举行一次会议。

2. 执行董事会

执行董事会为董事会领导下的常设机构，由 12 名董事组成，其中拉美国家 9 名，美国、加拿大和日本各 1 名，其他地区国家 2 名，任期 3 年。

3. 行长和副行长

行长和副行长在执行董事会领导下主持日常工作；行长由理事会选举产生，任期 5 年；副行长由执行董事会任命。分支机构设在拉美各会员首都，巴黎和伦敦设有办事处。

4. 拉美一体化研究所

1964 年成立的拉美一体化研究所设在阿根廷首都布宜诺斯艾利斯，负责培养高级技术人才，研究有关经济、法律和社会等重大问题，为成员提供咨询。

（三）泛美开发银行的资金来源

泛美开发银行资金来源主要有成员分摊、发达国家成员提供、在世界金融市场和有关国家发放债券等。该行主要向成员提供贷款促进拉美地区的经济发展，帮助成员发展贸易，为各种开发计划和项目的准备、筹备和执行提供技术合作。银行的一般资金主要用于向拉美国家公、私企业提供贷款，年息通常为 8%，贷款期 10～25 年。特别业务基金主要用于拉美国家的经济发展项目，年息 1%～4%，贷款期 20～40 年。

四、非洲开发银行

（一）非洲开发银行的建立和宗旨

非洲开发银行（AFDB）是在联合国"非洲经济委员会"支持下由非洲国家合办的互助性、区域性国际金融机构。1963 年 7 月 31 日，在喀土穆举行的非洲国家财政会议通过协定，决定成立非洲发展银行。1964 年 9 月正式成立。1966 年 7 月开始营业。原规定只吸收非洲独立国家为成员，1979 年进行修改，美、日、西德、加、法等 21

个非本地区国家加入。截至 2007 年 5 月，有会员 77 个（其中非洲国家 53 个）。其宗旨是"帮助非洲大陆制定总体战略"，"协调各国的发展计划"，为会员的经济和社会发展提供资金，以便达到"非洲经济的一体化"。与非洲发展基金等 4 个金融机构组成"非洲发展银行集团"。

非洲开发银行宗旨：向成员的经济和社会发展提供资金，协助非洲大陆制定发展的总体战略，协调各国的发展计划，以便逐步实现"非洲经济一体化"。

（二）非洲开发银行的组织机构

非洲开发银行的最高决策机构是理事会，由各成员委派 1 名理事组成，一般为会员的财政和经济部长，通常每年举行一次会议，必要时可举行特别理事会，讨论制定银行的业务方针和政策，决定银行重大事项，并负责处理银行的组织和日常业务。理事会年会负责选举行长和秘书长。董事会由理事会选举产生，是银行的执行机构，负责制定非行各项业务政策。共有 18 名执行董事，其中非洲以外国家占 6 名，任期 3 年，一般每月举行两次会议。

（三）非洲开发银行的资金来源

非行资金主要来自会员的认缴，贷款对象为非洲地区组织，用途包括促进农业、交通、通信、工业、供水、公共事业、卫生、教育与私营投资发展，并提供国家贷款改革、技术援助与政策咨询。非行贷款期限一般为 12~20 年，展延期限为 5 年制。

五、加勒比开发银行

（一）加勒比开发银行的建立和宗旨

加勒比开发银行（Caribbean Development Bank，CBD）是加勒比海地区的一家区域性银行。1969 年 10 月 18 日，16 个加勒比国家和 2 个非本地区成员在牙买加金斯敦签署协议，决定成立加勒比开发银行。1970 年 1 月 26 日，协议生效。总部设在巴巴多斯布里奇敦。该行的宗旨是促进加勒比地区会员经济的协调发展，推进经济合作及本地区的经济一体化，为本地区发展中国家提供贷款援助。主要业务是提供财政和技术援助。1998 年 1 月 20 日，中国正式成为该行成员。

该行的宗旨：是促进加勒比地区会员经济的协调增长和发展，推进经济合作及本地区的经济一体化，为本地区发展中国家提供贷款援助。

（二）加勒比开发银行的组织机构

加勒比开发银行的最高决策机构是理事会，由 22 个理事组成，每年举行会议，选举其中一名理事为主席，两名理事为副主席，任期 1 年。董事会负责日常业务，由 18 个成员组成，12 个由本地区的理事选举，6 个由代表非本地区的理事选举，董事任期两年，可连选连任。每个董事指定一个代表。行长是董事会主席。加勒比开发银行设有一个技术援助基金，负责融资咨询服务、总体发展、项目实施、项目预备以及投资前预备以及银行发展的研究。技术援助基金下设培训部，为借贷会员公共服务部门的中上层人员提供培训。

（三）加勒比开发银行的资金来源

加行的资金来源有两个渠道：一是成员认缴股本和借款，称为"普通资金来源"（ordinary capital resources，OCR）；二是成员和非成员的捐款，称为"非凡资金来源"（special funds resources，SDF）。

目前加行"普通资金来源"除了成员实缴股本外，借入资金的主要渠道为欧洲投资银行（European Investment Bank，EIB）、泛美开发银行、世界银行和国际金融市场。

"非凡资金来源"又分为两类，一类为"非凡发展基金"（special development fund，SDF），另一类为"其他非凡基金"（other special funds）。"非凡发展基金"是加行的软贷款窗口，其资金来源为每四年一次的成员捐资，它着重向加行借款国的社会和经济发展优先领域提供贷款和赠款。"其他非凡基金"的来源为加行成员和其他机构所提供的有附带条件的资金，加行按出资人的意向，以符合加行宗旨为原则加以使用和管理。

案例 11-2：开发性金融的国际经验

 参考资料与网站

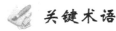 **关键术语**

国际货币基金组织　世界银行集团　亚洲开发银行　多边担保机构

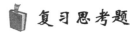 **复习思考题**

一、简答题

1. 国际货币基金组织的宗旨是什么？
2. 世界银行的借款有什么特点？

二、论述题

1. 论述国际货币基金组织和世界银行的区别与联系。

2. 论述亚洲开发银行的资金来源。

 附录 11-1　亚投行给发展中国家注入动力

 即测即练题

教师服务

感谢您选用清华大学出版社的教材！为了更好地服务教学，我们为授课教师提供本书的教学辅助资源，以及本学科重点教材信息。请您扫码获取。

▶▶ 教辅获取

本书教辅资源，授课教师扫码获取

▶▶ 样书赠送

国际经济与贸易类重点教材，教师扫码获取样书

 清华大学出版社

E-mail: tupfuwu@163.com
电话：010-83470332 / 83470142
地址：北京市海淀区双清路学研大厦 B 座 509

网址：https://www.tup.com.cn/
传真：8610-83470107
邮编：100084